노동법의 복권

고용 위기에 대항하여

노동법의 복권

고용 위기에 대항하여

와다 하지메(和田 肇) 저
한일노동법포럼 · 한국사회법학회 편역

㈜중앙경제

한국어 서문

『노동법의 복권-고용 위기에 대항하여』 한국어판을 출판하면서

한국은 음식이 맛있고(약간 맵기도 하지만) 사람들은 열정적이며, 일본 학자와 좋은 교류가 있는 나라이다. 이웃 국가로 다양한 점에서 일본과 깊은 관계에 있으면서도 몇몇 연구자 사이의 인적 교류는 있었지만, 본격적인 공동연구는 충분하지 않았다. 노동법 분야에서 이러한 사정이 크게 바뀐 것은 약 10년 전이다. 니시타니 사토시(西谷 敏) 교수와 아사쿠라 무츠코(浅倉むつ子) 교수 등이 한국을 방문하면서 한국 연구자들과 대화를 나눈 것이 그 계기가 되었다(이에 대해서는 西谷敏 · 和田肇 · 朴洪圭 編 『日韓比較労働法 1 · 2』(旬報社, 2014) '머리말'을 참조). 그 후 10년 동안 한일 · 일한 노동법의 연구 교류는 비약적으로 발전하였다. 저자도 미력하나마 한일 노동법의 교류에 기여했다는 것을 자랑스럽게 여기고 있다.

이러한 가운데 지금까지 공동연구를 같이 해온 한국노동법 연구자들께서 졸저 『노동법의 복권-고용 위기에 대항하여』(일본평론사, 2016. 5)를 한국어로 번역, 출판하고 싶다는 제의를 받았다. 졸저에게는 뜻밖의 기쁨으로 이 제의를 선뜻 받아들였다. 한일 양국은 노동관계 및 노동법의 체계와 이론에서 많은 공통점이 있으며, 공통의 문제를 안고 있어 졸저가 한국 노동법 연구 발전에 공헌할 수 있다면 학자로서 더할 나위없다고 생각했기 때문이다.

주지하는 바와 같이 일본의 근대적 노동법은 제2차 세계대전 후 본격적인 발전을 시작하였고, 경제성장이 뒷받침되어 1970년대까지는 노동법의 정착기를 거치면서, 봉건적인 직장문화가 줄어들고 노동조합 운동도 활발하였다. 그런데 1980년대 이후 노동법은 크게 변용하기 시작했다. 한편으로는 고용평등법의 제정 · 개정 등 노동권을 강화하면서, 다른 한편으로는 근로자파견법의 제정 · 개정과 같이 지금까지의 규제를 변용시킨 면도 있어 노동법 전개에서 상반되는 측면이 나타났다. 그리고 1990년대 이후에는 규제 완화의 측면이 강하게 되었다.

이러한 시기에 노동시장에도 큰 변화가 있어서 여성의 직장 진출이 크게 늘면서 비정규직 고용도 급증하였다. 비정규직의 대부분은 여성이 차지하고 있다. 직접적인 성차별은 서서히 해소되어 왔지만, 성차별은 정규직과 비정규직의 격차라는 새로운 형태로 변화되었다. 육아와 돌봄의 권리가 확대되어 왔으나 이러한 가사노동도 오로지

여성에게만 맡겨지고 있다. 이러한 쟁점들이 새로운 젠더론의 문제가 되고 있다.

정규직 고용에서는 1980년대 이후 한 때 근로시간이 단축되는 경향을 보였으나, 그 후 근로시간 단축은 사라지고 오히려 일부 근로자의 비정상적인 장시간 노동과 스트레스 사회로 인한 과로사 및 과로자살이 커다란 사회문제로 비화되고 있다(불명예스러운 일이지만 '과로사' (過労死; karoshi)는 국제어로 되었다). 비교적 고용이 안정되어 있다고 생각되는 정규직 고용에도 악화(悪貨)가 침투하여 그것이 점차 양화(良貨)를 구축하고 있다.

노동조합 조직률의 감소로 인하여 사회적 파트너 간의 균형은 크게 무너지고 있다. 그 결과 기업의 수익은 증가하면서 내부유보가 급증하는 반면에 근로자에 대한 분배율은 감소하고 있다. 또한 직장에서의 근로자 이익대표기능이 쇠퇴하고, 또 다시 사용자의 권한이 강화되는 권위주의적 내지 전근대적인 직장환경이 만들어지고 있다.

이러한 고용사회와 고용이 안고 있는 문제에 대해서는 심각한 정도에 따라 의견은 다르지만, 일본노동법학회에서는 상당한 인식을 공유하고 있다. 이러한 인식은 저자가 편집대표자로 되어 일본노동법학회가 온 노력을 다하여 이번에 출판한 『강좌 노동법의 재생(講座労働法の再生) 1~6』(日本評論社, 2017)에서도 나타나고 있다. 지난 번 2000년에 출판된 시리즈가 「강좌 21세의 노동법(講座21世紀の労働法) 1~8」(有斐閣, 2000)이므로 그간의 변화도 읽을 수 있다.

졸저 또한 이러한 흐름 속에서 하나의 작품(연구)이며, 노동법의 오늘날 과제에 대한 저자 나름대로의 회답이다. 독자 여러분께 기탄없는 많은 비판을 받는다면 저자로서는 다행이다.

졸저에 대해서는 노다 스스무(野田 進) 교수(法律時報 88권 12호), 하시모토 요코(橋本陽子) 교수(日本労働研究雑誌 678호), 가라츠 히로시(唐津 博) 교수(労働法律旬報 1876호), 하마무라 아키라(浜村 彰) 교수(季刊労働法 257호) 등의 서평이 있으며, 이에 회답한 졸저(法律時報 89권 5호)도 있으므로 함께 읽어 주시면(한국어 번역은 없겠지만) 일본의 논쟁 상황을 한층 더 이해하실 수 있을 것으로 생각된다.

마지막으로 이번 한국어 출판에 진력을 다해주신 연구자들과 그리고 출판을 맡아주신 (주)중앙경제에도 감사의 뜻을 전한다.

2017년 8월 25일

나고야(名古屋) 우거에서

와다 하지메(和田肇, 나고야대학 교수)

역자 서문

한일 노동법 학자들의 자발적인 연구 모임인 「한일노동법포럼(日韓労働法フォーラム)」은 일본 측은 관서(關西)지방을 중심으로 한 일본 서남 지방을 중심으로, 한국 측은 자연스럽게 형성된 전국적 노동법 연구자 및 변호사로 각각 구성되어 있다. 한국과 일본 사이에 학문적 교류, 그 가운데 법학 교류는 부분적으로 행해져 오고 있는 것으로 보인다. 다만 한일노동법포럼은 한일 양국 간의 노동법 교류로서 특징을 갖는다는 점, 교류 결과를 고정적으로 일본 측은 노동법률 「순보(旬報)」에, 한국 측은 「노동법논총」(한국비교노동법학회 학술지)에 각각 게재하여 오고 있다는 점, 2014년에는 일본에서 그 연구 결과를 단행본으로 출판하는 등(西谷敏 · 和田肇 · 朴洪圭 編 『日韓比較労働法1 · 2』, 旬報社, 2014)의 실질적인 교류를 축적해 해오고 있다.

지난 10년 동안의 한일 양국 간의 연구 교류를 통하여 형성된 신뢰와 노동법에 대한 관심은 번역을 통한 이론의 소개로까지 발전해 오고 있다.

그 첫 번째가 니시타니 사토시(西谷 敏) 교수의 『노동법의 기초구조』(박영사, 2016. 10)를 한일노동법포럼 회원들의 협력 작업의 산물로 지난해 2016년 10월에 한국에서 출간하였다. 본서는 노동법의 이론적 구조에 대한 논의로서 국경을 초월한 보편적 과제를 담고 있는 원리론적 연구라고 할 수 있다.

그 두 번째가 이번에 출간하는 와다 하지메(和田 肇) 교수의 『노동법의 복권-고용 위기에 대항하여』(중앙경제, 2017. 9)이다. 본서는 현재 일본의 노동법적 과제에 대한 분석으로서 시사성을 갖는다. 즉 일본의 고용문제, 동일본 대지진에서 보이고 있는 안전보건과 다중 도급계약 등 노동법적 문제, 아베(安倍) 정권의 노동법 개혁 논의에 대한 전반적인 고찰, 노동조합이 안고 있는 문제 등 양질의 노동과 지속가능한 고용사회에 대한 제안 등이 그것이다.

와다 교수의 역작을 이번에 번역 · 출간함으로써 한층 더 한일 양국 간의 노동법의 실질적인 교류에 기여하는 계기가 되길 바라며, 현재 일본의 노동법이 안고 있는 문제들에 대한 이해에 도움이 되었으면 한다.

이러한 번역 · 출간은 한일노동법포럼회원들의 적극적인 참여가 있었기 때문에 가능한 일이다. 번역 할당에 따른 사정 등으로 번역에 직접 참여하지 못한 회원들도 있지만 한일노동법 교류에 항상 적극적으로 참여해 온 회원들의 열정이 큰 힘이 되었다는 것을 밝혀 두고자 한다.

그리고 이러한 번역서를 출간함에 있어서 참으로 힘든 수고를 아끼지 않은 분들이 있다. 송강직 교수(동아대학교)는 기획을 담당하셨고, 노상헌 교수(서울시립대학교)는 교정이라고 하는 힘든 작업을 모두 해주셨다. 또한 이승길 교수(아주대학교) 및 박선영 선임연구위원(한국여성정책연구원)은 번역서 출간 기획에 동참해 관련된 현실적인 문제를 흔쾌히 해결해 주었다. 이번 책자의 발간에 모든 회원들의 이름으로 심심한 감사를 드린다.

2017년 9월

한일노동법포럼 대표 **이희성**

한국사회법학회장 **이승길**

서 문

고용사회의 현재 상황을 바람직하다고 생각하는 사람은 아마도 없을 것이다. 1995년에 발표된 일본경영자단체연맹의 '신시대의「일본식 경영」(日本的経営)' 은 오늘날의 고용정책을 낳은 바이블과 같은 제언이 되었다. 하지만 그로부터 20년이 지난 단계에서 당시 문서 작성에 관여했던 사람도 비정규직 고용의 급증, 연구개발비 및 교육훈련비 삭감, 상용근로자의 임금하락 등 오늘날의 상황을 '고용의 악화' 로 표현하여 그 동안의 경위를 '잃어버린 20년' 으로 총괄하고 있다(나루세 타케오 '고용포트폴리오 제언과 앞으로의 고용문제' (成瀬健生「雇用ポートフォーリオ提言とこれからの雇用問題」DIO 259호(2014) 8쪽)).

일본학술회의 잡지인「학술의 동향」(学術の動向) 2013년 5월호는 '고용붕괴와 젠더' 라는 젠더론을 중심으로 한 특집을 마련하였고, 또 같은 잡지 2015년 9월호에서도 '현대의 고용위기를 생각한다' 는 사회학자들의 특집을 마련하였다. 후자의 각 논문에는 '그들을 괴롭게 만들고 있다', '청년 불안정취업', '고용제도의 기능 부전(不全)', '무업사회(無業社會)', '피폐된 공공부문' 등의 표현이 사용되고 있다. 고용사회를 표현하는 이러한 부정적인 표현은 최근 10년 동안 보다 자주 나타났다. 최근 6~7년의 언설만을 들어보더라도, 다케노부 미에코의『르포 고용열하불황』(竹信三恵子『ルポ雇用劣化不況』(岩波書店, 2009)), 콘노 하루키의『블랙기업-일본을 거덜 내는 요괴』(今野晴貴『ブラック企業―日本を食いつぶす妖怪』(文藝春秋, 2012년)), 고가 카즈미치의『'비정규대국' 일본의 고용과 노동』(伍賀一道『「非正規大国」日本の雇用と労働』(新日本出版社, 2014)), 콘노 하루키의『블랙기업2- '학대형 관리' 의 진상』(今野晴貴『ブラック企業2―「虐待型管理」の真相』(文藝春秋, 2015)), 나카자와 쇼고의『중고년 블랙파견』(中沢彰吾『中高年ブラック派遣』(講談社, 2015)), 나카자와 마코도의『르포 과로사회』(中澤誠『ルポ過労社会』(筑摩書房, 2015)), 모리오카 코지의『고용신분사회』(森岡孝二『雇用身分社会』(岩波書店, 2015)), 코마무라 코헤이의『중간층 소멸』(駒村康平『中間層消滅』(角川書店, 2015)) 등이 있다.

이러한 책에서 공통점은 현상의 그림자 부분을 고발하면서, 향후 고용의 바람직한 모습을 제언하고 있는 점이다. 이러한 적극적인 제언의 흐름 속에 있는 것으로서 이가라시 진의『노동재규제-반전의 구도를 이해하다』(五十嵐仁『労働再規制―反転の構図を

読みとく』(筑摩書房, 2008)), 하마구치 케이치로의 『새로운 노동사회-고용시스템의 재구축으로』(濱口桂一郎 『新しい労働社会—雇用システムの再構築へ』(岩波書店, 2009)), 야마자키 켄의 『일하는 것의 의미를 다시 묻는다』(山崎憲 『「働くこと」を問い直す』(岩波書店, 2014)) 등이 있다.

필자는 2008년에 출판한 『인권보장과 노동법』(『人権保障と労働法』(日本評論社))에서 비슷한 문제의식에서 고용의 현재 상황을 척결하고, 그 원인과 배경을 분석하여 새로운 패러다임으로 인권보장에 기초한 노동법의 재구축을 제안했다. 하지만 현실에서는 그러한 방향에서의 정책은 실현되지 않았다. 보다 정확하게 말하면, 2009년에 실현된 민주당 주도의 정권에서는 근로자의 권리 · 이익을 강화하는 방향에서 「노동자파견법」의 재검토(2012년), 기간제 고용정책의 일정한 전환을 도모하는 「노동계약법」의 개정(같은 해) 등이 이루어졌지만, 2013년에 성립된 자민당과 공명당의 연립정권에서는 재차 종래 형태의 고용정책으로 회귀하고 있다.

현 정권에서는 기업 이익을 최우선하고 그 혜택을 근로자나 시민에게 환원한다는 낙수효과(trickle-down) 정책이 채택되었다. 하지만 거기에는 종래의 흐름으로 돌아가, 경우에 따라서는 이를 가속하는 고용정책이 행해지고 있다. 이러한 동향에 대하여 노동법학은 어떠한 대응책을 제안해야 하는가? 본서는 이에 대한 필자의 대답으로 편찬된 저서이다.

앞의 저서를 발표한 이후의 고용사회를 습격한 현상을 필자는 '세 가지의 위기' 로 생각하고 있다. 첫째는 2008년 가을의 리먼 쇼크(세계금융위기)이다. 이것은 미국발 경제정책의 실패에 일본이 말려든 위기이고, 인위적인 정책 실패에 따른 것이다. 그러한 의미에서는 충분히 피할 수 있었던 것이다. 이 위기는 고용사회의 사회안전망(safety net)의 약화와 비정규직 고용정책의 문제를 재차 가시화했다.

둘째는 2011년 3월에 발생한 동일본 대지진과 그 영향에 따른 후쿠시마현(福島県) 도쿄전력 원자력발전소의 폭발사고인데 '3.11 위기' 라고도 한다. 전자는 자연재해로 회피는 매우 어려울 것이다. 반면에 후자는 상당한 부분이 인재라고 평가받고 있다. 다른 외국의 예이지만 가까운 과거에 같은 참사를 경험하고 있기 때문이다. 이 위기는 지역적으로 한정되어 있었지만 일본의 하청구조의 문제점 등이 재차 백일하에 드러났다.

본서 제1장에서는 이상의 두 가지 위기와 그것이 고용사회에 미친 영향을 분석하고 있다. 특히 이러한 위기가 말단 하청기업의 근로자나 비정규직 고용근로자에게 직접적인 타격을 준 점, 그에 대한 사회안전망이 취약하다는 점을 명확히하고 있다. 이와 함께 노동법 정책의 과제를 도출하고 있다.

셋째는 아베노믹스의 경제정책과 고용개혁이다. 아베노믹스의 고용개혁은 격차 확대, 빈곤층 확대, 사회적 배제의 심각화 등에 대하여는 문제 자체를 삼지 않고 있다. 필자는 1990년대 이후 고용정책과 그 효과라는 관점에서 보면 아베노믹스의 고용개혁에는 고용의 위기를 한층 더 심각하게 만드는 위험성이 포함되어 있다고 생각하고 있다. 게다가 첫 번째의 위기나 두 번째의 위기가 고용사회에 직접적인 피해를 초래했던 것에 비하여, 세 번째의 위기는 성격상 즉시는 가시화되지 않을 가능성도 있다. 그러한 까닭에 점차 위기가 진행하고 심각해질 것으로 예상된다.

본서 제2장에서는 이러한 아베노믹스의 고용개혁에 대하여 분석한다. 즉 그 전체상과 기본적 철학을 검토한 후에 오늘날의 고용사회가 안고 있는 큰 문제인 고용의 양극화에 대하여 한쪽에서는 정사원의 근로시간정책을, 다른 한편에서는 비정규직 고용의 대표적인 사례인 근로자파견의 법정책을 분석한다. 이러한 것을 통하여 아베노믹스의 고용개혁을 왜 '위기' 라고 하는지를 명확히 하고자 한다.

이상의 분석에서 '위기' 라고 불리는 고용사회의 현상, 그리고 그 배경 · 원인이 명확하게 된다. 그러나 노동법학자로서 여기에 머물러 있을 수는 없다. 고용사회의 병과 그 원인이 명확하게 된다면, 다음으로는 처방전을 써야하기 때문이다. 그것은 마치 몸과 정신의 병을 치유하는 의학연구자나 의사의 일과 닮아 있다. 위기에 빠진 고용사회를 부활시키기 위해서는 그것을 강력하게 추진하는 법적 구조, 즉 '노동법의 복권' 이 필요하다.

필자는 노동법의 미래(오늘과 가까운 미래)를 그릴 때에 중시하는 것이 ILO가 제기하고 있는 좋은 일자리('decent work'), 국제기관 등이 환경정책 분야에서 개발하고 그 후의 사회시스템의 장래상을 그릴 때에도 유효하게 된 '지속가능성' 혹은 국제문서나 정부의 정책문서에도 자주 등장하는 '양질의 고용 창출' 이나 '두터운 중간층의 형성' 등의 개념이다.

고용사회의 대변화에 대응하여 노동법도 변용을 요구받고 있는 측면을 파악하여 '노동법의 현대화' 로 특징짓는 견해도 있다. 하지만 거기에는 '현대화란 무엇인가' 라는 문제에 직면한다. 죽음을 초래하는 것과 같은 장시간 근로, 빈곤 혹은 양극화 해소는 오히려 근대화의 과제이지 않을까? 고용의 다양화는 과연 긍정적 이미지인가 등.

이 견해로는 결과적으로 오늘날의 고용사회의 위기를 타개하는 충분한 해답과 정책은 나오지 않는다.

앞에서 언급했던 중요한 개념을 기초로 그려보는 고용사회와 이를 규제하는 노동법의 바람직한 모습은 제3장에서 상세하게 논한다. 독자들께는 본서 전체를 읽는 것이 힘든 경우 꼭 제3장만이라도 읽어주시길 바란다.

고용사회의 현상과 바람직한 모습을 검토할 때에 자주 노동조합의 존재가 무시된다. 최근 몇 년 사이에 출판된 고용사회의 변화와 노동법(학)의 과제를 다룬 저서, 코야마 후미토 · 시마다 요이치 · 가토토 모유키 · 키쿠치 요시미 편의 『사회법의 재구축』(小宮文人 · 島田陽一 · 加藤智章 · 菊池馨実編 『社会法の再構築』(旬報社, 2011)), 이와나미 강좌의 『현대법의 동태 3 사회변화와 법』(岩波講座 『現代法の動態3社会変化と法』(岩波書店, 2014)), 무라나카 다카시 · 미즈시마 이쿠코 · 다카하타 준코 · 이나모리 키미요시 편의 『근로자상의 다양화와 노동법 · 사회보장법』(村中孝史 · 水島郁子 · 高畠淳子 · 稲森公嘉編 『労働者像の多様化と労働法 · 社会保障法』(有斐閣, 2015)), 노가와 시노부 · 야마카와 류이치 · 아라키 다카시 · 와타나베 키누코편의 『변모하는 고용 · 취업모델과 노동법의 과제』(野川忍 · 山川隆一 · 荒木尚志 · 渡邊絹子編 『変貌する雇用 · 就労モデルと労働法の課題』(商事法務, 2015))에서도 그러하다.

왜 노동조합은 무시해도 좋은 존재가 되어버린 것일까?(와타나베 아키라 "노사관계와 '사회적 대화' 에 대하여"(渡辺章 「労使関係と『社会的対話』について」 日本労働法学会誌 124호(2014), 3쪽 이하)도 이러한 문제의식을 제기하고 있다. 우리는 노동법을 지탱하는 자동차의 양쪽 바퀴의 하나로서 노동조합을 중심으로 형성된 집단적 노사관계가 있다고 배웠고 그렇게 생각해 왔다. 이것은 잘못되었던 것이었을까? 노동법의 현대화나 오늘날의 과제를 논의할 때에 이러한 요소를 무시한다고 한다면, 그 나름대로 설명해야 하는 것이 아닐까?

제4장은 그러한 생각에서 노동조합의 역할에 대하여 나름의 재고(再考)를 시도했다. 오래된 것이면서도 새로운 테마이지만 여기에서는 많은 의미가 잠재하고 있는 것을 발견할 수 있었다.

종장인 제5장에서는 이상을 전제로 재차 일하는 것의 의미에 대하여 생각해보았다. 간단한 글이지만, 필자의 견해의 핵심이 담겨져 있다.

이리하여 본서의 기(제1장) 승(제2장) 전(제3장, 제4장) 결(제5장)이 완성되었다.

본서는 법의 해석(Rechtsdogmatik)을 하는 것이 아니라, '지속가능한 고용사회의 전망'과 '노동법의 미래'를 고려한 법정책(Rechtspolitik)의 제안을 목적으로 하고 있다. 이를 위하여 가능하면 현실을 정확하게 파악하여 문제를 해결하고 그 원인을 찾는 방법, 즉 '증거에 기초한(evidence-based) 노동법학'이라고도 할 수 있는 방법을 채택하고 있다. 조사자료는 가능하면 객관성을 기하기 위하여 공적 기관이 실시한 것을 이용하고 있다.

같은 사실을 눈앞에서 보면서도 다른 평가를 할 수 있다. 오늘날의 고용 현상에 대하여 나는 '위기적 상황'으로 인식 내지 평가를 하고 있지만, 입법정책을 논할 때에는 과학자의 인식이 결정적으로 중요하다. 법학자의 사회인식은 의사의 오진과는 다르고, 직접적으로 근로자의 죽음을 초래하지는 않는다. 하지만 잘못된 사회인식에 근거하는 정책 제언은 장기적으로 볼 때 고용사회의 악화를 초래하게 된다. 그러한 의미에서 우리의 과학자로서 책임은 지금 일하며 살고 있는 근로자 및 미래사회에 대하여 지고 있다고 할 수 있다. 본서에 담겨져 있는 필자의 생각이다.

우리 법학자는 과거의 법해석 논쟁, 법사회학 논쟁 등에서 제기되었던 학자의 사회적 책임이라는 문제를 오랫동안 잊고 있었던 것 같다(하세가와 마사야스 『법학논쟁사』(長谷川正安『法学論争史』(学陽書房, 1976))에서 연구자의 바람직한 모습에 관한 가르침을 받았다).

본서는 지금까지 발표한 논문들을 기본으로 하면서도, 그 후의 전개를 추가하거나 법개정 등에 대하여 새롭게 첨가하고 있다. 하지만 각 장이 어느 정도 독립되어 완결된 형태를 취하고 있기 때문에 중복 부분도 있다. 또한 통계 수치가 오래된 것도 있다. 이점에 대하여 사전에 양해를 구한다.

서론은 "표준적 노동관계 모델과 노동법의 미래"(「標準的労働関係モデルと労働法の未来」法律時報 86권 4호(2014))를 그대로 담고 있다.

제1장 제1절은 "사회안전망으로서의 고용의 보호"(「セーフティネットとしての雇用の保護」労働法律旬報 1698호(2009))를 바탕으로 통계 등을 새롭게 하는 정도로 수정하고 있다. 같은 제2절은 "재해와 고용의 법"(「災害と雇用の法」法学セミナー 686호(2012)), "다중하청관계에 있는 원자력발전소 사고작업현장의 법적 문제"(「多重下請関係にある原発事故作業現場の法的問題」学術の動向 19권 2호(2014)), "고용·노동문제와 법"(「雇用·労働問題と法」法律時報 88권 4호(2016))의 세 논문을 재정리하고 있다.

제2장 제1절은 “아베노믹스와 노동법 개혁”(「アベノミクスと労働法改革」 法律時報増刊『「憲法改正論」を論じる』(2013))과 “아베노믹스의 고용개혁은 무엇을 초래하는가?”(「アベノミクスの雇用改革は何をもたらすか」 季刊 · 労働者の権利 305호(2014))를 재정리하였다. 같은 제2절은 “아베노믹스의 근로시간정책을 검증한다”(「アベノミクスの労働時間政策を検証する」 季刊労働法(2014))에 “노동기준법의 근로시간규정의 개정안”(「労働基準法の労働時間規定の改正案」 日本労働法学会誌 126호(2015))에 근간을 두고 있다. 같은 제3절은 『노동자파견법의 법적규제에 관한 총괄적 검토』(「労働者派遣法の法的規制に関する総括的検討」 和田肇 · 脇田滋 · 矢野昌浩編 『労働者派遣と法』(日本評論社, 2013))을 바탕으로 2015년 법개정에 대하여 추가적으로 기술하고 있다.

제3장 제1절은 “고용형태와 근로자상의 다양화?”(「雇用形態と労働者像の多様化？」 大島和夫 · 棚澤能生 · 佐藤岩夫 · 白藤博行 · 吉村良一編 『民主主義法学と研究者の使命』(日本評論社, 2016))를 바탕으로, 다른 부분과의 중복 등의 조정을 하였다. 동 제2절은 “표준적 노동관계와의 결별인가?”(「標準的労働関係との決別か」 荒木尚志 · 岩村正彦 · 山川隆一編 『労働法学の展望』(有斐閣, 2013))에 약간을 수정하고 있다. 같은 제3절은 2.의 부분에서 “노동법에서의 소프트로 접근에 대하여”(「労働法におけるソフト · ロー · アプローチについて」 戒能通厚 · 原田純孝 · 広渡清吾編 『日本社会と法学―歴史 · 現状 · 展望』(日本評論社, 2009))를 이용하고 있지만 그 외에는 새롭게 썼다.

제4장은 “노동조합의 미래와 법적 구조”(「労働組合の未来と法的枠組み」 根本到 · 奥田香子 · 緒方桂子 · 米津孝司編, 『労働法と現代法の理論 · 下』 (日本評論社, 2013))를 거의 그대로 인용하였다.

제5장은 부분적으로는 “고용의 의미를 생각한다”(「雇用の意味を考える」 法学セミナー 731호(2015))를 토대로 하고 있지만 기본적으로는 전체를 다시 쓴 것이다.

본서의 기본이 된 이상의 업적은 필자가 모두 연구대표자로 지금까지 행해왔거나 혹은 현재 진행형인 일본학술진흥회 과학연구비의 공동연구의 성과이다. 이 연구 프로젝트에는 연구자뿐만 아니라 많은 실무가, 그리고 독일, 한국, 대만의 연구자도 다수 참가하고 있다. 이를 지탱하는 많은 공동연구자의 조력이 없으면 본서는 완성될 수 없었다. 참고로 소개해 둔다.

기반연구(A)(과제번호: 20243006) “노동시장, 법정책 및 노동법의 편성원리에 관한 연구”(「労働市場´法政策及び労働法の編成原理に関する研究」)’ (2008년도~2011년도)

기반연구(A)(과제번호: 24243010) “표준적 노동관계 모델의 변용과 노동법 개혁의 전망”(「標準的労働関係モデルの変容と労働法改革の展望」)’ (2012년도~2014년도)
기반연구(S)(과제번호: 15H05726) “고용사회의 지속가능성과 노동법의 패러다임 전환”(「雇用社会の持続可能性と労働法のパラダイム転換」)’ (2015년도~2019년도)

본서 출판에 있어서 지금까지 몇 권의 저서와 마찬가지로 일본평론사 편집부의 나카노 요시아키(中野芳明)씨에게 많은 도움을 받았다. 노동법에 관하여 강한 관심을 가진 이러한 편집자가 있는 출판사가 없다면 본서는 세상에 나올 수 없었다. 또한 본서의 초고 단계에서 교정에 이르기까지 나고야대학 특임조교인 하야츠 히로타카(早津裕貴)씨와 서윤희(徐倫希)씨는 정성스러운 작업을 하고 귀중한 어드바이스를 해주었다. 이러한 분들에게 진심으로 감사의 인사를 전한다.

2016년 4월

와다 하지메(和田 肇)

차 례

한국어 서문
역자 서문
일본어(원문) 서문

서론 고용사회의 지속가능성과 노동법 — 1

들어가는 말 ······ 1

Ⅰ. 고용사회의 위기 ······ 2
1. 고용붕괴의 원인 / 2
2. 고용의 양극화=노동과잉과 상대적 빈곤의 증대 / 4
3. 지속가능성의 결여 / 5

Ⅱ. 지속가능한 고용사회 ······ 6

Ⅲ. '양질의 고용'과 고용의 악화 ······ 7

Ⅳ. 표준적 노동관계 모델 ······ 8
1. 표준적 노동관계란 / 8
2. 구체적인 대책 / 9
3. 표준적 노동관계 모델에 대한 의문에 답하며 / 10

Ⅴ. 젠더론에 대해서 ······ 11

Ⅵ. 학자의 일과 책임 ······ 13

제1장 두 개의 위기와 고용사회 — 15

제1절 세계금융위기와 고용사회 ······ 15

들어가는 말 ······ 15

Ⅰ. 사회안전망 논의의 배경 ······ 17
1. 자본주의에서 불가결한 사회안전망 / 17
2. 고용에서 항상 따르는 문제 / 18

Ⅱ. 규제완화정책이 초래한 것 ········· 20
1. 규제완화와 고용의 현상황 / 20
2. 1990년대 이후 노동법 정책의 평가 / 26
Ⅲ. 고용사회의 위기를 극복할 대책 ········· 28
Ⅳ. 다양한 사회안전망론 ········· 29
Ⅴ. 새로운 사회안전망 구축 ········· 32
1. 사회안전망을 설치하는 관점 / 32
2. 구체적인 방안 / 33
Ⅵ. 정 리 ········· 35

제2절 3.11 대지진 재해와 고용사회 ········· 36

들어가는 말 ········· 36
Ⅰ. 동일본 대지진과 노동문제 ········· 36
Ⅱ. 자연재해와 노동기준법 등 ········· 38
Ⅲ. 원자력발전 사고 작업현장에서의 안전문제 ········· 39
1. 다중 하청구조 / 39
2. 안전보건의 관리체제 / 40
3. 근로시간의 관리 / 42
4. 산업재해보상 / 43
Ⅳ. 취약한 사회안전망의 충실화 ········· 44
1. 취약한 사회안전망 / 44
2. 사회안전망의 충실 / 46
3. 정부의 부흥지원책 / 47
Ⅴ. 워크셰어링의 가능성 ········· 48
Ⅵ. 정 리 ········· 48

제2장 아베노믹스와 고용개혁 ——— 51

제1절 성장전략으로서의 고용개혁 ········· 51

들어가는 말 ········· 51

Ⅰ. 아베노믹스가 그리는 성장전략 ········· 52

1. 산업경쟁력회의의 성장전략 / 52
2. 아베노믹스 고용개혁에서의 극단적인 기업우선주의 / 52
3. 경제계의 제언 / 53

Ⅱ. 잃어버린 20년과 아베노믹스의 고용개혁 ········· 54

1. 1980년대까지의 노동법 개혁 / 54
2. 1990년대의 규제완화정책을 지탱한 이론 / 55
3. 1990년대 이후 노동법 개혁과 그 영향 / 57
4. 잃어버린 20년은 어떻게 총괄되고 있는가? / 62

Ⅲ. 고용개혁 방법의 문제 ········· 64

1. 노동기준법의 규제완화를 위한 특구 구상 / 64
2. 노동계약법 제18조 특례의 신설 / 65
3. 3자구성 위원회 방식의 잠탈 / 66

Ⅳ. 과도한 고용유지 방식에서 노동이동지원 방식으로 ········· 67

1. 아베노믹스의 인식 / 67
2. 해고권남용법리의 재검토 / 67
3. 해고의 금전해결제도 / 68

Ⅴ. 근무지 · 직종 한정 정사원 제도 ········· 69

1. 종래의 정사원 / 69
2. 직무내용 · 근무지 한정 정사원의 구상 / 70

Ⅵ. 정 리 ········· 72

제2절 근로시간의 법정책 ········· 72

들어가는 말 ········· 72

Ⅰ. '화이트칼라' 근로시간제도 ········· 73

Ⅱ. 화이트칼라 적용제외 제도 ········· 74

1. 2005년 연구회보고서 견해 / 74
2. 미국 제도를 일본에 도입할 때의 문제점 / 75
3. 무급잔업의 문제 / 76

Ⅲ. 아베노믹스의 근로시간 정책 개요 ········· 77

1. 규제개혁회의 제안 / 77
2. 고도 전문직 제도의 내용 / 80
3. 그 밖의 제안 / 82

Ⅳ. 법안의 검토 ········ 83
1. 고도 전문직 제도의 검토 / 83
2. 그 밖의 법개정 제안의 검토 / 85
Ⅴ. 근로시간의 실태 ········ 87
1. 근로시간의 국제비교 / 87
2. 장시간 근로와 과로 / 90
3. 근로시간제도의 적용 / 93
4. 일본 근로시간의 특징과 문제점 / 94
Ⅵ. 현행 제도의 문제 ········ 95
1. 현행 제도에서 부족한 부분 / 95
2. 화이트칼라에 대하여 현행 제도로 불충분한가? / 98
3. 노사 자치 / 100
Ⅶ. 근로시간 규제의 본질 ········ 101
1. 법에 의한 근로시간의 규제 / 101
2. 근로시간의 관리책임 / 102
3. 근로시간과 임금 / 102
4. 고도 전문직 제도에 대하여 / 103
5. 과로사 등 방지대책추진법 / 104
Ⅷ. 정 리 ········ 105

제3절 근로자파견법의 정책과 기본원리 ········ 106

들어가는 말 ········ 106
Ⅰ. 2015년 법개정의 검토 ········ 107
1. 1985년 법제정 이후의 변천 / 107
2. 2015년 개「정(正)」법의 절차 · 형식의 비정상성 / 111
3. 2015년 개「정(正)」법의 내용 분석 / 113
Ⅱ. 직접고용의 원칙 ········ 116
1. 직접고용원칙 부정론의 큰 오해 / 116
2. 직접고용원칙과 입법정책 / 119
Ⅲ. 3자간 고용관계에 관한 중요한 규정 ········ 121
1. 특정행위의 금지 / 121
2. 사용사업주 근로자와의 평등취급 · 균형처우 / 122
3. 근로자파견법 제40조의6와의 관계 / 123

Ⅳ. 근로자파견법의 법적 성격 ······ 124
1. 판례의 견해 / 124
2. 단속법규와 사법상의 공서 / 126
3. 근로자파견법에 위반하는 파견계약의 효력 / 128
4. 근로자파견법 위반과 불법행위 / 129
5. 파견계약의 해지와 불법행위 / 130
Ⅴ. 사용사업주와의 묵시적 근로계약의 성립 여부 ······ 131
1. 마츠시타PDP(파나소닉 플라즈마 디스플레이)사건 최고재판소 판결의 검토 / 131
2. 묵시적 근로계약에서 의사 추정 방법 / 133
Ⅵ. 근로자파견 규제의 개선 방향 ······ 137
1. 대상업무와 파견기간의 문제 / 137
2. 등록형 파견의 문제 / 140
3. 취업형태로서의 근로자파견의 자리매김 / 141
Ⅶ. 정 리 ······ 142

제3장 양질의 일자리(decent work) 실현을 위하여 ―― 145

제1절 고용형태와 근로자상의 다양화란 ······ 145

들어가는 말 ······ 145
Ⅰ. 일하는 방식의 다양화에 대하여 ······ 146
1. 일하는 방식의 다양화? / 146
2. 근로시간의 선택 / 148
3. 직종 · 직장의 선택 / 151
Ⅱ. 고용형태의 다양화에 대하여 ······ 155
1. 고용형태의 다양화란 / 155
2. 박사 후 과정(post doctor)의 문제 / 156
Ⅲ. 근로자상의 다양성에 대하여 ······ 157
1. 무엇이 다양화 되었는가? / 157
2. 전통적 근로자상과 자립적 근로자상 / 158
3. 근로자상은 변화하고 있는가? / 160
Ⅳ. 정 리 ······ 162

제2절 표준적 노동관계 모델의 재구축 ······ 163

들어가는 말 ······ 163

Ⅰ. 발터만 보고의 개요 ······ 164

Ⅱ. 발터만 보고에 대한 약간의 코멘트 ······ 168

Ⅲ. 일본 비정규직 고용의 실태 ······ 173

Ⅳ. 일본에서의 '표준적 노동관계' 개념의 의의 ······ 178

1. 정규직 고용과 표준적 노동관계 / 178
2. 계약자유와의 관계 / 181
3. 표준적 노동관계와 근로자상 / 182

Ⅴ. 표준적 노동관계로부터의 괴리에 대한 대처 ······ 183

Ⅵ. 정 리 ······ 186

제3절 비정규직 고용과 균등대우 ······ 188

들어가는 말 ······ 188

Ⅰ. 비정규직 고용과 균등대우에 관한 입법 경위 ······ 188

1. 1980년대까지 / 188
2. 1990년대 이후 / 190
3. 2007년 「파트타임노동법」 개정 / 192
4. 2014년 법개정 / 194

Ⅱ. 소프트 로(soft law) 접근 ······ 195

1. 소프트 로 접근이란 / 195
2. 소프트 로가 가지는 문제 / 197

Ⅲ. 법의 절차화 이론 ······ 201

1. 법의 절차화란 / 201
2. 검 토 / 202

Ⅳ. 헌법 제14조와 노동법 ······ 203

1. 헌법 제14조 제1항과 차별금지 / 203
2. 차별해소 입법에 대한 접근 / 204

Ⅴ. 비정규직 고용과 균등대우 ······ 207

1. 현재까지의 사건 / 207
2. 동일(가치)노동 동일임금 접근 / 209

3. 불합리한 차별(합리성 없는 불이익취급)금지 접근 / 213
4. 비정규직 고용에 관한 법의 패라다임 전환 / 215
Ⅵ. 정 리 …… 215

제4장 노동조합의 미래 —— 219
들어가는 말 …… 219
Ⅰ. 노동조합의 실태 …… 220
Ⅱ. 노동조합의 정의 …… 222
Ⅲ. 노동조합의 조직력과 민주주의 …… 224
1. 조직강제에 관한 최고재판소 판례 / 224
2. 니시타니(西谷)설 / 226
3. 민주주의 학교로서의 노동조합 / 227
4. 유니온 숍 협정의 헌법론 / 229
5. 유니온 숍 협정의 적법성 요건 / 231
Ⅳ. 강한 신념을 가지는 소수조합 · 합동노조 …… 235
1. 소수조합의 존재의의 / 235
2. 소수조합의 단체교섭권 / 237
3. 취업규칙의 불이익변경과 소수조합 / 238
4. 합동노조에 대하여 / 239
Ⅴ. 재정기반의 확립 …… 241
1. 조합비공제의 기능 / 241
2. 조합비공제와 노동기준법 제24조 / 242
3. 조합비공제의 법적 성격 / 242
Ⅵ. 이기적인 존재로서의 노동조합 …… 243
1. 단체협약 적용배제조항 / 243
2. 독일의 경험 / 244
3. 사 견 / 245
Ⅶ. 사회적 존재로서의 노동조합 …… 246
Ⅷ. 대안으로서의 종업원대표 기관? …… 248
Ⅸ. 정 리 …… 251

제5장 양질의 노동과 지속가능한 고용사회 ―――― 253

들어가는 말 ······ 253

Ⅰ. 노동의 의미의 재확인 ······ 254

1. 일한다는 것(노동)의 의미 / 254
2. 커리어(career)권에 대해서 / 255

Ⅱ. 노동과 고용사회의 위기 ······ 257

1. 빈곤과 격차 / 257
2. 고용의 양극화와 정사원층의 노동과잉 / 260
3. 청년층 고용의 위기 / 261
4. 괴롭힘(harassment)의 증가 / 263
5. 사회보장제도의 위기 / 270

Ⅲ. 고용사회의 새로운 모델 ······ 271

1. 국내외의 제언들 / 271
2. 지속가능한 고용사회 / 274
3. 표준적 노동관계 모델과 법 / 279

Ⅳ. 노동조합의 큰 역할 ······ 282

Ⅴ. 맺는 말 ······ 283

찾아보기 ······ 287

서 론

고용사회의 지속가능성과 노동법

들어가는 말

고용사회의 현상황을 어떻게 이해하고, 그것을 전제로 노동법의 미래상을 어떻게 그릴 것인가는 지금의 노동법학자에게는 피할 수 없는 과제로 되어 있다. 필자 자신도 최근 10여 년에 걸쳐 이러한 주제를 집중적으로 연구해 왔다.

많은 학자[1]와 마찬가지로 필자도 고용사회의 현상황에 대해서 고용의 양극화, 다양한 차별의 잔존과 확대, 그 결과로서 사회적 배제, 일과 생활의 부조화(unbalance), 블랙기업 문제로 나타나는 고용의 악화, 저급한(indecent) 일자리로 고용이 심각해지고 있으며, 총체적으로 지속가능성이 위기에 처해있는 것으로 이해한다. ILO 등 국제기구의 각종 제언이 이것을 극복해야 할 과제로 제기하는 것을 생각하면, 고용의 현상황에 대해 지나치게 부당하거나 너무 과장된 이해라고 할 수는 없을 것이다.

이와 관련하여 필자가 제기해 온 것은 고용사회의 지속가능성을 재구축하는 법정책이다. 이를 위하여 중간층의 확대를 중심으로 하는 표준적 노동관계 모델의 재생, 재구축이 필요하다고 생각한다. 본서는 그 방안을 제시하는 것을 목적으로 하고 있다.

이하에서 본서가 논할 과제에 대하여 간략하게 소개한다.

1) 예컨대 최근 사회학자의 이해로서 『学術の動向』 2015년 제9호에 게재된 특집 「現代の雇用危機を考える」 각 논문을 참조.

Ⅰ. 고용사회의 위기

1. 고용붕괴의 원인

고용사회의 현상황은 결코 순풍에 돛을 단 것이 아니다. 오히려 '위기'로 파악하는 것이 보다 적절할 것이다. '고용사회의 붕괴'라고 이해되기도 하지만,[2] 이것이 반드시 적절하지는 않다. 고용사회가 자동적으로 붕괴되어 온 것이 아니라, 어떠한 이유·원인으로 '파괴'되어 왔기 때문이다.[3] 그 원인을 찾지 않으면 적절한 처방전을 내릴 수 없다. 질병의 원인을 밝혀내지 못한다면 적절한 의료조치를 강구할 수 없는 것과 비슷하다.

필자는 두 가지 중요한 이유(원인)가 있다고 생각한다. 첫째는 필요한 규제를 없애버린 점(규제완화)이다. 근로자파견법 제정에서 시작하여, 그 후 파견대상업무의 확대 그리고 현재 진행되고 있는 직접고용원칙의 포기라는 규제철학의 대전환이 대표적인 사례이다. 고용보험의 감축, 공적 직업훈련과 직업소개의 후퇴(직업소개 등 국가독점 폐지라는 정책을 구실로 함)라는 사회안전망(safety net) 기능의 약체화도 이러한 흐름으로 평가할 수 있다.

다른 하나는 사회·고용 환경의 변화에 따라 적절하게 규제해야 함에도 불구하고, 이를 게을리 한 점(규제해태·규제소극주의)이다. 급증하는 시간제고용과 기간제고용에 대하여 유럽 모델과 같은 규제의 필요성이 주장되었지만, 오랜 기간 규제를 소홀히 해 온 것이 그 사례이다. 입법정책에 영향력이 있는 학자가 규제를 노동시장에 맡겨야 하며, 입법적인 개입은 타당하지 않다는 규제소극론을 주창한 것도 규제해태에 빠진 원인의 하나이다. 2006년 한국의 비정규직보호법 등의 제정[4]과 비교해도 이러한 흐름은 뚜렷하다. 이러한 사례를 들자면 끝이 없을 것이다.

그런데 1980년대 중반 이후의 노동법의 전개 기조가 규제완화라고 이해[5]되는 것에 대하여 아라키(荒木) 교수는 '규제완화' 이외에 '재규제/규제의 현대화', '신규제'라

2) 예컨대 大内伸哉『雇用はなぜ崩れたのか』(筑摩書房, 2009).

3) 조금 오래 된 것이지만, 鹿島敬『雇用破壊』(岩波書店, 2005).

4) 상세한 내용은 西谷敏·和田肇·朴洪圭 編『日韓比較労働法Ⅰ』(旬報社, 2014) 159쪽 이하 논문 참조.

5) 필자의 이해에 대해서는 졸저『人権保障と労働法』(日本評論社, 2008) 226쪽 이하 참조.

는 세 가지 흐름이 동시 진행되고 있다고 정리한다. 즉 ① 노동시장 정책의 영역에서는 근로자파견법의 제정이나 개정 등 외부 노동시장의 활성화와 높은 실업 대책을 위한 규제완화정책이 추진되어 왔다. 하지만 ② 제2차 산업에서 제3차 산업으로의 변화와 화이트칼라화 등 노동시장 · 산업의 구조변화에 대응하여 1987년 「노동기준법」 개정(근로시간제의 개정), 「고연령자고용안정법」의 제 · 개정 등 장기고용시스템의 변화에 대응한 '규제의 현대화' 가 진행되었다. 또한 ③ 고용시스템에서 존중되어야 할 새로운 가치, 예컨대 고용평등, 일과 생활의 균형(work-life balance), 자기결정의 존중, 사생활 보호 등의 가치가 강조되어 이에 대응한 '새로운 규제' 가 도입되었다. 「고용기회균등법」의 제정이나 몇 차례의 개정, 「육아휴직법」의 제정과 「육아돌봄휴직법」으로의 개정, 「파트타임노동법」의 제 · 개정 등이 있다. 또한 개별노동분쟁이 증가함에 따라 「개별노동관계분쟁해결촉진법」의 제정, 「노동심판법」의 제정 등은 '새로운 규제' 이다. 이렇게 이해하고 있다.[6)]

그러나 이러한 이해는 법제정과 법개정의 표면을 본뜬 것에 불과하며, 정부의 노동법정책의 본질이나 법이 현실에 수행하는 있는 기능을 탐구하는 작업과는 거리가 멀다. 예컨대 규제완화정책은 매치펌프(match-pump)* 정책이기 때문에 개별노동분쟁이 증가하고, 이에 따라 분쟁처리제도를 충실히 하는 것이 요구되어 이러한 정비는 '새로운 규제' 로써 도입하지만, 규제완화정책과 모순되지는 않는다. 또한 아베노믹스(Abenomics)가 추진하는 고도(高度) 전문직 제도는 고용의 '화이트칼라화' 에 대응한다고 할 수도 있지만, 이것은 분명히 규제완화정책이다.

아라키 교수는 본서가 그리려는 고용의 양극화, 과잉노동, 근로빈곤(워킹푸어)층의 확대, 일과 가정의 극단적인 부조화, 가족책임에 대한 남성의 소극적 · 부정적 태도, 남녀간의 고용불평등의 잔존이라는 오늘날의 고용상황에 어느 정도 주목하고 있지만,[7)] 그러한 상태가 왜 생겨났는지는 거의 관심이 없다.[8)] 현재의 노동법 규제를 이러

---

6) 荒木尚志『労働法 · 第2版』(有斐閣, 2013) 715쪽 이하; 荒木尚志「日本における個別的労働関係法の展開と課題」労旬 1860호(2016) 7쪽 이하.

* 역자주: 일본식 외래어로 '성냥으로 불을 붙이고 펌프로 불을 끈다는 의미로서, 자신이 불을 내놓고 "불이야, 불이야!" 라고 소리치며 불을 끄는 위선적 행위' 를 말한다

7) 荒木尚志「雇用社会の変化と法」『現代法の動態 3 社会変化と法』(岩波書店, 2014) 6쪽 이하. 다만 이러한 것들을 매우 심각하다고 인식하고 있는지는 의문이다.

8) 荒木尚志「労働者像の変化と法政策のあり方-法学の立場から」野川忍 · 山川隆一 · 荒木尚志 · 渡

한 '규제완화', '재규제' 및 '신규제'라는 양과 힘이 서로 다른 규제의 짜집기로 이해하는 것 같다.[9] 하지만 그것만으로는 현재의 고용사회가 안고 있는 문제를 설명할 수 없다. 이것은 노동법정책의 본질과 기본구조를 이해하지 못하기 때문이다.[10] 고용의 현상황은 아라키 교수의 수사(rhetoric)와는 크게 동 떨어져 있다고 필자는 생각한다.

2. 고용의 양극화=노동과잉과 상대적 빈곤의 증대

고용사회가 건전성을 잃었다는 증거로서 몇 가지 현상을 지적할 수 있다. 일본의 고용사회의 건전함이나 강함은 두터운 중간층의 존재로 지탱되고 있었다. 이 중간층의 두터움은 수입이나 고용보장의 측면뿐만 아니라 기업 내의 숙련 형성, 강한 기업 귀속의식에서도 알 수 있다. 강한 기업 귀속의식은 회사주의, 기업중심주의와 같은 부정적인 측면도 가지고 있었던 것은 분명하다. 오래된 공동체의 부정적 측면은 극복해야 하지만, 그렇다고 해서 강함의 원천까지 와해시켜 버리는 것은 잘못이다.

고용의 양극화는 견고한 중간층을 무너뜨렸다. 그 맹아는 이미 고도 성장기에 있었지만, 1980년대 이후에 현재화(顯在化)되었다. 한편으로는 고용보장을 받는 것으로 경우에 따라서는 죽을 때까지 일한다는 '노동과잉'이다.[11] 다른 한편으로는 근로자파견, 시간제고용, 기간제고용이라는 비정규직의 급증이다. 현재 비정규직은 40% 정도이며, 선진국 중에서도 높은 수준이다.

일본에서 비정규직 급증이 문제된 것은 유럽법이나 한국법과 비교하여 균등처우나 불합리한 차별금지 혹은 정규직화의 길이 거의 막혀 있기 때문이다. 겨우 길이 열렸다는 것이 2012년 노동계약법을 개정해 '기간제 근로계약'의 규제가 도입되면서이다. 지금까지는 고용평등법에서 특히 헌법 제14조 제1항의 규정과 같이 '인권'과 관련되지 않는 분야에서는 소프트 로(soft law)형 규제 · 법정책이 현실적이고 타당한 방안이라는 견해가 유력한(연구력에 그치지 않고 입법정책에 영향력이 있다는 의미에서) 노동법학자로부터 주장되어 왔다. 필자는 남녀고용평등법제뿐만 아니라 고용형태의 차별문제에

邊絹子 編『変貌する雇用 · 就労モデルと労働法の課題』(商事法務, 2015) 33쪽 이하 참조.

9) 荒木尚志『労働法 · 第2版』(有斐閣, 2013) 715쪽 이하.

10) 이하에 대해서는 제9회 한일노동법포럼(2015. 12. 19. 개최)에서 唐津博 보고「日本における労働法の規制緩和政策」(労旬 근간 예정)에서 찾을 수 있었다.

11) 이 표현은 玄田有史『働く過剰』(NTT出版, 2005)에 따른다.

서도 소프트 로 방식의 규제는 법의 규범성을 약화시키고, 행정지도라는 가부장주의적 방법으로 되어버리며, 무엇보다도 현실을 바꿀 힘이 없기 때문에 의문을 제기해 왔다(자세한 내용은 제3장 제3절에서 다룬다).

과로사나 과로자살은 원래 기업사회에서는 발생해서는 안 되는 현상이다. 입법정책으로 이것을 막을 수 있기 때문에 입법조치를 강구하지 않는 것은 입법 무책(無策)이라고 할 수밖에 없다.

3. 지속가능성의 결여

일과 가정의 부조화는 무제한의 시간외 근로, 가정 붕괴를 동반하는 단신부임을 당연시하는 관행, 이러한 것을 정당화하는 판례법리, 이를 순진하게 수용하는 학설의 트라이앵글로 보강해왔다. 임금격차가 크고 고용이 불안정한 비정규직의 증가는 당연히 상대적 빈곤의 확대로 이어진다. 흔히 가정주부나 학생 등 가계보조적 근로자를 염두에 두고 전개해 온 최저임금이나 각종 사회보험제도는 현상황과 일치하지 않고 있다. 이러한 요인의 복합적인 결과가 사회적 빈곤층이나 사회에서 배제되는 계층을 확대시키고 있다.

이러한 모순은 청년근로자에게 집중적으로 나타나고 있다. 예전에는 대졸이나 고졸 청년이 입직 시점부터 비정규직밖에 없는 사태는 없었다. 이것은(어떤 면에서) 청년이 우수했다는 이유가 아니라 기업사회 시스템이 그렇게 설계되었기 때문이라는 것에 불과하다. 우선 비정규직으로 입직하면, 그 후에 정규직 고용으로의 이동은 일본 사회에서 매우 어렵다. 그렇다면 20대 청년에게 비정규직밖에 제공되지 않고, 그 후에도 비정규직이 계속되는 현상이 재생산된다면(현재 이미 그렇게 되었지만), 일본의 고용사회 미래는 어떻게 될 것인가? 기업이나 정치인은 단기적인 관점이 아니라 보다 장기적인 관점에서 고용정책 · 인사정책을 숙고해 나가야 한다.

기업 사회가 지속가능성을 상실하고 있다는 것은 이상의 것을 의미한다.

Ⅱ. 지속가능한 고용사회

일본 사회가(또한 세계가) 안고 있는 구조적 위기를 '지속가능성'이라는 핵심 개념을 사용하여 극복하려고 여러 분야에서 시도되고 있다. 특히 2008년 가을 세계금융위기(리만 쇼크)와 2011년 3월의 동일본 대지진 및 동경전력 후쿠시마 원자력발전소의 폭발사고 이후 뚜렷해졌다(자세한 내용은 제1장에서 논의).[12)]

주지하는 바와 같이 '지속가능성'(sustainability)은 1987년 UN(국제연합) 환경과 개발에 관한 세계위원회의의 보고(이른바 「브룬트란트 위원회 보고서」)에서 처음으로 제기된 개념이다. 여기서는 "지속가능한 발전은 미래 세대가 스스로의 욕구를 충족시키는 능력을 손상시키지 않고, 현재 세대의 욕구를 충족시키는 것을 의미한다"고 설명한다. 이 개념은 일반적으로 인간 활동, 특히 문명의 이기를 이용한 활동이 장기간에 걸쳐 지속할 수 있는 것을 나타내고 있다.

지속가능성은 이렇게 전 지구적 규모로 자행되는 환경파괴에 대한 대응으로 제기된 것이지만, 오늘날에는 그 범위 · 대상이 크게 확대되었다. 예컨대 2000년 UN 밀레니엄 정상회의에서 나온 「국제 밀레니엄 선언」은 21세기 국제사회의 목표를 설정한 것이지만, 그 중에서도 불가결한 '가치와 원칙'으로서 자유, 평등, 단결, 관용, 자연의 존중, 책임의 공유가 언급되어 있다. 또한 주요 목표로서 평화 · 안전과 군축, 개발과 빈곤퇴치, 공유 환경의 보호, 인권 · 민주주의와 양호한 통치, 약자의 보호 등이 열거되어 있다. 여기서는 21세기의 과학자의 과제가 자연환경의 보호를 포함하는 지구와 인간 · 사회의 통합적 연구라는 넓은 관점에서 설정되어 있고, 이를 가리키는 개념으로서 지속가능한 개발(sustainable development)이 사용되고 있다. 게다가 최근에는 지구시스템의 기능에 대한 해명이 이루어지면서 인간사회를 포함한 시스템의 지속가능성, 즉 지구 규모의 지속가능성(global sustainability)을 구축해 나가기 위한 틀로써 '지구의 미래'(Future Earth) 계획이 제안되었다.

이리하여 자연환경과 개발의 관계뿐만 아니라 사회시스템, 경제시스템, 정치시스템 그리고 국제관계에 걸쳐서(총칭하여 '사회시스템'이라 한다) 지속가능성이 중요한 핵심

---

12) 長谷部俊治 · 船橋晴俊 『持続可能性の危機』(お茶の水書房, 2012) 1쪽 이하. 대지진에 대하여 법률가의 역할을 논한 것으로 別册法学セミナー 『3 · 11大震災 暮らしの再生と法律家の役割』(2012) 등이 있다.

개념이 되었다. 다시 말하면, 전쟁이나 분쟁이라는 평화적 생존에 대한 위기, 대량·광범위·장시간에 걸쳐 자연과 인간(활동)을 파괴하는 원전사고, 사회보장시스템의 붕괴, 빈곤과 격차의 확대, 사회적 배제·차별의 심각화라고 하는 문명의 위기에 직면했을 때에 지속가능성의 개념은 이에 대한 안티테제(antithese)로서 한층 더 유효성을 가진다고 생각한다.

사회시스템의 하나인 고용사회에서도 동일하게 지적할 수 있다.[13)]

Ⅲ. '양질의 고용'과 고용의 악화

오늘날 선진국이 안고 있는 고용정책과제에는 많은 공통점이 보인다.

예컨대 2013. 9. 6.자로 발표된 「G20 상트페테르부르크 정상회의 정상선언」(이하 G20 정상선언)[14)]은 항목의 하나로 고용문제를 들었고, "생산적이고 보다 질 높은 고용을 창출하는 것은 강고하고 지속가능하고 균형있는 성장, 빈곤퇴치 및 사회적 일체성의 향상을 목표로 하는 각국 정책의 핵심이다"고 밝히고 있다. 이 선언에서는 '강고하고 지속가능하고 균형있는 성장'이라는 큰 목표로 세우고, 이를 위한 고용정책으로 '고용시장의 유연성과 효율성의 촉진, 적절한 근로자보호', '정규직으로 보다 생산적이고 일의 보람있는 고용의 창출', '더 높은 고용수준과 실업, 불완전고용 및 비정규직의 지속적인 감소를 확보하기 위하여 노동의 기본원칙 및 권리를 충분히 존중'하는 것 등이 제시되어 있다.

이 제안에는 2010년 3월에 공표된, 지적이고(지식, 혁신, 교육, 정보 사회의 촉진), 지속가능하며(유효한 자원이용에 의한 생산), 포괄적인(노동시장에의 참여, 기술의 학습, 빈곤과의 투쟁) 성장을 목표로 하는 「유럽 2020」과 기본적으로 공통한다. 이는 ILO가 기치를 들고 있는 양질의 일자리(decent work)의 실현으로도 이해할 수 있다.

오늘날 선진국이 안고 있는 고용문제는 매우 공통적이며, 거의 일치한 해결의 방향성이 확인되고 있다. 첫째, 불완전고용 또는 비정규직 고용을 지속적으로 감소시키는

---

13) 예컨대 厚生労働省雇用政策研究会報告書「持続可能な活力ある社会を実現する経済·雇用システム」(2010. 7)을 참조.

14) 外務省 仮訳:http://www.mofa.go.jp/mofaj/gaiko/page3 000373.html.

것 또는 정규직 고용을 창출하는 것, 둘째, 노동에서 기본원칙과 근로자의 권리보장을 존중하거나 유연성의 확보와 함께 근로자의 적절한 보호를 도모하는 것, 셋째, 빈곤의 퇴치와 사회적 연대성 · 사회적 포섭의 향상을 목표로 하는 고용정책을 강구하는 것이다. 이것이 '양질의 고용창출' 이라고 한다. 두터운 중간층을 형성, 확대한다고 말하는 것이다.

그런데 아베노믹스의 고용정책은 이러한 흐름과는 명백하게 반대 방향으로 나가고 있다. 아베노믹스의 고용개혁은 기업의 단기적인 이익창출을 위하여 대체로 질이 나쁜(낮은) 고용을 적극적으로 창출하고, 장기적으로 보면 더욱 고용을 악화시켜 나가려는 시나리오라고 말할 수 있다(자세한 내용은 제2장에서 논의).[15]

Ⅳ. 표준적 노동관계 모델

1. 표준적 노동관계란

노동법의 미래를 고려하면 필자는 주로 독일법에서 주장해 온[16] '표준적 노동관계 모델' 에 의해 노동법을 재구성해야 한다고 생각한다. 이 개념은 정규직 고용(직접고용, 풀타임고용, 무기고용)에 가깝지만, 몇 가지 점에서 차이점이 있다(자세한 내용은 제3장 제2절에서 논의).

첫째, 일과 가정의 조화가 유지된 고용이다. 시간외 근로는 엄격하게 규제되고, 본인이나 가족이 의도하지 않는 단신부임을 강요받지 않는 고용을 말한다. 과로사나 과로자살이 만연하고 그 위험군이 대량으로 존재하며, 항상 그러한 위험에 대하여 불안을 느끼고 있는 고용은 결코 정상적인(normal) 고용이라고 할 수 없다. 또한 이것은 후술하는 것처럼 한정(限定) 정사원과는 다르다(제2장 제1절 참조).

둘째, 집단적인 이익대표시스템에 포함된 고용이다. 통상 이것은 노동조합의 가입을 의미하지만, 단체협약의 확장적용 등에 따라 단체협약에 포함되는 경우도 포함할

15) 이에 대해서는 西谷敏 他『日本の雇用が危ない 安倍政権の「労働規制緩和」批判』(旬報社, 2014) 논문 참조.

16) 최근 유럽 여러 국가에서도 이러한 개념이 중시되고 있는 듯 하다(Jan Bucelens / John Pearson(eds), Standard work: an anachuronissm?, 2013).

수 있다. 이러한 제도는 기업내 노동조합이 일반적으로 노동조합의 조직률과 단체협약의 적용률이 거의 일치하는 일본에서는 생각할 수 없는지도 모른다. 이것을 보충하는 것으로 독일의 종업원대표제도와 같이 법제화된 종업원대표시스템이 있다. 이와 비교해 보면, 일본의 과반수대표시스템은 종업원의 이익대표시스템으로 충분하지 않다(자세한 내용은 제4장에서 논의).

셋째, 모든 사회보험제도를 적용해야 한다. 비정규직 고용의 많은 부분(주부 시간제나 아르바이트)을 사회보험제도에서 배제하는 시스템은 표준적 노동관계 모델과는 동떨어져 있다.

넷째, 사회안전망을 완비해야 한다. 구체적으로 일정한 실업자나 반실업 상태에 있는 사람의 존재를 내부화하는 제도로 재취업에 필요한 기간 동안 금전급여(고용보험), 직업훈련, 직업소개를 공적으로 정비해야 한다.

2. 구체적인 대책

표준적 노동관계 모델에 의해 설계되는 구체적인 사례와 제안을 제시하고자 한다.

근로시간에 대해서는 지금까지 필자가 연구해 온 독일의 근로시간법제(입법뿐만 아니라 단체협약제도 등도 포함)가 크게 참고가 된다.[17] 최장 근로시간 규제, 휴식보장, 완전한 사용을 보장하는 유급휴가제도 등이다. 연차휴가제도는 ILO 유급휴가협약(제132호 협약) 비준하기 위하여 법을 정비해야 한다. 이 정도의 연차휴가제도밖에 되지 않으면서 화이트칼라 이그젬션(white-collar exemption; 근로시간 규제 면제) 제도의 도입 등을 가볍게 언급하는 것은 타당하지 못한다(자세한 내용은 제2장 제2절 참조).

비정규직 문제는 모든 나라에서 향후 노동법의 중심 과제가 될 것으로 생각한다. 이 점에서 참고가 되는 것은 후생노동성의 비정규직 고용의 비전에 관한 간담회「바람직한 근무형태 비전」(2012. 3. 28)이다. 여기서는 정규직 고용과 비정규직 고용의 연속성, 정규직 고용으로의 전환, 고용의 안정, 직업경력의 형성, 고용형태에 중립적인 사회보장시스템, 공정한 처우, 균등대우, 불합리한 격차 해소, 사회안전망의 강화, 양질의 일자리의 실현 등이 향후 고용법정책의 열쇠말이 되고 있다. 앞서 언급한 한국의 제도도 크게 참고가 된다(자세한 내용은 제3장 제3절에서 논의).

---

17) 졸저『ドイツの労働時間と法』(日本評論社, 1998).

이외에도 경력형성과 노동이동의 바람직한 방향, 고용과 교육 · 자기계발 또는 은퇴 과정과의 가교 방법, 가족책임과 고용과의 관계(생애설계에서 자녀양육 · 육아의 자리매김의 재검토)라는 과제도 있지만, 이것도 향후 과제로 삼고 싶다.

3. 표준적 노동관계 모델에 대한 의문에 답하며

필자가 생각하고 있는 표준적 노동관계 모델에 대하여 니시타니(西谷) 교수는 근로자의 니즈를 무시하고, 시간제근로자 등을 표준적 노동에 종사하는 정사원에 수렴시켜 나가는 것이라고 이해하고 이를 비판한다.[18] 하지만 이것은 필자가 생각하는 모델에 대한 오해이다.

필자는 앞서 언급한 G20 정상선언이 말하는 것처럼, 비정규직 고용은 가능하면 감소시키는 것이 좋고(두터운 중간층의 창출), 특히 청년층에서 감소시켜야 한다고 생각한다. 이것은 고용과 생활의 안정, 숙련 · 경력의 형성, 일의 보람이라는 측면에서도 역시 표준적 노동관계가 바람직하다고 생각되기 때문이다. 가정하여 최저임금이 시간급으로 1,000엔으로 인상해도 풀타임 기간제고용에서 근무하는 경우의 수입과 고용안정을 생각해 보기를 바란다. 이것으로는 결코 안정된 생활을 할 수 없다.

그 방법으로는 근로자파견을 가능하면 제한하고, 가능하면 원래의 파견대상으로 제한(포지티브 리스트 방식)으로 돌려놓는 것, 시간제와 기간제고용에 대해서는 원하지 않는 근무형태를 줄이는 것, 이를 위하여 비정규직 고용에서 정규직 고용으로 길을 확대하는 것 등이 필요하다. 2012년 「노동계약법」 개정은 전환의 길을 일정 정도 열었지만, 예컨대 동법 제18조는 아직 불충분하다. 「파트타임노동법」에서는 그 가능성이 거의 없다. 원래 시간제와 기간제고용이 상이한 법률에서 규제되고 있는 것 자체에 문제가 있다.

이렇게 말하더라도 근로자의 의사 · 의도를 무시하면서까지 정규직 고용을 실현해야 한다고, 또 모두가 정규직이 되어야 한다고도 생각하지 않는다. 근로자에게도 고용형태의 선택권이 있다. 그것 자체는 존중되어야 한다. 문제는 정규직 고용과 비정규직 고용이 완전히 분단된 고용코스로 되어 있으며, 후자는 전자에 비해 여러 가지 점에서 불이익이 있고 커다란 격차가 있다는 점이다.

---

18) 西谷敏『労働法 · 第2版』(日本評論社, 2013) 434쪽.

표준적 노동관계 모델은 법규제의 바람직한 방향도 제안하고 있다. 표준적 노동관계 모델이 현실의 정사원(맹렬형 정사원)의 모습과 다른 것은 앞서 기술한 바와 같다. 또한 현실의 정사원(맴버쉽 형)모델을 전제로 제기되는 한정(job형) 정사원 모델과도 다르다. 한정 정사원 모델은 현실의 정사원의 바람직한 방향을 염두에 둔 모델 · 이론을 전제로 하면서, 한정 정사원에 대하여는 직무내용이나 근무지역이 한정되어 있는 부분만큼 보호가 되지 못하는 것을 긍정하고 있다. 그 결과 이류(second class) 정사원을 새롭게 만들어낼 가능성이 있기 때문이다.

표준적 노동관계 모델은 비정규직 고용에서 정규직 고용으로, 혹은 장래에는 양자의 상호이행을 보장하기 위한, 비정규직 고용의 균등처우를 실현하기 위한(불합리한 차별금지인지, 동일가치노동 동일임금 원칙인지는 검토할 여지가 있으며 자세한 내용은 제3장 제3절에서 논의), 그리고 근무형태에 중립적인 조세와 사회보장제도를 실현하기 위한 모델이다. 이것은 결국 1995년에 당시의 일본경제단체연합회(日経連)이 제시한 '새로운 시대의「일본식 경영」' 모델, 그리고 이를 추진해 온 지금까지의 노동법정책에 대한 안티테제이기도 하다.

V. 젠더론에 대해서

본서는 젠더론을 직접적인 분석시각으로 하지 않는다. 하지만 표준적 노동관계 모델과 젠더론이 밀접한 관계를 가지고 있음은 고려하고 있다.

즉 표준적 노동관계 모델은 근로시간 규제나 육아 · 개호휴업 규제 등에서 일과 가정의 조화의 관점을 기축으로 두지만, 이것은 바로 젠더적 관점과 깊이 연결되어 있다. 예컨대「고용기회균등법」 제정과 개정마다 노동기준법에서 여성(여자)의 보호규정, 특히 근로시간에 대한 보호규정을 축소 또는 폐지해 왔지만, 그 때 당시 존재하던 여성 규정이야말로 '인간다운 근로조건의 수준' 이며, 이 규정으로 남녀 공통의 규제로 해야 한다는 주장이 있다. 이것이 젠더적 관점의 도입이라고 말한다.[19] 이러한 의미에서 젠더론은 남성 외에 여성도 일할 수 있는 환경 만들기를 목표로 하는 이론

---

19) 浅倉むつ子『労働とジェンダーの法律学』(有斐閣, 2000) 134쪽 이하 참조.

이다.

또한 본서가 많이 다루는 비정규직 고용 문제를 젠더적 관점을 제외하고 논의할 수 없다는 것은 많은 학자의 공통인식이다. 이러한 의미에서 사회적 격차의 시정이나 사회적 포섭의 이념을 젠더론은 제공해 준다.

젠더적 관점은 21세기의 새로운 가치를 창조하는 것이며, 사회의 여러 과제를 다시금 재조명하여 공정하고 지속가능한 글로벌 커뮤니티를 전망한다.[20] 생활보장시스템(고용 및 사회보장 · 사회복지의 통합시스템)의 기능을 강화하는 검토에도 도움이 된다는 점에서 이 이론은 적극적으로 평가할 수 있다. 그러나 분석 관점으로서 젠더론은 다른 분석 관점과의 관계도 고려해야만 한다. 예컨대 노벨경제학상 수상자인 센(Amartya Sen)은 평등 · 차별을 논의하는 관점으로 계급, 젠더, 지역성을 들지만, 센이 계급에 주목하는 것은 "자유의지론자(libertarian)의 권리라는 영역의 평등이 왜 복지 평등이나 사람들이 가치를 두는 삶을 선택할 자유 평등으로 이어지지 않는가를 함께 보여준다"고 하고, "계급 분류의 결정적인 의의는 정치, 사회, 경제적 분석의 맥락에서 부정하기 어려운 것"이기 때문이다.[21] 젠더론에서는 종종 이러한 '계급' 관점이 결여된 논의가 보이지만, 그렇다면 문제 파악이 부분적으로 되기 쉽다. 양자를 통합한 이론이 필요하다.[22]

본서에서는 계급론이나 젠더론은 직접 언급하지 않지만, 그 인식론은 항상 기초에 두고 있다.

---

20) 大沢真理 編『承認と包摂へ』(岩波書店, 2011年), v쪽.

21) アマルティア・セン著(池本幸夫＝野上裕生＝佐藤仁訳,『不平等の再検討』(岩波書店, 1999), 189쪽 이하, 190쪽.

22) 이 점에 대해서는 水林彪「ジェンダー現象の定義, 構造性および発生」, ジェンダー法研究 2호(2015) 196쪽에서 알 수 있다. 또한 배제된 홈리스의 존재(笹沼弘志『ホームレスと自立／排除』(大月書店, 2008))와 장애인 차별 등도 무시할 수 없다. 이러한 다양한 관점 가운데서 젠더론의 의의를 검토할 필요가 있다. 이상에 대해서는 졸고「『持続可能な社会への転換と法』趣旨説明」法の科学 45호(2014) 13쪽 이하 참조.

Ⅵ. 학자의 일과 책임

고용환경이 급속하게 악화된 지금에 와서 그 처방전을 필사적으로 내려고 해도 이미 때늦은 감이 크다. 왜 많은 학자는 1990년대에 지금의 상황을 예측할 수 없었던 것일까? 특히 입법정책에 관여한 학자는 맹렬한 반성(猛省)이 필요할 것이다. 1990년대 후반에 필자가 예상했던 것 이상으로 오늘날에는 사태가 심각해졌기 때문에 물론 필자에게도 책임이 있다. 학자의 일에는 무엇보다도 시대를 관통해 보는 냉정하고 명확한 관점, 명철한 관찰안이 요구된다.

학자는 예상이 잘못되어도 죽지는 않지만, 근로자는 잘못된 노동법 정책에 의해 길거리를 방황하고, 경우에 따라서는 목숨을 잃을 수도 있다. 학자가 노동(법)정책에 적극적으로 관여하는 경우에는 정책이 가져다주는 효과에 대한 사회적 책임은 더욱 무거워진다. 학자의 고민없는 목가적인 연구로 청년이 미래에 대한 희망을 잃은 사회를 만들어도 좋은 것인가? 우리는 근로자에게 특히 청년들에게 조금이라도 희망을 가질 수 있는 노동법의 미래를 제공해야 하는 것은 아닐까? 그리고 이것은 단순한 기술론을 초월한 깊은 철학이 뒷받침되어야 하고 상상력이 필요하다.

본서는 전체를 통하여 그러한 점을 모색하려고 시도하고 있다. 이것이 성공했는지 여부는 독자 여러분의 판단에 맡기고 싶다.

제 1 장

두 개의 위기와 고용사회

제1절 세계금융위기와 고용사회

들어가는 말

2008년 가을부터 대량의 '파견중지'[1]나 기간제 근로계약의 해지(갱신거부),[2] 또는 채용내정 취소[3] 등이 잇따랐다. 이런 것은 양적으로 보면 확실히 일부 근로자와 관계되는 현상일지도 모른다.[4] 그러나 일부 현상으로 범주(射程)를 한정하는 것은 옳지 않

---

1) 2008년 연말부터 정월에 걸쳐 히비야(日比谷) 공원을 중심으로 행해졌으며, 매스컴을 장식한 '송년파견마을' (年越し派遣村)에 대해서는, 年越し派遣村実行委員会編『派遣村』(毎日新聞社, 2009) 참조.

2) 후생노동성 2009. 5. 1. 발표에서 2008년 10월부터 2009년 6월까지 실시 완료 또는 실시 예정인 파견 · 기간제 등 비정규직 근로자의 고용조정(계약기간 만료 · 중도해지, 해고)에 대해서, 전국의 헬로우 워크(ハローワーカ)가 파악한 것에 따르면, 근로자 수는 207,381명이었다(당시의 홈페이지 자료는 삭제되었음).

3) 후생노동성 2009. 4. 30. 발표에 따르면, 2008년도 고교 · 전문학교, 대학 신규졸업자의 채용내정 취소수는 거의 2,000명 정도로 그 몇 년 전과 비교할 때 거의 20배이다. 1990년대 전반의 불황 시와 비교해도 2배이다. 이와 더불어 대량의 채용사퇴 유도, 자택대기, 채용조건의 변경 등이 행해졌다(http://www.mhlw.go.jp/houdou/2009/04/h0430-2. html). 이 문제에 대한 대응 등에 대해 자세한 내용은 緒方桂子「採用内定取消しをめぐる法律問題と法の役割」, ジュリ 1377호(2009) 8쪽 이하; 山川和義「新卒採用内定取消における行政の対応と法的救済」, 労旬 1693호(2009) 38쪽 이하 참조.

4) 예컨대 小嶌典明「労働者派遣法改正案と企業経営」(日本経済新聞 2009. 4. 1.)에서 파견근로자 수가 증가했다 하더라도 그 수는 아직 적으며, 비전형고용 중에서의 비율도 낮다는 점에서 근로자파견

다. 이때 일어나고 있는 현상은 고용사회 전체의 움직임과 관련하고 있으며, 기업의 인사정책이나 모럴 또는 법령준수(compliance)와도 깊게 관계하고 있을 뿐만 아니라, 경우에 따라서는 많은 근로자의 생활 자체의 붕괴를 부르는 요소를 갖고 있기 때문이다. 그러한 의미에서 이 문제는 노동법이나 고용정책의 존재 이유와 관련되어 있다고도 말할 수 있다.

2000년대에 들어 고용사회는 '고용파괴', '노동덤핑', '워킹푸어' 등의 말로 표현되는 것처럼[5] 심각한 문제를 안고 있다. 그것은 또한 고용의 세계를 넘어, '미끄럼틀(패자부활이 없는-역자 주) 사회'[6]라든가 '양극화 사회'[7]라고 불리는 사회문제로 연결되어 간다.[8]

이에 대하여 사회안전망(safety-net) 개선이나 충실이 고용정책이나 사회정책이 매우 중요한 과제이라고 유행처럼 이야기되고 있다. 노동시장이나 고용사회를 건전하게 만들기 위해서 '사회안전망'이 필요하다는 것은 누구도 부정하지 않지만, 그 내용은 학자에 따라서 크게 차이가 있다. '최종적인 사회안전망'으로서 생활보호나 장애인복지 등의 제도가 있지만,[9] 그것을 전제로 하면서 그 위에 어떤 사회안전망을 구축할 것인가에 관하여는 이미지를 달리하고 있기 때문이다.

문제를 침소봉대하는 것에 의문을 제기한다.

5) 세계금융위기의 단계에 대해서는 鹿島敬『雇用破壊』(岩波書店, 2005); 中野麻美『労働ダンピング』(岩波書店, 2006); NHKスペシャル『ワーキングプア』取材班『ワーキングプア』(ポプラ社, 2006) 참조. 그 사이 고용을 논한 문헌으로, 玄出有史・曲沼美恵『ニート』(幻冬舎, 2004); 橘木俊詔『脱フリーター社会』(東洋経済新報社, 2004); 森向孝二『働きすぎの時代』(岩波警店, 2005); 風間直樹『雇用融解』(東洋経済新報杜, 2007); 大谷拓郎ほか『偽装雇用』(句報社, 2007); 小倉一哉『エンドレス・ワーカーズ』(日本経済新聞社, 2007); 岩田正美 『現代の貧困』(筑摩書房, 2007); 東海林智『貧区の現場』(日新聞社, 2008); 湯浅誠『反貧困』(岩波畜店, 2008) 등이 있다. 이 모두 표제로는 반향을 불러일으킬만한 것으로 보이며, 학문적인 책이거나 현장을 발로 뛰면서 실태를 분석한 훌륭한 논픽션 작품이다.

6) 湯浅誠 앞의 주5) 책.

7) 橘木俊詔『格差社会』(岩波書店, 2006).

8) 세계금융위기 전후 후생노동성의『労働経済白書』도 관점을 바꾸어 비정규직 고용의 증대, 청년층에서의 정규직 고용의 어려움, 정규직 근로자의 장시간 근로, 비정규직 근로자의 일의 만족도 저하 등의 현상이 진행되고 있다는 것을 나타내고 있다.

9) 그 내용이나 수준에 대해서는 물론 큰 논의가 있다. 헌법 제25조가 보장하는 생존권에 대해 다투어진 朝日訴訟(最大判 1967. 5. 24. 民集 21권5호 1043쪽); 堀木訴訟(最大判 1982. 7. 7. 判時 10513호 29쪽); 中嶋訴訟(最三小判 2004. 3. 16. 民集 58권3호 647쪽) 등 참조.

이러한 상황을 전제로 새롭게 노동법 분야에서 사회안전망에 대하여 논하고자 한다. 사회안전망과 노동법 정책과의 관계에 관하여 말하면, 본래 노동시장법이라고 하고 분야(구체적으로는 고용보험법, 고용대책법, 직업능력개발법 등)도 포함하여 분석해야 하지만,[10] 여기에서는 '사회안전망으로서의 고용보호' 의 문제로 한정하기로 한다.[11]

Ⅰ. 사회안전망 논의의 배경

1. 자본주의에서 불가결한 사회안전망

사회안전망은경기변동을 반복하는 자본주의에 내재한 위험을 회피하기 위하여 불가결한 것이다. 일본에서도 제2차 세계대전 후에 국민개보험제도로 상징되는 사회안전망이 정비되어, 고용분야에서는 노동보험(산업재해보험과 실업보험 · 고용보험) 제도가 정비되어 왔다.

경제고도성장기의 실업률이 1~2%로 비자발적 실업이 거의 없는 '완전고용'[12] 상태에서는 사회안전망 정비에 대해서 그다지 논의의 대상은 되지 않았다. 정규직 종업원이 압도적이고, 종신고용 관행이 실현되는 고용사회가 전제되어 있었다고도 말할 수 있다. 사회안전망의 정비도 진행하였지만, 실업대책으로서 사용되는 것은 적었다.

본격적으로 사회안전망론이 주목받게 된 것은 1990년 이후의 노동법 개혁부터이다. 즉, 노동력의 유동화 정책이 진행되어 경기 변동의 완충장치로서의 역할을 하는 비정규직 고용이 증가하게 되자, 경기 후퇴기에는 비자발적 실업자가 대량으로 등장하게 되는 것이다. 1995년 당시 일본경영자단체연맹(日経連)이 제안한 '신시대의 「일본식 경영」' 은 3층의 고용 포트폴리오를 제시하고, 지금까지 핵심이 되어 온 종신고

---

10) 노동법과 사회보장법을 잇는 고용정책 분야 가운데 고용보험 안전망 현상황, 문제점 및 변천에 대해서는 丸谷浩介「社会保障法から見たセーフティネットのあり方 ― 労働法と社会保障法をつなぐもの」労旬 1687 · 88호(2009) 18쪽 이하에서 잘 분석하고 있다.

11) 본절의 기본이 된 논문이 처음 출간된 것은 세계금융위기 다음 해(2009년)이다. 그 후「노동계약법」개정(2012),「노동자파견법」개정(2012년)과 재개정(2015년) 등이 있었고, 반대로 비정규직 고용의 현실은 한층 더 심각하게 되었다. 그렇지만 처음 출간할 때의 문제의식을 중시하고 있기 때문에 법률이나 실태는 당시의 것을 그대로 사용한다. 최신의 실태 등에 대해서는 제2장 이하에서 새롭게 분석의 대상으로 한다.

12) 이에 대하여 野村正實『雇用不安』(岩波書店, 1998) 49쪽 이하 참조.

용형 고용의 축소를 추진한다는 내용이었다. 그리고 1990년대 이후 기업의 고용정책의 추진역할이 되었던 것이다. 이것은 기업의 행동지침이 되었을 뿐만 아니라 여러 가지 채널을 통해서 국가의 정책으로도 반영되었다.[13)]

1990년대부터 2000년대의 중반 무렵까지는 일시적인 시기를 제외하고, 주로 수출에 의하여 뒷받침된 호황으로 대량의 파견중단과 같은 사태는 표면화되지 않았다. 그러나 지하에 축적된 마그마와 같이 일단 경제 환경이 악화되면, 실은 그것이 단번에 분출하는 요인을 내부에 안고 있었다. 2008년 하반기에 일어난 세계금융위기는 바로 그 분출이었다.

2. 고용에서 항상 따르는 문제

1990년대 이후의 고용개혁 · 노동법개혁 가운데 잠재적으로 존재하고 있던 문제는 다음과 같다.

첫째, '신시대의 「일본식 경영」' 이라는 '고용유연형' 의 증가이다. 이는 비정규직 고용(비전형고용)이라고도 불리는 것으로서 1980년대까지는 기간제고용과 파트타임 노동이 중심이었지만, 1980년대 후반 이후 여기에 근로자파견이 더해지면서 전체근로자에 차지하는 그 비율은 1980년대 전반에는 약15%였던 것이 2008년에는 35%로 급증하였다(현재는 37% 이상임).[14)] 이들은 기간만료에 따라 자동적으로 고용이 종료되거나, 또는 정리해고법리의 제2요건(해고회피조치의 실시)이나 제3요건(합리적인 해고기준)에서 고용조정의 완충장치로서 인식되면서 우선적인 인원정리의 대상이 되기 때문에 경제 환경의 변화를 받기 쉬운 근로자군이다.

1970년대부터 80년대에 걸쳐 형성되어 온 정리해고법리 가운데 제2요건인 해고회피의 노력이 사용자에게 요구된다. 하지만 거기서 생각되었던 것은 회사가 가지고 있는 재산(내부유보나 주식 등)의 처분, 시간외 근로의 축소, 인사이동 등 근로자의 고용

---

13) 이 과정에 대해서는 五十嵐仁『労働政策』(日本経済評論社, 2008) 167쪽 및 181쪽 이하에서 잘 설명하고 있다.

14) 총무성「労働力調査2014年平均(速報)結果の概要」에 의하면 2014년 현재의 비정규직 근로자의 비율은 37.4%이다. 이에 반하여 후생노동성「就業形態の多様化に関する総合調査」(2015. 11. 4)에서는 2014년 10월 현재의 정사원 이외의 비율은 40.0%이지만, 이 통계에서는 관공사업(官公営)도 대상이 되고 있고, 정사원 이외에 장기파견(出向)사원도 포함되어 있다.

을 줄이기 전에 여러 가지 조치를 강구하는 것이었다. 그러나 경기 변동의 범퍼(완충장치)로서의 역할을 담당하는 비정규직 고용이 증가하면서 정리해고법리를 통과하는 형태로(따라서 위법이라고는 말할 수 없는 형태), 재산처분 등의 조치를 강구하는 노력보다는 그 이전에 비정규직 고용을 줄이게 된다.

둘째, 비정규직 고용으로 일하는 사람의 상당수는 비숙련이다. 비숙련이기 때문에 정규직 고용으로 취업이 어렵고, 또한 그것이 숙련 형성을 곤란하게 한다. 단기적인 고용이나 보조적인 업무 종사의 반복이어서는 숙련 형성이 어렵다. 이러한 층이 청년 근로자를 중심으로 널리 확대되어 왔다.

셋째, 가계소득을 중심적으로 담당하는 층에서 비정규직 고용이 확대되었다는 것이다. 1980년대까지 비정규직 고용은 학생 아르바이트나 가정주부층이 주류였다. 이 자체가 전후 일본의 고용관행에서 부정적인 측면을 지니고 있었던 것이지만(남성이 일하는 주된 모델), 정리해고법리에서 우선해고의 대상이 된 이유 중의 하나에는 경제적인 곤궁의 정도가 낮았다는 것에 있었다. 그러나 1990년대 이후의 비정규직 고용의 상당부분은 미혼의 청년층이나 부양가족을 갖고 있는 중고령층이 차지하게 되었다.[15] 게다가 그 대부분이 기본적인 생활을 영위하는 것이 곤란한 임금수준이나 불안정한 수입상태에 놓여져 있다는 것이다.[16]

넷째, 정사원(정규직 고용) 근로자에 대해서도 1990년대 후반 이후 근로시간 단축은 진행되지 않고, 오히려 잔업을 포함하여 근로시간이 장시간화하고 있다. 파트타임 근로자가 증가하고 있음에도 불구하고 근로자 평균 총실근로시간이 단축되지 않고 있다. 이것은 정규직 고용의 근로자의 근로시간이 감소하고 있지 않다는 것, 경우에 따라서는 증가하고 있다는 것을 의미하고 있다. 그리고 1개월의 시간외 근로가 80시간을 초과하는 과로사 · 과로자살의 위험군이 증가하고 있다(자세한 것은 제2장 제2절에서 검토함). 이 근로자층에게는 본래 있어서는 아니 되는 것임에도 불구하고 고용보호와 건강피해가 말하자면 '교환관계'(trade-off)로 되어 왔다.[17] 이것은 고용의 안정층에도 어떤 종류의 병소가 진행되고 있다는 것을 나타내는 것이다.

---

15) 樋口美雄「雇用形態の多様化が求める真のセーフティネットの構築を」Business Labor Trend 2009년 4월호 17쪽.

16) 有田謙司「非正規雇用労働者をめぐる法的諸問題」ジュリ 1377호(2009) 27쪽.

17) 이에 대하여 졸고「労働時間規制の法政策」学会誌労働法 110호(2007) 69쪽 이하 참조.

Ⅱ. 규제완화정책이 초래한 것

1. 규제완화와 고용의 현상황

(1) 규제완화 입법과 비정규 고용

현재의 고용상황을 해명하는 경우에 지금까지의 고용정책 · 입법정책을 분석해야 한다. 특히 중요한 것이 1990년대 이후의 이른바 규제완화정책과의 관계이다.[18)]

노동법의 입법이나 개정이 노동시장에 어떠한 영향을 미치는지를 분석하는 것은 어려운 작업이다. 사회를 컨트롤하거나 어떤 정책을 실현하려는 입법이나 법개정에는 직접적인 효과를 낳는 경우도 있지만(① 사례: 규제완화 · 직접효과형 사례), 간접적 또는 장기적으로 보아 영향을 주는 경우도 있다(② 사례: 규제완화 · 간접효과형 사례). 또한 입법적인 조치를 강구하지 않는 것이 반대로 노동시장에 큰 영향을 주는 경우도 있다(③ 사례: 규제해태형=규제 소극적 사례). 현재의 고용상황과의 관계에서 말하면 다음과 같은 움직임이 중요하겠다.[19)]

① 사례의 전형이 근로자파견법의 제정과 개정이다(도표 1-1 참조). 동법은 1985년에 제정되었지만, 당초 대상업무는 전문성이 있어 특별한 고용관리가 필요하고 노동력의 수급관계를 신속 · 적절히 결합시킬 필요성이 있는 13개 업무로 한정되어 있었다. 그 후 곧바로 대상업무가 16개 업무로 그리고 26개 업무로 확대되었다(포지티브 리스트 방식). 1999년 법개정으로 포지티브 리스트 방식으로부터 네거티브 리스트 방식으로 변경되었고(금지업무는 항만수송, 건설, 경비, 의료관계, 제조공정), 그 후 2003년 법개정에서 제조공정의 파견도 인정되게 되었다. 파견근로자 수는 이러한 법개정을 계기로 세계금융위기 전까지 급속히 증가하였다.

파견근로자 중에서 특히 급증한 것은 등록형 파견근로자이다. 이들은 기간제고용 근로자이기도 한데 그 단적인 실례가 일용(일일)파견이다. 게다가 상용형 파견근로자도 상당 부분은 기간제고용인 것으로 알려져 있다.[20)]

---

18) 西谷敏「『格差社会』と労働法」大阪経済法科大学法学研究所紀要 40호(2007) 80쪽 이하에서는 오늘날 일어나고 있는 고용문제의 원인으로서 규제완화 이외에 기업사회의 비법화 현상이 있다는 것을 지적한다. 이것을 본서에서는 필요한 입법규제를 게을리 해 온 사례로 취급한다.

19) 졸저『人権保障と労働法』(日本評論社, 2008) 234쪽 이하 참조.

20) 西谷敏 · 中野麻美「派遣法改正で雇用を守る」(旬報社, 2009) 64쪽 이하 참조.

〈도표 1-1〉 파견근로자 수의 추이

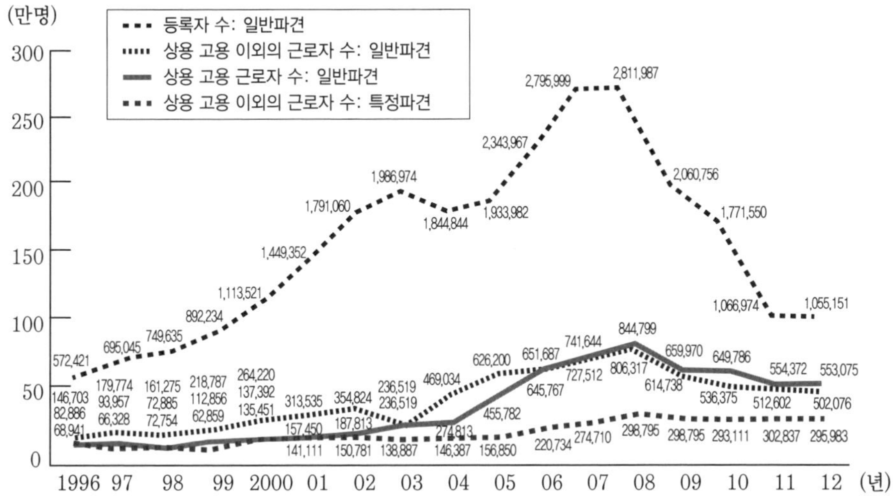

〈출처〉 JILPT, Japanese Working Life Profile 2013/2014

〈도표 1-2〉 근로자 대비 파견근로자의 비율

(%)

국 가	2000년	2004년	2005년	2006년
일본	0.68	1.71	2.12	2.52
미국	–	1.9	2.053	2.049
영국	3.8	4.2	4.3	4.5
독일	0.8	0.9	1.0	1.3
프랑스	2.6	2.4	2.4	2.4
이탈리아	0.3	0.7	0.7	0.7
네덜란드	2.3	1.9	2.2	2.5
벨기에	1.7	1.8	1.9	2.1
룩셈부르크	1.9	2.1	2.3	2.4
덴마크	0.3	0.5	0.6	0.8
스웨덴	1.0	0.7	0.7	0.8
핀란드	0.4	0.6	0.7	0.7
노르웨이	0.5	0.5	0.7	1.0
한국	–	0.2	0.25	0.3

〈출처〉「데이터북 국제노동비교 2008」

〈도표 1-3〉 국가별 파견사업자 수(1996년, 2006년)

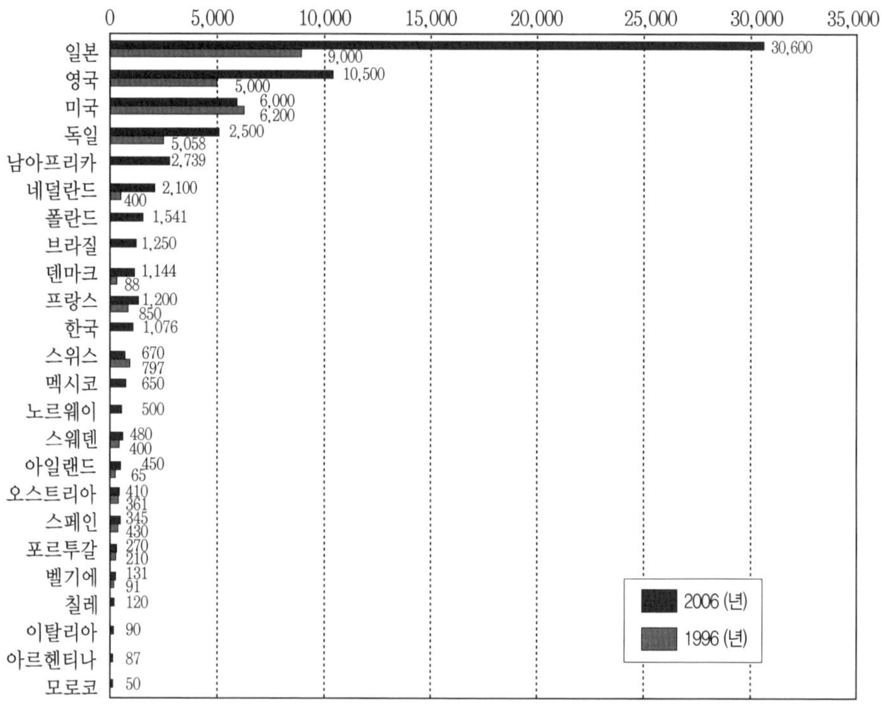

〈출처〉「海外労働情勢2009年 3月号」

물론 이 기간에 파견근로자의 특정행위 금지, 차별금지, 성희롱 방지 등 사용사업주 책임의 명확화, 개인정보 보호, 사용사업주에 의한 계약해지의 규제, 파견사업주에 의한 사회보험·노동보험 가입 상황의 통지, 사용사업주의 직접고용 노력의무 등의 규제강화도 이루어졌다. 그러나 보다 중요한 것은 동법의 기본적인 생각의 변화이며, 이것이 파견을 둘러싼 노동시장에 큰 영향을 주었다고 말할 수 있다. 불법파견이나 위장도급이 그 당시에도 그리고 지금도 많이 발생하고 있는 현상은 이에 대해 적절한 대책을 강구해 오지 않았다는 의미에서 ③ 사례이다.

부언하면, 일본의 파견근로자의 비율은 구미제국과 비교해 그렇게 높은 것은 아니지만, 일본의 특징은 1990년대 후반부터 2000년대 전반까지의 사이에서 파견근로자 수와 파견사업자 수가 급증한 점이다(도표 1-2, 도표 1-3 참조). 이 시기의 근로자파견법의 수차례 법개정이 노동시장에 얼마나 큰 영향을 주었는지를 이해할 수 있다.

고용의 다양화 및 비전형 고용의 증가에 대해서는 파견근로를 제외하면 입법이나 법개정의 영향은 적다. 예컨대 1998년 「노동기준법」 제14조 개정으로 예외적으로 3년 고용을 허용하고(고도의 연구전문직, 사업개시 시 등, 60세 이상 근로자의 고용), 또 2003년의 같은 조항 개정으로 근로계약 기간의 상한을 1년에서 3년으로, 예외 사례의 상한을 3년에서 5년으로 늘려 '중기고용' 라고도 불리는 고용형태가[21] 인정되게 되었지만, 이것과 기간제고용의 증가와의 사이에는 직접적인 인과관계는 없다고 생각된다(② 사례).

단시간근로에 대해서도 1993년에 「파트타임노동법」이 제정되어 2007년에 동법 개정이 있었지만, 이것에 의해서 파트타임 근로자의 증가가 초래된 것은 아니다.

기간제고용이나 파트타임 근로자의 증가는 오히려 기업의 인사정책의 변화가 크게 영향을 미치고 있다. 특히 1995년에 경단련이 제시한 '신시대의 「일본식 경영」' 에서는 주로 총인건비 삭감을 위해서 종래의 종신고용형을 감소시키고 비전형고용 등을 증가시키는 방침이 제기되었다. 즉 장기축적능력형의 감축, 그 반대로 고도 전문능력형과 고용유연형의 확대이다. 이에 따라 많은 기업은 종래의 인사정책을 바꾸어 왔고, 비정규직 고용의 비율은 2000년대에 들어와 급속히 증가해 왔다.

커다란 사회 문제가 되어 왔고, 지금도 문제로 되고 있는 고용형태의 다양화와 격차 확대와의 관계에서 오히려 법이 거의 규제를 실시하지 않았던 것(법정책의 소극주의)을 무시할 수 없는 요인이다. ③ 사례의 대표적인 예라고 필자는 생각한다.

(2) 일본계 브라질인의 문제

세계금융위기의 영향을 보다 직접적으로 받은 것이 일본계 브라질인을 중심으로 한 일본계 외국인이다.

1980년대 호황 시기에 일본 전체로 특히 3D업종(위험하고, 힘들고 더러운) 직장에서 노동력 부족이 발생하였고, 그 때 외국인 단순근로자의 도입이 크게 논의가 되었다. 결과적으로 단순근로자를 도입하지 않는다고 하는 원칙이 세워졌지만 두 개의 중요한 예외가 만들어졌다. 그 하나가 일본계 외국인의 도입이고, 다른 하나가 1993년에 창

---

21) 이 개념에 대해서는 渡辺章「中期雇用という雇用概念について」(中嶋士元也還暦記念『労働関係法の現代的展開』)(有斐閣, 2004) 71쪽 이하 참조.

설된 외국인연수 · 기능실습 제도이다. 전자는 일본계 2세와 3세 및 그 가족을 '정주자' 로서 받아들이는 것으로, 일본어나 일본문화를 이해하고 있어 도입하는데 사회적 비용이 비교적 적게 들어갈 수 있다는 것이 그 큰 이유였다.

일본계 외국인의 대부분은 브라질인이며 피크였던 2008년 전반에는 32만 명이 일본에 체류하고 있었다. 그들(그녀들)은 하청기업에서 고용, 근로자파견, 기간제고용 등으로 근무하고 있었고, 세계금융위기의 직접적인 영향을 받게 되었다. 그 결과 일본계 브라질인은 이때부터 서서히 감소하기 시작해 현재는 약 17만 명이 체류하고 있다(법무성 '재류외국인통계'). 그 약 60%는 자동차나 전기산업의 하청기업의 집적지인 시즈오카(静岡), 아이치(愛知), 미에(三重), 기후(岐阜) 등 동해 방면 4개현에 집중하고 있다.

2008년 가을 세계금융위기로 많은 파견근로자나 기간제고용 근로자의 고용이 종료되는 파견중지나 기간만료 해지가 횡행하였고, 그 영향은 당연히 일본계 외국인에도 미쳤다. 노동정책연구 · 연수기구(JILPT)는 이때 일본계 외국인의 취업실태조사를 실시하였다(「일본계 외국인근로자의 취업실태조사」 2010. 10. 15). 이에 따르면 일본계 외국인 근로자의 80% 이상이 이직한 경험을 가지고 있다는 등 원래 직장 정착 비율이 낮지만, 세계금융위기 이후에 20%가 이직하였다. 이직이유는 '고용중지' (30%), '보다 좋은 조건의 일자리를 찾기 위해' (27.5%), '회사의 인원정리나 퇴직을 권유받았기 때문' (12.5%) 등으로 되어 있다.

이직기간 중 '적금해지' (45.8%), '가족수입' (33.3%), '실업급여' (12.5%) 등으로 생활하였다. 통계 숫자에서는 명확하지 않지만 일본인 비정규직 고용의 상황(고용보험 가입율은 60%)을 볼 때, 근로자에게 가장 중요한 사회안전망인 고용보험에 가입하지 않은 사람도 상당수 있는 것으로 추측된다. 나아가 사회보험의 가입상황으로서 건강보험은 60% 이상의 사람이 '협회건강보험, 회사 건강보험조합의 보험' 또는 '국민건강보험' 에 가입하고 있지만, 약 10%의 사람은 건강보험에 가입하고 있지 않다. 그리고 반수 이상의 사람은 후생연금, 국민연금 등에 가입하고 있지만 40% 이상의 사람은 어떤 공적인 연금에도 가입하고 있지 않았다.

이상로부터 일본계 브라질인 근로자의 고용 대부분이 기업규모가 작은(30명 이하) 공장에서 비정규직으로 취업하고 있다는 것, 그 결과 고용의 불안정화와 임금격차가 발생하고 있다는 것, 사회보험에 가입되어 있지 않는 사람도 상당수 있다는 것 등의 문제가 발생하고 있다. 그들(그녀들)은 언어를 포함한 교육 · 문화적인 측면, 가족이나 커뮤니티 측면, 고용형태 측면 등에서, 그리고 총체적으로도 사회적으로 배제되어 있다는 구조가 형성된다.

일본정부는 세계금융위기 이후 고용상황에 대하여 귀국여비를 원조함으로써 일본계 외국인의 귀국지원사업을 실시했다. 이 사업은 2009. 4. 1.부터 2010. 3. 31.까지 실시하였고, 그 결과 21,675명이 귀국하였다. 그 구성을 보면 브라질인 20,053명(92.5%), 페루인 903명(4.2%), 그 외가 719명(3.3%)이다. 이들은 3년 동안 동일한 신분에 근거한 재류자격으로 재입국하는 것은 인정되지 않는다. 일본계 외국인은 일손부족을 보충하는 역할을 담당하였지만, 실업자의 증대로 그 피해를 받게 되었다.[22)]

그 후 이 정책은 재검토되었다. 정부는 2013. 9. 27.「귀국지원을 받은 일본계 외국인에 대한 대응에 대하여」(내각부정책통괄관 · 법무성 · 외무성 · 후생노동성)라는 대책을 발표했다. 거기에는 '2009년도에 실시한 일본계 외국인 이직자에 대한 귀국지원 사업에 의해 귀국지원금의 지급을 받아 귀국한 자에 대해서는, …요즈음의 경제 · 고용정세 등을 고려하여 10월 15일(예정)부터 일정한 조건(※) 하에서, 재입국을 인정하는 것으로 했습니다. (※재입국하려는 일본계 외국인의 안정적인 생활을 확보하기 위해 일본에서 취업을 예정하고 있는 자에 대해서는 재외공관에서 비자신청 때, 1년 이상의 고용기간이 있는 고용계약서 사본 제출을 조건으로 했습니다.)' 라고 되어 있다. 요즈음의 경제 · 고용정세란, 2011년 동일본 대지진의 복구사업 및 2020년에 개최되는 도쿄올림픽을 위한 건설사업에서의 인력부족을 의미한다. 이러한 필요가 외국인 근로자 정책에 크게 반영한다.

일본계 외국인근로자 정책은 일본의 경제정책과 깊게 연동하고 있는 것을 알 수 있다. 자녀교육, 주택 또는 사회보장 등의 인권이나 다문화 공생에 관한 사회적 통합의 과제는 항상 후순위로 위치하게 된다. 따라서 경제 변동에 영향을 받지 않고, 사회적 포섭의 이념에 맞은 정책이 요구된다.[23)]

---

22) 厚生労働省「日系人帰国支援事業の実施結果」.

23) 早川智津子「外国人労働をめぐる法政策の展開と今後の課題」日労研 662호(2015) 63쪽 이하 참조.

2. 1990년대 이후 노동법 정책의 평가

1980년대부터 시작되어 1990년대 이후 본격화된 노동법의 재편에서 개정 입법수로는 확실히 규제의 '완화'가 '강화'를 반드시 웃돌고 있다고 할 수는 없다. 이것으로 이전의 재편을 일방적으로 규제완화의 흐름이라고 평가하는 것은 적절하지 않다고 하는 견해가 있다.[24] 그러나 정책을 평가할 때에 단순히 수적인 비교만으로는 의미가 없다. 오히려 규제재편이 노동시장이나 근로자에게 주는 양적인 문제 그리고 질적인 영향이라는 측면에 주목하여 평가해야 할 것이고, 이러한 노동법제 재편의 통주저음(通奏低音)으로서의 경제이론이나 정치이론에 착목하여야 한다. 노동법 정책기조는 여전히 규제완화이며, 그 통주저음은 시장원리주의나 신자유주의라고 생각할 수 있다.

1990년대 이후 노동법개혁을 선도해 온 이론은 노동법의 방향성에 대해 다음과 같은 주장이 전개되어 왔다.[25] 즉 규제가 노동시장의 경직성, 차별 또는 실업을 낳는다. 판례법리를 포함하여 해고규제가 강하면, 기업은 채용에 신중하게 되고, 해고규제의 완화가 오히려 채용을 확대하게 되는 것이다. 정규직 고용과 비정규직 고용의 차별은 정규직 고용이 지나치게 보호됨으로써 발생하는 것이어서, 정규직을 줄여 비정규직 고용으로 돌려야 하는 것이다. 근로자의 보호를 두텁게 하면 도덕적 해이가 일어난다.

여기에서는 이 논의에 대해 본격적인 검토를 하지 않고,[26] 1990년대 이후 규제개혁 효과에 한정하여 검토하고자 한다. 규제개혁론자는 노동시장에서 왜곡이 발생하고 있는 것에 대하여는 어느 정도 인정하지만 그것은 규제개혁 때문이 아니고, 규제가 불충분하여 일어나고 있는 것이라고 한다. 이 논리는 스스로에 대한 비판에 퇴로를 항상 준비해 두는 것으로 비학문적인 대응이지만, 그것을 별도로 하더라도 과연 그런 것인지 의문이 남는다. 물론 경제 환경의 큰 변화가 있다는 것은 부정하지 않지만, 노동분야의 규제완화론자의 주장에 대하여 타카나시(高梨)가 날카롭게 지적하듯이 노동 세계

24) 花見忠「インタビュー」週刊労働ニュース 1998년 2월 2일호; 같은 관점에서 1980년대 중반 이후 노동법제의 구조를 분석한 것으로, 荒木尚志『労働法第2版』(有斐閣, 2013) 715쪽 이하.

25) 八代尚宏『雇用改革の時代』(中央公論新社, 1999); 同「労働市場改革の課題」鶴光太郎・樋口美雄・水町勇郎 編著『労働市場制度改革』(日本評論社, 2009) 55쪽 이하. 노동법학자로서는 小嶌典明「労働市場改革と労働法制」(위『労働市場制度改革』) 85쪽 이하 참조.

26) 예컨대 해고규제 완화에 관한 사건에 대해서는 앞의 주19) 책 177면 이하에서 자세하게 논하고 있다.

의 현실을 오인한 것이었다고 말하는 것이 정확할 것이다.[27] 근로자파견법 개정으로 무엇이 초래되었는가에 대하여는 이미 많은 연구에서 지적하고 있다.[28]

규제완화론자는 규제완화의 흐름 중에서 규제를 강화한 것이 오히려 지금의 고용문제를 낳고 있다고 한다. 예컨대 코지마(小嶌)는 파견가능기간의 제한이 오히려 파견근로자의 고용 불안정화를 낳으며, 기간제 근로계약의 갱신에 대한 규제가 기간제고용 근로자의 고용을 불안정하게 하는 것이며, 파트타임 근로의 근로조건 규제가 오히려 파트타임 근로자의 처우개선을 곤란하게 하는 것이라고 하면서, '정의의 길은 지옥으로 통한다' 고 것에 비유한다.[29] 그러나 이러한 이해는 몇 개의 점에서 중요한 문제를 포함하고 있다.

첫째, 고용안정, 안전보건, 사회보험의 적용 등에서 많은 문제를 가지고 있는 근로자파견이 대량으로 발생한 것은 원래 근로자파견법의 제정과 거듭된 법 '개정' 에 기인하고 있고, 적정한 고용의 형태로 되는 것을 게을리 한 입법정책(無策)에야말로 근본적인 원인이다. 이러한 큰 흐름(森)무시하고, 작은 논점(木)에 의하여 전체상을 그리려고 하는 것은 학자의 자세로서 올바르다고는 할 수 없다.

둘째, 코지마와 같은 이해로는 비정규직 고용이 가지고 있는 진정한 문제점을 오히려 은폐해 버리게 된다. 근로자파견의 심각한 문제는 일부 파견근로자로부터 3년 이상 일하는 자유를 빼앗고 있는 것이 아니라 경기 변동으로 쉽게 실직하게 되고, 사회보험 등의 보호로부터도 배제되는 그러한 형태의 고용이 대량으로 발생해 버렸다는 것이다.

셋째, 그 주장은 너무나도 기업의 논리를 지나치게 전면에 내세우고 있다. 기업이 할 수 없기 때문에 규제는 무의미하다고 말하는 것이 그 주장의 유일한 논거이다. 그렇다면 아무런 규제가 없다면 기업이 앞서서 파견근로자 등 비정규직 근로자의 근로조건을 개선하거나 육아휴직제도나 돌봄휴직제도를 실현하였을까? 노동시장의 규제력이 이러한 것을 실현한다고 생각하고 있지만, 이에 대하여 규제완화론자의 아무런 논증이 없다.

---

27) 高梨昌「雇用政策に関われている課題」ジュリ 1377号(2009) 41쪽 이하.

28) 関根秀一郎『派遣の逆襲』(朝日新聞出版, 2009). 최근의 것으로 中沢彰吾『中高年ブラック派遣』(講談社, 2015).

29) 小嶌典明『職場の法律は小説より奇なり』(講談社, 2009) 111쪽.

Ⅲ. 고용사회의 위기를 극복할 대책

고용 현장에서 일어나고 있는 현상은 사회문제로서 다루어져 정부측에서도 재검토 논의가 이미 세계금융위기 전부터 나오고 있었다.[30] 또한 「OECD 대일경제심사보고서 2008년판」은 다음과 같은 제안을 하고 있다.

'일본에서는 노동시장의 양극화가 급속히 진행되고 있어, …기업이 임시계약으로 일하는 비정규직 근로자의 고용을 늘려 유연한 고용시스템을 구축하고, 결과적으로 비정규직 근로자의 비율은 상승하고 있다. 비정규직 근로자의 임금은 상대적으로 낮고, 비정규직 근로자의 3/4을 차지하는 파트타임 근로자의 시간 당 임금은 풀타임 근로자의 불과 40%에 머무르고 있다. 게다가 일부 사회보험제도도 제외되고 있다. 양극화의 확대로 노동경험이 짧고, 일본에서 중요한 역할을 수행하고 있는 기업내 훈련을 받을 수 없기 때문에 능력을 높일 기회를 갖지 못한 사람들이 청년층을 중심으로 증가하고 있다. 정규직 근로자와 비정규직 근로자의 임금격차는 생산성의 차이를 훨씬 웃돌고 있기 때문에 공평성 면에서도 심각한 문제를 나타내고 있다. 양자의 사이에 이동이 없고, 비정규직 근로자의 대부분이 저임금노동에서 빠져 나갈 수 없는 상황이 한층 더 문제를 어렵게 하고 있다. 이러한 노동시장의 양극화를 반전시키기 위해서는 유연성이 높은 비정규직 고용, 임시고용자에 대한 사회보험의 적용 확대, 연수프로그램의 개선에 의한 비정규직 근로자의 고용가능성의 개선 등 포괄적인 접근이 필요하다.'

이 제언에 대해서는 찬성할 수 없는 점도 있지만(후술함), 오늘날의 상황은 국제적인 관점에서도 정책전환이 요구되고 있다는 점에 주목해야 한다. 2000년대에 들어 이러한 방향으로의 정책도 채택되기 시작하였다. 예컨대 2007년의 「파트타임노동법」 개정은 종래의 입법소극주의에서 벗어난 것이라고 평가할 수 있을 것이다.[31] 그러나 현실적으로 진행되고 있던 고용현장의 붕괴현상은 심각하여 원래 이러한 미봉책으로 개선할 수 있는 것은 아니었다(현재도 그 연장선상에 있지만 이 점에 대하여는 제3장 제3절로 자세하게 논함). 오히려 본격적인 사회안전망의 수정 등 적극적인 대책 없이는 해결이 불가능한 것이다.

---

30) 経済財政諮問会議「労働市場改革専門調査会第一次報告」(2007. 4. 6) 참조.

31) 앞의 주 19) 책 123쪽 이하, 209쪽.

Ⅳ. 다양한 사회안전망론

노동분야에서 논의해 온 사회안전망론은 크게 나누어 보면 다음과 같다.[32]

하나는 헌법 제27조 제1항으로부터 고용정책 분야 대책에 한정해 파악하는 견해이다. 구체적으로는 고용(실업)보험, 직업훈련, 직업소개에 관한 법정책을 가리키고 있다. 전형적인 예로서 제1차 아베 내각 때에 주창된 '재도전'을 위하여 또는 다시 고용에 리바운드하기 위한 시책이 있다(자료 참조). 서커스에서 이용되고 있는 안전망이라는 용법에 가까운 것으로 노동법의 규제완화 또는 고용의 유동화 정책과 함께 나오는 것으로 줄타기와 같은 고용의 세계에서는 물론 그것이 필수적이다.

〈자료〉「개혁 선행 프로그램」 2001년 10월 26일 경제대책각료회의

(발췌)

2. 고용 · 중소기업과 관련되는 사회안전망의 충실

(1) 고용대책

실업률이 5%를 넘어 어려움이 증가하고 있는 고용정세에 비추어 볼 때, 경제를 활성화 하고, 신산업 · 도전자, 고용으로 이어지는 제도개혁 · 환경정비에 의해 고용창출에 노력하는 함과 동시에 「고용대책임시특례법안(가칭)」을 현재 임시국회에 제출하여 실업자의 생활안정과 재취직의 촉진에 필요한 조치를 강구하는 등 종합적인 시책을 전개하여 고용면에서의 안전망을 한층 더 충실히 도모한다.

① 민간 활력 활용에 의한 직업소개 기능의 충실

고용의 미스매치를 원인으로 실업이 확대되고 있는 현상황을 고려하여 민간 활력의 활용을 도모하면서, 직업소개 기능의 충실을 도모한다. (생략)

② 직업능력개발의 확충

개인의 자발성을 존중하고 직업능력을 개발할 수 있도록 지원하여 실업자의 재취직이나 청년 취직을 촉진하는 등 노동이동의 원활화 등을 도모한다…. (생략)

③ 재취업 촉진과 실업자의 생활안정

실업자가 원활하게 다음 직업에 재취업할 수 있도록 실업자에 대한 직업훈련이나 새로이 고용을 실시하는 기업 등에 대한 지원을 함과 동시에 생활에 필요한 자금의 대부 등으로 실업자의 생활안정을 도모한다. (생략)

④ 신공공서비스 고용 (생략)

32) 矢野昌浩 「雇用社会のリスク社会化とセーフティネット」学会誌労働法 111号(2008) 82쪽 참조.

〈도표 1-4〉 실업급여를 받지 못하는 실업자의 비율

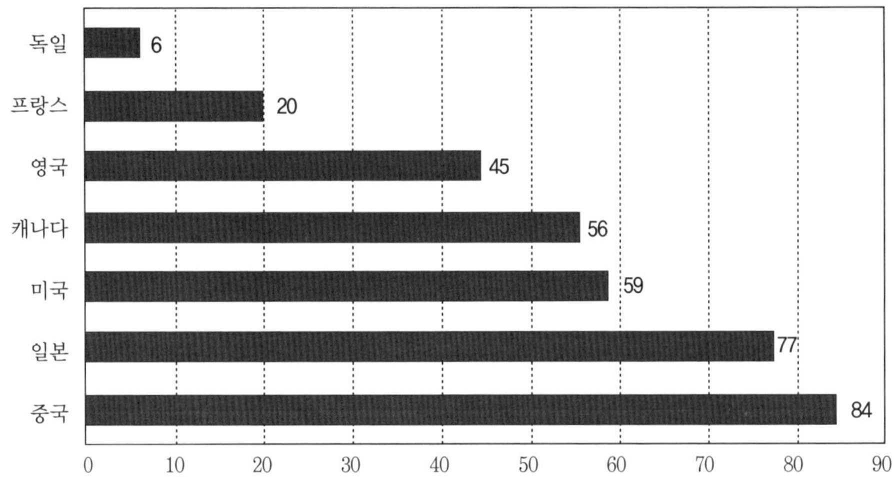

〈출처〉 ILO, The financial and economic crisis: A decent work response

나아가 고용정책 분야에서의 사회안전망에 관한 주장에도 다양한 뉘앙스가 있다. 예컨대 사회보험인 안전망 가운데, 고용보험과 생활보호와의 간격을 어떻게 매울 것인가 하는 문제이다. 이 간격이란 필요한 보험료 납부기간의 요건을 충족하지 못했기 때문에 고용보험이 지급되지 않는다거나, 고용보험의 지급기간을 초과하고 있는 실업자를 말하지만, ILO 조사보고서(2009년)에서 일본은 77%나 되어 선진국 중에서는 도드라진다(도표1-4참조). 이러한 사람들을 보호하기 위해서 프랑스의 실업보상이나 독일의 실업수당II의 제도를[33] 참고하여, 2009년에 '긴급 인재육성취업 · 지원기금' 을 도입하였다. 그것은 새로운 형태의 사회안전망이며, 당초에는 임시적인 제도로 2011년에 일단 중지되었지만, 그 후 「구직자지원법」이 시행되어 상시적인 안전망이 되었다.

다음으로 사회안전망을 보다 더 중층적으로 파악해 고용정책의 분야뿐만 아니라, 헌법 제27조 제2항에 근거해 제정되는 근로자보호법의 분야에도 확대하는 견해이다. 구

33) 矢野昌浩 「フランスの失業保険制度」 労旬 1684호(2008) 18쪽 이하; 中内哲「ドイツの失業保険制度」 같은 29쪽 이하; 嶋田佳広 · 上田真理 · 名古道功「生活保護受給者に対する自立支援プログラムの意義と問題点 ― ドイツ · ハルツ改革に見る示唆」 学会誌社会保障法 24호(2009) 107쪽 이하 참조.

체적으로는 「최저임금법」, 「노동안전위생법」, 「노동재해보험법」, 근로시간 규제, 해고보호에 관한 규제 등을 가리키고 있다.[34] 그것은 카네코(金子)가 말하는 '시장에서의 제도나 룰(rule)과 연결된' 안전망이다.[35] 또는 유아사(湯浅)가 말하는 고용망, 사회보험망, 공공부조망이라는 3층의 안전망론과도 통한다.[36] 필자도 이런 의미에서 사회안전망의 재구축이 필수적이라고 생각한다.

세계금융위기 이후 기능한 사회안전망의 하나인 고용조정조성금 제도가 있다. 노동정책연구·연수기구가 실시한 「고용조정의 실시와 고용조정조성금의 활용에 관한 조사」(조사시리즈 No. 123, 2014)에 따르면, 세계금융위기 이후에 고용조정을 실시한 사업소는 2009년 35.4%까지 증대하였고, 2010년 33.6%, 2011년 32.1%라는 높은 수준으로 유지했다. 고용조정을 실시한 사업소 가운데 고용조정조성금을 수급한 사업소에 대하여, 그 활용 이유를 물은 결과(복수회답)를 보면, '원활한 고용조정을 도모하기 위해'(65.5%)와 '조성금이 없으면 실시할 수 없는 휴업 등을 실시할 수 있다'(55.3%)라는 것이 많다. 수급사업소가 고용조정조성금의 지급을 받지 못했다면, 절반이 넘는 사업소(54.4%)가 '보다 많은 고용을 삭감하기 위한 조치를 취하였을 것'이라고 회답하였다. 또한 이 제도의 부정적인 면을 지적하는 의견도 있지만, 많은 사업소는 고용조정제도로서 평가하고 있는 것이 조사로부터 알 수 있다.

이러한 '고용을 보호하는 안전망'의 방향성에 대해서 불필요하다고 하는 견해도 있다. 예컨대 야시로(八代)는 기업에 의한 고용보장을 법적으로 규제하는 것을 낡은 안전망라고 단언하고, 노동시장 기능을 충분히 발휘시키기 위해서는 다양한 고용기회를 확대하고, 민간으로 위탁을 촉진하면서 원활한 직업소개 제도를 정비하는 것이 새로운 안전망의 구축이 된다고 한다.[37] 그것은 지금까지 진행되어 온 규제완화론의 연장선상에 있는 주장이다. 그러나 이러한 안전망론에서는, 한편으로는 유동화 정책을 진행시켜 불안정고용을 증대시키면서, 다른 한편으로는 안전망을 설치하는 것이기 때문

---

34) 노동법학회에서 「労働法におけるセーフティネットの再構築」을 보고한 그룹도 기본적으로 이 입장을 취한다고 볼 수 있다(学会誌労働法 111호, 2008). 최저임금제도가 임금보호에 관한 안전망으로서 보는 것에 대해서는 柳澤武 「最低賃金法の再検討」 같은 호 25쪽 이하 참조.

35) 金子勝 『市場と制度の政治経済学』(東京大学出版会, 1997); 同 『反経済学 ー 市場主義的リベラリズムの限界』(新書館, 1999); 同 『セーフティネットの政治経済学』(筑摩書房, 1999) 등.

36) 湯浅 앞의 주5) 책 19쪽 이하.

37) 八代尚宏 「市場原理とセーフティネット」 日労研 534호(2004) 4쪽 이하.

에 매치펌프 정책이 될 수밖에 없다. 이러한 안전망조차도 파손되어 버렸기 때문에 세계금융위기 이후 고용문제가 있는 것이다. 이렇게 생각하면, 이것이 과연 노동분야에서 있어야 할 안전망이라고 할 수 있을까라는 큰 의문이 남는다.

타카나시(高梨)가 주장하는 바와 같이, 고용정책의 기본에는 실업의 사후적 대책보다 실업자체를 예방하는 대책을 세워야 한다. 이것이 의료계에서 말하는 '치료에서 예방으로' 라는 슬로건과 유사하다.[38] 필자도 이러한 고용정책이 바람직하다고 생각한다.[39]

Ⅴ. 새로운 사회안전망 구축

1. 사회안전망을 설치하는 관점

고용의 보호 자체를 안전망라고 생각하는 경우에는 어떠한 처방전을 내놓으면 좋을까? 이러한 의미에서 사회안전망을 설치려면 다음과 같은 관점이 필요할 것이다.[40]

첫째, 사회적으로 부담해야 할 비용 면에서 보더라도 또한 근로자의 존엄의 확보라는 관점에서 보더라도, 실업이 가능한 한 발생지 않는 고용정책이 바람직하다. 그 기초에 놓아야 할 것이 고용보장이라고 하는 관점이다. 비정규직 고용이라는 안이한 고용조정의 완충장치를 대량으로 가져가는 고용정책은 이 점에서 수정되어야 한다. 최근에 경제 글로벌화에 대한 대응이라는 측면을 강조하면서 비정규직 고용의 확대로 인건비의 코스트 삭감은, 다른 한편으로 너무도 큰 사회적 비용의 부담을 초래하였다. 노동력 유동화 정책을 채택하는 경우 순조로운 이동과 간격을 매우는 보장시스템을 준비해 둘 필요가 있다. 경기 변동에도 근로자들이 연대하여 대응할 수 있는 고용정책이 바람직하다.

둘째, 고용이 보장되는 것은 건강하고 문화적인 최저한의 노동생활을 보낼 수 있다

---

38) 高梨 앞의 주27) 논문 45쪽 이하.

39) 졸고「セーフティネット張り直し」毎日新聞東海版 2009. 2. 12.

40) 오늘날 고용실태에 입각해서 고용보험이나 사회보장 분야를 중심으로 새로운 안전망의 방향을 모색한 것으로 脇田滋 · 矢野昌浩 · 木下秀雄 編『常態化する失業と労働 · 社会保障』(日本評論社, 2014); 菊池馨実「雇用社会の変化とセーフティネット」(長谷部恭男ほか編『現代1去の動態3相会変化』(岩波書店, 2014) 87면 이하가 있다.

는 것과 세트로 되어 있어야 한다. 고용이 보장되는 대신에 과로사나 과로자살의 불안을 안고 있다든지 또는 가정생활의 파탄도 감수해야 한다면, 그것은 안전망이 파손되었다는 것을 의미한다.

셋째, 고용형태에 관한 기업의 니즈와 근로자의 니즈에 충분히 적합한 것이어야 한다. 전자는 유연한 인사정책이며, 후자는 만족도의 높은 일하는 방법이거나 '디센트 워크(decent work)'이다. 1990년대 이후 고용형태의 다양화 추진정책(입법정책 및 인사정책의 양면에서)은 근로자의 니즈보다도 기업의 니즈를 우선시하여 왔다. 그 결과 인건비 삭감을 위한 고용형태의 다양화와 비정규직 고용의 증가가 초래되었다. 각종 조사에 따르면 다른 한편으로 일에 대한 근로자의 만족도는 상당히 떨어지고 있고, 고용형태 간의 차별은 오히려 확대되고 있다. 이러한 언밸런스를 조정해야 한다.

넷째, 고령화에 대한 대응, 여성의 직장 진출, 남녀근로자의 가족책임의 이행이라는 오늘날과 같은 중요 과제에 저해되는 고용정책 또한 적절하지 않다. 여성의 직장 진출에 대해서는 단지 양에만 착안할 것이 아니라 종사하는 업무나 근로조건의 질도 보장되지 않으면 안 된다.

2. 구체적인 방안

이러한 관점을 구체화하기 위한 법정책에 대해 검토한다. 다음 장 이후에서의 체계적인 검토의 준비작업으로서 몇 가지 법정책에 대해 논하고자 한다.

먼저 중요한 것은 무엇보다도 해고규제이다. 그것은 고용을 보장하기 위한 안전망의 중심을 이루는 것이다. 정리해고법리나 반복갱신된 기간제 근로계약의 고용중지(갱신거부)에 관한 법리를 포함한 현재의 해고규제는 기본적으로 앞으로도 유지되어야 한다(다만 비정규직 고용을 우선적인 정리해고 대상자로 하는 점에 대해서는 재검토가 필요하지만). 그것은 오랜 기간 기업실무와 법리론이 만든 지혜의 결정체이며, 경제적 합리성이 있음과 동시에 회사법 · 기업법 규범에도 완전히 합치하는 것이라고 생각한다.[41)]

다만 약간의 보충적인 정책은 필요하다. 예컨대 해당 사업소 내에서 비정규직 고용을 포함한 전체 근로자 가운데 일정기간(3개월 등)에 일정수가 일정비율 이상의 자의 고용을 해지하는 경우에 그 이유, 인원수 또는 노사협의의 내용 등을 행정기관(노동국

41) 上村達男「会社法から憲法へ」法時 81권5호(2009) 38쪽 이하는 그 가능성을 시사한다.

등)에 신고하도록 하는 제도는 생각해 볼만하다. 인원정리의 신중한 절차를 요구하기 위한 것이기도 하다. 또한 전술한 것처럼 경영위기에도 불구하고 해고를 실시하지 않는 고용조정에 대한 어떠한 보상(조성금) 방식은, 최근의 기업 행동을 보면 여전히 유효한 방법이다. 기업의 경쟁력을 높이기 위해서라고 하면서 이 제도를 이용하지 않음으로써 발생하는 고용상실의 리스크는 너무도 크다.

건강하고 문화적인 노동생활의 보장이라는 두 번째 관점에서는 근로시간, 휴게 또는 휴가규제가 중요하다. 1987년 이후 「노동기준법」의 법정 근로시간이 단축됨에 따라 기업 내의 소정근로시간은 확실히 단축되었고, 전체근로자의 평균 총실근로시간도 단축되었다. 그렇지만 그 후 근로시간 단축의 움직임이 무디어졌고, 최근 몇 년은 오히려 증가하고 있어 장시간 근로자의 비율이 증가하거나 결과적으로 과로사나 과로자살자가 증가하고 있다. 최장 근로시간을 규제하고, 또 휴식시간을 마련하거나 시간외근로 · 휴일근로의 할증률을 올리는 등 시간외 근로 규제를 게을리 해 온 것, 연차휴가권 보장의 실질화를 도모하지 않았던 것이 장시간 근로로 연결되고 있다. 이러한 관점에서 입법정책의 대담한 전환이 필요하다. 이러한 측면에서 근로시간 규제는 고용조정의 대상자로 되는 근로자 수를 감소시킨다는 워크셰어링 정책을 실현하는 것이기도 하다.[42]

세 번째의 관점으로 「파트타임노동법」과 기간제고용 근로자에 관한 법규제의 방향성이 문제되고, 이 점에서도 대담한 정책 전환이 필요하다. 1995년 당시 경단련이 제시한 고용포토폴리오의 3분류화, 이것을 확실하게 나누는 것, 그리고 고용을 정규직 고용에서 비정규직 고용으로 이행시킨다고 하는 고용모델과는 결별해야 한다. 오히려 각 고용형태 간의 차이를 축소하여 상호이행(이동)을 가능하게 할 필요가 있다. 네덜란드 모델로서 주목받은 것으로 유연안정성(flexicurity)을 실현하는 모델이기도 하다.[43]

네 번째의 관점에서 고용평등 분야에 관하여 보면 법적 정비가 고용현장을 정말로 바꾸고 있는가라는 문제이다. 예컨대 남성의 육아휴직 · 돌봄휴직의 취득률은 이상할 정도로 낮고, 여성의 경우에도 고용을 계속하면서 육아 · 돌봄휴직을 취득하고 있는 근로자의 비율은 그다지 높지 않다. 여성 고용현장에서는 법시행 후 20년 이상 경과해

---

42) 앞의 주 17) 논문 65쪽 이하 참조.

43) 앞의 주 19) 책 136쪽 이하 참조. 有田 앞의 주16) 논문 27쪽 이하도 이 점을 강조한다.

도 기본적으로 M자형 곡선에는 변화가 없고, 남녀 사이의 임금격차는 오히려 커지고 있다. 이상에서 확실히 「고용기회균등법」 제정이나 개정의 혜택을 받고 있는 여성이 어느 정도 있는 반면, 대부분의 여성은 오히려 그 혜택을 받지 못하고 있어 고용의 양극화가 진행되고 있는 것을 알 수 있다. 이러한 해소도 당연히 필요하다.

Ⅵ. 정 리

근로자가 안심하고 일하고, 때로는 모험도 하면서 고용사회에서 활약할 수 있도록 하는 것이 노동법에서 안전망의 역할이다. 사견과 같이 고용보호를 안전망에서 파악하는 것에 대해서는 안전망의 기능을 오히려 애매하게 하는 것은 아닌가라는 비판도 있을 수 있다. 그러나 고용보호가 충분하지 않는 곳에는 서커스의 안전망 의미에서의 안전망도 충분히 기능하지 못한다. 세계금융위기는 그것을 분명히 했다.

필자의 안전망론은 고용의 유동화보다 현재 사용자와의 고용보호를 최우선 하는 것이고, 전통적인 가치체계의 유지라는 것이다. 그러나 동시에 21세기형의 고용모델을 염두에 둔 것이기도 하여 그러한 의미에서 결코 수구적인 주장은 아니다.

안전망론은 노동법에서의 근로자상과도 관계하고 있다. 자기책임론과 안전망의 관계 등도 생각해야 한다. 강한 근로자상을 염두에 둔 노동정책이 오늘날의 심각한 고용문제를 일으키는 요인이 되어 있다고도 볼 수 있기 때문이다. 조직률이나 존재하는 사업소의 비율 등에서 볼 때에 한정적이긴 하지만 안전망론에서 노동조합이 중요한 역할을 수행해야 한다는 것에는 이론이 없다. 제2장 이하에서 이러한 문제를 분석한다.[44)]

---

44) 비교법연구로는 유연안정성 사고를 실현하려는 네덜란드나 덴마크를 중심으로 하는 유럽 나라들의 모델 연구도 한층 중요하게 된다. 이에 관하여는 G エスピンアンデルセン,マリーノ・レジーニ編(伍賀一道ほか訳)『労働市場の規制緩和を検証する 一 欧米8カ国の現状と課題』(青木書店, 2004); 濱口桂一郎「解雇規制とフレクシキュリティ」季刊労働者の権利 270호(2007) 48쪽 이하 참조.

제2절 3.11 대지진 재해와 고용사회

들어가는 말

2011년을 나타내는 한자로서 선택된 것이 '유대(絆)' 이었다. 국어(일어)사전을 보면 그것은 동물을 연결시키는 줄, 육친 등과 같이 떨어지기 어려운 연결을 의미한다.

이 한자가 선택된 것은 두 말할 필요도 없이 같은 해 3월 11일에 발생한 동일본 대지진(지진과 해일)과 그에 뒤따라 일어난 후쿠시마 원자로폭발 사고의 결과, 이와테(岩手), 미야기(宮城), 후쿠시마(福島)의 3개현을 중심으로 많은 가족의 실종이나 이산이 발생하였기 때문이다. 이와 동시에 많은 사람이 자원봉사자로서, 의연금 참가로서 또는 피난주민을 받아들이는 형태로 적극적으로 재해지와 연결되어 있었다.

'유대' 는 연대라고도 바꾸어 말할 수 있다. 이것은 노동법이나 사회보장법을 지탱하는 중요한 이념의 하나이기도 하다. 본절에서는 재해 복구에서 고용에 관한 법이 어떻게 공헌할 수 있을까라는 점을 살펴본다.

나아가 본절의 기본이 되는 논문이 공표된 것은 동일본 대지진 이후이고, 본절에서 통계수치 등은 기본적으로 당시의 그것을 사용한다. 그 후의 실태에 관해서는 제2장 이하에서 수정하여 논한다.

Ⅰ. 동일본 대지진과 노동문제

동일본 대지진에 의하여 큰 피해를 입은 후쿠시마대학에서 '후쿠시마 부흥 포럼' 발족하고, 그 중심에서 활약하고 있는 전 후쿠시마대학 학장 겸 명예교수인 콘노 토시오(今野順夫)에 의하면, 3개현에서는 그 수년 후에 다음과 같은 심각한 노동문제가 발생하고 있다고 지적한다.[45)]

① 지진과 해일로 공장이나 라이프라인을 포함한 인프라가 큰 타격을 받아 대량의

45) 今野順夫「東日本大震災と労働法」季労 235호(2011) 54쪽 이하. 그리고 今野順夫는 '후쿠시마 부흥지원 포럼' 대표로서 지진재해 및 원자력발전 사고의 복구에 진력하고 있다(자세한 것은 今野順夫「生活の回復に向けた住民の実態と課題」学術の動向 2016년 1호(2016) 44쪽 이하 참조).

해고자 · 실업자 또는 휴업을 하게 된 사람이 발생하였다.[46] 그 규모를 보면 복구에는 상당한 시간이 필요할 것으로 예상된다.

② 후쿠시마에서는 이에 원자력발전 사고가 더해져, 복합재해가 되었다. 지진 자체에 의한 피해는 규모가 작다하더라도 광범위한 지역이 경계구역 · 계획적 피난대상 구역이 되어, 거기서의 생활 · 고용이 곤란하다.

③ 원자력발전 사고대책에 종사하고 있는(특히 하청기업이나 파견) 근로자에 대해서는 외부 · 내부피폭, 열사병 그 외의 건강피해가 심각하다.[47]

콘노(今野)는 장기적인 관점에서 복구대책을 강구할 것, 그 중에서도 '생업'을 확보하기 위한 고용창출 사업이 중요하다는 지적을 하고 있다. 현장에서 활동하고 있는 사람의 주장인 만큼 현장감이 느껴진다.

후쿠시마현에서는 대지진과 함께 인재라고도 할 수 있는 원자력발전 사고의 피해가 더하여졌다. 도쿄전력 후쿠시마 제1원자력 발전의 사고 현장에서 매일 방사능오염과 마주하면서 정리작업에 종사하는 근로자에[48] 대해서는 건강과 안전에 위해가 발생하지 않도록 작업환경을 정비하는 문제, 사용자책임을 명확하게 하는 고용 · 근무형태의 문제, 근무시간의 문제 그리고 불행하게도 재해를 입은 경우 보상의 문제 등이 있다. 이러한 문제의 심각성은 작업환경의 위험도가 비정상으로 높다는 것과도 관련하지만, 이것을 더욱 복잡하게 하는 것이 그 유례를 찾아 볼 수 없을 정도의 다중 하청관계 구조이다.[49]

---

46) 厚生労働省「震災による雇用の状況(速報値)」(2011. 5. 31)에 의하면, 이와테(岩手), 미야기(宮城), 후쿠시마(福島) 3개현에서 동일본 대지진 다음 날인 3월 12일부터 5월 26일까지 실업한 사람(헬로워커에서 이직표를 접수한 사람)은 11만 4,608명으로 전년도 같은 기간에 비하여 2.3배 큰 폭으로 증가하고 있다. 이 단계에서 피재자 가운데 아직 신고를 하지 않은 사람도 많이 있었다.

47) 원자력발전소 피해에 관하여는 다양한 보고서가 있지만 여기에서는 広河隆一『福島原発と人びと』(岩波書店, 2011)을 예로 든다. 그 해결책에 관하여는 森崎巌「震災後の雇用 · 労働施策の概要と課題」季労 235호(2011) 74쪽 이하 참조.

48) 현장작업 실태에 관하여는 ハッピー『福島原発収束作業日記 3 · 11からの700日間』(河出書房新社, 2013); 堀潤『変身』(角川書店, 2013) 141쪽 등에서 상세하게 전하고 있다.

49) 이 문제는 日弁連『検証原発労働』(岩波書店, 2012)에서 명확히 하고 있다.

Ⅱ. 자연재해와 노동기준법 등

3.11 대지진 등에 관련하여 많은 노동법상의 문제가 발생하고 있으며, 후생노동성은 이들 문제에 관하여 성실하게 해설하고 있다.[50] 또한 많은 논문 등이 공표되었다.[51] 다음과 같은 논점이 특히 피재자의 관심을 끈다.

① 휴업 중의 임금청구권은 어떻게 될까?(민법 제536조 제2항의 문제) 또는 휴업수당은 청구할 수 있을까?(노동기준법 제26조의 문제)

② 해고나 고용중지는 유효한가?(노동계약법 제16조 등의 문제)

③ 업무 중에 사고를 당한 경우 산업재해 보험급여는 받게 될까?

④ 실업보험은 어떻게 되는가?

①, ② 또는 ④의 문제가 피재자에게는 가장 중요한 관심사이겠지만, 실은 이 문제에 직면하면 근로자보호법이라고 하는 「노동기준법」이나 「노동계약법」의 무력함을 느낀다.

예컨대 공장이 파괴되어 즉시 재건하는 것이 불가능한 경우, 사용자가 공장을 폐쇄하고 고용한 근로자를 해고한다고 하면, 해고의 경우에는 30일의 예고기간을 두고 있는 것이 통상이지만 '천재지변… 으로 인하여 사업의 계속이 불가능이 되었을 경우'에는 이 예고기간을 둘 필요가 없다(노동기준법 제20조 제1항 단서). 또한 이 해고는 경영위기 등 사용자의 경제적인 이유에 의한 것으로 정리해고의 하나이며, 그 효력은 4요건(요소)에 의해서 판단되지만, 공장 자체가 파괴되어 경영을 계속할 수 있는 전망이 없는 경우에는 경영위기 상태에 있다고 하는 제1요건을 충족하고, 해고회피노력의 여지는 없기 때문에 제2요건도 충족하며, 전원 해고하지 않을 수 없기 때문에 피해고자 선택의 합리성이라고 하는 제3요건도 충족되고, 근로자 등과의 대화의 여지도 없기 때문에 제4요건도 충족된다고 해석된다(노동계약법 제16조 참조).

또한 공장이 괴멸상태는 아니지만 큰 손상을 받거나 거래처가 괴멸상태가 되었기 때문에 재료를 입수할 수 없다거나 교통수단이 파괴되어 조업을 계속할 수 없는 경우,

---

50) 厚生労働省 통지(http://www.mhlw.go.jp/stf/houdou/2r985200000lbse0.html) 참조.

51) 지진재해나 자연재해 시에 발생하는 문제를 거의 전부를 망라하여 회답이나 생각을 나타낸 것으로 野川忍『Q&A震災と雇用問題』商事法務(2011). 그 외 皆川宏之 · 原昌登「雇用契約と大規模災害」ジュリ 1427호(2011) 79쪽 이하 참조.

사용자가 일정기간의 휴업을 결정했다고 하면, 이 경우 근로자는 민법 제536조 제2항에 근거해 임금청구 또는 노동기준법 제26조에 근거해 휴업수당을 청구할 수 있는가? 이러한 자연재해에 기인한 휴업은 이들 조문에서 말하는 '채권자의 귀책사유에 의해서 채무를 이행할 수 없게 되었을 때' 내지는 '사용자의 귀책사유에 의한 휴업'이라고는 볼 수 없기 때문에 이 청구는 할 수 없다.[52]

물론 대지진 재해 등을 구실로 임금이나 휴업수당의 미지급 또는 정리해고가 곧바로 허용되는 것은 아니다. 지진재해 직후에는 계획 정전 등을 구실로 한 편승해고 · 고용중지 등의 사례가 매스컴에서 상당수 보도되었다. 정리해고나 휴업수당 미지급이 유효하기 위해서는 각각 엄격한 요건을 충족해야 한다.

Ⅲ. 원자력발전 사고 작업현장에서의 안전문제

1. 다중 하청구조

방사선 피폭의 위험을 안고 후쿠시마 원자력발전 사고 수습작업에 실제로 종사한 것은 원자력발전 사업자(발주자)인 도쿄전력의 근로자가 아니다. 보고에 따르면 도쿄전력 산하에는 수리작업의 경우에는 도쿄전력 3사라고 하는 원청(원청사업자) 그리고 원자로 등의 메이커인 원청을 비롯하여 상주하청회사, 현지전문업자 그리고 근로자파견회사라는 순서로 도급이 반복되어, 대량피폭을 수반하는 현장작업에 종사한 것은 많은 말단의 근로자파견회사(인력조달회사)의 파견근로자이다. 후쿠시마 원자력발전 사고에서 수습작업은 사업장내 하청이지만(직접적인 사용자 외는 노무지휘를 할 수 없다), 여기에서는 근로자파견과 지극히 유사한 지휘명령 계통(직접적인 사용자가 아닌 원청 등이 노무지휘를 한다)이 작동하였다.[53] 그러나 이러한 관계에서는 노동법상의 관계는 복잡해져 책임의 불명확화가 생기기 쉽다.

전국 각지에서 하청회사 · 근로자파견회사 등에 의한 구인모집이 이루어졌다. 임금의 내용을 보면 월액 30만 엔 이상 보증이라든지, 기본급은 20여만 엔이지만 그것보다 더 많은 위험수당이 지급된다는 내용들이다. 도쿄전력으로부터 제1차 하청회사에

52) 野川 앞의 주51) 책 32쪽 이하; 皆川 · 原 앞의 주51) 논문 79쪽 이하.

53) 渡辺博之「現場からの報告」앞의 주49) 책 52쪽 이하.

는 1인 1일당 수당 계산으로 5만 엔 내지 10만 엔이 지급되었지만, 말단까지 가면 1만 엔 전후가 되는 경우도 있다.

이러한 가운데 작업자의 임금 착복이 문제되었다. 예컨대 도쿄전력으로부터 원청회사에 지급되는 '위험수당'은 그야말로 위험작업에 종사하는 것에 대해서 지급되어야 하는 것이며, 이것은 도중에 착복할 수 있는 성질의 것이 아니다. 사업으로서 이런 것이 행해지고 있다면 노동기준법 제6조가 금지하는 중간착취에 해당된다.

2. 안전보건의 관리체제

현장작업에서 가장 심각한 것은 방사선 피폭이라는 안전보건 문제이다. 방사선 피폭에 관한 규제는 「원자로 등 규제법」에 근거하는 「실용로규칙」(実用炉規則), 「노동안전위생법」(노안법)에 근거하는 「전리방사선장해방지규칙」(電離放射線障害防止規則)이 있다. 후자는 주로 피폭 방사선량을 규제하는 것이지만, 후쿠시마 제1원자력발전소 사고 이후에 실질적인 방사선량의 허용한도를 올렸다. 이 자체는 과학적으로 논의해야 할 문제이다.[54]

노동법 문제가 되는 것은 안전보건의 실행체제의 측면이다. 특히 후쿠시마 제1원자력발전 사고 수습작업현장의 다중 하청구조에서 사업주책임은 누가 질 것인가? 노안법의 안전관리책임은 원칙적으로 근로자를 사용하는 사업주가 부담하지만, 일정한 하청구조 중에서는 그것으로 충분하지 않고 원수급인 사업주 그리고 그 도급인에게도 책임을 지우고 있다. 즉 노안법 제29조는 법령에 위반하지 않도록 지도, 지시할 책임을 원수급인 사업주에게 부과하고 특히 건설업·조선업이라고 하는 특정 업종에 대한 같은 법 제30조, 또 제조업 등에 대한 같은 법 제30조의2 그리고 건설업 등에 대한 같은 법 제30조의3은 각각의 규정에서 정하는 특별한 조치를 강구할 것을 원수급인뿐만 아니라 발주자에게도 요구하고 있다.

후생노동성의 견해는 전력회사의 원자력발전소는 노동기준법 별표 제1의 제1호의 제조업에 해당된다고 보기 때문에(1956. 1. 19. 基収4833호, 2009. 3. 31. 基発168호 등) 노안법 제30조의2가 적용된다. 그 결과 다양한 기업의 근로자가 혼재하고 있는 오염

---

54) 법적 문제에 관하여는 萬井隆令 「原発における被爆労働と間接雇用の『活用』」 앞의 주49) 책 46쪽 이하; 同「原発被爆労働と電力会社の労働者保護責任」季労 245호(2014) 121쪽 이하 참조.

처리 등의 수습작업에서는 발주자인 전력회사에게도 안전배려를 위한 책임이 발생하게 된다. 나아가 앞에서 본 조문에서의 책임은 원수급인과 발주자가 서로 다르지만, 후생노동성의 「원자력 시설에서의 방사선 업무 및 긴급작업과 관련되는 안전위생관리 대책의 강화에 관하여」(2012. 8. 10. 基発0810호)에서는 자기가 실시하는 작업의 일부를 사업장 내 수급인에게 하청을 주는 경우에는 원자력 사업주도 노안법 제29조에서 말하는 원수급인 사업주에 해당한다고 한다.[55]

또한 방사선 피폭관리의 문제도 있다. 원자력발전 근로자의 상담에 임하고 있는 사토(佐藤) 변호사에 의하면, 방사선종사자 중앙등록센터에서 총량관리를 하고 있지만, 이는 법률상 근거가 없고 근로자가 재직 중에 언제라도 피폭 상황을 확인할 수 있는 구조는 아니라는 등, 제도적으로 불충분하다고 한다. 일본학술회의 기초의학위원회·종합공학위원회 합동의 「방사선·방사능의 이용에 수반하는 과제검토위원회」가 2010년 7월에 행한 「방사선 작업자의 피폭의 일원화관리에 대하여」라는 제언에서 방사선·방사능 작업자 일반의 피폭관리에 관한 것이지만, 평생에 걸치는 피폭 방사선양을 신뢰성이 높은 국가수준에서 일원적으로 관리할 것을 요구하는 내용이고, 사토 변호사는 이 제언을 반영하는 제도설계가 필요하다고 지적한다.[56]

도급형태에서의 안전배려의무에 대해서는 일반적으로 '근로자가 법형식으로는 하수급인과 고용계약을 체결하고, 원수급인과는 직접적인 고용계약을 체결한 것은 아니라하더라도, 도급인과 원수급인 사이의 도급계약을 매개로 하여 사실상 도급인으로부터 작업에 대한 장소, 설비, 기구류의 제공을 받고 동시에 도급인으로부터 직접 지휘감독을 받아 원수급인이 조직적, 외형적으로 도급인의 일부문과 같은 밀접한 관계를 갖고, 원수급인의 공사 실시에 대해서 양자가 공동으로 안전관리에 임하여, 원수급인 근로자의 안전확보를 위해서는 도급인의 협력 및 지휘감독이 필요불가결이라고 보아, 실질적으로 수급인의 피용자인 근로자와 도급인의 사이에 사용자, 피사용자의 관계와 동일시할 수 있는 경제적, 사회적 관계가 인정되는 경우에는 도급인은 수급인의 피고용자인 근로자에 대해에서도 수급인의 고용계약상의 안전보증의무와 동일한 내용의

---

55) 이상의 문제에 관하여는 萬井隆令「原発被爆労働と労働者保護の法的構造」季労 240호(2013) 73쪽 이하; 同「原発被爆労働と電力会社の労働者保護責任」季労 245호(2014), 121쪽 이하에서 자세하게 다루고 있다.

56) 佐藤正明「原発労働者と労働安全衛生」学会誌労働法 120호(2012) 133쪽.

의무를 부담하는 것으로 보는 것이 상당하다' 고 해석된다.[57] 그러나 원자력발전 사고처리의 도급관계에서는 지휘명령 관계가 복잡하기 때문에 말단 근로자에 대한 산업재해 방지의 배려의무 · 주의의무를 누가 부담할 것인가는 현실적으로 분명하지 않다.[58]

이는 원자력발전소가 노동기준법 별표 제1의 제1호에서 들고 있는 제조업에 해당한다고 해석하는 것과 모순이다. 방사능제거작업 현장은 실태면에서 보면 오히려 동 제3호의 건설업에 유사하다.

3. 근로시간의 관리

후쿠시마 원자력발전 사고현장에서 1일 10시간을 넘는 수습작업에 근로자를 종사시키고 있었다고 하여, 노동기준감독서가 관계 18개 회사에 대해서 시정권고를 실시했다는 신문보도가 있었다.[59] 원자력발전에서의 작업은 원자력 피폭을 초래하는 것이기 때문에 연장근로협정(36협정)을 체결하더라도 소정근로시간 8시간 외에 2시간의 연장근로밖에 인정되지 않지만(노동기준법시행 규칙 제18조 제3호), 신문보도는 이러한 위법 잔업이 상당히 일상화하고 있다고 전한다.

여기에는 두 개의 문제가 있다. 하나는 수습작업이 매우 긴박하기 때문에 위법 상태가 발생하고 있지만, 이러한 법령준수 위반은 원자력발전 사고현장에서만 생기고 있는 아니라는 점이다. 임금 미지급 연장근로가 많은 기업에서 발생하고 있어 일본 기업사회 전체가 안고 있는 병이기도 하다.

다른 하나는 이번「노동기준법」위반의 시정권고를 받은 것은 하청 이하의 회사이며, 도쿄전력이나 원수급 회사인 토시바(東芝) 등의 책임문제는 발생하지 않았다는 점이다. 여기서도 역시 앞에서 본바와 같은 다중 도급관계에서 사용자책임 문제에 대하여 현행법제가 충분히 대응하지 못하고 있다는 것이 명백하다. 예컨대 근로자파견으로 근로자의 시간관리에 책임(노동기준법 32조 이하, 동 제119조)을 지는 사람은 근로자를 실제로 지휘명령하여 근무시키고 있는 사용사업주이지만 취업규칙의 작성이나 연

---

57) 鹿島建設 · 大石塗装事件, 福岡高判 1976. 7. 14. 民集 34권7호 906쪽. 三菱重工業神戸造船所事件, 最一小判 1991. 4. 11. 労判 590호 14쪽 참조.

58) 東京電力ほか事件, 静岡地判 2014. 7. 4. 労判 1109호 15쪽 참조.

59) 東京新聞 2013. 12. 13.

장근로협정 체결은 파견사업주의 의무이다(근로자파견법 제44조 제2항). 이것은 근로계약상의 사용자로서의 책임과 실제로 사용하는(노무지휘권을 행사하는) 사람의 책임이라는 차이에 대응하는 것이지만 실제로는 이해하기 어렵다.

이러한 것이 사용자책임을 불명확하게 만드는 가장 큰 요인이다. 노동법상 모든 책임 또는 제1차적 책임을 사업주로서 발주자인 도쿄전력으로 할 것인지, 아니면 적어도 원수급회사로 할 것인지 제도설계가 필요하다.

4. 산업재해보상

원자력발전 사고 수습작업에 종사하여 재해를 입은 근로자에 대해서도 산업재해 보험에 의한 보상과 민사손해배상에 의한 보상이라는 두 개의 보상 시스템이 작동한다.

원자력발전 사고로 재해를 입은 근로자 또는 유족은 「노동자재해보상보험법」에 따라 재해보상 급여를 받을 수 있다. 방사선업무와 관련하는 직업병에 대하여 노동기준법시행규칙 제35조 별표 제1의2의6 10에서 들고 있지만, 2009년 개정에서 다발성골수종과 비호지킨린파종이 새롭게 추가되었다. 또한 「원자력손해의 배상에 관한 법률」(이하 '원배법') 부칙(1979. 6. 12. 개정) 제4조에서 '원자력사업자는 원자력사업자의 종업원 또는 그 유족의 재해보상급여를 받을 권리가 소멸할 때까지 그 손해의 발생 시부터 해당 재해보상급여를 받아야 할 때까지 법정이율에 의해 계산되는 액을 합산하는 경우, 그 합산한 액이 해당 재해보상급여의 가액이 되는 액의 한도에서, 그 배상의 이행을 하지 않을 수 있다'고 한다.

일본변호사연합회는 2013. 10. 4. 「후쿠시마 제1원자력발전소 사고 피해의 완전구제 및 탈원자력 발전을 요구하는 결의」에서, '사고수습 작업이나 오염제거 작업 등에 종사하는 근로자는 일반 사람들보다 훨씬 더 건강 피해를 받기 쉽다는 것을 고려하여, 본건 사고 직후의 기록 재현을 포함한 정확한 피폭량 기록의 철저히 하고, 근로자 본인이 누적 방사선량 데이터에 상시 접근할 수 있도록 보장하며, 계속적인 건강진단 및 일정한 피폭을 입은 근로자가 질병을 발병했을 경우에 산업재해를 인정할 것'을 국가에 요구하고 있다.

원자력발전 사고로 재해를 입은 근로자 또는 유족은 원배법의 적용을 받는다(노동기준법 제84조 제2항). 일반적으로 산업재해를 입은 근로자들은 민사상 보상에서 민법 제

415조에 의한 안전배려의무 위반을 근거로 하거나 민법 제709조의 불법행위상의 주의의무 위반을 이유로 하는 손해배상청구를 할 수 있지만, 이들은 모두 과실책임을 전제로 하고 있다. 이에 반하여 원자력발전 사고에 관한 사업주 책임은 무과실 책임이다(원배법 제3조). 다만 원고 근로자들이 걸린 질병이 방사선 피폭에 의해서 발생한 것이라는 것, 원자력발전 사고수습 작업과 질병과의 사이에 상당인과관계가 있다는 것이 필요하고, 이 입증책임은 근로자 측이 부담하도록 하고 있다. 위 피폭 방사선량의 관리와도 관계하여 이 입증에는 큰 어려움이 따를 것으로 예상된다.

따라서 이번 같은 대규모 그리고 장기간에 걸쳐 발생할 수 있는 산업재해의 유효한 구제방안이 강구되어야 한다. 원자력발전 사업에는 예컨대 사회적 비용을 보험화하는 등 이러한 위험을 당연히 적용대상으로 해야 한다.

Ⅳ. 취약한 사회안전망의 충실화

1. 취약한 사회안전망

지금까지의 대규모 재해나 경제위기(2008년 가을의 세계금융위기) 때와 같이 동일본 대지진 재해와 후쿠시마 원자력발전 사고에서도 일본의 고용분야 안전망의 취약함이 새롭게 노정되었다.

첫째, 고용조정의 희생이 된 것은 기간제근로자나 파견근로자 등 비정규직 고용 또는 하청기업 근로자이다. 후생노동성이 2011. 4. 28. 발표한 「비정규직 근로자의 고용중지나 해고에 관한 전국집계결과(4월 17일 현재)」에서는 3월~6월에 실시할 것으로 예정되어 있는 비정규직 근로자의 고용중지 · 해고는 그 전의 조사(3월 18일 현재, 2~5월 대상)보다 49.1% 증가하였다. 고용중지나 해고는 연도말에 증가하는 경향이 있지만, 동일본 대지진 재해의 영향으로 그 이상 급증하고 있다.

후생노동성은 지진재해 직후인 2011. 3. 28. 사용사업주단체나 인재파견 관련단체에 파견근로자의 고용안정과 보호를 도모하기 위해 최대한 배려를 하도록 요청하였다. 그러나 세계금융위기 때에도 그랬지만 실제로는 이러한 요청이 효과가 없다는 것에 근로자파견 제도의 문제점이 잠복하고 있다. 여기서 2012년에 근로자권리의 보호를 강화하는 방향으로 법개정을 했지만, 2015년에 규제완화 방향으로 법개정이 이루어졌다(자세한 것은 제2장 제4절에서 검토함). 원래대로 되돌아가게 되었다.

둘째, 그 결과 고용위기 회피(긴급피난)형의 워크셰어링은 이번도 기능하지 않았을 뿐만 아니라 논의조차도 되지 않았다.

셋째, 안전망인 고용보험은 생활보장이나 재도전을 촉진하는 기능을 충분히 발휘하지 못하고 있다. 고용보험에 대해서는 그 자체는 대규모 재해를 예정하고 있는 것이 아니며, 이직사유, 연령과 보험기간에 따라서 급여하는 구직자급여(기본수당)의 일수가 다른 것뿐이다. 이 급여일수는 최장기간이라도 도산이나 해고에 의한 이직의 경우, 20년 이상의 가입산정기초기간과 45세 이상 60세 미만의 근로자조차 330일에 지나지 않는다. 이 자체가 다른 선진국들과 비교할 때 기간이 짧다.[60]

동일본 대지진 사태를 겪고 후생노동성은 재해구조법 적용지역에 소재하는 사업소에 적용되는 피보험대상자에 대하여 특례를 설정하고, 또한 기본수당에 대해 최대 120일의 개별연장 급여라는 특례조치를 설정하였다(제1차 보정). 나아가 피해지역의 연안부나 원자력발전 사고의 피재지역(경계구역 · 계획적 피난구역)에 대해 90일의 재연장조치를 강구하였다.[61] 다만 재연장된 고용보험이라고 하여도 2013년 1월부터 차례로 지급을 중지하는 것으로 되어 있다.

또한 일본에는 다른 나라에 있는 '제2의 실업급여'라 할 수 있는 보조적 실업부조제도(독일의 실업급여Ⅱ나 프랑스의 연대실업수당 등)가 종래에는 존재하지 않았다.[62] 그러나 2008년 7월부터는 한시적 조치로서 심각한 고용실업 정세에 대응하기 위해서 무료 직업훈련을 제공함과 동시에 훈련기간 중의 생활비를 지급을 통해서 고용보험을 수급할 수 없는 사람(고용보험의 적용이 없다든지 가입기간이 미달하여 고용보험 급여를 받을 수 없거나, 고용보험 수급이 종료하거나 대학졸업 미취업자나 자영업자 등)에 대한 취업지원(긴급인재육성지원사업)을 실시해 왔다. 2011년 9월말에 이 제도는 종료하였지만, 동일본 대지진 재해에 대응하면서 이를 영구화하는 법률(구직자지원법)이 7월에 제정되어 10월부터 시행되고 있다. 월 10만 엔의 직업훈련수강수당이 최장 1년간 지급된다.[63]

---

60) 労働政策研究 · 研修機構『データブック国際労働比較2011』가운데「失業保険制度」(http://wwwjil.go.jp/kokunai/statistics/databook/2011/ch4.html).

61) 이에 관하여 森崎 앞의 주47) 논문 69쪽 참조.

62) 労働政策研究 · 研修機構 앞의 주60) 가운데「補足的な失業扶助制度」.

63) 자세한 것은 http://www.mhlw.go.jp/bunya/koyou/kyushokush_shien/index.html 참조.

종래 제도와 비교하면 모두 개선책이라고 할 수 있지만, 구직자지원 제도로서는 아직 만전을 기한 것이라고는 할 수 없다.[64)]

2. 사회안전망의 충실

지진이라는 자연현상은 어느 정도 예측 가능하지만 그것을 막을 수는 없다. 태풍에 의한 피해 또한 같다. 해일 대책도 어느 정도는 가능하지만, 30미터 이상의 방파제를 쌓는 것은 현실적이지 않다. 따라서 사람들의 관심은 재해방지에서 재해감소로 이동하고 있다. 고용에 대해서도 같지만 여기에서는 안전망이 최대의 재해감소기능을 수행하게 된다.

고용분야의 안전망은 2층구조로 되어 있다. 즉 재해나 큰 경제변동에 직면하더라도 가능한 한 고용을 유지하는 것, 그것이 불가능한 경우에 재도전 기회나 가능성을 높이는 것이다.

후자에 대해서는 고용보험제도의 충실화, 직업훈련 · 취직지원 제도의 충실을 들 수 있다. 고용보험제도의 충실로서는 2011년에 개정되었지만, 그 외 고용보험료율을 올리거나 피보험자 자격을 완화하는 것을 생각할 수 있다.

세계금융위기 때와 같이 3.11에서도 유효하게 기능한 안전망은 고용조정조성금 및 중소기업 긴급고용안정조성금 제도이다. 3.11의 대지진 재해에서는 특례를 마련해 지급대상기간의 확대 등을 실시하였다. 그 결과 전국적으로 그 이용이 증가하고 있지만, 이와테, 미야기, 후쿠시마 3개현에서 특히 급증하고 있어 고용유지에 도움이 되고 있다(31쪽 참조).[65)] 휴직자지원 재원도 포함하여 이상의 제도는 고용보험료에 의해서 조달되고 있어 여기에는 연대사상이 내포되어 있음을 볼 수 있다.

---

64) 中川秀空「東日本大震災における雇用対策の現状と課題」조사자료 2011-4(2012) 21쪽 이하(http:// Idl.ndl.go.jp/view/download/digidepo_3487575_po_20110403.pdf?contentNo=1) 참조.

65) 森崎 앞의 주47) 논문 69쪽 이하. 그리고 3.11 대지진 이후 정부의 고용정책에 대한 평가에 관하여는「特集 · 東日本大震災から三年一現地の課題と海外の自然災害からの教訓被災3県における経済 · 雇用情勢の現状と課題」Business Labor Trend 2014년 4월호 34쪽 이하; 玄白有史「東日本大震災が仕事に与えた影響について」日労研 653호(2014) 100쪽 이하 참조.

3. 정부의 부흥지원책

3.11 대지진 재해 후 정부는 동일본 대지진 재해부흥지원 시책들을 발표했는데, 이는「'일본은 하나' 일자리 프로젝트」라고 불리고 있다. 이 중 고용확보를 위한 주된 정책은 앞에서 언급한 고용보험의 특례제도 이 외에 다음과 같은 것이 있다.

① 지진재해에 의한 피재 이직자나 피재지역의 휴직자에게 대해서 계속하여 1년 이상 고용하는 것을 예정하여 근로자로서 고용한 사업주에 대해서 고용개발조성금을 지급한다.

② 긴급고용창출사업의 틀을 이용하여 요건을 완화하거나 기금의 증가 조치를 강구한다.

③ 불가피하게 직업전환을 한 피재지 근로자에 대해서 직업훈련을 지원한다.

이러한 시책에 대해서는 많은 과제가 남아 있기는 하지만(긴급고용창출사업이나 파괴된 가옥 등의 처리에 편중되어 있다는 것, 장래 직업능력 개발과 연계되어 있지 않은 것, 저임금 등), 일정한 효과 · 성과를 얻고 있는 것으로 평가되고 있다.[66] 피재지 부흥에 대해서는 무엇보다도 적극적인 공공투자에 의해 사업을 개척해 나가는 것, 지방자치단체의 실업대책 사업을 적극적으로 재정지원해 나가는 것이 필요하다. 이때 장래의 능력개발과 연계되는 일을 발굴하여 보다 높은 노동의 질을 확보 · 유지할 필요가 있다.

이상의 시책을 실시해 나감에 있어서 관계 당사자의 참가를 조합하여 고용을 창출 · 유지(그리고 거리 만들기)해 나간다는 관점이 중요하다.[67] 긴급피난소인 체육관이나 공민관에 여성 관점을 가지는 것만으로도 생활환경이 크게 개선된 사례는 그 전형이다.

---

66) 森崎 앞의 주47) 논문 71쪽 이하 참조.

67) 예컨대 日本学術会議東日本震災対策委員会「救済 · 支援 · 復興に男女共同参画の視点を」(平成23年4月15日 · 東日本震災に対応する第六次緊急提言) 참조.

Ⅴ. 워크셰어링의 가능성

대지진 재해로부터 복구과정에서 노 · 사 · 정 합의에 의한 워크셰어링으로 무시험 제도가 있다. 한신(阪神)-아와지(淡路) 대지진 재해 후 수년이 지난 2000년 12월에 실현된 것이지만, 고용유지를 최우선 하는 것, 일과 생활의 조화를 실현하는 것, 근로자의 취업능력(employability)을 향상시키는 것 등의 7항목에 대해 노사 간에 합의가 성립하여, 이를 자치단체가 뒷받침해 간다고 하는 것이다.[68]

이를 전후하여 많은 지방자치단체에서도 정규직 직원의 연장근로를 없앰으로써 창출된 재원으로 주로 청년고용과 연계하는 시도되었다.[69]

이는 긴급피난형의 것이지만 일상화시켜 가면 고용창출형이나 일과 생활의 조화형으로 발전해 갈 가능성이 충분히 있다.

워크셰어링은 일본에서는 고용위기가 발생할 때마다 주장되고, 뜨거움이 목구멍을 지나면 잊혀지는 것을 반복하여 왔지만, 사견으로는 고용분야의 유대를 되찾기 위해서는 불가결한 과제이라고 생각하고 있다.

Ⅵ. 정 리

2011. 12. 16. 당시 노다(野田) 내각은 후쿠시마 원자력발전 사고의 수습을 선언했지만, 후쿠시마 제1원자력 발전4호기 연료저장소 내에 있는 연료봉을 꺼내는 것이 종료되지 않았음이 판명되었다. 그 후 2013. 3. 13. 아베 내각은 국회에서 사실상 이를 철회한다는 생각을 밝혔다. 작업은 결국 당초 예정보다 2년 늦은 2014년 12월에야 간신히 완료하였다. 현재는 폐원자로 작업이 계속되고 있지만 후생노동성「도쿄전력 후쿠시마 제1원자력 발전소의 안전위생관리대책을 강화한다 - 가이드라인의 책정」(2015. 8. 26)에서는 2014년 산업재해가 전년의 배로 급증하고 있다는 것, 월 피폭 방사선량이 5밀리데시벨을 초과하는 근로자 수는 크게 변동이 없고, 전체 근로자의 피

---

68) 特集「ワークシェアリング再考」Business Labor Trend 2009년 3월호 37쪽 참조.
69) 위 特集 39쪽 참조.

폭 방사선량의 총계는 높은 수준에서 정지하고 있는 것으로 보고되고 있다.

후쿠시마 제1원자력 발전을 폐지하는 것에 약 40년 걸리는 것으로 알려지고 있다. 수습작업은 그 동안 계속된다. 따라서 앞에서 기술한 긴급조치에 더하여 영속적으로 실효적인 체제의 재구축이 필요하다는 것에 변함이 없다. 이러한 위험을 내재한 전원을 우리는 언제까지 유지해 나가야 할 것인가? 이전의 공해 문제와 같이 개발이나 경제발전과 그 암운이라는 구도가 여기에 전형적으로 나타나고 있다.

후쿠시마에서는 현재 피난지정지역 등에서도 기업유치나 돌봄시설 등의 본격적인 복구가 시작되고 있지만, 피난 해제 후에도 귀환자가 적어[70] 노동력이 부족하다. 오염제거 작업을 급속도로 추진해 할 것이다. 아오모리현(青森県)의 북동부 반도를 방문해 보면 원자력발전 관련시설에 의한 지역부흥이 그다지 순조롭지 않다는 것을 느낀다.

3.11 대지진 재해에 의한 피재지의 복구는 도쿄나 대도시를 중심으로 경제를 발전시킨다고 하는 국가정책의 전환 여부와 관련이 있다. 정체한 지역에서 원자력발전을 재가동시키고 경제발전을 도모하는 정책보다는 정부 관계의 몇몇 기관을 동북지방이나 다른 지방에 이관시키는 것이 보다 문제가 적은 복구계획이라고 생각된다. 텔레비전 화면에 비추어진 주가에 따라 일희일비하는 모습은 3.11 대지진 피재지에서는 별천지의 희극으로 비춰지지 않겠는가?

본절에서는 원자력발전 사고에서의 노동문제로서 주로 복잡한 다중구조의 도급관계 문제를 지적했지만, 이 작업현장은 가장 열악한 고용에 있다. 세계금융위기와 같이 3.11 대지진 재해 등에서도 가장 심각한 피해를 받은 것은 비정규직 고용이나 말단의 하청기업 근로자라는 약자인 근로자이다. 필자가 본서에서 비정규 고용문제에 천착하는 이유이기도 하다.

---

70) 朝日新聞デジタル：http://headline.yahoo.co.jp/hl?a=20160201-00000012-asahi-socio.

제 2 장

아베노믹스와 고용개혁

제1절 성장전략으로서의 고용개혁

들어가는 말

아베노믹스[1]는 '성장전략' 중에는 고용개혁도 자리매김되어 있다. 이러한 성장전략은 한때 경제가 호전되고, 성공적으로 진행되는 것처럼 항간에 선전되었다. 그러나 지금까지의 자민당의 고용개혁과 마찬가지로 아베노믹스의 고용개혁은 질이 나쁜 고용을 초래하여 고용사회를 지금보다 악화시키고, 더욱 더 악화시킬 위험을 내포하고 있다고 생각된다.

본절에서는 아베노믹스의 고용개혁의 기본적인 방향성, 과거의 보수당 정권 하에서의 고용개혁과의 관계 그리고 몇 가지 특징적인 정책을 검토한다. 이어서 2015년 국회에 법안이 제출되어 계속 심의된 근로시간정책 및 법개정이 이루어진 「근로자파견법」에 대하여 살펴본다. 지금 고용문제의 하나로 '고용의 양극화'가 있지만, 근로시간의 법정책은 고용이 안정되어 있다고 생각되는 근로자의 '노동과잉'이, 그리고 근로자파견의 법정책에서 비정규직 고용정책이 가장 강하게 반영되어 있기 때문이다.

---

1) '아베노믹스(アベノミクス)'가 경제학적으로 버틸 수 있는 경제전략인가에 대하여는 논의가 있어, '아호노믹스(アホノミクス: 바보 노믹스(アホ는 일본어로 바보-역자주)'라고 혹평하는 경제학자도 있다(浜矩子 · 東洋経済 ONLINE 2013. 5. 24). 본서에서는 내각총리라는 점에 경의를 표하여 '아베노믹스'라고 부르는 것으로 한다.

Ⅰ. 아베노믹스가 그리는 성장전략

1. 산업경쟁력회의의 성장전략

2013년 6월에 실시된 참의원 선거에서 자민당의 대승으로 '아베노믹스'가 가속화되었다. 고용개혁도 그 일환이지만 거기에는 '써서는 안 되는 것'도 포함되어 있다.

같은 해 6월에 공표된 아베 내각의 산업경쟁력회의가 작성한 '성장전략(초안)'에서는 '고용제도개혁 · 인재력(人材力)의 강화'라는 표제에서 다음과 같은 고용개혁의 방향이 제시되었다.

① 과도한 고용유지형에서 노동이동지원형으로의 정책전환(실업 없는 노동이동의 실현)
- 노동이동지원조성금의 근본적 확충 등
- 청년 등의 재교육 지원을 위한 고용보험제도의 재검토
- 공익재단법인 산업고용안정센터의 출향(파견) · 이적 알선 기능의 강화

② 민간인재비즈니스의 활용에 따른 매칭기능의 강화
- 헬로워크의 구인 · 구직정보의 개방 등
- 시용(trial)고용장려금 등의 개혁 · 확충
- 민간인재비즈니스의 보다 더 활용

③ 다양한 근무방식의 실현
- 근로시간법제의 재검토
- 연구자 등에 대한 「노동계약법」을 둘러싼 과제에 관한 검토
- 근로자파견제도의 재검토
- '다원적이고 안심할 수 있는 근무방식'의 도입 촉진
- 지속적이고 경제성장을 위한 최저임금의 인상을 위한 환경정비

④ 여성의 활약촉진
(생략)

⑤ 청년 · 고령자 등의 활약촉진
(생략)

2. 아베노믹스 고용개혁에서의 극단적인 기업우선주의

아베 총리는 2013. 2. 28. 국회 시정방침 연설 중에서 '세계에서 가장 기업이 활약하기 쉬운 국가'라는 주장을 펼쳤다. 연설은 이어서 '기업활동을 방해하는 장애를 점차 해소해 나가겠다'고 하였다. 이베노믹스의 경제정책은 그 가운데에 노동법 분야의 규제완화도 규정하고 있다. 노동법이란 원래 근로자 보호를 위해 사용자나 기업활동

의 자유 · 권리를 제한하는 것이기 때문에 이 주장은 노동법(법제) 자체의 변질을 도모하는 것이다. 여기에 아베노믹스의 고용개혁의 본질이 있다.

이러한 주장을 구체화하기 위하여 아베 총리는 4월 2일 일본경제재생본부 제6회 회의에서 '고용지원시책에 관하여 과도한 고용유지형에서 노동이동지원형으로의 정책전환을 행하기 위한 구체적인 방안을 책정하기를 바란다'고 후생노동대신에게 제안했다. 또한 내각부에 설치된 규제개혁회의에서는 고용워킹그룹의 검토 항목으로 8개 항목이 제안되었다. 이 중 특히 중요하다고 생각되는 것은 이하의 사항이다.

① 일하기 쉬운 고용환경의 정비/기획입안형 재량근로제와 유연근무제(flextime)의 재검토
② 근로조건 변경규제의 합리화
③ 근로자파견에 관해 상용형 근로자의 규제완화, 의료 관련 업무의 근로자파견의 확대
④ 직업소개사업의 재검토
⑤ 노사 쌍방이 납득하는 해고규제의 방향

이렇게 살펴보면, 아베 내각의 고용정책은 민주당 정권에서 근로자보호 쪽으로(전면적이 아니라 부분적이기는 하지만) 방향타를 돌렸던 고용정책을 1990년대 이후의 자민당 시대로 역주행하려고 한다는 것을 알 수 있다.

3. 경제계의 제언

아베 정권의 정책 전체가 그러한 것처럼 고용정책도 경제계의 요망을 대부분 반영한 것이다. 일본경제단체연합회(경단련)은 2013. 4. 16.「근로자의 활약과 기업의 성장을 촉구하는 노동법제」라는 보고서(4.16 보고서)를 공표했다. 같은 보고서는 같은 해 1월에 공표한「2013년판 경영노동정책위원회 보고서」를 구체화한 것이지만, 다음과 같이 제안하고 있다.

(가) 근로시간관계
① 기획입안형 재량근로제의 조건 · 절차의 완화
② 유연근무제의 시간외 근로시간 계산방식의 변경
③ 연장근로협정(36협정) 특별조항의 기준완화
④ 휴게시간 일제 부여 규제의 철폐
(나) 근무형태관계
근무지 · 직종 한정계약에서 고용보장 룰(rule)의 투명화
(다) 근로조건 변경관계
노사 자치를 중시한 룰 형성

같은 보고서는 '최근 노동규제의 강화 움직임이 계속되고 있으며, 그 대부분은 기업활동을 제약함과 동시에 다양한 근무방식을 희망하는 근로자의 취업기회를 줄일 우려도 있다' 고 언급하고 있는데, 아베 총리의 연설의 배경은 이러한 인식과 같다고 할 수 있다.

Ⅱ. 잃어버린 20년과 아베노믹스의 고용개혁

1. 1980년대까지의 노동법 개혁

아베노믹스의 고용개혁은 1990년대 이후의 '잃어버린 20년' 동안에 일어난 고용사회의 현상, 특히 그 악화의 현상에는 거의 관심이 없다. 이러한 사항을 살펴보기 전에 1990년대 이후 노동법 개혁을 간단하게 되짚어 보고자 한다.[2]

일본의 근대적인 노동보호법제는 1946년 「헌법」 제정과 1947년 「노동기준법」 제정(같은 해에 「노동자재해보상보험법」 제정도 포함)으로 시작하여 1970년대까지는 경제성장에 지탱되어 온 형성 · 발전기였다(1959년 「최저임금법」 제정, 1974년의 「노동안전위생법」 제정 등). 몇 개의 중요한 판례법리도 이 시기에 형성되었다. 1970년대 미국과 유럽 국가에서는 높은 실업문제로 성숙된 노동법제로의 이행을 모색하기 시작했지만, 일본 경제는 실업없는 산업구조 개혁으로 난국을 극복한 적도 있어 여전히 성장형 노동법제가 전개되고 있었다.

한편 1970년대부터 성차별 문제와 사회적 덤핑(social dumping)이라는 장시간 근로문제가 대두되어 1980년대에 이에 대한 본격적인 대응이 강구되었다. 이것은 1985년 「균등법」의 제정과 1987년 노동기준법의 근로시간 규정의 개정으로 이어졌다.

이러한 것은 노동보호법의 규제강화이지만, 동시에 노동법의 규제완화도 이 시대에 시작되고 있었다. 즉 1985년의 「노동자파견법」의 제정과 1985년의 균등법 제정과 교환하여 시작된 여자(뒤에는 여성)의 근로시간 보호규정의 삭제, 1987년 노동기준법 개정에 따른 근로시간 규제의 유연화이다. 이러한 것은 1990년대부터 본격적으로 전개된 규제완화정책의 효시이기도 하다.

---

2) 이에 대해서는 졸저 『人権保障と労働法』(日本評論社, 2008) 213쪽 이하 참조.

2. 1990년대의 규제완화정책을 지탱한 이론

1990년대부터 본격적인 규제완화정책의 계기가 된 두 가지 중요한 문서가 있다. 하나는 1995년 당시 경영자단체연맹(日経連)이 공표한 '신시대의 「일본식 경영」' 이고, 또 다른 하나가 스게노(菅野) · 스와(諏訪) 논문이다.[3]

전자는 경제계가 일본의 고용을 어떻게 하고자 하는가를 제시한 정책적 문서이다. 여기에는 근로자를 '장기축적능력 활용형 그룹', '고도전문능력 활용형 그룹', '고용유연형 그룹' 의 세 개의 그룹으로 나누어 관리직이나 기간(基幹)근로자만 상용고용으로 하고, 다른 두 그룹은 노동력의 '탄력화' 및 '유동화' 를 추진하여 총인건비를 절약하고 '저비용' 화하려는 것이 제안되었다. 그리고 그 후에도 인건비 삭감을 위한 유연한 고용형태의 활용 또는 아웃소싱의 촉진이 적극적으로 주장되었고,[4] 이러한 것이 입법정책에 반영되었다. 이와 동시에 비정규직 고용이 위 정책문서가 의도한 대로 급증해 가게 된다.

경제계가 생각한 경영전략은 인건비를 삭감하기 위해서 비정규직 고용을 증가시켜 이것으로 글로벌화된 경제경쟁에 맞서고자 하는 것이다. 여기에는 성장전략은 있지만, 성숙된 사회에서의 공평성이나 사회적 정의를 실현하고자 하는 철학은 없었다.

후자의 논문은 신자유주의형 경제정책 · 이론이 석권하는 가운데 노동법제 철학의 전환을 주장한 것이다. 즉 노동환경이나 노동시장의 큰 변화 속에서 근로자상도 크게 변화하고 있다면서 이에 대응한 새로운 노동법제의 방향을 제언한다. 여기에서 근로자상의 변화란 '약하고 보호되어야 하는 근로자' (종속적 근로자)에서 '강하고 주체적인 근로자' (자립적 근로자)로, 혹은 획일적 · 단속적 · 강행적인 규제에 익숙한 '집단으로서의 근로자' 에서 개별적 · 자유의사를 존중하여 임의적인 규제가 적절한 '개인으로서의 근로자' 로의 전환이라고 할 수 있다. 이를 전제로 하면서 전통적인 노동법제는 시

---

3) 菅野和夫 · 諏訪康雄「労働市場の変化と労働法の課題」日労研 418호(1994) 2쪽 이하. 이 논문은 당시 일종의 성경처럼 다루어졌다(土田道夫「変容する労働市場と法」岩村正彦ほか編『現代の法12 職業生活と法』(岩波書店, 1998) 43쪽 이하도 기본적으로 이를 답습하고 있다). 또한 스게노 이론은 그 후 약간 수정을 가했지만(菅野和夫『新 · 雇用社会の法』(有斐閣, 2002)), 기본적인 논조는 변화가 없다. 그렇게 때문에 고용시장의 양극화 심화, 비정규직 고용의 급증과 저임금 · 저근로조건 층의 확대, 외부 노동시장의 미발달, 사회안전망의 악화 등의 예측이 잘못되었던 것이 된다.

4) 예컨대 일경련 노동문제연구위원회 2000년 보고(『「人間の顔をした市場経済」をめざして』); 2001년 보고(『多様な選択肢を持った経済社会の実現を』).

장의 실패라는 견해를 근거로 하는 국가적 규제를 중시하는 구조이지만, 향후에는 규제의 실패라는 견해를 근거로 하여 시장메커니즘을 최대한 살리고 국가의 입법 개입은 가능하면 억제해야 한다는 것이다. 그리고 새로운 노동법제의 과제를 노동시장에서 근로자의 거래행위를 보다 원활하게 기능시키기 위한 지원제도, 지원시스템을 말한다. 구체적으로는 외부 노동시장(전직 시장)을 확대하기 위한 여러 시책(민간직업소개사업의 활용, 파견근로의 확대, 민간직업훈련의 활용 등), 내부 노동시장에 대해서는 근무방식의 다양화에 대응한 규제(기간제계약의 확대), 계약의 개별화나 능력주의에 대응한 재편성(근로시간의 탄력화, 재량근무제의 확대 등) 그리고 이러한 개혁을 작동시키기 위한 분쟁해결시스템의 정비를 주장한다.

스게노 · 스와 이론은 노동시장의 변화에 대응한 새로운 노동법 규제(해고제한법의 제정이나 분쟁처리시스템의 정비 등)를 제기하고 있으며, 전통적인 고용모델을 어느 정도 유지하거나 규제를 강화하고 있는 면이 있어(근로조건 명시의무의 확충, 해고사유의 통지, 노사위원회제도의 설치 등), 이러한 의미에서 시장원리주의를 근거로 하는 단순한 규제완화론과는 다른 면도 있다. 그러나 시장의 규제력을 높게 평가하고 고용의 유동화 촉진책을 주장하는 점에서 기본적인 성격은 시장주의적인 혹은 거기에 친화적인 노동법 패러다임론이라고 할 수 있다.[5] 이 점은 지금 재차 재확인해 둘 필요가 있다.

이 이론은 한편으로는 국가의 사전규제를 가부장주의(paternalism)로 파악하고, 근로자를 자유경쟁시장으로 방출하거나 낮은 근로조건의 비정규 고용을 늘리고, 한편으로는 사후처리로서의 분쟁해결시스템의 정비로 분쟁해결을 목표로 하는 것으로 일종의 매치펌프 이론이다. 재판을 포함하여 분쟁해결시스템을 이용할 수 있는 힘(경제적 · 시간적 · 정신적)을 가진 '자립적인 근로자'의 입장에서는 이 법의 모델, 패러다임론은 유효할 지도 모르겠지만, 이것이 불가능한 훨씬 많은 근로자에게는 권리보호시스템은 유효하게 작동하지 못하게 된다.

규제완화론의 최선봉인 코지마(小嶌)에 따르면, '그 후 법개정은 …사소한 점을 제외하고 본 논문이 그린 시나리오에 따라 추진되어 왔다고 해도 과언이 아니다'고 평

---

5) 脇田滋「派遣 · 職業紹介と雇用保障法制の緩和」萬井隆令 · 脇田滋 · 伍賀一道 編『規制緩和と労働者 · 労働法制』(旬報社, 2001) 169쪽. 遠藤隆久「グローバリゼーションと労働法の市民法化」横井芳弘 · 篠原敏雄 · 辻村昌昭『市民社会の変容と労働法』(信山社, 2005) 56쪽은 이러한 성격을 중시하여 스게노 · 스와 이론을 '노동시장법학'이라고 부른다.

가한다.[6] 이 평가는 스게노 · 스와 논문으로부터 약 10년 후이지만 적절한 평가였다고 생각된다. 그리고 이 논문에서 정초(定礎)된 시장주의 친화적 노동법제라는 규제완화 정책은 그 후에도 전개되어 간다(제조업에서 근로자파견을 허용하거나 파견허용기간을 연장한 2003년 근로자파견법 개정 등).

그런데 1990년대 이후의 노동법 개혁의 기조는 규제완화이지만, 노동시장의 변화에 대응하여 필요하게 된 규제를 행하지 않는다는 '규제 · 입법 해태(소극주의)'의 측면도 무시할 수 없다(이하의 서술에서는 이를 포함하여 규제완화정책이라고 한다). 예컨대 비정규직 고용이 급증했음에도 불구하고, 유럽에서 취해졌던 것과 같은 균등처우 규제나 정규직화 정책을 오랫동안 강구해오지 않았던 것이 전형적인 사례로 나타나고 있다. 2007년 개정된 「파트타임노동법」은 제8조에서 비로소 차별금지 규정을 삽입한 점에서는 커다란 입법개정으로 되지만, 같은 조의 적용근로자는 많게 계산해도 몇 퍼센트에 불과하고, 결코 규제강화로 평가할 수 있는 내용은 아니었다.[7]

1993년에 제정된 「파트타임노동법」은 차별금지 규정, 불이익취급 규정을 도입해야 한다고 일찍부터 주장되어 왔지만 그렇게는 되지 못했다. 스게노 · 스와 이론은 파트타임 근로자의 균등대우 · 평등취급에 대하여 입법에는 어울리지 않고, 어디까지나 노동시장 규제에 맡겨야 한다고 하여 입법화를 부정했는데,[8] 이 점에서도 그 후 입법정책에 큰 영향을 끼쳤다.

3. 1990년대 이후 노동법 개혁과 그 영향

1980년대에 맹아가 있고, 1990년대부터 본격적으로 전개되어 온 규제완화정책(경제계의 인사정책도 포함)은 고용사회에 어떠한 영향을 미쳤는가? 몇 가지의 지표에 대하여 살펴보고자 한다. 이하의 상황은 아베노믹스의 고용개혁의 내용이 뚜렷하게 나타난 2013년 내지 2014년 경의 것이다. 그 후 현상은 뒷부분에서 재차 분석한다(제3장).

---

6) 코지마 노리아키(小嶌典明)에 의한 같은 논문의 코멘트 · 日労研 513호(2003), 44쪽.

7) 졸저 『人権保障と労働法』(日本評論社, 2008) 124쪽 이하.

8) 菅野和夫 · 諏訪康雄 「パートタイム労働と均等待遇原則ーその比較法的ノート」 北村一郎 編 『現代ヨーロッパ法の展望』(東京大学出版会, 1998) 131쪽 이하.

(1) 비정규직 고용의 증가

비정규직 고용의 비율은 1984년에는 15.3%였지만, 1994년 20.3%, 2000년 24.9%, 2005년 32.6%로 증가하고, 2014년의 단계에는 37.4%로 되었다(도표 2-1). 그 동안에 정사원은 100만명 정도 감소하였지만, 비정규직 고용이 급증하고 있는 것을 이 수치에서 이해할 수 있다. '신시대의 「일본식 경영」' 에 제시된 경영전략은 착실히 진행되어 왔다.

파견근로자만 살펴보면, 상용으로 환산하여 1990년대 중반에는 30만 명에 불과했지만, 네거티브 리스트 방식으로 변경된 2000년 전후부터 파견기업수와 함께 증가하기 시작하여 2003년의 제조업파견에 대한 해금을 계기로 재차 증가하였다. 그러나 2008년 세계금융위기로 한 때 크게 감소했다.[9] 또한 2013년 6월 단계에서는 상용고용근로자와 그 이외의 자를 합하여 약 130만 명 정도이다(후생노동성 「2013년 파견노동자실태조사결과」 도표 1-1 참조). 여기에서는 입법정책의 영향을 잘 파악할 수 있다.

〈도표 2-1〉 정규직 고용근로자와 비정규직 고용근로자의 추이

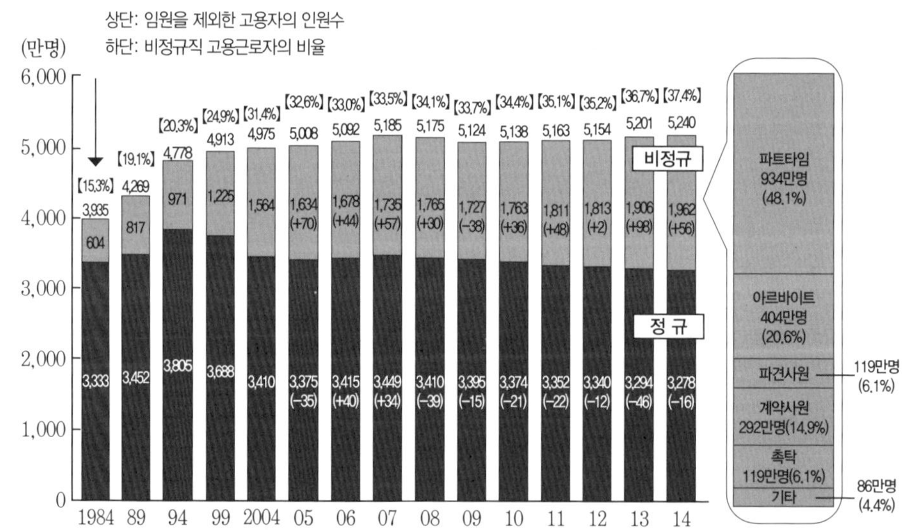

〈출처〉 후생노동성 「비정규고용의 현상과 과제」

9) 和田肇 · 脇田滋 · 矢野昌浩『労働者派遣と法』(日本評論社, 2013) 392쪽 이하 참조.

비정규직 고용에서 여성이 차지하는 비율은 70.2%이다. 연령 계층별로는 남성의 비정규직 고용은 20세 전후와 60세를 넘어서 정점이 오는 것에 비하여, 여성의 비정규직 고용의 비율은 전체적으로 균등하지만 40세~55세에 많이 집중되어 있다. 즉 한창 일하는 층에 대해서 보면 남성의 비정규직은 적지만 여성의 비정규직의 대부분은 이 세대라는 점이 된다(총무성통계국「노동력조사 결과를 볼 때의 포인트 No.16」 2013. 2. 19).

균등법의 개정과 함께 이루어진「노동기준법」의 여자(여성)의 근로시간에 관한 보호규정(시간외 근로와 심야업규제)의 축소 · 폐지의 영향이 크게 작용하고 있다고 할 수 있다. 가족적 책임과의 관계에서 남성수준으로 일할 수 없기 때문에 결국 비정규직을 선택하지 않을 수밖에 없는 상황이다. 이렇게 보면 비정규직 고용문제는 성차별문제이기도 하다.

파트타임 근로자는 일반근로자와의 사이에 큰 임금격차가 있다. 시간당 임금에서 양자를 비교하면, 남성 53.6%, 여성 69.4%로, 1990년~2001년 격차가 확대되고 그 후 10년까지는 격차는 축소하고 있다(도표 2-2). 기업 규모별로는 대기업일수록 격차가 크다. 가장 큰 요인은 일반근로자의 경우, 이른바 연공형 임금체계로 되어 있는 것에 대하여 파트타임 근로자의 경우에는 연공이나 근속연수에 따른 상승률이 매우 적다. 비정규직의 70% 전후가 파트타임 근로자라고 추측되고, 비정규직의 증가로 저임금층이 늘어나게 된다(후생노동성「일반노동자와 파트타임노동자의 임금격차 요인」). 공공근로를 포함하여 거의 최저임금 정도를 받는 파트타임 근로자가 상당 정도 있다고 추정된다. 고용의 양극화의 일부분이다.

이러한 격차의 확대는 비정규직 고용의 근로조건 개선에 소극적이었던 최근 십수 년간의 입법정책의 결과라고 평가할 수 있다.[10]

---

10)『OECD対日審査報告書2013年版』은 상대적 빈곤률이 OECD가입국에서 6번째로 높다는 것 이외에도, 풀타임 근로자와 파트타임 근로자의 임금 차이의 크기, 기업에서의 적은 훈련 기회, 사회안전망의 미흡한 적용범위, 비정규직에서 정규직으로 전환가능성의 낮음을 지적하고 있다.

〈도표 2-2〉 일반근로자와 파트타임 근로자의 임금격차의 추이

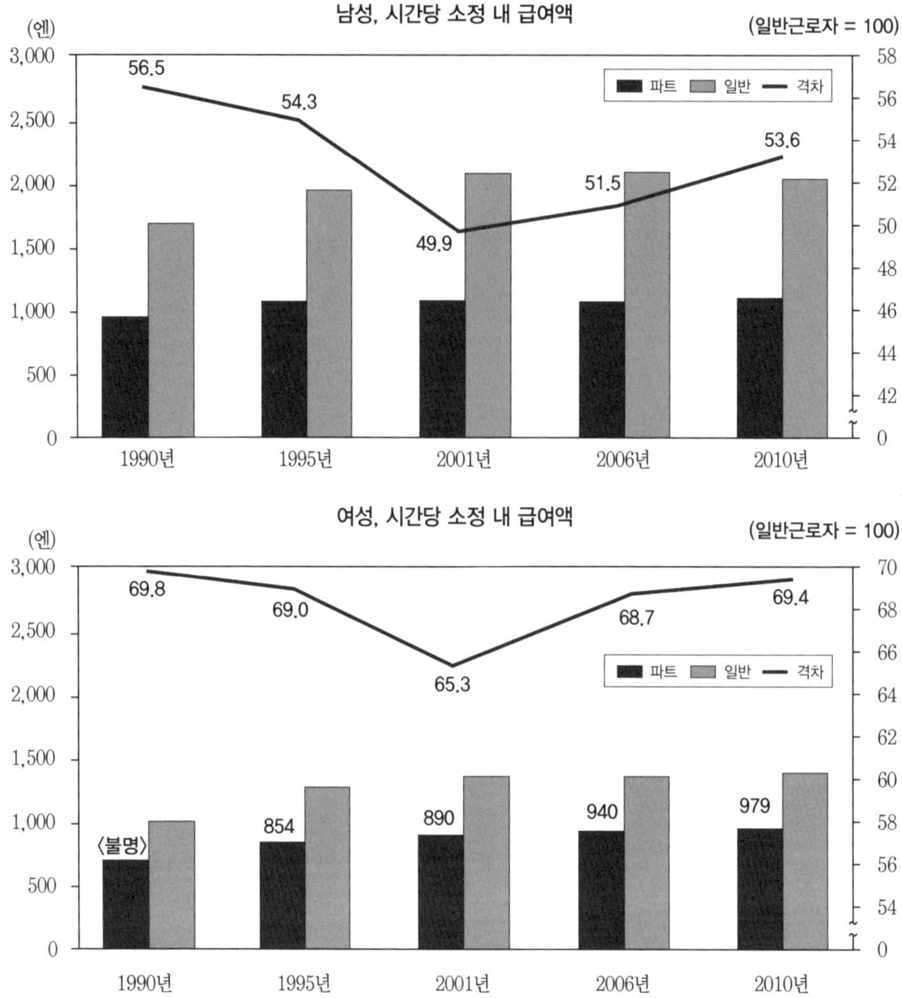

〈출처〉 후생노동성「일반근로자와 파트타임 근로자의 임금격차의 요인」

(2) 정규직 근로자의 장시간 근로

통계자료는 전체 근로자의 평균을 선택하기 때문에 확실히 최근 20년간 실근로시간은 감소하는 경향에 있다. 그러나 여기에는 비정규직 증가의 영향이 크고, 일반근로자만을 보면, 2000시간 전후로 추이하고 있으며 그 수치에는 거의 변화가 없다(도표 2-7

참조). 비율로 보면, '신시대의「일본식 경영」'이 제기하는 것처럼 핵심 부분 '장기축적능력 활용형 그룹'은 감소하고 있으며 그 영향인지 최장시간 근로도 여전히 남아 있다. 주 60시간 이상 일하는(과로사 인정선이라는 시간외 근로가 약 80시간 이상에 이른다) 근로자가 9% 전후 있고, 거기에 남성이 한창 일하는 30대에는 그 비율이 20% 전후에 이른다(도표 2-4 참조).

이러한 수치에 이른바 서비스잔업이라는 무급잔업이 수백 시간 있기 때문에 실근로시간은 통계수치보다도 훨씬 많다. 이러한 가운데 과로사나 과로자살이 높은 수준으로 추이하거나 증가하는 경향에 있다.[11] 고용의 양극화의 다른 측면이다. 최근 십수년간, 장시간 근로 해소에는 시간외 근로시간의 직접적 규제, 할증률의 인상, 휴식시간제도 도입 등의 필요성을 주장해 왔지만 대부분 실현하지 못하였다(상세한 내용은 본장 제2절도 참조).

(3) 세계금융위기가 끼친 영향

2008년 가을에 발생한 세계금융위기는 일본에도 큰 영향을 미쳤지만, 특기해야 하는 것은 대량의 파견중단과 고용중지의 실시이다(제1장 제1절도 참조). 같은 해 말부터 다음 해에 걸친 '파견마을(派遣村)' 현상[12]은 이를 전형적으로 보여주고 있다. 그 후 각지에서 이에 이의제기한 재판이 진행되었지만 원고 측에 비정한 판결이 잇따랐다.

여기에서 문제는 경기변동에 따른 인원조정으로 해고에 관한 판례법리 적용에서 소외된 근로자군이 대량으로 만들어졌다는 점이다. 경우에 따라서는 고용의 상실이 곧 주거의 상실로도 이어졌다. 이러한 참극이 민주당 정권의 탄생에 기여하였고, 그리고 2012년의 기간제고용 규제를 강화하는「노동계약법」의 개정, 특히 같은 법 제18조의 신설 또 파견근로자의 보호를 강화한 같은 해의「노동자파견법」의 개정으로 결실을 맺게 된다.

(4) 청년의 고용 악화

그 동안의 고용사회의 큰 변화로서 청년근로자의 고용 악화를 들수 있다. 예컨대 신

11) 졸고「アベノミクスの労働時間政策を検証する」季労 245호(2014) 32쪽 이하 참조.
12) 年越し派遣村実行委員会 編『派遣村』(毎日新聞社, 2009) 등.

규 대졸자의 10월 1일 단계에서 채용내정률은 최근 15년 동안 70% 전후에서 60% 전후로 떨어졌다. 고졸자의 경우 1990년대 전반에는 11월 말 단계에서의 내정률은 90% 전후였지만, 2000년대에 60% 전후로 떨어져 최근에는 70% 전후로 약간 상승되었지만 이전과 비교하면 낮은 수준이다(후생노동성 자료 「신규대학졸업자의 내정률의 추이」, 「고교졸업자의 취직내정률의 추이」).

연령별 비정규직 고용의 상황으로 1993년에는 15~24세에서는 11.5%에 불과하고 전체 연령계층에서 최저수준이지만, 2013년에는 32.3%가 되어 55~64세를 제외하면 최고수준이 되었다(후생노동성 『「비정규직 고용」의 현상과 과제』). 전체적으로 비정규직 고용의 비율이 증가하고 있지만, 청년에게 뚜렷하게 그러한 경향을 보이고 있다. 우선 비정규직으로 고용되면 그 후 정규직 고용으로 전환되는 것이 어렵고, 처음부터 비정규직 고용으로 밖에 고용되지 못한다는 것은 고용의 장래를 전망할 수 없다는 것을 의미한다.

파견근로자를 연령별로 보면, 20대가 전체의 약 35%이고, 34세까지 약 60%가 된다. 파견근로자의 주류는 청년근로자라고 할 수 있다.

과로사나 과로자살은 청년층에도 확산되고 있다. 2014년도의 지급결정 건수의 비교이지만, 과로사는 20대에서 5건, 30대에서 21건(전체 121건)이지만, 과로자살은 20대에서 19건, 30대에서 23건(전체 99건)이다(후생노동성 『2014년도 「뇌 · 심장질환과 정신장해의 노재보상상황」의 정리』 〈도표 2-8〉, 〈도표 2-9〉 참조). 따라서 과로자살에 이르는 정신질환을 앓고 있는 비율이 청년층에서 증가한다는 것을 알 수 있다.

이상의 사항이 종합적으로 작동하여 청년을 소중하게 여기지 않는 '블랙기업' 이 대량으로 출현[13]하게 되었다고 생각할 수 있다.

4. 잃어버린 20년은 어떻게 총괄되고 있는가?

총리나 경제계의 발언 및 정책제언 중에는 '잃어버린 20년' 동안에 발생한 고용사회의 여러 모순의 확대, 예컨대 비정규직 고용의 급증, 워킹푸어층의 증가, 상대적 빈곤율의 상승, 세계금융위기 후의 대량파견 중단, 고용보험을 비롯한 사회안전망의 미

13) 森岡孝二 編『就活とブラック企業』(岩波書店, 2011); 今野晴貴『ブラック企業』(文藝春秋, 2012) 등 참조.

비, 여성 고용차별의 미해결, 과로사나 과로자살의 증가 · 청년화, 이러한 위험군의 대량 존재 등등의 현상은 전혀 고려하지 않고 있다. 그리고 세계금융위기를 계기로 발족한 민주당 정권에서 드디어 손이 닿기 시작한 미온적인 사회문제의 해결에 대해서조차 적개심을 드러낸다.

민주당 정권의 노동법 개혁은 기업활동을 얼마만큼 제약하고 있었는가? 우선 과로사나 과로자살의 방지대책으로서 근로시간 규제가 필요하지만, 노동기준법에는 어떠한 것도 처리하지 못했다. 과로사나 과로자살의 유족의 모임이 중심이 되어 추진한 「과로사등대책추진법」에 대해서는 법제정까지 많은 어려움이 있었다.

「노동계약법」 제정은 자민당과 공민당의 연립정권 때인 2006년이고, 2012년 개정으로 기간제고용 규정이 개정되었지만, 실질적으로 개정이라고 할 수 있는 것은 무기계약으로의 전환을 규정한 같은 법 제18조뿐이다. 그러나 이것도 기간고용의 상한기간을 5년 이하로 설정함으로써 빠져나가려는 기업이 많이 있다.

「파트타임노동법」의 큰 개정도 2007년으로, 이것도 고용개선을 포함해 기업의 파트타임대책에 큰 변경을 초래했다고는 도저히 말할 수 없다. 「고령자고용안정법」의 최근 개정은 2012년으로 희망자 전원에 사용자에게 재고용을 의무화하고 있지만, 이것은 연금개혁에 동반하여 행해진 것으로 어떤 의미에서는 필요불가결한 것으로 사용자 측도 강하게 반대하지는 않았다.

2012년의 「노동자파견법」 개정에는 확실히 중대한 점이 몇 가지 포함되어 있다. 그러한 의미에서는 기업에 큰 제약을 부과하는 것이지만, 1999년의 파견대상업무의 네거티브리스트화, 2003년의 제조업에서의 파견 해금(解禁) 등의 개정이 너무나도 파견노동시장에 혼란을 초래하고 위법파견을 횡행하게 만들었기 때문에(2008년 9월의 세계금융위기 후의 대량파견 중단은 이를 현재화시킨 것에 불과하다), 파견업계로 하여금 법령준수(compliance)를 요구하기 위한 불가결한 개정이었다고도 할 수 있다. 그러나 기업의 입장에서는 그러한 것보다도 이익추구 면이 중요하다고 생각할 것이다.

아베노믹스의 고용개혁은 이러한 사정에서 시작되었다.

Ⅲ. 고용개혁 방법의 문제

1. 노동기준법의 규제완화를 위한 특구 구상

2013. 7. 26.자 니혼케이자이신문(日本經濟新聞)은 아베 내각이 성장전략의 하나로서 도쿄(東京), 오사카(大阪), 아이치(愛知)의 세 개의 대도시권 등을 특구로 지정하여 금전해결을 포함한 해고규제의 완화, 기간제 고용계약 설정의 유연화, 화이트칼라 근로시간 규제 면제의 도입을 실시하는 안이 검토되고 있다고 보도하였다(내용에 대해서는 〈도표 2-3〉 참조). 이러한 특구 구상은 무엇을 의미하는 것일까?

노동법제는 전국 일률적으로 적용되는 것을 전제로 하고 있다. 확실히 최저임금액은 각 지역의 물가상황 등에 따라 다르지만, 그 결정시스템 자체는 전국 공통이다.[14)]

또한 영세상업 · 서비스업에 대해서도 근로시간 규제의 예외가 인정되고 있지만, 그것은 '공중의 불편을 피하기 위해서 필요한 것'과 '특별한 필요가 있는 것'이고, 또한 '불가결한 한도'라는 것에 한정하다(노기법 제40조).[15)] 이에 대하여 어떤 지역에서는 법정 최장 근로시간이 8시간이지만, 다른 지역에서는 9시간까지 인정되는 등의 사태는 쉽게 상상할 수 없다.

노동법의 대부분이 강행규정이고, 그 중에서도 근로자의 안전과 건강에 관계되는 사항 또는 문화적인 생활을 지탱하는 최저한도의 근로조건에 대해서는 형벌법규도 존재한다. 현행 제도로서 이 적용제외를 할 수 있는 것은 유일하게 과반수 노동조합 또는 과반수 종업원대표 간에 체결된 노사협정뿐이다(36협정이 전형적이다). 필자 자신은 과반수 종업원대표에도 이 협정의 체결권이 인정되고 있는 점, 그 경우에도 상한(준수해야 하는 최저 근로조건) 규제가 너무 느슨한 점은 입법론상 문제가 있다고 생각하지만, 여기에서는 이 문제를 생략한다. 어느 경우든 최저기준 자체는 노동법이 적용되는 모든 근로자(위법하게 취업하고 있는 외국인이라고 해도)에게 공통된다. 그렇지 않으면 헌법 제14조가 규정하는 법 앞의 평등원칙에 반하게 된다.

---

14) 사견으로는 최저임금에 대해서도 기본급 부분을 전국 일률로 정하고, 조정수당으로 지역간의 조정을 하는 국가공무원의 급여와 같은 시스템이 바람직하다고 생각한다.

15) 영세한 상업 등에서 주 소정근로시간을 40시간이 아니라, 항상적인 예외로서 44시간으로 하는 것에 대해서는 노동기준법의 제정시부터 그렇게 되어 있었다는 것 이외에 적극적인 존재 이유는 찾아보기 어렵다. 필자는 근로자 간에 차별을 초래하는 이 예외를 폐지해야 한다고 생각한다.

〈도표 2-3〉 특구에서 추가로 규제완화를 검토하는 주요한 항목

고 용	· 금전해결을 포함한 해고규제의 완화 · 기간제 고용계약의 설정을 보다 유연하게 · 조건부로 법정 근로시간 규제를 적용하지 않는 '화이트칼라 근로시간 규제 면제'의 도입
의료 · 돌봄	· 간호사, 돌봄근로자, 보육사의 외국인 수용 확대 · 병상 규제의 재검토
교 육	· 교육으로 한정된 이용권을 가정에 배부하여 학비를 경감하는 제도의 신설
농 업	· 주식회사의 농지소유 해금
도시재생	· 상업빌딩 등의 주차장 설치의무의 폐지

노동법 분야에서의 경제특구 구상은 노동법의 본질과 모순되는 '금지된(써서는 안 되는) 것'이다.

2. 노동계약법 제18조 특례의 신설

2012년 노동계약법 개정에서 제18조에 동일 사용자에게 기간제 근로계약이 반복갱신되어 기간이 5년을 초과하면 근로자가 무기근로계약의 신청을 하는 경우 사용자는 이에 동의한 것으로 간주한다는 규정이 신설되었다. 이 규정에 대하여 특히 대학 등 연구직에서 단기고용이 촉진되어 결국 젊은 연구자의 양성에 지장을 초래한다는 비판이 잇따랐다.[16] 아베노믹스의 고용개혁에서는 이러한 비판에 따라 연구분야는 이 규정의 예외를 인정했다. 이것이 2013년 12월에 이루어진 「연구개발시스템의 개혁의 추진 등에 따른 연구개발능력의 강화 및 연구개발 등의 효율적 추진 등에 관한 법률」의 개정법이다. 동 개정법에 따라 대학이나 그 밖의 기관에서의 연구자, 「교원임기법」에서 임기를 정한 교원 등에 대하여 무기근로계약으로의 전환에는 5년이 아니라 10년을 초과하는 것이 필요하게 되었다.

이 개정의 큰 문제는 근로자보호법인 「노동계약법」의 규정이 문부과학성 관할법에 의해(의원입법이라는 형태이지만) 잠탈을 허용한 점에 있다.[17] 같은 법에 따라 박사후 연구원 등의 고용은 보다 길게 보장하게 되었다고 평가할 수도 있지만, 필자가 문제로

16) 졸고 「労働契約法改正は有期雇用不安定化である」 労判 1054호(2012) 2쪽 참조.

17) 형식이라는 점에서는 나중에 만들어진 비슷한 법률인 '전문적 지식 등을 가진 기간제고용근로자 등에 관한 특별조치법' 과는 다르다.

삼고 있는 것은 내용이 아니라 형식이라는 점이다. 이러한 방법을 쉽게 이용하면, 전체 근로자에게 공통된 노동기준을 정하는 근로자보호법은 쉽게 일탈할 수 있게 되어 버린다.

또한 이 문제에 대해서는 원래 문부과학성이 실시하는 박사후 연구원 대책이라고 하는 젊은 연구자 양성시스템 자체에 근본적인 잘못이 있는 것으로, 이를 바로잡지 못하고 노동계약법의 규정만 개정한 것은 근본적인 대책이 되지 못한다.

3. 3자구성 위원회 방식의 잠탈

노동법제는 노 · 사 · 공(학) 3자구성의 위원회에서 검토하고 기본방침을 책정한다는 전통을 계속해 왔다. 그러나 1990년대 이후의 노동법 개혁에서는 이 방식을 무시하거나 경시하고 있다. 즉, 내각부나 총리 하에 설치된 각종 회의(종합규제개혁회의, 경제재정자문회의 등)가 우선 경제전략 · 고용개혁전략을 입안하는데, 여기에는 주로 경제계의 대표와 규제완화론을 주장하는 학자들만 들어가 있다. 그리고 여기서 입안된 방침을 전제로 하여 후생노동성의 연구회나 노동정책심의회 등에서 논의가 진행된다. 이리하여 경제계의 요망을 직접적으로 고용정책에 반영하는 구조가 만들어졌다. 아베노믹스의 고용개혁에서도 마찬가지로 정책형성기관으로 네 개의 회의를 설치해 구체적인 정책방침은 여기에서 결정한다.[18] 특히 규제완화에 적극적인 경제동우회의 의견이 전면에 나와 있다.

이러한 특징이 단적으로 나타나고 있는 것이 「직업안정분과회 노동력수요제도부회」가 2014. 1. 29. 제출한 노동정책심의회 건의 「근로자파견제도의 개정에 대하여」에 붙여진 '당 부회의 운영에 대하여 직접적인 이해관계를 가지는 파견사업주가 매우 많은 발언을 하는 등 위원 이외의 구성원과 위원의 발언기회의 균형에 우려가 있었다' 는 문언이다. 부회장의 지도력의 문제이기도 하지만, 아베노믹스의 고용개혁이 본질이 보인다. 아베노믹스의 고용개혁은 대기업의 노무관리의 지원책으로 관철되어 있다(상세한 내용은 제3절 참조).

---

18) 이 문제에 대해서는 濱口桂一郎「労働政策過程をどう評価するか」季労 245호(2014) 70쪽 이하 참조.

Ⅳ. 과도한 고용유지 방식에서 노동이동지원 방식으로

1. 아베노믹스의 인식

아베노믹스의 전제는 근로자보호에 너무 치우친 해고권남용법리와 기업 내의 잉여인원을 끌어안고 가게 하는 고용조정조성금제도 등에 의해 '과도한 고용유지형'의 고용보장제도로 되었다는 인식이다. 이 중 고용조정조성금제도(중소기업 긴급고용안정조성금은 2013년 4월부터 이에 통합)에 대해서는 넓게 사회안전망론 속에서 검토해야 하는 과제이다.

제1장에서 검토했던 것처럼 2008년 가을 세계금융위기 이후 동일본 대지진 및 후쿠시마에서의 원자력발전소 사고 후에 이 제도가 활용되어 그 결과 실업자 수의 증가를 일정 정도 멈추게 한 사실이 있다.[19] 그러나 아베노믹스는 고용조정조성금제도를 노동이동지원조성금제도로 바꾸려고 한다. 2014년도에는 전자는 전년에 비하여 절반 감액되고, 반대로 후자는 약 150배로 증액되었다. 세계금융위기나 3.11 대지진 후에 발생한 사태에는 새로운 제도 노동이동지원조성금으로는 충분히 대응할 수 없다.

또한 노동이동지원시스템은 공공직업안정소의 인정 등 행정이 관여하는 구조로 편성해도, 민간 인재비즈니스를 활용하는 것이다. 그러한 의미에서 공공사업으로 토목건설업을 지원하는 것과 마찬가지로 인재비즈니스 지원사업에 불과하다. 게다가 헬로워크의 구인 · 구직정보가 이러한 민간 인재비즈니스에게 공개되는 것이기 때문에 전국적인 인재비즈니스산업 육성책을 취하게 된다. 또한 현실적으로 노동이동지원조성금은 퇴직강요 등 정리해고의 대안으로 이용되고 있다. 전체 고용정책 문제이다.

2. 해고권남용법리의 재검토

경제계나 일부 경제학자가 생각하는 개혁의 본질은 해고권남용법리의 완화이다. 예컨대 다음과 같은 주장이 있다.[20] 즉 비정규직 고용의 증가는 정규직 근로자의 고용이 과잉보호되고 있기 때문이다. 경영상황이 변동해도 정규직 근로자를 쉽게 해고할 수 없

19) 예컨대 厚生労働省職業安定局 · 職業能力開発局「リーマンショック後の雇用対策効果の検証」(2012. 5. 25)을 참조.

20) 八代尚宏『雇用改革の時代』(中央公論社, 1999) 95쪽 등.

기 때문에 기업으로서는 경기변동의 완충장치로서 비정규직 고용을 늘리지 않을 수 없다. 따라서 정규직 근로자의 해고가 쉽게 되면 기업으로서는 더욱 고용을 늘린다.

이 주장은 언듯보면 비정규직 근로자의 근로조건을 개선하고 이로써 정규직 근로자와의 격차가 해소되는 유효한 방법인 것처럼 생각하지만, 그렇게 생각하는 것은 경솔하다. 결과적으로 모든 근로자의 고용이 불안정화할 위험성을 부정할 수 없기 때문이다.

해고권남용법리는 판례법리에도 나와 있듯이 합리적인 제도로서 정착되어 있다. 예컨대 정신건강의 병을 앓고 있는 사람에 대하여 최근의 최고재판소 판결[21]은 통원할 기회를 제공하거나 병가휴직제도를 이용하는 등 최선으로 노력하는 것(건강배려의무)을 사용자에게 부과하고 있다. 이러한 견해의 배경에는 최근 기업사회에서 일과 직장에서 인간관계의 고민 때문에 정신건강에 이상을 초래하는 근로자가 많아졌으며, 법령준수나 사회적 책임의 면에서도 기업은 이 사태에 적절하게 대응해야 한다는 인식이 있다고 생각된다.

마찬가지로 경영상황이 악화된 경우 고용조정의 방법에 대해서도 말할 수 있다. 해고가 고용조정의 '최후 수단'인 것은 선진국에서는(미국을 제외하고) 공통된 법리가 되었다. 이 점에서 신자유주의나 규제완화론으로부터 끊임없이 공격받지만, 고용보험제도, 직업훈련제도 또는 직업소개제도라는 '제2의 사회안전망'이 충실히 갖춰져 있는 국가를 제외하고 쉽게는 바꾸려고 하지 않는다. 오히려 할 수 없다. 일본의 경우 헌법 제27조 제1항에서 보장하는 근로권(노동권)의 확보에 대하여 기업의 사회적 책임을 방면(放免)해버리기 때문이다.[22]

3. 해고의 금전해결제도

해고에 대한 제안이 해고가 무효한 경우에도 직장의 복귀가 아니라, 금전으로 해결하는 제도의 도입이다. 학설에서도 중소기업 등의 분쟁해결방법으로 유효하다고 하며 도입에 적극적인 견해가 있다.[23] 실제의 소송사건에서도 이러한 분쟁해결이 이전부터

21) 日本ヒューレット・パッカード事件・最二小判 2012. 4. 27. 労判 1055호 5쪽.

22) 이 문제에 대해서는 이미 상세하게 논한 적이 있기 때문에(졸저 『人権保障と労働法』(日本評論社, 2008) 177쪽 이하) 여기에서는 생략한다.

23) 濱口桂一郎「労使双方が納得する解雇規制とは何か」世界 2013년 5월호 107쪽 이하.

행해져 왔고, 노동심판제도에서도 적극적으로 활용되고 있는 것처럼 보인다.[24)]

그러나 이러한 점에서 곧 제도화를 시도할지는 그리 간단하지 않다. 직장복귀 사안도 여전히 일정수 존재하고 있으며,[25)] 노동심판에서 금전해결액은 재판상의 화해의 경우와 비교해도 높지 않다.[26)] 제도로서 도입한 외국의 사례에는 금전해결의 수준은 상당히 높지만, 일본의 현실은 그러하지 못하다.[27)] 그리고 무엇보다도 해고의 금전해결 제도는 돈만 지급하면 싫은 사람, 시끄러운 사람, 병 등을 안고 있는 사람을 기업에서 쫓아낼 수 있게 되어 기업의 법령준수를 유지하는데 부정적으로 적용할지도 모른다.

분쟁해결을 일종의 게임과 같이 생각할 수도 있지만, 위법한 해고 → 해고무효 → 직장복귀(+해고기간 중의 소급임금 지급)라는 규범을 분쟁해결에서 어떻게 작동시켜나갈 것인지 관점이 중요하다.[28)]

V. 근무지 · 직종 한정 정사원 제도

1. 종래의 정사원

일본의 기업 실무에서 이른바 정사원에게 요구하는 것은 언제라도 어디에서도 사용자의 지휘명령에 따라 근무하는 태세에 있는 것이다. 예컨대 잔업이 필요하다면 종업시간 직전이라도 명령을 받으면 이에 따르고, 토요일 · 일요일도 불문하고 출근하며,[29)] 또한 1주 전의 인사명령으로도 단신부임을 불문하고 전국 어디라도 이동에 따르는[30)] 사

24) 東京大学社会科学研究所『労働審判制度についての意識調査基本報告書』(2011)에서는 사용자측에서 95.0%가, 근로자 측에서 89.2%가 이에 따르고 있다고 응답하고 있다.

25) 鵜飼良昭『事例で知る労働審判制度の実際』(労働新聞社, 2012) 36쪽 이하 등을 참조.

26) 高橋陽子 · 水町勇一郎「労働審判制度利用調査の分析結果と制度的課題」学会誌労働法 120호 (2012) 34쪽 이하 참조.

27) 예컨대 濱口桂一郎「労使双方が納得する解雇規制とは何か」世界 2013년 5월호 116쪽 이하에서 소개하는 스웨덴은 근속 10년 이상인 근로자에 대해서는 실제로 32개월분의 금전보상이 이루어진다.

28) 상세한 내용은 졸고「不当解雇の効果と紛争解決」野田進 · 野川忍 · 柳澤武 · 山下昇 編『解雇と退職の法務』(商事法務, 2012) 334쪽 이하 참조.

29) 시간외 근로를 거부한 근로자의 징계해고를 긍정한 日立製作所武蔵工場事件 · 最一小判 1991. 11. 28. 民集 45권8호 1270쪽 참조.

30) 병든 부모를 돌보아야 하는 근로자에 대한 원거리 배치전환을 유효하다고 판단한 東亜ペイント事

원이다. 「파트타임노동법」 제8조의 '통상의 근로자'가 바로 이러한 근로자이다.

이러한 맹렬형 사원은 종래부터 존재했지만, 1995년에 당시의 일경련이 내세운 '신시대의 「일본식 경영」'에서 제기된 고용전략에 따라 그것이 수적으로도 질적으로도 더욱 첨예화되었다. 즉, 이 부분(장기축적 능력활용형)을 보다 감량화하고, 그 대신에 주변에 대량의 비정규직 고용(특히 고용유연형)을 증대시켰다. 그리고 고용보장의 교환으로서 과로사나 과로자살에도 이를 수 있는 '과잉노동'을 강요받게 되었다.

〈도표 2-4〉는 이러한 근로자의 사례로써 주근로시간이 60시간 이상인 자의 비율을 나타낸 것이다. 내각부 남녀공동참획국 「주 60근로시간 이상의 취업자의 비율」에서는 한창 일하는 30대 · 40대의 남성에서는 4~5명에 1명이 과로사의 인정선인 월 80시간 이상의 잔업을 하고 있다.

2. 직무내용 · 근무지 한정 정사원의 구상

위와 같은 맹렬형 정사원이 아니라 근무지나 직종이 한정된 정사원(job형 정사원)을 제도화, 규범화하려는 제안이 있다. 이를 구체화한 것이 2014. 5. 30. 규제개혁회의에 제출된 워킹그룹 보고서이다.

〈도표 2-4〉 주 60시간 이상 취업하는 취업자의 비율

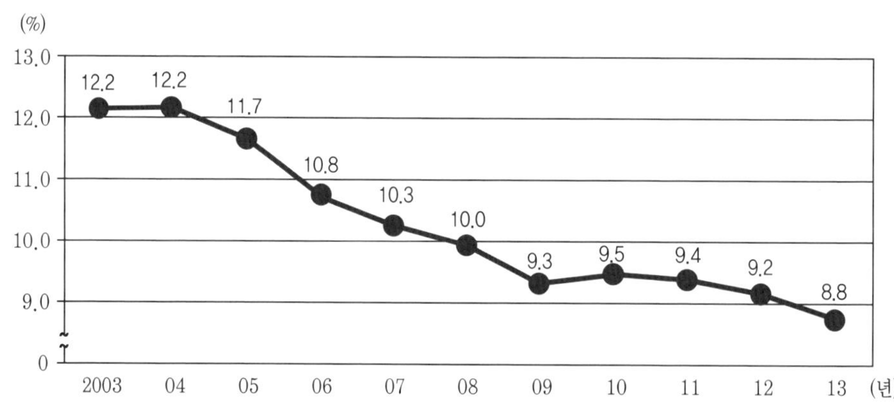

〈출처〉 총무성, 「노동력조사(기본집계) 2013년 평균(속보)결과 요약」

件 · 最二小判 1986. 7. 14. 労判 447호 6쪽 참조.

그 제안이유로서 ① 비정규직 고용에서 정규직 고용으로의 전환이 쉽게 되는 점, ② 가족친화적(family-friendly)이고 일과 생활의 조화가 이루어진 근무방식을 실현할 수 있는 점, ③ 여성의 적극적인 고용촉진으로 이어지는 점, ④ 정사원 간의 상호 전환에 따른 커리어(경력) 계속이 가능하게 되는 점, ⑤ 외부 시장으로의 옵션이 확대된다는 점을 들 수 있다. 이러한 이유는 확실히 설득적이지만, 이야기는 그리 간단하지 않다.[31)]

일과 생활의 균형을 존중하고자 한 사람들은 지금까지도 존재했지만, 회사에 대한 공헌도가 낮은 사원으로 간주되어 처우의 면에서도 그러한 취급을 받고 있다. 이른바 2급 정사원 취급이었다. 이것의 제도화는 과연 타당한 고용정책일까?

또한 한정 정사원 제도는 결국은 많은 여성이 이 가운데에 갇혀버리는 것이 아닐까라는 우려가 있다. 이것은 정사원의 계층화를 의미하고, 업무형 정사원이라는 미명 하에서 새로운 신분상태가 출현하게 된다.

비정규직 고용도 이 중간형 정사원으로 이행하고, 그 결과 처우가 크게 개선될 수도 있다. 그러나 지금까지의 고용실무를 보면, 그렇게 될 가능성은 한없이 낮다고 생각할 수밖에 없다. 이러면 현재 이상으로 고용관리로 인한 신분 격차가 고정화될 것이다.[32)]

이러한 점을 고려하면, 한정 정사원에 대하여 다음과 같이 특징지울 수 있다. 이를테면 직업생활 속에서 가정생활이나 사적 생활과의 균형(work-life balance)에 대한 배려로 지역 한정형의 정사원을 선택했다고 해도(그것은 대부분의 경우에 기혼여성이겠지만), 그 사람은 큰 임금격차나 쉬운 해고의 위험성을 염두에 두어야 한다. 여기에는 일과 생활의 균형을 중시하는 근로자를 존중하려는 발상이 아니라, 이를 방해자로 취급하거나 2급의 근로자로 취급하려는 기업의 태도가 드러나 보인다(이 문제는 제3장 제1절에서도 논의).

---

31) 업무(job)형 정사원 제도는 하마구치(濱口)가 이전부터 주장하고 있던 것으로(濱口桂一郎「『ジョブ型正社員』という可能性」神野直彦・宮本太郎 編『自壊社会からの脱却』(岩波書店, 2011) 114쪽 이하 등) 여기에서의 비판은 그대로 하마구치에게도 해당된다.

32) 中野麻美「雇用格差の核心に迫る改革が未来を決める」世界 2013년 5월호 104쪽 이하.

Ⅵ. 정 리

아베노믹스의 고용개혁을 매우 단순하게 말하면, 기업의 경쟁력 강화(근로자를 사용하기 쉽게 하는 노동법제 = 규제완화에 의한) → 수입의 상승 → 근로자에 대한 환원(→ 많은 노동문제의 해결) → 경제성장이라는 나선형 구조를 생각하고 있다. 그러나 1990년대 이후의 노동법 규제완화는 이러한 순환과는 다른 귀결을 초래했다. 즉 기업 수입의 상승 → 내부 유보(=근로자에 대한 미환원) → 임금 감소 → 디플레이션, 이와 함께 노동법의 규제완화 → 비정규직 고용의 급증 → 사회 격차 · 배제 확대 등의 순환이다.

우리들이 그리는 고용 · 노동법제 모델은 이와는 크게 다른 것이다. 근로자의 고용 · 수입의 안정(사회보장시스템의 안정과 상응하며) / 비정규직 고용의 정규직화 · 고용형태간의 격차의 축소 → 중간층의 확대 → 사회의 안정 → 사회시스템의 호순환이라는 모델이다. 이것은 본서의 모티브이기도 한 지속가능한 고용사회의 창출로 이어지고, 이를 위해 노동법의 패러다임 전환이 필요하다.

제2절 근로시간의 법정책

들어가는 말

아베노믹즈의 고용개혁의 하나로써 이른바 화이트칼라 이그젬션제도를 중심으로 하는 근로시간 규제개혁이 있다. 그것은 이미 2000년대의 중반에 코이즈미(小泉) 내각이나 제1차 아베내각에서 제안되어, 폐기되었던 개혁안이 다시 제안된 것이다. 이전의 제안은 '잔업수당 미지급 법안' 이라는 비판이 속출하여, 결국은 법안이 제출되지 못했다. 아베노믹스는 그 실패를 거울삼아 주도면밀하게 준비했지만 문제의 본질에는 아무런 변화가 없다.

이하에서는 먼저 근로시간의 실태를 몇 가지의 통계자료를 갖고 명확히 하고자 한다. 그리고 이것을 기초로 아베노믹스의 근로시간정책 중[33] '고도 전문직 제도'를 중심으로 검토하고자 한다.

Ⅰ. '화이트칼라' 근로시간제도

아베노믹스의 근로시간 정책을 검토하기 전에 '화이트칼라'라는 근로자의 근로시간 규제의 바람직한 방향을 검토하고자 한다.

근래 약 20년의 근로시간 규제에 관한 논의의 중요한 목표는 시간으로 그 성과를 측정하는 것이 곤란한 화이트칼라 근로자라고 말하여 왔다. 이 주장에 대한 논의를 정리하기 위해서는 범위의 한정이 필요하다. 일본에서는 전통적으로 블루칼라(독일에서 말하는 Arbeiter)와 화이트칼라(독일의 Angestellte)라는 구별이 없고, 유럽에서도 산업구조의 변화 중에 최근에는 양자의 구별이 상대화되고 있다.[34] 따라서 화이트칼라 근로자라 무엇을 가리키는지 먼저 명확히 해둘 필요가 있다.[35]

그런데 주지하는 바와 같이 미국에서는 이 개념이 의미를 지니고 있다. 화이트칼라의 근로시간 규제가 문제가 되는 것은 「공정노동기준법」 제13조(a)(1)에 규정된 상급

---

33) 일반적으로 '근로시간' 개념은 노동기준법의 규제에 따라 실근로시간이라는 의미에서의 근로시간, 휴게, 휴일, 연장근로, 휴일근로, 야간근로, 연차유급휴가를 말하는 것으로 이해된다. 아베노믹스의 근로시간 규제 개혁도 그것에 따르고 있으나, 근로시간에 관한 이러한 이해의 개선이 필요하다고 필자는 생각한다. 근로시간 규제의 큰 부분은 건강유지나 일과 생활의 조화 관점에서 이루어져야 하며, 이에 대해 연차휴가는 육아개호휴업 그 밖의 휴가(연구휴가 등)과 함께, 문화 생활의 유지 혹은 가족적 책임의 수행이 목적(규제의 취지)이라고 생각할 수 있기 때문이다. 예컨대 독일에서는 연차휴가는 형벌을 수반하는 근로시간법이 아니라, 연방휴가법이라는 순수하게 사법에 속하는 법률로 규제하고 있다 (졸저 『ドイツの労働時間と法』(日本評論社, 1998) 참조).

34) 예컨대 독일에서의 Arbeiter와 Angestellte의 임금협정의 통일화, 양자 공통의 임금계속지급법의 제정(1994) 등이 있다. 자세히는 앞의 주 33) 졸저 195쪽 이하 참조.

35) 鶴光太郎・樋口美雄・水町勇一郎 編 『労働市場制度改革』(日本評論社, 2009) 145쪽(島田陽一)에서는 화이트칼라 노동은 공장노동이나 단순한 사무노동과 같은 정형적인 노동이 아니라 비전형적인 노동이고, 현행법제의 규제에 어울리지 않는 고용형태라고 말하지만, 두 가지의 의미에서 이는 지나친 논의이다. 첫 번째는 화이트칼라 노동에도 다양한 고용형태가 있기 때문에 일률적으로 논하는 것이 불가능하고(같은 책, 50쪽 이하의 서술에서는 한정을 부여하고 있지만), 두 번째는 현행법제가 비전형적인 고용형태에 대해 제도를 준비하지 않은 것은(이 점을 고려하지도 않은 것은 아니지만) 아니기 때문이다.

화이트칼라에 대한 할증에 관하여 동법 제7조의 규정이 적용 제외되는 제도, 즉, 화이트칼라 이그젬션(근로시간 규제 면제)을 둘러싼 문제이다. 이러한 자에 대하여 직무내용과 급여 면에서 기준을 정하고 있다.[36] 일본의 논의도 어느 정도 미국의 화이트칼라 이그젬션이 모델이 되고 있다.[37] 미국의 근로시간법제는 단순하게 공정노동기준법 제7조에서 주40시간을 넘는 근로시간에 대해서 1.5배 이상의 임금지급을 의무화하고, 같은 법 제13조a에서 그 적용제외를 규정하고 있다. 이것이 화이트칼라 이그젬션으로 근로자의 20% 정도라고 한다.[38]

그렇지만 일본에서는 이러한 정의가 없다. 따라서 화이트칼라 근로자의 근로시간 규제라는 추상적인 문제 설정은 의미가 없다. 실제로 지금까지의 노동기준법의 입법개혁도 이러한 개념으로 없었다.

그리고 2015년 단계의 근로시간법제에서 비교적 '화이트칼라'와 관련이 깊다고 생각되는 부분은 다음과 같다.

① 1주 40시간, 1일 8시간의 근로시간의 최장제한 규정(노기법 제32조, 일본법에서는 근로시간의 배치 자체를 규제하는 규정은 없다)

② 탄력적 근로시간 규제의 하나로서 선택적 근로시간제(같은 법 제32조의3)

③ 탄력적 근로시간 규제의 하나로 재량근로제(같은 법 제38조3, 제38조의4)

④ 관리감독자의 근로시간 규제의 일부 적용제외(같은 법 제41조 제2호).

Ⅱ. 화이트칼라 적용제외 제도

1. 2005년 연구회보고서 견해

'화이트칼라'의 근로시간 규제가 직접적으로 문제된 것은 2000년대 초이다. 즉 코이

---

36) 예컨대 梶川敦子「ホワイトカラー労働と労働時間規制の適用除外」学会誌労働法 106호(2005) 114쪽 이하 참조.

37) 이 제도에 대해서는 労働政策研究・研修機構(JILPT)「諸外国のホワイトカラー労働者に係る労働時間法制に関する調査研究報告書」(2005) 22쪽 이하(幡野利通 집필); 長谷川裕子「『ホワイトカラー・イグゼンプション調査団報告書』の概要と調査結果から明らかになったこと」労旬 1602호(2005) 51쪽 이하가 있다.

38) 앞의 주 37) JILPT 보고서 116쪽(中窪裕也 집필. 이것은 1990년 전반의 수치이다), 앞의 주 37) JILPT 보고서 76쪽에서는 현재도 그 수치는 변화가 없다고 한다.

즈미 내각이나 제1차 아베 내각에서 노동법의 규제완화책으로서 '노동 빅뱅'이 주창되었는데, 그 일환으로서 화이트칼라 근로시간 규제 면제 제도의 도입이 논의되었다.

2006년 노동계약법을 제정할 때에 2005년에 후생노동성은 「향후 노동계약법제의 바람직한 방향에 관한 연구회보고서」를 제출하였다. 여기서 노동기준법의 근로시간 규제에 대해서 개선이 필요하다고 서술하고 있다. 그 이유로 취업형태의 다양화나 사업의 고도화 · 고부가 가치화에 의해 근로자의 창조적 · 전문적 능력을 발휘할 수 있는 자율적인 고용형태로의 대응이 요구된다는 점을 지적하고 있다. 그리고 구체적으로 화이트칼라 근로시간 규제 면제 제도를 도입하기 위한 검토의 필요성을 설명하고 있다(제7 근로시간제의 개선과의 관계). 이것은 원래 종합규제개혁회의의 답신을 받아 책정한 「규제개혁 · 민간개방추진 3개년 계획(개정)」(2005년 3월의 각의결정)에서 제기된 과제이기도 하다.

2. 미국 제도를 일본에 도입할 때의 문제점

미국의 화이트칼라 이그젬션 제도를 일본에 도입할 경우 몇 가지 주의가 필요하다고 다수의 학자가 지적하고 있다.[39]

첫째로, 미국의 화이트칼라 이그젬션과 일본의 근로시간 규제의 적용제외는 제도의 취지가 다르다. 즉 미국은 주40시간제이지만, 그것을 초과하는 근로는 50%의 할증임금을 지급만 하면 되고, 일정한 고액의 수입을 얻고 있고(다만 실제로는 법제정 당시에 생각되어진 것만큼 고액은 아니지만), 사용자와의 교섭력이 있는 근로자는 그 보호의 대상이 되지 않는다. 그에 반하여 일본의 근로시간법제에서는 소정근로시간과 함께 연장근로의 규제가 주된 것이고, 적용제외자는 관리되는 근로자가 아니라 관리하는 입장에 있기 때문에 근로시간 규제를 두지 않아도 보호에 흠결이 없다는 것이 적용제외의 취지이다.

이러한 결과 미국의 화이트칼라 이그젬션의 범위는 일본의 관리감독자보다도[40] 넓

---

39) 앞의 주 37) JILPT 보고서 78쪽 이하; 長谷川 · 앞의 주 37) 논문 56쪽 이하; 肥田美佐子「ホワイトカラー・イグゼンプションが日本にもたらす真の影響」季刊労働者の権利 260호(2005) 103쪽 이하 참조.

40) 1970년대 후반 노동성은 은행업계의 노동기준법 제41조 제2호에 해당하는 관리감독자 범위에 관한 지침을 전달했으며, 같은 조를 엄격히 해석하게 되면 관리감독자의 비율은 한자리 수에 머문다고 한

고, 그 비율은 수배에 이른다. 따라서 지금의 수배 이상의 자를 적용제외자로 해도 좋은가라는 관점에서 검토가 필요하다.

둘째로, 미국의 화이트칼라 이그젬션은 일본의 재량근로제에서 나타나는 것처럼 건강을 확보하는 조치가 요구되지만, 그것은 양자의 고용형태 큰 차이에 따른다. 일본에서 재량근로제 적용자에게도 근로시간법제의 적용제외자로 하는 것에는 의문이 있지만, 보다 중요한 이유는 현재에도 과로사나 정신건강(멘탈헬스)의 위험이 감지되는 근로자에 대해서 그 위험을 제거하는 실효적인 방안이 강구되고 있지 않다는 것이다.

연차휴가의 사용률 하나만 보더라도 미국의 화이트칼라의 대부분은 완전 사용(다만 유럽과 비교하면 그 일수는 결코 많은 것이 아니지만)하지만, 일본은 근로자 평균사용률이 50%를 미치지 못하고 있다. 이것은 근로자가 정말로 자율적으로 일하고 있는가라는 의문을 갖게 하는 숫자이다. 혹은 맹렬 사원의 원인을 전직 시장의 발전이 늦어진 것에서 찾는 견해도 있지만 그리 간단한 문제는 않다.

셋째로, 미국은 소송위험 등과 관련하여 사용자의 법령준수의 자세가 보인다. 반면 일본에서는 수당 미지급 잔업(무급잔업)이 횡행하는 것처럼 사용자에게 법령준수의 자세가 그다지 철저하지 않다. 이러한 법령준수(compliance)의 결여에 대한 비판이 있다.

필자는 근로자의 자율성이나 자기결정론을 지지하는 환경의 결여와 이에 더하여 이상의 문제점을 고려하면, 그 당시에 제안된 미국형 화이트칼라 이그젬션 제도의 도입에는 여전히 의문이 많으며, 반대할 수 밖에 없다는 결론에 도달하였다.[41]

3. 무급잔업의 문제

「노동기준법」 제37조에 위반한 연장근로나 휴일근로, 야간근로에 대하여 가산임금을 지급하지 않는 것은 위법이고, 이러한 기업을 지금은 '블랙 기업' 이라 한다.[42] 그 해소책의 하나로 블랙을 없애기 위해 연장근로 규제의 적용을 제외하는 것도 이론적으로는 생각해 볼 수 있다. 그러나 사태의 본질은 단순히 숫자를 맞추는 것이 아니라,

---

다(東大労働法研究会 編『注釈労働時間法』(有斐閣, 1990) 735쪽 참조).

41) 졸고「労働契約法制の意義と課題」季刊労働者の権利 263호(2006)19쪽 이하.

42) 블랙 기업이란, 특히 청년의 고용실태에 착안한 용어이고(예컨대 今野晴貴『ブラック企業』(文藝春秋, 2012); 同『ブラック企業２』(文藝春秋, 2015) 참조), 무급잔업 이외에도 장시간 근로, 과로사・과로자살, 취직 후 조기이직 등이 횡행하고 있는 기업을 말한다.

법령준수의 문제이고, 또한 실태로서의 장시간 근로의 감소이기도 하는 것이므로, 그 것에 상응한 대응을 취해야 한다.

화이트칼라 근로시간 규제 면제 제도는 그 후 후생노동성 노동정책심의회 근로조건 분과회에서 「근로시간법제의 바람직한 방향」의 과제의 하나로서 검토되어, 2006년 12월에 그 제도를 포함한 노동계약법안 요강이 처음으로 심의회 자문에 붙여졌다. 그러나 매스컴이나 노동조합은 그것을 일반근로자에 대한 잔업수당 삭감을 인정한 법률, '잔업수당 제로 법안' 이라고 비판하였고, 그 결과 법안화는 연기되었다. 그 때 후생노동성는 대상자의 범위를 '연수입 900만 엔 이상', '기획 · 입안 · 연구 · 조사 · 분석의 5개 업무에 한정한다' 는 기준도 제시하였다.

필자도 이러한 안에서 상정한 근로자에 대해서는 이미 존재하는 유연한 근로시간제도의 활용으로 충분히 대응할 수 있다는 것, 미국 제도를 기업문화 · 노동문화가 다른 일본에 안이하게 도입할 수 없다는 것, 그리고 실태로서 장시간 근로를 은폐하는 것에 불과하기 때문에 이러한 제도 도입에는 반대하였다.

이러한 사정으로 제2차 아베 내각의 아베노믹스에서는 화이트칼라 이그젬션이라는 형태로 제안되지 않았다. 이에 대신하여 등장한 것이 '3점 세트 개혁론' 이다. 이 개혁론은 노사 쌍방이 납득할 수 있는 '근로시간의 새로운 적용제외 제도의 창설' 을 요구하고 있다. 그러나 그 내용으로 워킹그룹의 한 위원이 생각한 것은 화이트칼라 이그젬션이라고 할 수도 있는 제도이다.[43)]

Ⅲ. 아베노믹스의 근로시간 정책 개요

1. 규제개혁회의 제안

아베노믹스의 고용개혁에서도 먼저 수상관저 혹은 내각부(内閣府) 직속의 기관에서 문제제기를 하고, 이에 기초하여 워킹그룹 등을 설립하고, 거기서 나온 제안을 노동법제 심의회에 심의시키는 방법을 취하고 있다. 그것은 1990년대의 하시모토(橋本) 내각 이후 거의 일관하여 채택되고 있는 방법인데, 아베 정권에서도 종합정책을 입안하는

43) 鶴ほか 앞의 주 35) 책 148쪽 이하(島田陽一).

기관으로서 규제개혁회의 등이 설치되어 있다.[44]

그런데 규제개혁회의는 근로시간 규제개혁에서도 일련의 제언을 하고 있다. 이것은 언뜻보아 앞에서의 아베노믹스 노동법 개혁의 기본철학과 상응하는 것으로 읽혀지는 부분도 있다.[45] 즉 규제개혁회의는 2013. 6. 5.「규제개혁에 관한 답신 - 경제재생으로의 돌파구 -」에서 다음과 같이 제안하고 있다.

"개별 근로자의 라이프스타일에 맞추어서 근로시간에 구속되지 않고 그 능력을 최대한 발휘할 수 있도록 다양하고 유연한 고용형태의 실현을 위한 환경정비가 요구되고" 있고, "활용이 진척되고 있다고 말하기 어렵다". "기획업무형 재량근로제나 선택적 근로시간제를 비롯해 연장근로 보상의 바람직한 방향, 근로시간 규제에 관한 각종 적용 제외와 재량근로제의 정비 통합 등 근로시간 규제 전반의 개선이 중요한 과제로 되고 있다".

이 답신에 대해서 워킹그룹에서 검토하고, 이를 더욱 구체화한 것이 2013. 12. 5. 규제개혁회의에서 나온「근로시간 규제의 개선에 관한 의견」(이하 규제개혁회의 의견)이다. 거기서는 다음과 같은 제안을 하고 있다.

① '장시간근로는 아직도 큰 사회문제이고', '건강 확보를 철저하게 하기 위해 근로시간의 양적 상한규제의 도입이 필요하다.'

② '일과 생활의 균형 촉진'으로서 '휴일 · 휴가사용 촉진을 위한 강행적 대처나 근로시간 저축제도(연장근로에 대한 가산임금이 아니라 휴가를 부여하는 제도)의 본격적인 도입 등이 필요하다.'

③ '일률적인 근로시간관리가 적절하지 않는 근로자에게 적합한 근로시간제도의 창설'로서 '근로시간의 장단과 임금과의 고리를 끊고, 고용형태에 맞는 근로시간제도가 필요하다.'

---

44) 이점에 대해서는 五十嵐仁「第二次安倍内閣がめざす労働の規制緩和」西谷敏 · 五十嵐仁 外『日本の雇用が危ない』(旬報社, 2014) 45쪽 이하; 濱口桂一郎「労働政策過程をどう評価するか」季労 245호(2014) 70쪽 이하 참조.

45) 아베노믹스의 경제정책을 구체화하기 위해 내각부나 수상관저에 다양한 '회의'가 설치되어 있고, 그것들이 어떠한 관계에 있는지, 각 회의 등의 제언이 조화적인 것인지, 동일성이 있는 것인지 등에 관해서 알기가 매우 어렵다. 이것은 노동분야에 대해서도 말할 수 있지만(경제사회구조에 관한 유식자회의 중에 성장을 위한 인적자원 활용검토 전문팀이 있고, 규제개혁회의 중에 고용WG(워킹그룹) 있으며, 일본경제재생본부에 고용 · 인재분과회가 있다), 본서에서는 문서에 나타난 것을 기초로 분석한다.

이들은 삼위일체로서 개혁할 것으로 '세트로 된 개혁으로서 노사쌍방이 납득할 수 있는「근로시간의 새로운 적용제외 제도의 창설」' 을 제안하고 있다. 그 내용은 다음과 같다.

(1) 현재의 근로시간 예외적 조치 중 관리감독자의 적용제외와 재량근로제도에 대해서는 '알기 쉽고 실태에 부합하는 신제도로 만든다.'

(2) '적용제외 범위는 국가가 대상자 범위의 목표를 정한 후 기본적으로는 기업 수준의 집단적인 노사 자치에 위임한다(노사대표에서 노사협정을 체결). 또한 가산임금제도는 심야를 포함하여 적용하지 않는 것으로 한다(노기법 제37조).'

(3) '사용자의 자의적 운용을 배제하기 위해 결정내용(노사협정)을 행정관청(노동기준감독서장)에 신고하는 것을 의무화한다.'

(4) '적용제외 대상자의 건강 확보를 철저히 하고, 일과 생활의 균형을 촉진하기 위해' 앞의 '① 근로시간의 양적 상한규제와 ② 휴일 · 휴가사용 촉진을 위한 강행적 대처를 세트로 하여 도입한다.'

(5) '국가가 틀을 설정하는데, 기업 활동의 실태에 맞지 않거나 기업의 활력저하로 연결되지 않도록 적절한 선택의 폭을 마련해야 한다.'

그런데 규제개혁회의의 초기의 '답신' 과 후의 '의견' 과의 사이에는 미묘하게 차이가 발생하고 있다. 즉 '의견' 의 주안점은 구체적인 제언인 '근로시간의 새로운 적용제외 제도의 창설' 에 있다고 생각되기 때문에 그 점에서는 '답신' 의 사고방식을 답습하고 있다고 본다. 그러나 '의견' 에서는 그 전제로서 근로자의 건강관리나 일과 생활의 균형 확보라는 이념을 들고 있다. 이것은 후술하는 것처럼 직접적으로 화이트칼라 근로시간 규제 면제 제도 도입을 제안한 제1차 아베 내각의 고용개혁과 다른 점이다.

필자도 이러한 문제의식을 공유한다.[46] 장시간 근로를 없애는 것이 근로시간 정책의 첫걸음이라는 것은 오늘날에는 거의 공통적으로 인식되고 있다.

46) 사견으로는 졸고「労働時間規制の法政策」学会誌労働法 110호(2007) 65쪽 이하 참조.

2. 고도 전문직 제도의 내용

(1) 법안의 제출

이러한 제안에 근거하여 노동정책심의회 근로조건 분과회에서 검토가 진행되었다. 그 결과 후생노동성은 2015. 4. 3.「노동기준법 등의 일부를 개정하는 법률안」을 국회에 제출했다(결과적으로 이 국회에서는 근로자파견법 개정이 우선시되어, 노동기준법 개정안은 계속심의되었다).

그런데 화이트칼라라는 사무직에 근무하는 근로자의 근로시간제도를 어떻게 규제할 것인가는 이전부터 논의해 왔다. 1987년에 도입된 재량근로제(노기법 제39조의3)이나 선택적 근로시간제(같은 법 제32조의3)등도 이러한 문제의식에서 나온 것이다. 전술한 것처럼 일찍이 코이즈미 내각에서 노동계약법 제정과 함께 노동기준법의 근로시간 규제의 바람직한 방향이 논의되었고, '자율적 근로에 상응하는 제도' 혹은 '자유도가 높은 고용형태에 상응하는 제도'의 도입이 검토되었다. 그러나 이 도입안은 '잔업수당 제로 법안' 등이라는 비판을 받아 결국 국회 제출은 연기되었다.

제2차 아베 내각에서 또다시 이 제도를 검토해 제안한 것이 고도 전문직 제도이다(노기법 제41조의2). 같은 조는 '근로시간 등에 관하여 규정의 적용제외'로서 동법 제41조와 나란히 규정하였다.

후생노동성의 설명(동 법안의 개요)에 의하면, 동 법안은 '장시간 근로를 억제함과 동시에 근로자가 건강을 확보하면서 창조적인 능력을 발휘하고, 효율적으로 일하는 것이 가능한 환경을 정비하기 위해 근로시간제도를 개선하는 등 소요의 개정을 행하는' 부분과, '다양하고 유연한 고용형태의 실현'이라는 부분으로 되어 있다.

(2) 고도 전문직 제도의 내용

이 제도의 대상은 '고도의 전문적 지식 등을 필요로 하고, 그 성질상 종사한 시간과 종사하여 얻은 성과와의 관련성이 통상 높지 않다고 인정되는 것'으로, 후생노동성령으로 정하는 업무이다(제41조의2 제1항 제1호). 이 제도에서는 '서면 그 밖의 후생노동성령이 정한 방법에 의한 합의에 기초하여 직무가 명확하게 정해져 있을 것', 그리고 지급이 예정된 임금의 연 환산액이 기준연간 평균 급여액(매월 근로통계를 기준으로 후생노동성이 정한 액)의 '3배의 액에 상당하는 정도를 상회하는 수준으로서 후생노동성이 정하는 액 이상인 것' 이 필요하다(같은 항 제2호).

심의회 단계에서는 대상업무로 '금융상품 개발업무, 금융상품의 딜러업무, 분석업무(기업 · 시장 등의 고도의 분석업무), 컨설턴트 업무(사업 · 업무의 기획업무에 관한 고도의 고안 또는 조언 업무), 연구개발 업무 등' 을 들고 있다. 또한 기준연간 평균 급여액의 3배의 금액은 노동기준법 제14조 제1항 제1호의 규정에 기초하여 후생노동대신이 정하는 기준(2003. 10. 22. 후생노동성고시 제356호, 2008. 11. 22. 후생노동성고시 제532호)의 5에서 제시된 '1075만 엔' 을 참고로 신설하는 제41조의2에서 다음과 같은 안이 제시되어 있다.[47)]

이 제도를 도입하기 위해서는 이하의 요건을 충족해야 한다.

① 노동기준법 제38조의4에서 정하는 기획업무형 재량근로제를 도입하는데 필요한 노사위원회의 설치와 그 결의(41조의2제1항 주요 조문). 결의의 대상은 후술의 ③ 내지는 ⑦, 및 후생노동성령으로 정하는 사항이다.

② 서면 또는 후생노동성령에서 정하는 방법에 의한 대상근로자의 동의(같은 항 중요 조문).

③ 대상근로자의 건강관리를 위해서 해당 근로자가 사업장에 있었던 시간과 사업장 외에서 근로에 종사한 시간의 합계시간(건강관리시간)을 파악하는 조치를 사용자가 강구할 것(같은 항 제3호).

④ 대상업무에 종사하는 근로자에 대해서, (i) 종업부터 다음날의 시업까지의 일정시간 이상의 휴게시간 및 심야업에 종사한 횟수가 일정 횟수 이내 일 것, (ii) 1개월 또는 3개월의 건강관리시간이 일정시간 이내일 것, (iii) 1년을 통하여 104일 이상 및 4주간을 통하여 4일 이상의 휴일을 확보할 것 가운데 어느 하나의 조치를 사용자가 강구할 것(같은 항 제4호). 본 호와 다음 5호의 조치에 대해서는 실시 상황을 노동기준감독서에 대한 보고가 필요하다(같은 조 제2항).

⑤ 대상근로자의 건강과 복지를 확보하기 위한 조치로 연차휴가 부여, 건강진단의 실시 그 밖의 후생노동성령에서 정하는 조치를 사용자가 강구할 것(같은 항 제5호). 또한 건강의 유지를 위해서 후생노동성령으로 정하는 시간을 초과하는 경우에 의사의 면접지도를 행할 것(개정 노안위법안 제66조의8의2).

---

47) 労働政策審議会「今後の労働時間法制等の在り方について(建議)」(2015. 2. 13).

⑥ 고충처리조치를 사용자가 강구할 것(같은 항 제6호).

⑦ 본 항의 규정에 의한 동의를 하지 않는 것을 이유로 해고, 그 밖의 불이익 취급을 하지 않을 것(같은 항 제7호).

본조가 적용되는 경우 노동기준법 제4장에서 정하는 근로시간의 규정(제32조, 제36조, 제37조 제1항, 제38조 제1항 등), 휴게의 규정(제34조), 휴일의 규정(제35조, 제36조, 제37조 제1항 등) 및 심야업의 가산임금에 관한 규정(제37조 제4항)은 적용하지 않는다. 노동기준법 제41조에서는 근로시간의 장단이 아니라 위치(배치)에 관한 규정인 심야업에 관한 규정은 적용이 제외되지 않는 것으로 해석되지만,[48] 신설하는 제41조의2에서는 명시적으로 이 규정의 적용도 제외하고 있다.

앞의 ⑦은 제도 도입의 요건인 동시에 강행규정으로서도 기능한다.

3. 그 밖의 제안

이 법안에서는 그 밖에도 몇 가지의 중요한 법개정을 제안하고 있다.

첫째는, 선택적 근로시간제의 정산기간 연장이다. 노동기준법 제32조의3의 선택적 근로시간제의 정산기간의 상한이 1개월에서 3개월로 연장되고, 이것에 수반하는 관련 규제의 변경이나 정비가 행하여지고 있다. 즉 이 경우 1개월마다 구분되는 기간의 1주당의 근로시간은 최장 50시간이 되고(종래는 이러한 상한 규제가 없었다)(같은 조 제2항), 노사협정의 노동기준감독서에 대한 신고가 필요하게 되고(같은 조 제3항), 또한 근로시키는 기간이 당해 정산기간보다 짧은 근로자에 대해서는 당해 근로를 시킨 기간의 평균 1주간당 근로시간이 40시간을 넘는 경우에는 가산임금의 지급기준을 40시간으로 한다(같은 법 제32조의3의2).

둘째는, 기획업무형 재량근로제의 개선이다. 노동기준법 제38조4의 기획입안업무형 재량근로제는 1998년 노동기준법 개정 때 도입되었지만, 동법 제38조의3의 전문직형 재량근로제와 비교하면, 도입의 요건으로서 과반수 노동조합 등과의 노사협정의 체결이 아니라, 노사의 대표자로 구성되는 노사위원회의 결의가 요구된다는 점이 특징이다. 개정안에서는 대상업무로서 종래의 기회입안 업무에 '재량적으로 PDCA(Plan(계획), Do(실행), Check(평가), Action(개선))를 실행하는 업무' 와 '과제해결형

---

48) ことぶき事件・最二小判 2009. 12. 18. 労判 1000호 5쪽.

제안영업' 이 추가되어 있다(그것 이외에도 대상자의 건강확보 조치의 충실 등이 있다).

셋째로, 연차휴가 사용 촉진이다. 연차휴가 규정이 변경되어 연간 10일 이상의 휴일수를 가지고 있는 근로자에 대해 사용자는 최저 5일을 시기를 지정하여 부여해야 한다(노기법 제39조 제7항). 다만 근로자가 시기를 지정하거나 계획연차휴가제에 의해 사용하는 부분에 대해서는 그 일수에서 감해진다(같은 조 제8항).

Ⅳ. 법안의 검토

1. 고도 전문직 제도의 검토

(1) 적용 제외의 이유에 대해서

제안된 고도 전문직 제도에는 몇 가지 중요한 문제가 포함되어 있다고 생각된다. 미국과 고용환경이나 문화가 다른 상황에서 제도만 도입하는 것의 문제점에 대해서는 이미 언급했으므로 여기서는 내재적인 비판을 하고자 한다.

먼저 노동기준법 제41조 제2호의 관리감독자의 적용제외는 원래 이러한 자가 경영자와 일체적인 입장에 있기 때문에 엄격한 근로시간 규제에 어울리지 않다는 것만이 아니라, 스스로의 재량으로 시간관리가 가능하다는 것이 그 취지이다.[49] 이에 대하여 고도 전문직 제도의 경우, 근로시간과 수입을 분리하는 제도로 되어있지만, 근로시간과 수입을 분리한다는 것은 새로운 제도설계를 하지 않아도 현행의 재량근로제에서도 충분히 대응할 수 있다. 근로시간 규제가 가진 본래의 취지에서는 양자의 단절에는 신중해야 한다. 또한 신제도의 대상이 되는 근로자에게는 장시간 근로로 이어질 염려를 불식할 수 없지만,[50] 이러한 염려는 고수입으로 해소할 수 없는 것이다.

---

49) 静岡銀行事件 · 静岡地判 1978. 3. 28. 労民集 29권3호 273쪽; 1947. 9. 13. 基発17号 등. 그 후 취지의 변경이 있었는데(1988. 3. 14. 基発150号), 이에 대해서는 東大労働法研究会『注釈労働基準法 下巻』(有斐閣, 2003) 757쪽 이하 참조.

50) 일반근로자의 연평균 총실근로시간이 20년간 2,000시간과 거의 보합세로 나타나고(도표 3-1 참조), 주 60시간 이상 근로(월 87시간 이상의 연장근로에 해당)하는 근로자의 비율은 감소 경향이 있다고는 하여도 10% 정도가 존재하고, 관리직의 바로 앞의 연령대인 30대 이후의 남성에서는 20% 전후이며 (도표 2-6 참조), 과로사나 과로자살의 신청 건수, 결정 건수도 고공 행진하고 있다(도표 2-8 도표 2-9 참조). 이에 상당수의 무급잔업이 더하여져 사태는 더욱 악화되고 있다(高橋陽子

(2) 왜 심야업 규정을 적용제외하는가?

고도 전문직 제도에서는 관리감독자에 있어서도 적용이 제외되지 않는 심야업 규정의 적용이 배제되고 있다. 추측컨대 심야에 외국과의 환율거래 등 실시간으로 종사하는 딜러 등을 상정하고 있을 것이다. 그러나 그러한 고용형태는 상정되고 있는 고도 전문직의 업무에서는 일반적이지 않다.

노동기준법이 근로시간의 장단과는 별도로 '위치' 도 규제하고 있는 것은 건강에 대한 배려라는 견지이다. 이번 법안은 이러한 것을 무시하고 있는데 그 이유가 명확하지 않다. 심야업에 종사하는 횟수의 제한 자체는 일반근로자에게도 바람직한 것이지만, 노동기준법 제37조 제4항의 적용을 배제하는 것과는 다른 문제이다.

(3) 장시간 근로 방지의 관점에서

선진국 중에서도 특이하게 장시간 근로를 초래하고 있는 현상이 있지만, 그 중요한 원인은 시간외 · 휴일근로에 대한 규제의 빈약함이나 불비한 연차휴가 사용제도에 있다. 규제개혁회의가 2013. 12. 5. 제출한 「근로시간 규제의 개선에 관한 의견」에서도 그러한 것이 지적되어 있고, 해결책으로서 근로시간의 양적 상한규제의 도입, 휴일 · 휴가 사용 촉진을 위한 대처방안, 근로시간저축제도 도입 등이 제안되고 있다. 그리고 이러한 개혁과 일체로 된 '3점 세트 개혁' 으로서 노사가 합의할 수 있도록 '새로운 근로시간의 적용제외 제도' 의 창설이 제기되고 있다.

2006년의 노동계약법 제정시 화이트칼라 이그젬션 제도의 제안에 대하여 장시간 근로나 연차휴가 미사용이 상시화되고, 과로사나 과로자살이 사회문제로 되고 있는 가운데 그것과 다른 환경에서 발전하여 온 제도의 도입은 적절하지 않다는 비판이 나왔다.[51] 이번 법안에서 그것을 의식하고 있다는 것은 앞서 서술한 ④일 것이다. 그러나 이것으로는 참으로 '3점 세트 개혁' 이 되지 않는다. (ⅰ) 내지 (ⅲ)의 모든 요구사항을 충족하는 것이라면 몰라도, 어느 하나만 실시하면 된다. 게다가 (ⅰ)에 있어서는 휴게시간을 지키면 365일 근무가 가능하게 되고, (ⅲ)에 있어서는 휴일 이외는 1일의 시

「ホワイトカラーの『サービス残業』の経済学的背景」日労研 536호(2005) 56쪽 이하 참조).

51) 예컨대 長谷川 앞의 주 37) 논문 51쪽 및 52쪽의 「資料」 참조. 溝上憲文 『2016年残業代がゼロになる』(光文社, 2015)에는 제정 과정의 에피소드나 이 문제에 관한 현장의 목소리가 소개되어 있고, 문제의 본질을 건드리는 지적도 많아 흥미롭다.

간제한이 전혀 없더라도 좋다는 것이다. 법안은 3점 세트 개혁의 발상으로부터 너무나도 동떨어지진 제도안으로 되어 있다.[52)]

(4) 입법형식의 문제

제안된 노동기준법 제41조의2에는 후생노동성령에 위임하는 사항이 12개나 등장하고 있다. 그 중에는 대상업무, 대상근로자의 연수입액, 휴게시간의 장단, 제한되는 심야업의 횟수 등 이 제도의 근간과 관련하는 중요한 근로조건이 포함되어 있다. 이러한 중요사항에 관련하여 성령으로의 입법위임에서 안이하게 대상자가 확대되어지는 것이 아닌가라는 우려가 제기 된다. 경단련 회장은 법안의 단계에서 이미 대상업무의 확대, 연수입 요건의 인하(전체 근로자의 10%정도로)을 주장하고 있다.[53)]

2. 그 밖의 법개정 제안의 검토

(1) 선택적 근로시간제의 정산기간의 연장

선택적 근로시간제의 정산기간 연장이 제안되고 있다. 행정해석에서는 법정 근로시간의 틀 내에서 근로시간의 정산기간을 넘는 이월(근로시간의 대여)은 인정되지 않기 때문에,[54)] 그러한 점에서 정산기간이 3개월로 연장되는 것의 의미는 크다. 후생노동성이 실시한 설문조사 결과[55)]에서도 이러한 점의 개선을 요구하는 의견이 다수 나왔다.

선택적 근로시간제의 도입은 독일 등과 비교하면 극히 낮은 비율이지만,[56)]그 원인은

---

52) 화이트칼라 근로자의 어느 부분에 대해서 근로시간이 장단과 보수액과의 분리제도가 필요하다고 설명하는 학자에서 보더라도(島田陽一「正社員改革と雇用政策」季労 247호(2014) 20쪽 이하 등), 이러한 규제로는 적용제외 제도를 도입하기에는 충분하지 않을 것이다 .

53) 2014. 6. 12. 기자회견 등.

54) 1988. 1. 1. 基発1号.

55) 厚労省「裁量労働制の新たな枠組み, フレックスタイム制の見直しについて」(2014年 労働政策審議会提出資料).

56) 2014년 기업비율에서 5% 후반(종업원 1,000명 이상의 규모의 기업에서 27.7%, 30명-99명에서 3.2%), 근로자 비율에서 8% 전후이다(厚生労働省「就労条件総合調査)). 그리고 이 제도의 모법인 독일(花見忠・山口浩一郎『フレックスタイム』(日本経済新聞社, 1975))에서는 9할의 기업에서 선택적 근로시간제가 도입되어 있다(内閣府経済社会総合研究所「平成21年度ワーク・ライフ・バランス社会の実現と生産性の関係に関する研究報告書」).

반드시 법규제에 있는 것이 아니다. 앞의 후생노동성 조사에서는 도입 기업 내에서도 종업원의 시간의식이 느슨해지고, 사내 커뮤니케이션에 지장이 발생하고, 시간관리가 번잡하게 되며, 거래처에게 부담을 준다는 의견이 다수 나오고 있는 것을 보면, 이러한 노사관행이 제도 도입을 저해하고 있다고 말할 수 있다. 근로시간 규제는 일본의 노동관행이나 기업관행과 깊게 연관되어 있다는 것을 염두에 두고 검토되어야 할 것이다.

(2) 기획업무형 재량근로제의 개선

노동기준법 제38조의4의 기획입안 업무형 재량근로제는 1998년의 노동기준법 개정 때에 도입되었다. 같은 법 제38조의3의 전문직형 재량근로제와 비교하면, 도입 요건으로서 과반수 노동조합 등과의 노사협정의 체결이 아니라 노사의 대표자로 이루어진 노사위원회의 결의가 요구된다는 점에 특징이 있다. 이번의 개정안에서는 대상업무로서 종래의 기획입안 업무에 '재량적인 PDCA를 실행하는 업무'와 '과제해결형 제안영업'이 추가되었다(그 밖에도 대상자의 건강확보 조치의 충실 등이 있다).

기획입안형 재량근로제는 도입 요건이 엄격한 것과도 관련하여, 전문직형 재량근로제에 비교하여 보급이 그다지 되고 있지 않다(후생노동성 「취업조건 종합조사」에서는 기업 비율에서 전문직형 재량근로제의 4분의 1에서 3분의 1이다)는 것도 분명하다. 한편으로 근로시간 배분에 관한 재량제가 없는 근로자에게도 적용되고 있다는 사례나 사업장 밖의 간주근로시간제와 같은 '업무의 수행에 통상 필요한 시간'을 근로하였다고 간주하는 것(노기법 제38조의2 제1항 단서조항)이 요구되지 않아 상당히 장시간 근로가 행하여지는 사례가 종종 지적되고 있다.[57] 우선은 이러한 사태에 적절한 입법적 대응이 불가결하다. 또한 새로운 제도가 예정하고 있는 두 가지 형태 가운데, 특히 과제해결형 제안 영업에서는 그 범위가 명확하지 않다. 이 점을 명확하게 하지 않으면, 재량근로제의 안이한 확대로 이어지기 쉽다. 건강의 문제를 안고 있는 재량근로제의 적용에는 신중하게 대응해야 한다.

---

57) 労働政策研究・研修機構「裁量労働制度の労働時間制度に関する調査結果・事業場調査結果」(2014. 5. 30)에도 간주시간과 평균 실근로시간의 괴리가 지적되고 있다. 또한「同・労働者調査結果」에서는 근로시간(재사〈在社〉시간)이 긴 것, 업무량이 과대한 것, 간주시간의 설정이 부적절한 것에 대한 불만이 강하다는 것을 알 수 있다.

(3) 연차휴가 사용의 촉진

개정안에서는 연차휴가 규정이 변경되어 연간 10일 이상의 연차휴가 일수를 가지고 있는 근로자에 대해서 사용자는 최저 5일의 시기를 지정하여 부여해야 한다(노기법 제39조 제7항). 다만 근로자가 시기지정하거나 계획연차휴가제에 의해 사용하고 있는 것에 대해서는 그 일수에서 줄일 수 있다(같은 조 제8항).

사용자에 의한 시기지정방식은 유럽에서는 상당히 일반적이지만, 그 경우에도 근로자의 희망을 존중해야만 한다.[58] 이에 대하여 개정안에서는 사용자가 시기지정을 하는 경우에 근로자의 의향 청취를 요구하지 않고 있어, 비교법적으로 보아도 이상한 제도 설계이다.

게다가 2014년 단계의 평균 연차휴가 부여일수는 18.5일, 사용일수는 9.0일, 사용률은 48.8%이므로(후생노동성, 「취업조건종합조사」(후생노동성, 「취로조건 종합조사」), 이 개정안으로 연차휴가 사용률이 상승한다는 것은 매우 소수의 근로자에 불과하다. 이러한 미봉책으로는 여전히 국제수준(예컨대 ILO 제132호(유급휴가) 협약)과 상당히 동떨어지고, 빈약한 일본의 휴가제도는 전혀 개선되지 않을 것이다. 휴가 후진국의 오명은 언제쯤 벗어날 것인가?

Ⅴ. 근로시간의 실태

1. 근로시간의 국제비교

이하에서는 근로시간 규제는 어떻게 해야 하는가를 논하겠지만, 그 전제로서 증거에 기초한(evidence-based) 논의를 위해 다시금 근로시간의 현상을 파악해 둔다.

먼저 근로시간의 실태, 특히 국제비교에 착안하여 확인해 보고자 한다(통계 중 약간 오래된 것도 포함되어 있다). 이것은 국제적인 경쟁 환경 속에서 일본 기업의 활동 · 재량의 여지를 최대한으로 넓히는 것이지만, 아베노믹스의 고용정책의 기본 철학이라는

---

58) 독일 연방휴가법(Bundesurlaubsgesetz) 제7조에 의하면, '휴가의 시기를 결정함에 있어 근로자의 희망이 고려되어야 한다'. 이탈리아의 휴가제도에 대해서는 山口浩一郎 · 諏訪康雄 · 大内伸哉 『イタリアの労働事情』(日本労働研究機構, 1993) 80쪽, 프랑스의 휴가제도에 대해서는 野田進 『「休暇」労働法の研究』(日本評論社, 1999)198쪽 이하 참조.

것을 고려하고 있다. 여기서 대상은 선진국 클럽인 OECD 가입국이다.

〈도표 2-5〉는 근로자 1인당 평균 연간 실근로시간의 추이에 대해 국제비교를 한 것이다. 이것을 보면 OECD 가입국의 근로시간은 몇 개의 그룹으로 구분할 수 있다. 즉 네덜란드, 독일, 프랑스 등의 가장 짧은 그룹이 있고, 그 극단에 가장 장시간인 한국이 있고, 그 중간에 일본, 미국, 영국 등의 그룹이 있다.

1987년 노동기준법 개정, 특히 법정 주근로시간의 단축에 의한 정책효과가 나왔다는 것은 알 수 있으나, 그래도 선진국 중에서 결코 짧다고 자랑할 만한 수치는 아니다. 게다가 그 수치에는 통계에 나타나지 않은 「무급잔업」(서비스 잔업)[59]은 포함되어 있지 않으므로, 실제 근로시간은 그 수치를 훨씬 상회하고 있다. 무급잔업을 포함하면 일본의 근로시간은 최장 그룹의 한국과 어깨를 나란히 할 수 있게 된다.

〈도표 2-5〉 근로자 1인당의 평균 연간 총 실근로시간의 국제비교

(시간)

연도	일본	미국	캐나다	영국	독일	프랑스	이탈리아	네덜란드
1990	2,031	1,831	1,796	1,765	1,578	1,665	1,867	1,451
1995	1,884	1,844	1,774	1,731	1,529	1,605	1,859	1,456
2000	1,821	1,836	1,777	1,700	1,471	1,535	1,861	1,435
2001	1,809	1,814	1,770	1,705	1,453	1,526	1,843	1,424
2002	1,798	1,810	1,752	1,684	1,441	1,487	1,831	1,408
2003	1,799	1,800	1,739	1,674	1,436	1,484	1,826	1,401
2004	1,787	1,802	1,758	1,674	1,436	1,513	1,826	1,399
2005	1,775	1,799	1,745	1,673	1,431	1,507	1,819	1,393
2006	1,784	1,800	1,743	1,669	1,424	1,484	1,815	1,392
2007	1,785	1,797	1,739	1,677	1,422	1,500	1,816	1,388
2008	1,771	1,791	1,733	1,659	1,422	1,507	1,803	1,392
2009	1,714	1,767	1,700	1,651	1,382	1,489	1,771	1,384
2010	1,733	1,777	1,701	1,652	1,405	1,494	1,772	1,381
2011	1,728	1,785	1,698	1,625	1,405	1,496	1,772	1,382
2012	1,745	1,789	1,711	1,654	1,393	1,489	1,757	1,383
2013	1,735	1,788	1,706	1,669	1,388	1,489	1,752	1,380

59) 2000년대 전반의 수치이지만 종업원규모 1,000명 이상의 기업에서의 남성의 서비스 잔업이 월40시간에 이른다는 연구가 있다(高橋陽子「ホワイトカラー『サービス残業』の経済学的背景」日労研 536호(2005) 56쪽 이하).

연도	벨기에	덴마크	스웨덴	핀란드	노르웨이	한국	호주	뉴질랜드
1990	1,663	1,441	1,561	1,769	1,503	2,677	1,787	1,809
1995	1,585	1,424	1,640	1,776	1,488	2,648	1,797	1,841
2000	1,599	1,468	1,642	1,751	1,455	2,512	1,780	1,834
2001	1,593	1,472	1,618	1,733	1,429	2,499	1,742	1,824
2002	1,586	1,467	1,595	1,726	1,414	2,464	1,736	1,824
2003	1,581	1,462	1,582	1,719	1,401	2,424	1,743	1,820
2004	1,576	1,462	1,605	1,723	1,421	2,392	1,741	1,828
2005	1,569	1,457	1,605	1,716	1,423	2,351	1,730	1,812
2006	1,579	1,464	1,599	1,709	1,420	2,346	1,723	1,792
2007	1,583	1,439	1,612	1,706	1,426	2,306	1,719	1,774
2008	1,577	1,431	1,617	1,688	1,430	2,246	1,723	1,761
2009	1,559	1,434	1,609	1,673	1,407	2,232	1,696	1,739
2010	1,563	1,417	1,635	1,677	1,415	2,187	1,695	1,755
2011	1,574	1,433	1,632	1,677	1,421	2,090	1,700	1,746
2012	1,572	1,431	1,618	1,679	1,420	2,163	1,686	1,737
2013	1,570	1,411	1,607	1,666	1,408	–	1,676	1,760

〈출처〉 노동정책연구 · 연수기구 「데이터북 국제노동비교 2015」

〈도표 2-6〉 연차휴가일수의 국제비교(2013)

국 가	연차휴가부여일수 (일)	사용률 (%)
일본	18 · 3	47
영국	24 · 7	거의 100
독일	30 · 0	거의 100
프랑스	30 · 0	거의 100
미국	8	–

〈출처〉 노동정책연구 · 연수기구 「데이터북 국제노동비교 2015」에서 작성

〈도표 2-6〉은 연차유급 휴가일수의 국제비교이다. 다른 나라와 비교할 때에 일본은 원래 부여되고 있는 휴가일수 자체가 적을 뿐만 아니라, 실제의 사용일수는 더욱더 그것을 상당히 하회하고 있다. 또한 정부통계를 보더라도, 사용률은 2000년 전후를 경계로 50%보다 떨어지는 추이이다. 여기서도 일본의 연차휴가의 빈곤함이 두드러지

게 나타나고 있다.[60]

2010년 노동정책연구 · 연수기구가 실시한 「연차유급휴가의 사용에 관한 앙케이트 조사」에서 연차유급휴가를 남겨 놓는 이유에 대해서 긍정 비율('그렇게 생각함', '그런 것 같다고 생각함' 의 합계)이 높은 것을 보면, '병이나 급한 용무를 위해 남겨둘 필요가 있어서' 64.6%, '쉬면 직장의 다른 사람에게 폐를 끼치므로' 60.2%, '일의 양이 너무 많아서 쉴 여유가 없어서' 52.7%, '쉬는 동안의 일을 인수해서 계속해 줄 사람이 없어서' 46.9%, '상사가 좋게 보지 않아서' 33.3%, '근무평가 등의 영향이 걱정되어서' 23.9% 등이다.[61] 이러한 것들은 모두 기업의 인사정책, 직장환경이라는 구조에 기인하는 요인이라고 말할 수 있다.

이상의 조사에서 일본의 실근로시간이 길다는 것, 그 한 요인으로 연차휴가 사용일수가 짧다는 것은 명확하다. 이것은 고용에 있어 경쟁 환경이 대등하지 않다는 것, 즉 일본의 장시간 근로가 사회적 덤핑의 요소를 가지고 있다는 것, 또한 일본의 근로자는 인사정책 면에서의 건강에 대한 배려가 부족하다는 것을 의미한다.

2. 장시간 근로와 과로

앞의 〈도표 2-5〉에서 나타나는 근로시간은 전체 근로자의 평균치이다. 따라서 단시간 근로인 파트타임 근로자가 증가하면, 그러한 부분만큼 평균치는 내려가게 된다(파트타임 효과). 그로 인해 정사원이라고 말하는 근로자(혹은 일반근로자, 파트타임노동법 등에서 말하는 통상의 근로자)의 근로시간이 어떻게 되어 있는가를 보지 않으면 근로시간법 정책은 타당하게 세울 수 없다.

---

60) 또한 미국에는 연차휴가 부여를 의무시하는 법률이 없기 때문에 연차휴가 일수는 불명확하지만, Expedia's 2014 Vacation Deprivation Study에 의하면, 부여일수 14일, 사용일수 12일로 되어 있다. 또한 이 조사에서는 일본은 부여일수 20일, 사용일수 10일로 되어 있다. (http://www.expediainc.com/news-release/?aid=123176&fid=99&yy=2014).

61) 労働政策研究 · 研修機構 資料シリーズ No.108「日本人の労働時間 · 休暇」(2012) 63쪽 이하. 이 문제에 관해서는 小倉一哉「年休を取り残す理由が年休取得に与える影響」日労研 625호(2012) 55쪽 이하 참조.

〈도표 2-7〉 취업형태별 연간 총 실근로시간 및 파트타임 근로자 비율의 추이

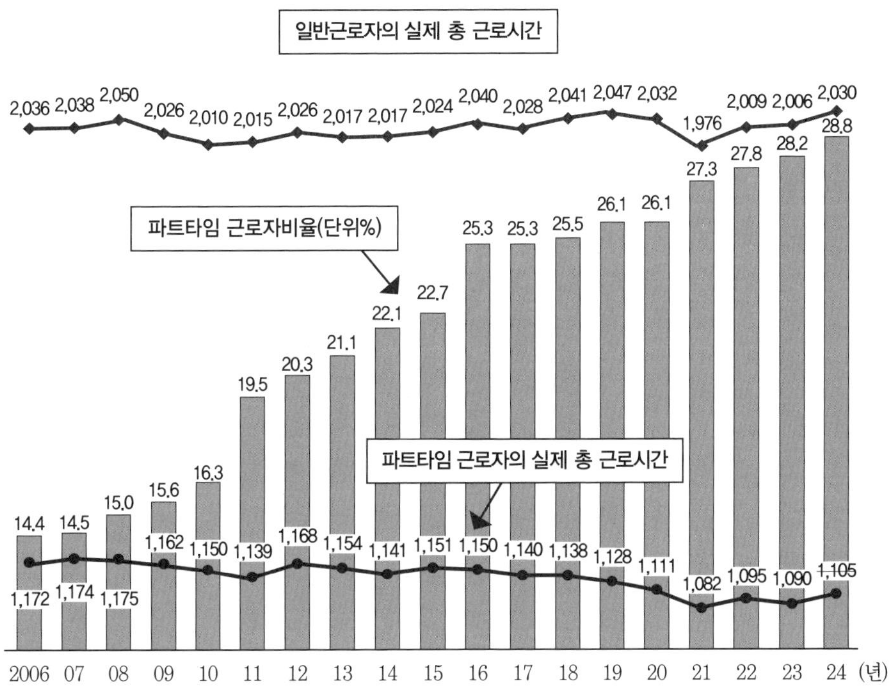

〈출처〉 노동정책회의 근로조건 분과회에서 제출된 자료

〈도표 2-7〉은 파트타임 근로자 비율의 추이와 일반의 근로자의 총 실근로시간의 추이를 나타내는 것이다. 이것을 보면, 일반근로자의 총 실근로시간에는 2008년의 세계금융위기 후 한 시기를 제외하면 거의 변화가 없다는 것을 알 수 있다. 이것에 앞에서 본 무급잔업을 더하면 일반근로자의 실근로시간은 2천 100시간에 달한다.

평균 실근로시간의 감소는 오로지 파트타임 효과에 의한 것이라고 말할 수 있다. 또한 2015년 시점에서 비정규직 근로자의 비율은 37.2%로, 파트 · 아르바이트의 비율은 25.4%로 되어 있다.[62] 이 수치는 일관하여 증가하는 경향이 계속되고 있다.

주 근로시간이 60시간 이상인 근로자의 비율은 최근 몇 년간에 확실히 감소하고 있지만, 아직 전체 중 9% 전후 존재하고 있다(도표 2-4 참조). 특히 한창 일하는 30대의

62) 総務省統計局「労働力調査(詳細集計)平成27年4月~6月期平均(速報)結果」.

남성에 한정해 보면, 그 수치는 20% 전후로 추이하고 있다.[63] 주 근로시간이 60시간 이상이라는 것은 행정에 있어서 과로사의 인정기준[64]에 해당하는 월 연장근로인 80시간도 넘는 수치이다. 이것을 넘는 층은 과로사 위험군이라고 말할 수 있다.[65]

〈도표 2-8〉은 과로사(업무상 질병인 뇌 · 심장질환에 의한 사망)의 청구와 인정건수의 변화를 보여주고 있다. 청구건수, 인정건수는 일시적으로 증가했지만, 최근 몇 년간은 모두 높은 수준을 유지하고 있음을 나타내고 있다.

보다 심각한 것은 정신장애의 산업재해 상황에서 〈도표 2-9〉에 나타난 것처럼 청구건수, 인정건수 모두 매년 증가 일로에 있다는 사실이다. 그 중에서 상당 부분이 미수를 포함한 자살이다(2011년도에 전체 결정건수 475건 중 203건). 가장 중요한 요인으로 장시간 근로에 의한 과로라고 추측할 수 있다.

〈도표 2-8〉 뇌 및 심장질환과 관계된 산재청구 및 결정건수의 추이

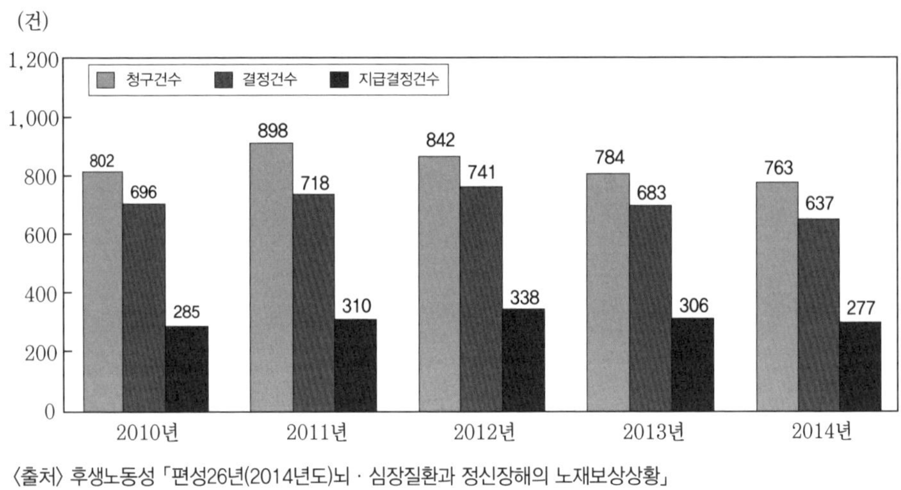

〈출처〉 후생노동성 「편성26년(2014년도)뇌 · 심장질환과 정신장해의 노재보상상황」

---

63) 厚生労働省「改正労働基準法について」(2010).

64) 2001. 12. 12. 基発1063号.

65) 국제비교에서는 주근로시간이 49시간 이상 '장시간 근로 종사자' 의 비율에 대한 통계가 있지만(労働政策研究 · 研修機構「データブック国際労働比較2013」, 2004~2005年の数値), 한국(45.7%)을 제외하고 일본(28.5%)의 비율의 높음이 뚜렷하다. 남성만 보면 약 39.2%가 장시간 근로 종사자이다.

〈도표 2-9〉 정신장애와 관계된 산재청구 및 결정건수의 추이

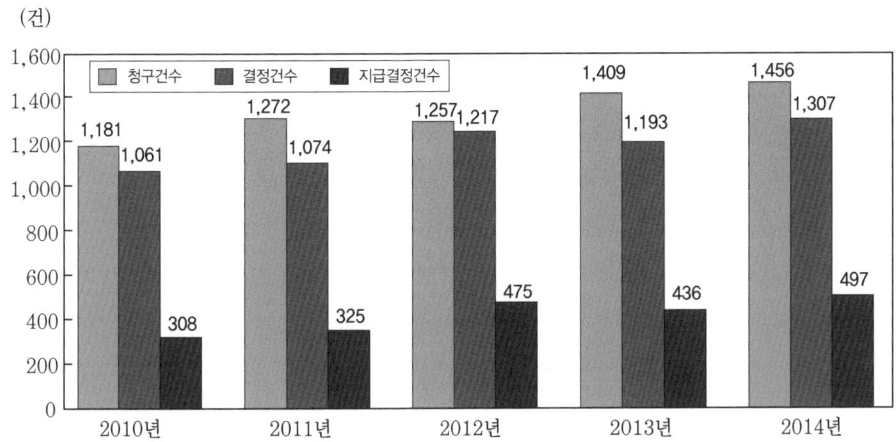

〈출처〉 후생노동성 「편성26년(2014년도)뇌 · 심장질환과 정신장해의 노재보상상황」

3. 근로시간제도의 적용

후생노동성 「2011년 취로조건 종합조사결과의 개황」(「2011年就労条件総合調査結果の概況」)을 보면, 2012년 현재 탄력적 근로시간제의 이용 상황에 대해서 어떠한 형태로든 도입하고 있는 기업의 비율은 50% 정도이고, 가장 많은 것이 1년 단위의 근로시간제 51% 후반, 다음으로 1개월 단위 탄력적 근로시간제 16% 전반, 가장 적은 것이 선택적 근로시간제 5% 후반이다. 근로자 비율에서는 적용근로자가 50% 전반, 다음으로 1개월 단위 탄력적 근로시간제는 18% 전반, 선택적 근로시간제는 8% 전반이다. 그 수치는 최근 10년간 거의 변화가 없다.

동일한 조사에서 재량근로시간제의 적용 상황을 보면, 전문업무형 재량근로제를 도입하고 있는 기업이 2.3%, 적용근로자 1.1%, 기획입안형 재량근로시간제의 도입 기업이 0.7%, 적용 근로자가 0.3%로 되어 있다. 탄력적 근로시간제에 비하여 재량근로제는 도입하고 있는 기업과 근로자가 제한되어 있다.

나아가 후생노동성 「재량근로제, 관리감독자 등의 적용제외 제도」에 의하면, 2006년 단계의 수치이기는 하지만, 노동기준법 제41조 제2호에서 말하는 '관리근로자' 의 범위에 대해서는 60% 이상의 기업이 과장직 이상으로 하고 있고, 그 비율은 전제 근로자의 10% 정도이다.

4. 일본 근로시간의 특징과 문제점

이상의 실태로부터 다소 중복되는 것이긴 하지만 일본의 근로시간에서 몇 가지 특징과 문제점이 나타난다.

첫째, 일본의 실근로시간은 국제적으로 봐도 상당한 정도로 장시간에 이르고 있다. 무급잔업까지 가산하면 선진국 중에 최장 그룹에 들어간다고 생각된다. 그것이 일과 생활의 균형을 잃게 하고, 과로사나 과로자살과 같은 중대한 건강침해를 가져오고 있다. 정신건강에 대한 피해도 가장 큰 원인은 장시간 근로에 있다고 추측할 수 있다.

둘째, 전체 근로자의 평균을 보더라도 실근로시간은 확실히 감소하는 경향에 있지만, 그것은 오로지 파트타임 근로자의 증가에 의한 효과이다. 일반근로자만 보면 장시간 근로에는 거의 변화가 없다. 특히 심각한 것은 한창 일할 나이인 30대, 40대의 남성 일반근로자이고, 그 약 20%는 과로사 위험군이 되고 있다.

셋째, 장시간 근로의 큰 요인은 잔업시간이 길다는 것과 연차휴가일수의 사용이 짧다는 것이다. 그리고 그 주된 원인은 기업의 노무관리나 직장환경이라는 근로시키는 방식에 있다.[66] 연차휴가 미사용의 이유로는 상사가 좋지 않게 본다는 것 33.3%, 근무평가 영향의 걱정 23.9%(복수 응답)으로 나타나고, 연차휴가 미사용을 인사에 높이 평가하고 있는 기업문화가 짙게 남아 있다는 것을 알 수 있다. 이것은 연차휴가 사용을 이유로 불이익취급의 금지를 요구하는 노동기준법 제136조에 반한다.

넷째, 비정형적인 근로시간제는 약 반수의 기업에서 채택되고 있지만, 재량근로시간제는 도입률이 지극히 낮다. 비정형적인 근로시간제 중에서도 시간적인 구속력이 낮은 근로자에 적용할 수 있다고 생각되어지는 선택적 근로시간제의 도입률은 매우 낮다.

다섯째, 고용사회의 문제로 한편으로는 장시간 근로를 하고, 경우에 따라서는 과로사의 위험성마저 있는 정사원(일반근로자)이 대량 존재하고, 다른 한편에서 근로시간은 단시간이지만 고용보장이 약한 비정규직 근로자가 증가하고 있다. 이러한 것이 이른바 고용의 양극화를 만들고 있다.

아베노믹스의 근로시간 정책은 이러한 현실에 어떻게 대응하려고 하는 것일까?

---

66) 菅野和夫,『新・雇用社会の法』(有斐閣, 2002) 201쪽은 서비스 잔업의 배경으로 근로시간관리에 어울리지 않는 고도의 지적・전문적 노동이 증가하고 있다는 것, 인원삭감 과정에서 소정근로시간을 초과하여 처리해야 하는 일의 양이 증가하고 있다는 것, 경쟁력의 확보를 위한 총인건비 관리가 가산임금의 억제를 낳고 있다는 것 등을 들고 있다.

Ⅵ. 현행 제도의 문제

1. 현행 제도에서 부족한 부분

(1) 상한 규제

법적으로 1일 8시간, 주 40시간 근로제도와 주휴 1일제[67]의 예외인 시간외 근로 · 휴일근로를 줄이는 방법으로는 이에 대한 상한을 직접적으로 규제하는 방식과 간접적으로 규제하는 방식이 있다. 일본의 현행법은 재해 시 등을 제외하고(노기법 제33조) 연장근로협정(36협정)에 의한 예외설정(노기법 제36조)의 형태를 취하고 있지만, 노동기준법 제36조 제2항에 의한 연장근로의 한도 시간(1998. 12. 28. 労告154호)에 대하여 강행적인 효력이 부여되지 않고, 그에 대한 예외를 설정하는 특별조항도 허용하고 있기 때문에[68] 전자의 방식으로서는 불충분하다. 또한 가산율이 너무 낮다는 점에서 후자의 방식도 불충분하다.

전자의 방식으로는 규제가 엄격한 순으로 말하면, 독일과 같이 탄력제를 채택한 경우에도 1일 10시간이라는 최장 근로시간의 상한을 설정하는 방법, 현행 고시에 의한 연장근로의 한도 시간에 강행적 효력을 부여하는 방법, 이에 더하여 예외협정을 인정하지 않는 방법 등을 생각할 수 있다. 이러한 것들 이외에 유럽에서 나타나는 근무일의 종업부터 익일 시업까지의 사이에 일정한 간격(휴게시간)을 설정하는 것도 유효할 것이다. 왜냐하면 휴게시간제도는 소정근로시간이 일정하더라도 구속시간의 장기화나 연장근로의 장시간화의 감소에 기여하기 때문이다.

또한 후자의 방식을 채택하는 경우에는 유럽 · 미국에서 일반적으로 채택하는 것과 같이 가산율을 50% 정도로 인상하는 것을 고려해 볼 수 있다.[69] 현행법에서는 1개월의 법정 외 연장근로가 60시간을 넘는 경우만 할증률 50%로 되어 있지만(노기법 제37

---

67) 실태는 기업 단위에서 45%, 근로자 단위에서 61%가 완전주휴 2일제를 적용받고 있다(厚生労働省「2013년 就労条件総合調査の概況」).

68) 특별조항 중 연간 1,000시간을 넘는 연장근로를 허용하는 예도 있지만, 이것은 하루빨리 해결해야 하는 이상한 사태이다.

69) 노동정책심의 근로조건분과회에 제출된 후생노동성 자료에서는 '균형가산임금율'(새로운 노동투입에 대한 고용률에 의한 경우의 1시간당 근로비용과 시간외 가산임금이 없다는 전제 하에서 기존 종업원의 연장근로에 의한 1시간당 근로비용이 균형을 이루는 할증률)은 47.1%로 산출되고 있다.

조 제1항 단서조항), 그것을 모든 연장근로 확대하는 것이다. 가산율의 상승이 연장근로의 감소효과를 초래하는가에 대해서는 노동경제학에서도 논란이 있지만,[70] 적극적으로 효과를 부인하는 것은 보이지 않는다. 어떻든 이러한 점에 대해서는 신중한 검토와 분석할 시기에 직면하고 있다고 하겠다.

(2) 근로시간저축(계좌)제도

근로시간저축제도는 독일 등 유럽에서 넓게 실시하고 있는 제도이다. 예컨대 독일에서는 단체협약이나 사업장협정(Betriebsvereinbarung)에서 폭넓게 도입되어 있고, 소정근로시간을 상회하는 근로시간에 대해서 일정시간 내에서 근로시간의 대여를 계좌에서 정산한다. 구체적으로는 다양한 형태가 있겠지만, 연장근로를 하더라도 가산임금의 지급으로 대응할 것이 아니라 사후적으로 휴가 부여 · 사용으로 대응하기 때문에 통계상의 연장근로는 발생하지 않게 되거나 매우 감소하게 된다.[71]

일본에서도 연장근로 · 휴일근로를 저축하여 이후에 그 시간 분에 대해 가산비율을 포함하여 휴가를 사용하는 방식은(연장근로 · 휴일근로의 대체휴가) 노동기준법 제37조 제3항에서 일정 범위 내에서 허용되고 있고, 이론적으로는 근로시간을 감소시키는 데에도 유효하다. 이 제도의 도입의 가능성을 넓히는 법 개정도 재고할 가치가 있다. 그러나 이 제도가 유효하게 기능하기 위해서는 근로자가 임금보다도 여유시간을 선호하는 기업문화 · 근로자문화가 있어야 한다는 것과 연차휴가를 완전히 사용할 수 있도록 하는 제도적인 틀의 정비가 전제가 된다. 따라서 연차휴가의 사용률이 낮고, 휴가보다도 임금을 선호하는 근로자가 많은 일본에서는 현재로서는 별로 실질적이지 않다. 도입을 위해서는 적어도 연차휴가의 완전사용과 같은 조건의 정비가 필요하다는 것이다.

또한 일본에서 넓게 보급되어 있는 탄력적 근로시간제는 1일 단위 혹은 1주 단위만으로 실근로시간을 계산할 것이 아니라, 일정기간 가운데 근로시간의 과부족을 정산

---

70) 佐々木勝「割増率の上昇は残業時間を減らすか？」日労研 571호(2008) 12쪽 이하는 그 효과에 대해 명확한 대답은 불가능하다고 한다.

71) 제도의 내용, 배경에 대해서는 藤内和公『ドイツの雇用調整』(法律文化社, 2013) 73쪽 이하에서 자세하게 논하고 있다. 또한 労働政策研究 · 研修機構, 労働政策研究報告書No.35『諸外国のホワイトカラー労働者に係る労働時間法制に関する調査研究』(労働政策研究 · 研修機構, 2005) 88쪽 이하(橋本陽子 집필)도 참조.

하는 구조이어서, 제도화되었다거나 법정 근로시간저축제도라고 할 수 없는 것은 아니다. 다만 이러한 탄력제로는 생활의 리듬에 악영향을 주는 위험성이 높기 때문에 정형적 근로시간제보다도 전체로서 근로시간을 짧게 설정하는 것이 필요하다.

(3) 연차휴가 사용구조

연차휴가 사용촉진을 위해서는[72] 최저 연차휴가 일수는 3근무주일 것(일본의 경우 18일), 분할을 하는 경우에도 1회에 대해서 연속하여 2근무주일 것(최저로 13일), 질병이나 상해에 의한 휴업기간은 연차휴가에 충당해서는 안 된다고 정한 ILO 제132호 협약의 비준이 절대적으로 필요하다. 그러기 위해서는 노동기준법 제39조의 근본적인 개정과 유급 병가제도의 도입이 필수적이다.[73]

노동기준법 제39조의 개혁은 공무원과 같이 대기기간을 두지 않고, 처음부터 20일의 연차휴가권을 부여하는 것과 같은 형태가 바람직하다. 또한 휴일이나 출근일에 대해 기교적인 해석이 요구되고, 노동기준법이나 「육아개호휴업법」에서 휴가 · 휴업권의 행사와의 정치한 균형이 필요하거나 그러한 권리행사를 위축시키는 출근율의 요건을 잔존시킬 적극적인 의미는 인정되지 않을 수 있다. 왜냐하면 연차휴가는 전년도의 근무에 대한 보상으로서 부여되는 것이 아니라, 당해 연도의 보양이나 문화적인 활동의 보장을 위해서 부여되는 것이기 때문이다.

연차휴가권의 행사나 연차휴가의 부여 방법에서도 현행 법제는 전면적으로 개정되어야 한다. 현행법은 근로자가 시기지정권을 행사하거나 근로자 측에서 계획연차휴가 실시의 이니셔티브를 가지지 않으면, 원래 사용자에게 구체적(현실적)으로 연차휴가를 부여할 의무가 없다. 제도의 취지를 활용하려면 우선 사용자에 의한 연차휴가 완전부여의무를 전제로, 일정 기간(ILO 제132호 협약을 전제로 하면 13일 이상)에 대해서는 근로자의 의향을 청취해 계획화하여 부여할 필요가 있다.[74] 이 점에서는 규제개혁회의 의

---

72) 이 문제에 관한 체계적인 검토로서 野田進『「休暇」労働法の研究』(日本評論社, 1999) 179쪽 이하 등.

73) 野田進 · 和田肇『休み方の知恵』(有斐閣, 1991)는 이 문제에 대해 일찍이 문제 제기를 하였다.

74) 장기간 휴가에 있어서 근로자의 시계(시기)지정의 바람직한 방향이나 사용자의 시계(시기) 변경권의 행사의 유효성이라는 불필요한 논의(時事通信社事件 · 最三小判 1992. 6. 23. 民集 46권4호 306쪽 참조)는 현행 제도의 불비에 기인하고 있고, 요원 부족을 이유로 한 시기지정권의 행사에 의한 연차휴가 미사용 그리고 시효소멸과 배상책임이라는 기묘한 현상은 제도의 개정으로 대폭 감소한다.

견에 찬성한다. 휴가는 노동문화의 한 측면이기도 한 것이다.[75)]

2. 화이트칼라에 대하여 현행 제도로 불충분한가?

(1) 관리감독자의 적용제외와 재량근로제

현행 노동기준법은 전형적인 근로시간 규제를 원칙으로 하면서 탄력적인 근로시간 제도, 근로시간 간주제도, 적용제외 제도를 설정하고 있다.

규제개혁위원회 의견은 그 중에서 노동기준법 제41조2호의 관리감독자에 대해서는 이름뿐인 관리직을 만들고 있다는 것, 또한 재량근로제에서는 절차가 번잡해 이용도가 낮다는 것을 각각 문제로 삼고 있다. 그러나 이러한 지적에는 찬성할 수 없다.

먼저 전자의 관리감독자의 문제인데, 이름뿐인 관리자를 만들어 내고 있다는 것은 법령준수 위반의 문제이며, 그 책임은 노동기준법 제41조 제2호에 있는 것이 아니다. 판례는 같은 조의 입법취지를 충분히 고려하여, 해당 근로자의 직무내용 · 권한, 특히 인사에 관한 것, 시간관리의 자유의 유무 및 정도, 임금 등의 대우 내용에 대해서 엄밀한 해석을 행하고 있는 것에 불과하다.[76)] 노동기준법 제41조 제2호의 규정이 불명확하기 때문에 이름뿐인 관리직 문제가 생겨난다는 주장은 설득력이 없다.

입법론으로서 적용제외되는 관리감독자의 범위가 너무 좁다고 한다면, 그 비율은 전체 근로자의 10% 정도이고, 그 수치는 결코 부적절하다고 할 수 없다. 독일에서 근로시간법의 적용이 제외되는 근로자의 범위(동법 제18조 제1항 제1호)와 비교해도, 그 범위는 결코 좁지 않다. 적용제외자의 범위를 지금 이상으로 넓히는 것은 현실적으로 장시간 근로자를 늘릴 뿐이며, 본질적인 해결책이 되지 않는다.[77)] 비록 고위직에 있는 자라도 1일 근로시간의 최장 한도, 휴일 부여 규정이 완전히 결여되어 있다는 것이 오히려 이상하다.

---

75) 일본 근로자가 유급의 연차휴가를 사용하지 않거나 무급잔업에 종사하는 것은 외국인에게는 불가사의한 현상이었고, 현재에도 그러하다(예컨대 Christoph Deutschmann, Arbeitszeit in Japan, Campus-Verlag, 1987 모티브는 그 점에 있다).

76) 또한 행정해석 차원이지만, 입법 당시에는 상당히 엄격한 해석방법이 채택되다가(1947. 9. 13. 発基17号 참조), 그 후 산업구조나 인사조직의 변화에 대응하여 유연한 방향으로 해석 기준이 이동하고 있다(1977. 2. 28. 基発104号의 2, 同 発基17号 참조).

77) 菅野和夫『労働法 · 第10版』(弘文堂, 2013) 380쪽 참조.

다음으로 후자의 재량근로제의 문제인데, 전문업무형 재량근로제(노기법 제38조의3)에 대해서는 필요한 수단으로서는 노사협정의 체결과 노동기준감독서에 신고만 하면 되는 것이기 때문에 절차가 번잡하다고 할 수 없다.[78)]

이에 반하여 기획업무형 재량근로제(노기법 제38조의4)는 상설기관인 노사위원회의 설치와 위원의 5분의 4 이상의 동의가 필요하므로 절차의 면에서 분명히 번잡하다. 그러나 이 규정은 기획업무형 재량근로제의 도입 요건으로서 받아들여진 것이지만, 일본에서도 독일과 같은 항상적인 노사위원회의 설치가 바람직하다는 사고가 그 배경에 있다. 따라서 이러한 완화를 요구하는 것은 다른 한편으로는 기업 내의 노사 자치에 의한 유연한 근로시간제도를 도입하려는 규제개혁회의 의견과 모순된다. 3점 세트 개혁론은 트라이앵글의 일부가 돌출되어 버리면 처음부터 바로 설 수 없게 된다.

(2) 선택적 근로시간제의 개혁

필자는 탄력적 근로시간제 중 선택적 근로시간제는 노동기준법 제32조의3의 규정은 너무 엄격하여 제도의 보급을 방해하고 있다고 생각하고 있다. 바꾸어 말하면 (ⅰ) 시업시간과 취업시간의 양쪽 모두 근로자가 결정해야 한다는 것, (ⅱ) 코어 타임제가 아니라 일정 시각의 출근시간(예를 들어 8시 출근, 9시 출근, 10시 출근 등)과 퇴사시간(16시 퇴사, 17시 퇴사, 18시 퇴사 등) 중 선택이 인정되지 않는다는 것, (ⅲ) 근로시간의 정산에 대해서 빌린 시간만 아니라 빌려준 시간 전체에 대해서도 적용된다고 해석되고 있기 때문이다.[79)] 이에 대하여 이 제도의 발상지인 독일에서는 보다 유연한 제도를 설계할 수 있고, 보급률도 상당히 높다.[80)] 현행법의 선택적 근로시간제 이외에 아류로서 유연한 선택적 근로시간제도 인정해도 좋을 것이다.

---

78) 근로시간의 관리를 받지 않고 고액의 임금(기본금과 업적 상여 등)이 지급되고, 재량적으로 근무하는 근로자에 대해서 연장근로수당은 기본급에 포함되어 있다고 해석하여 연장근로 수당 청구를 기각한 판례가 있다(モルガン・スタンレー・ジャパン事件, 東京地判 2005. 10. 19. 労判 905호 5쪽). 이것은 실질적으로 자기관리형 근로자에 대한 연장근로 규제의 적용제외를 입장에서 취한 판례라고 하여 이를 적극적으로 평가하는 의견이 있지만(菅野 앞의 주 76) 책 380쪽), 이는 탈법행위의 종용이어서 찬성할 수 없다. 노동기준법 제38조의3의 재량근로제는 절차만 취하면 가능하고, 그것을 취하지 않은 이상 현행법에 따라 처리할 수밖에 없다(橋本陽子 本件評釈・ジュリスト 1315호(2006) 210쪽 이하; 矢野昌浩 本件評釈・法時 79권 1호(2007) 152쪽 이하).

79) 1988. 1. 1. 基発1号.

80) 앞의 주 33) 졸저 73쪽 이하; 藤内 앞의 주 71) 책 82쪽 이하.

3. 노사 자치

학설의 일부는 법률에 의한 규제로부터 사업장 내의 노사 자치에 의한 분권적인 근로조건결정 시스템에 이행시키거나, 혹은 후자를 보다 중시하는 견해가 나오고 있다.[81] 규제개혁회의 의견에도 그러한 의견의 영향이 강하게 나타난다. 그러나 여기서 말하는 노사 자치에 대해서도 검토할 문제는 많이 있다.

첫 번째로, 일반적으로 노사 자치는 노동조합과 사용자(혹은 그 단체) 사이의 자치, 즉 독일법에서 협약자치(Tarifautonomie)를 말하지만, 그렇다면 일본의 모든 사업장의 80~90%에는 노동조합(소수 노동조합을 포함)이 없으므로,[82] 안이하게 규제주체로서 노사 자치로 언급하는 것은 비현실적이다. 노동조합의 조직률이 거의 동일하다고 해도 산업별 노동조합이 주류이고, 그 적용률이 상당한 정도에 이르는 독일과 같은 노사자치론을 일본에서 전개할 수는 없다.[83]

두 번째로, 규제개혁회의 의견에서는 과반수대표자와 사용자 사이의 관계도 노사 자치로 부르지만, 그것이 자치에 상응하는 것인지 의문이다. 즉 과반수대표자를 근로자 측의 자치의 담당자라고 하더라도, 예컨대 독일의 사업장 내 종업원대표위원회(Betriebsrat)[84]와 비교할 때, 일본의 과반수대표자에게는 자치를 담당할 제도적(인적, 조직적, 재정적)인 담보가 결정적으로 결여되어 있다. 기업내 노사관계는 이러한 의미에서 오해를 불러일으킨다. 심하게 말하면, 노동기준법 제38조의4에서 말하는 노사위원

---

81) 鶴ほか 앞의 주 35) 책 152쪽 이하(島田陽一); 同 211쪽 이하(水町勇一郎) 등.

82) 労働政策研究・研修機構『労働条件決定システムの再構築に関する研究』(労働政策研究報告書 No.56, 2007)에 의하면 종업원 규모로 1,000명 이상에서는 70%을 조금 넘지만, 10명 내지 49명에서 4~5%, 9명 미만에서 1%에 지나지 않고, 전체 평균에서도 10% 미만이다. 동일한 수치는 자치단체가 실시한 조사에서도 나타난다(예컨대 香川県中小企業団体連合会の調査「平成22年度労働実態調査」에서는 종업원 수 300명 이하의 사업 313개 사업장의 중에서 노동조합이 존재하는 것은 6%에 불과하고, 전국 평균에서도 7% 후반에 불과하다). 노동조합의 조직률에 관한 통계와 달리 기업별 혹은 사업소별로 노동조합이 존재하는 비율에 관한 공식통계는 없다. 노사자치론・노사협정론을 생각할 때에는 노동조합의 조직률과 같은 정도로 혹은 그 이상으로 중요한 지표이지만, 그 통계수치가 없다는 것은 이상하다.

83) OECD(2011), Economic Policy Reforms 2011:Going for Growth에 의하면, 2008년 단계의 독일의 노동조합 조직률은 19.1%이고 단체협약 적용률은 62.5%이며, 일본은 각각 18.2%, 16.0%이다. 참고로 프랑스는 7.7%, 90.0%, 덴마크는 67.6%, 83.0%이다.

84) 자세한 것은 이 분야의 우수한 연구인 藤内和公『ドイツの従業員代表制と法』(法律文化社, 2009) 참조.

회가 독일의 종업원대표위원회에 가까운 것인지는 모르겠으나, 이것도 비판의 대상이 되고 있고,[85] 규제개혁회의 등에서 노사자치론의 위험성을 느끼게 한다.

세 번째로, 이들과 관련해 과반수대표자에 법률에 대한 예외설정 기능을 상당수 담당시키는 것에도 역시 의문이 남는다. 독일에서는 이러한 기능은 단체협약만 인정되지 않고('단체협약에 열린 법' 이라 한다),[86] 그것이 진정한 협약자치의 내용으로 되어 있다. 일본과 같이 취업규칙이나 노사협정에 열려 있는 법은 보다 엄격한 틀을 설정한 후에 시행하지 않으면 안 된다.

워킹그룹의 논의에서는 이러한 것을 인식하고, 시험적으로 과반수 노동조합이 존재하는 경우에 예외설정 기능을 인정할 것을 제안하는 의견도 있다. 그러나 본격적인 도입 이후에는 동일한 문제가 발생하게 된다. 먼저 시험한다는 규제개혁은 제도 본래의 바람직한 방향을 붕괴시킨 것을 우리는 많은 경험에서 배워왔다.

Ⅶ. 근로시간 규제의 본질

1. 법에 의한 근로시간의 규제

근로시간 규제의 본질은 역사로 보면, 그 중심에는 심신의 건강 유지 혹은 노동력의 재생산이지만, 오늘날에는 그것과 함께 사적 생활이나 사회생활과 일과의 조화(워크 라이프 밸런스), 가족 책임의 이행, 그리고 워크셰어링 등에서도 찾을 수 있다.[87] 그러나 현재 상황에서는 그 어느 것도 충분히 확보되어 있지 않다. 특히 심각한 것은 건강의 피해이다. 이것에 대응하는 것이야말로 근로시간 법정책의 긴박하고도 가장 중요한 과제이다. 유럽이나 미국과 같이 노사 자치가 거시의 근로시간(단축)정책에 관여할 여지가 거의 없는 일본에서는 앞으로도 입법정책이 그 중심이 될 수밖에 없다.

85) 鶴ほか 앞의 주 35) 책 156쪽(島田).
86) 앞의 주 33) 졸저 6쪽 이하, 125쪽 참조.
87) 水町勇一郎,「労働時間政策と労働時間法制」, 学会誌労働法106号(2005), 144쪽 이하; 西谷敏,『人権としてのディーセントワーク』(旬報社, 2011), 239쪽 이하 참조.

2. 근로시간의 관리책임

현행법에서 사용자의 근로시간 관리에는 두 가지의 기능이 있다. 사용자는 우선 노동기준법의 여러 규정에서 모든 근로자에 대하여 근로시간 관리의 책임이 있다. 노동기준법 제41조 제2호에 해당하는 근로자에 대해서도 노동기준법 제108조 및 노기규칙 제54조, 혹은 심야업 규제인 노동기준법 제37조가 적용제외되지 않기 때문에 그 한도에서 사용자에게는 근로시간의 관리책임이 있다.

다음으로 사용자에게는 안전배려의무가 부과되어 있고(노동계약법 제5조 참조), 관리직인지 관계없이 모든 근로자에 대해서 적절한 근로시간을 관리할 의무가 발생하게 된다. 재량근로 종사자에 대해서도 사용자에게는 건강과 복지의 확보가 의무화되어 있지만(노기법 제38조의3 제4호 등), 이것은 안전배려의무와 관련해 있다.

이와 같이 사용자는 근로자를 고용하고 있는 이상 근로시간의 관리책임에서 완전히 벗어날 수 없다. 이 점에 대해서 종종 오해가 발생하고 있다.[88)]

3. 근로시간과 임금

이러한 것과 어떤 근로시간에 어느 정도의 보수 · 임금을 지급해야 하는 것은 차원이 다른 문제이다.[89)] 근로시간이 기본급과 연장근로 · 휴일근로에 정확하게 반영하는 것이 노동기준법의 대원칙이다.

다만, 여기에는 몇 가지의 예외가 인정되고 있다. 노동기준법 제41조 제2호의 관리감독자에 대해서는 심야근로를 제외하고 실제로 일한 근로시간과 임금과의 대응관계는 차단되어 있고, 노동기준법 제38조의3 및 동법 제38조의4의 재량근로 종사자에 대해서 야간근로 이외에는 간주시간에 대한 임금을(경우에 따라서는 가산수당도) 지급하면 된다. 재량근로 간주시간에 대해서는 사업장 외 근로의 소정근로시간(노기법 제38조의2 제1항 단서)과 다르고, 간주시간은 '해당 업무의 수행에 통상 필요로 하는 시간' 이라는 것이 요구되어 있지 않다. 탄력적 근로시간제의 경우에는 1일 단위가 아니라 일정한

---

88) 어느 정도 높은 보수가 지급되고 재량적으로 근무하는 근로자에 대해서 사용자에게는 시간관리 책임이 없는 것처럼 이해하는 견해도 있지만(앞의 주 78)モルガン・スタンレー・ジャパン事件(戸谷義治・本件評釈, 季労 213号(2006), 157쪽)), 그것은 노동기준법에 관한 오해에 기인하고 있다.

89) 이점에 대해서는 濱口桂一郎,『新しい労働社会』(岩波書店, 2009), 23쪽 참조.

범위 내에서 근로시간의 조정이 행하여진다. 이러한 제도에는 직무내용이나 근로시간의 재량성 부분, 또는 수입 등에서 엄격한 요건이 부과되고 있다. 관리감독자의 범위나 재량근로 종사자의 범위 확대, 절차의 간소화가 장시간 근로를 초래할 수밖에 없다는 비판이 강하다.

근로시간저축제도와 같이 연장근로 · 휴일근로에 대한 임금을 지급하는 것이 아니라, 휴게 · 휴일을 부여하는 형태로 정산하는 제도(노기법 제37조3항)의 대상을 확대하는 것도 입법론으로서 불가능하지는 않지만, 앞에서 본 것처럼, 임금과 비교할 때에 휴가 선호가 약한 일본에서는 현실적이지 않다.

어느 것이든 근로시간과 임금을 단절하는 방법을 강구하기 위해서는 특별한 이유가 필요하고, 또한 근로시간의 단축이라는 조건을 정비하는 것이 필수적이다.

4. 고도 전문직 제도에 대하여

그렇다면 규제개혁회의에서 말하는 3점 세트 개혁과 같이 동시 병행적으로 진행할 수 있는 것일까? 이론적으로 불가능하지는 않지만 현실적이지 않다고 생각된다. 왜냐하면 규제개혁회의가 말하는 '근로시간의 새로운 적용제외 제도의 창설'에는 여전히 불명확한 점, 검토가 필요한 곳이 다수 존재하기 때문이다.

첫째, 현행 적용제외 제도, 간주시간제도, 탄력적 근로시간제도의 결점이 반드시 설득력 있게 설명되고 있다고 말할 수 없다. 필자의 인상으로는 동일한 문제라고 하여도 엄격한 근로시간 규제(법률뿐만 아니라 단체협약 및 사업장내 공동결정도 포함) 하에서 다양한 노력을 거듭하고 있는 독일에 비하여, 일본에서는 안이한 시간외 근로(예컨대 36협정의 예외협정의 다양)와 무급잔업 그리고 사업장의 사정이 우선하는 연차휴가 사용의 제도에 너무 의존하고 있다.

둘째, 일본에서는 능력이나 수행력이 낮고 장시간 근로를 할수록 임금이 높게 되어, 불공평, 부정의하다고 말하는 경우가 있는데, 과연 그러한 것일까? 만약 그렇다면 연차휴가를 50% 이하 정도만 사용하고 있다는 것, 무급잔업이 행해지고 있는 것, 그리고 연차휴가 미사용이나 잔업을 거부하지 않는 근로자가 인사고과에서 높이 평가되는 기업이 지금도 많이 있다는 것은 설명되지 않는다. 근로시간과 임금을 단절하는 기업문화 자체가 일본에서는 육성되지 않는 것이 아닐까.

셋째, 적용제외 제도를 말할 때에는 항상 미국형 화이트칼라 이그젬션 제도를 염두에 두고 논의되고 있지만, 그것으로는 논의의 가능성이 넓혀지지 않는다. 공공기관이 행하는 비교법 연구로서 다른 국가에 대해서도 분석하고 있으므로, 넓은 시야로 사물을 분석하는 방법을 도입해야 할 것이다. 비교법적으로 보면, 미국의 근로시간 규제는 굉장히 특이하다.

넷째, 새로운 적용제외 제도에 대해서는 다수의 학자가 그러한 것처럼 기업내 노사자치가 이를 수용하는 장치로서 정비될 필요가 있다. 그것은 과반수 노동조합이 존재하는 제조업을 중심으로 한 전통적인 대기업, 혹은 힘이 있는 노동조합이 존재하는 곳에서 가능하지만, 그 비율은 지극히 한정되어 있다. 현행 노동기준법이 예정하고 있는 것과 같은 과반수 근로자대표는 예산, 시간, 법적 · 재정적 기타 전문적 지식의 그 어떤 점에서도 근로자대표기능을 완수하고 있지 못하다. 분권적 절차를 중시하는 주장에서는 추상적인 이념 모델이 상정되고 있는 것뿐이고, 현실에 뿌리를 내린 이론으로는 되어 있지 못하다.

이러한 점을 명확하게 정리하는 것이 근로시간 규제개혁을 논의하는 때에 필요불가결한 전제이다.

5. 과로사 등 방지대책추진법

과로사 등 방지의 기본은 노동안전위생 시행의 철저함과, 이상에서 서술한 근로시간 규제의 양 수레바퀴를 정비하는 것이고, 그러기 위한 하나의 정책으로서 「과로사 등 방지대책추진법」이 2014년에 제정되었다.[90] '과로사 변호단 전국연락회의'와 '전국과로사를 생각하는 가족모임' 등이 중심이 되어 준비하여 온 것이므로, 다른 다수의 '기본법'과 같이 다양한 분야를 커버하는 정책의 실시를 요구하는 성격의 법이다. 이 법의 제정은 과로사 문제에 본격적으로 대처하는 첫걸음이 될 수 있다. 이 법에 의해 국가의 책임으로 과로사의 종합적인 조사연구가 행했던 것에서 민간에서도 과로사(과로자살 및 과로질병을 포함)에 관한 조사연구가 요구되어, 그 성과를 과로사의 효과적

90) 지금까지의 경위에 대해서는 森岡孝二『過労死は何を告発しているのか』(岩波書店, 2013) 287쪽 이하 참조. 유감스럽게도 노동(법)정책에 깊이 관여하는 학자는 이러한 진지한 시민운동에 거의 관심을 두려고 하지 않는다.

인 방지를 위한 대책과 대처에 활용하게 된다. 2015년에는 이것을 목적으로 한 '과로사방지학회' 가 설립되었다.

그러나 아베노믹스의 근로시간 정책은 이러한 흐름에 역행하는 면이 많다.

Ⅷ. 정 리

필자도 일본의 근로시간에 대해서는 많은 문제가 있다고 생각하고 있고, 그 개혁의 필요성을 이전부터 설명해 왔다. 그러나 아베노믹스의 근로시간 규제개혁에 관한 규제개혁회의 등의 논의를 보면, 몇 가지 마음에 걸리는 점이 있다. 먼저 몇 가지 점에서 논의가 정확하지 않다든지(화이트칼라라는 표현 등), 실태를 정확하게 이해하지 못하고 있다든지(일반근로자의 장시간 근로, 무급잔업, 36협정의 특별조항 등), 정서적인 논의가 간간이 보인다(수용할 장치가 없는 노사자치론 등).

또한 근로시간 규제의 논의에서는 규제개혁회의 의견의 중요한 목적은 ③의 유연한 근로시간제도의 창설에 있고, ①의 상한규제나 ②의 일과 생활의 조화는 그것을 위한 수단에 불과하며, 나아가 ③의 적용대상자에 한정되는 것과 같은 의견이 나와 있다. 그렇다면, 건강이나 일과 생활의 조화는 근로시간의 유연화를 실현하기 위한 과제에 불과한 것으로 들리게 되어, 근로시간 규제의 본질이 완전히 상실되어 버릴 수밖에 없다.

그리고 근로시간 규제의 정점으로는 말할 것도 없이 헌법 제27조 제1항의 근로권(노동권) 보장이다. 같은 조에서 보장된 근로권은 개인의 존엄(동법 제13조)이나 생존권(동법 제25조)을 충분히 충족해야 한다.[91] 그러나 다수의 논의에서는 그러한 규범내용이 무시되고, 그 결과 경제(사용자) 편중의 논의로 기울어져 버렸다. 노동법학자의 논의는 어쨌든 이 점에 집착할 수밖에 없다.

---

91) 이점에 대한 상세한 연구로는 앞의 주 2) 졸저 249쪽 이하; 西谷 · 앞의 주 88) 책 42쪽 이하; 有田謙司「労働法における労働権論の現代的展開」山田晋ほか 編『社会法の基本理念と法政策』(法律文化社, 2011) 27쪽 이하 등 참조.

제3절 근로자파견법의 정책과 기본원리

들어가는 말

「노동자파견법」은 1985년에 제정된 이래 노동법 규제완화의 대표사례가 되는 등 기구한 운명을 걷고 있다. 아베노믹스의 고용개혁에서도 2015년에 대폭적으로 법개정을 하였지만, 이것에 의해서 파견법은 제정 당초와는 완전히 양상을 달리하게 되었다. 그것은 파견법을 떠받치는 기본적인 철학의 완전한 변경을 의미한다.

파견법을 독자적인 분석 대상으로 하는 것은 이번에 중요한 법개정이 이루어졌기 때문만이 아니라 이 법에는 정부의 노동법 정책의 특징이 단적으로 나타나 있다고 생각되기 때문이다. 파견근로자 수는 전체 근로자의 약 2%, 비정규직 근로자의 약 6%를 차지하는 데 지나지 않는다. 그러나 근로자파견의 법규제는 비정규 고용정책과 동시에 노동시장 정책과도 깊게 관련되어 있다. 그러므로 자민당 정권 하에서 몇 차례의 「노동자파견법」 개정은 신자유주의적인 노동법 정책의 요체이기도 했다.

본절에서는 먼저 이번 법개정을 비판적으로 분석한 뒤에 파견법 규제가 어떻게 이루어져야 하는 것인가를 검토하고자 한다. 후자에 대해 논하는 것은 '근로자파견'이라고 하는 3자간 노동관계(3자간 노무제공관계)를 어떻게 규제하여야 할 것인가라고 하는 문제이며, 다음과 같은 논점을 중심으로 검토하고자 한다.

첫째로 근로자파견은 노무지휘권을 행사하여 근로자를 사용하는 사람이 해당 근로자를 직접고용하는 형태(직접고용=직용)가 아니고, 제3자가 고용하는 근로자를 파견받아 그 노동력을 이용하는 형태(간접고용)이다. 이러한 고용형태를 통상적인 것이라고 생각하여도 좋을 것인가, 아니면 직접고용이 원칙이고 간접고용은 그 예외를 이루는 것으로 생각하여 하는 것인가, 이 원칙 · 예외의 논의는 근로자파견에 관한 입법 정책을 생각할 때에 항상 기본에 놓아야 할 과제이다.

둘째로 「노동자파견법」은 기본적으로 「사업법」이라고 일컬어지는데, 그 의미는 무엇인가? 이 법에는 근로자보호법의 부분이 포함되어 있는데, 그것은 파생적인 효과에 지나지 않는 것인가? 그렇지 않으면 이 법에 있어서의 근로자보호는 사법 구제에 있어서 어떻게 실현되어야 하는 것인가? 이 문제는 특히 근로자파견에 관계된 계약의 사법상의 효력 또는 파견법 위반의 법률행위 등의 효과를 생각할 때에 중요하다.

셋째로 근로자파견에서는 3자간 노동관계라고 하는 특수성으로부터 통상의 양자 간 근로계약관계에서는 일어나지 않는 고유한 문제가 생긴다. 사용사업주가 파견근로자를 특정하는 행위는 인정되지 않지만, 그것은 어째서인가? 이러한 규제는 향후에도 유지되어야 하는 것인가? 사용사업주와 파견사업주 간의 근로자 파견계약은 민법상의 계약(도급 또는 이에 준하는 무명계약)인 데 대하여 파견사업주와 파견근로자 사이의 근로계약은 노동법상의 계약이다. 양자를 분리하여 논해도 좋은 것인가? 그렇지 않으면 어떠한 관련 하에서 논하여야 하는가?

나아가 넷째로 그 외에도 근로자파견이라고 하는 고용형태에서는 직접고용에서는 발생할 수 없는 노동법이나 사회보험법상의 여러 가지 문제가 일어나고 있는데, 그것은 어떻게 규제되어야 하는 것인가? 노동시장 규제의 측면을 가지는 「노동자파견법」을 규제하는 철학은 무엇이어야 하는가? 이것은 노동시장법에 속하는 파견법의 근본적인 문제이기도 하다.

마지막으로 이상을 전제로 하여 파견법의 바람직한 방향에 대해 언급하고자 한다.

I. 2015년 법개정의 검토

1. 1985년 법제정 이후의 변천

노동법제 중에서 1980년대 이후에 가장 크게 변화한 분야에는 노동시장 정책 · 고용정책에 관한 법제, 특히 「직업안정법」이 있다. 직업안정법 개정에 의해서 탄생한 근로자파견법은 도표 2-10의 변천을 거쳤다.[92] 1985년의 「노동자파견법」 제정에 의하여 「직업안정법」이 금지하고 있던 근로자공급사업 중 근로자파견이 일부 허용(法認)되었다. 현실에서 이루어지고 있던 근로자파견을 완전히 금지하는 것이 아니라 고용조정의 기능을 수행하는 것으로서 인정되었다. 이것에 의해서 노동법이 원칙으로 삼고 있다고 생각되는 '직접고용의 원칙' 의 예외가 인정되었다.

---

92) 이번 법개정과 문제점에 대한 상세한 검토는 大橋範雄 『派遣労働と人間の尊嚴』(法律文化社, 2007), 17쪽 이하; 中島正雄 「労働者派違法の前史と制定過程」 和田肇 · 脇田滋 · 矢野昌治 編 『労働者派遣と法』(日本評論社, 2013), 2쪽 이하; 名古道功 · 中村和夫 「労働者派遣法の改正過程」 『労働者派遣と法』, 11쪽 이하; 沼田雅之 「2012年改正労働者派違法の概要とその檢討」 『労働者派遣と法』 27쪽 이하가 상세하다.

당초 대상 업무는 13개 업무로 한정되어 있었지만, 그 후 즉시 16개 업무로, 그리고 26개 업무로 확대되었다. 이 정책을 추진한 타카나시 아키라(高梨昌)는 근로자파견제도는 전문적인 지식과 경험을 필요로 하는 전문직에 한하여 파견을 인정하는 방식이고, 그렇다고 한다면 파견근로자 자신도 기술제공을 대가로 기업과의 교섭력을 가질 수 있다고 생각한 듯하다. 그러나 제방에 생긴 작은 구멍은 그 후 넓어지면서 정책입안자의 의도와 동떨어져 점차 제방 자체를 무너뜨리게 되었다. 그 후 타카나시(高梨)는 위법파견이나 위장도급의 횡행이라고 하는 현상에 직면하면서 대상업무가 원칙적 자유화가 된 결과 파견근로자는 저임금노동을 강요당하게 되었기 때문에 파견의 대상업무를 본래의 전문업무에 한정하는 것으로 되돌려야 한다고 주장하기에 이르렀다.[93]

〈도표 2-10〉 노동자파견법의 제정과 개정

연 도	법의 제정 · 개정	제정 · 개정의 주요 내용
1985	노동자파견법 제정	일반근로자파견사업 · 특정근로자파견사업
		등록형 파견 · 상용형파견
		적용대상업무: 13업무(시행령, 포지티브 리스트 방식)
1986	시행령 개정	적용대상업무 확대: 16업무(위와 동일)
1996	시행령 개정	적용대상업무 확대: 26업무(위와 동일)
1999	노동자파견법 개정	적용대상업무 확대(네거티브 리스트 방식)
		소개예정파견 금지의 폐지
		파견근로자 특정행위의 금지
		개인정보의 보호
		차별금지
		취업조건의 명시 강화
		사용사업주의 직접고용노력의무 등
2003	노동자파견법 개정	적용대상제외업무의 일부(물건의 제조) 금지 폐지
		파견허용기간의 규제 완화
2012	노동자파견법 개정	파견근로자의 보호 명기
		사업규제 강화
		파견근로자의 무기고용화, 처우 개선

93) 朝日新聞 2007년 7월 14일 경제면; 伍賀一道「非正規雇用」大原社會問題研究所雜誌 501호(2000) 13쪽 이하에서는 노동자파견법의 제정 당시, 그리고 그 후의 개정 시의 노동법 · 노동경제학자나 행정기관에서의 논의의 특징과 변화를 분석하고 있다. 여기에는 타카나시(高梨)의 노동자파견법에 대한 대응 태도가 변화해가는 모습도 기술되어 있다.

파견법 제정 후 10년 남짓 경과한 1990년대 후반에 동 법에는 대폭적인 수정이 가해졌다. 즉, 1997년의 직업안정법 시행규칙 개정, 1999년의 동 법 개정에 의하여 직업소개에 있어서의 국가독점이 폐지되고 민간 유료직업소개사업이 법인(法認)되었다.[94] 이러한 움직임에 연동하여 1999년 법개정으로 규제 방식이 포지티브 리스트 방식으로부터 네거티브 리스트 방식으로 변경된다. 이것에 의하여 파견법은 전문업무로의 일시적 · 임시적인 인재공급이라고 하는 본래의 모습으로부터 크게 벗어나 그 규제 철학에 근본적인 변경이 이루어졌다. 또한 동 법 개정에 의해서 인재파견업자를 이용한 노동력 조정시스템이 촉진되어 적극적인 근로자파견업육성책으로 변경되었다.

1985년 법제정 이후의 경위, 특히 1999년 법개정이 근로자파견시장에 어떠한 효과를 가져왔는가는 〈도표 2-11〉을 보면 명확히 알 수 있다(도표 1-1 참조. 양 도표는 횡축의 연도가 다르다). 이 시기를 경계로 파견근로자 수와 파견사업소 수가 급증하고 있다. 그리고 이 흐름을 한층 더 강하게 한 것이 2003년의 제조업에 대한 근로자파견 금지의 폐지이다.

〈도표 2-11〉 파견근로자 수의 추이

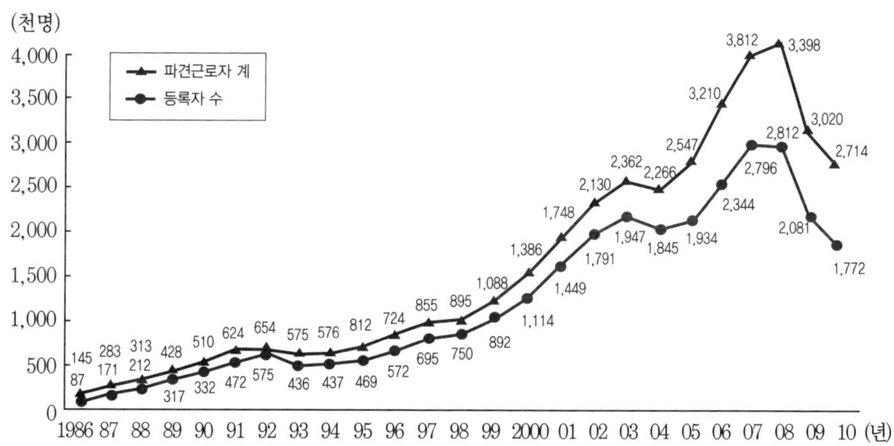

〈출처〉 일본인재파견협회 「근로자 파견 현황과 향후 노동자 파견 제도의 기본 방향」

94) 이상에 대해서는 脇田滋「派遣 · 職業紹介法と雇用保障法制の緩和」萬井隆令 · 脇田滋 · 伍賀一道 編『規制緩和と労働者 · 労働法制』(旬報社, 2001) 218쪽 이하; 脇田滋「労働市場の規制とイデオロギー」労働總研クオータリー 65호(2007) 27쪽 이하 참조.

이러한 흐름이 가져온 영향의 부정적 측면이 명확하게 된 것이 제2장 제1절에서 소개한 세계금융위기 후에 대량으로 발생한 파견중단이다. 고용의 상실과 함께 주거까지도 상실하는 상태로 진행하였다. 이것이 주요 원인이 되어 2009년에 정권 교체가 일어났다.

민주당 중심의 정권 아래에서 2012년에 「노동자파견법」의 개정이 이루어졌다. 주요한 개정은 다음과 같다.

(1) 관계 사용사업주에 대한 파견 비율을 80%로 제한하고, 사용사업주를 이직한지 1년이내에는 파견근로자로서 사용하는 것을 금지한다(법 제23조의2, 제40조의9 등).

(2) 파견사업주는 마진율 등을 공개하여야 한다(법 제23조 제5항).

(3) 사용사업주는 기간 도중에 근로자파견계약을 해지하는 경우에 취업기회의 확보, 해지이유를 명시하는 등의 조치를 강구해야 한다(법 제26조 제5항, 제29조의2 등).

(4) 근로파견기업은 기간제고용의 파견근로자에게 대해서 그 희망에 따라 무기고용으로 취업할 기회를 확보하거나 그것을 위한 교육훈련을 실시하는 등의 조치를 강구하도록 노력해야 한다(법 제30조).

(5) 파견사업주는 사용사업주의 동종의 업무에 종사하는 근로자의 임금 수준과의 균형을 고려하여 해당 근로자가 종사하는 업무와 동종의 업무에 종사하는 일반근로자의 임금 수준 또는 해당 근로자의 직무내용, 성과, 의욕 등을 감안하여 임금을 결정하여야 하는 배려의무를 진다(법 제30조의2 제1항).

(6) 일일 또는 30일 이내의 기간을 정하여 고용하는 근로자의 파견은 원칙적으로 금지된다(법 제35조의3 제1항).

(7) 사용사업주는 파견금지업무에서 근로자파견을 실시하고 있는 경우, 허가나 신고를 하고 않은 파견사업주로부터 근로자파견을 받는 경우, 파견가능기간을 넘어 근로자파견을 받는 경우, 근로자파견법의 적용을 면하기 위해서 도급 형식을 이용하는 경우 등에는 해당 파견근로자에게 직접고용의 근로계약을 청약한 것으로 간주된다(법 제40조6).

이상의 개정 가운데 법 제40조의6과 제40조의9에 대해서는 시행일은 2015. 10. 1.로 연기되었다. 이것은 2015년 법 개정에서 큰 문제가 되었다.

2012년 「노동자파견법」 개정에서는 법률의 명칭에 「파견노동자의 보호」가 들어가고, 이에 맞추어 제1조의 목적 규정이나 제3장의 표제도 변경되었다. 이렇게 하여 이제까지 규제완화의 일로를 걸어온 파견법은 간신히 근로권 보호의 방향으로 한 걸음

내디뎠다.

그런데 2013년의 정권 교체 직후부터 다시 파견법의 규제완화가 검토되어 3번째의 개정법안이 제출되고 2015년에 개정법이 성립하였다. 이에 따라 파견법은 대폭적으로 수정되어 한층 더 사업자의 육성을 주된 목적으로 하는 노동시장의 조정법으로 변질된다.

2. 2015년 개「정(正)」법의 절차 · 형식의 비정상성

2015년 법개정은 내용은 물론이고 제정 과정이나 제정 후의 법 형식 등에서도 이상한 점이 한두 가지가 아니다. 필자의 비교적 긴 연구자 인생에서도 이 정도로 특이한 법 개정은 경험했던 적이 없다.

우선 법의 입안 과정에서 인재파견업계가 비정상일 정도로 활약하였다. 2013. 8. 20. 2015년 법개정의 출발점이 되는 후생노동성의 「향후의 근로자파견제도의 방향에 관한 연구회 보고서」(이하 '연구회 보고서')가 나왔다. 그 직전의 7월 24일에 경단련은 「향후의 근로자파견제도의 방향」을 발표하고, 같은 달 26일에는 일본인재파견협회 등이 경단련의 제안과 유사한 취지의 「근로자파견제도의 방향에 대한 요망서」를 후생노동성 대신에게 제출하였다. 여기에서 제안하고 있는 내용은 다음과 같은데, 연구회 보고서에 거의 받아들여져 있다(☆는 받아들여진 안, ★는 받아들여지지 않은 안, △은 어느 쪽이라고도 할 수 없는 것). 이러한 일치를 어떻게 설명할 수 있을 것인가? 법개정에 인재파견업계 등의 의향이 작용하였다고 보아도 틀리지 않을 것이다.

제1절에서도 언급한 것처럼 인재파견업계의 활약은 후생노동성의 부회(部會)나 심의회에서도 발견된다. 직업안정분과회 노동력수요제도부회에서 옵서버로서 참가하고 있던 사람이 직접 이해관계자임에도 '무척이나 많은 발언을 하는 등' 균형을 상실한 발언이 있었다고 문서에 기록되고 있다. 3자구성방식의 전통은 완전히 무시되었다.

다음으로 개정법은 9월 9일에 성립했지만, 공포일이 같은 달 18일, 시행일은 같은 달 30일이다. 이러한 중요 법률이 주지(周知) 기간을 거의 두지 않고 시행에 옮겨지는 일도 선례가 없는 것이 아닐까. 이와 같이 졸속적으로 추진한 것은 2015. 10. 1.부터 2012년 개정법 제40조의6이 적용되지만 그 적용되는 위법 상태를 극력 축소하고 싶은 의도가 있었기 때문이다. 이를 위하여 법개정 이전부터 후생노동성이 「노동자파견법이 개정되지 않고 2015년 10월 1일을 맞이하였을 경우의 문제(이른바 「10 · 1」 문제)」라는 제목의 문서를 작성하여 일부 국회의원에게 배포하였던 것이 밝혀졌다. 이러한 점들은 후생노동성의 큰 실태(失態)이다.[95]

☆ 상용대체방지라고 하는 골격으로부터 벗어나 수급조정의 기능으로 자리매김되어야 한다.
☆ 26업무 구분의 철폐
☆ 사용가능기간을 업무 단위에서 개인 단위로
　파견기간을 원칙 3년(근로자의 희망에 의해 2년 연장 가능)
　파견사업주의 무기(無期) 사원에 대해서는 파견기간 제한은 불필요
☆ 등록형 파견은 취업지원기능에 이바지하기 위해 존속
☆ 제조업 파견의 고용불안은 파견 고유의 문제가 아니기 때문에 파견과 별도로 검토
☆ 균형처우에 대해서는 적정한 운용이 이루어질 수 있도록 노력한다
☆ 특정목적행위에 대해서는 최저한의 사전 협의를 할 수 있도록 하여야 함
△ 일일파견의 원칙 금지에 대해서는 적정한 고용 관리를 전제로 재검토하여야 한다
☆ 그룹내 파견 제한에 대해서는 일률적 규제에 반대
★ 근로계약 청약 간주 제도에 대해서는 합의 원칙에 반하기 때문에 폐지하여야 함
★ 이직 후 1년 이내의 근로자파견의 금지에 대해서는 본래의 법의 취지에 반하는 규제이기 때문에 폐지하여야 함.

게다가 이번 개정에는 참의원 후생노동위원회에서 믿을 수 없는 만큼 중요한 부대결의가 첨부되어 있다. 부대결의가 붙는 것은 드문 일은 아니지만, 항목이 39개에 이르고, 나아가 그 중에는 근로자파견의 근본에 관련되는 사항도 포함되어 있는 점에서 이번 부대결의는 비정상적이다. 예컨대 개정법의 시행이나 운용에 있어서는 「파견취업은 임시적 · 일시적인 것이어야 한다는 기본 원칙」에 충분히 주의할 것, 「근로자파견법의 근본 원칙인 상용대체의 방지」에 충분히 유의할 것에서 시작하여 거의 모든 논점에 대해서 망라적으로 유의 사항이 기술되어 있다. 그만큼 이 개정법은 위험성을 내포하고 있다는 것을 의미할 것이다.

---

95) 日本労働辯護團 「厚生労働省『10 · 1問題』ペーパーの「大量失業」虛位宣傳を糾弾する」(2015. 4. 28) 참조.

3. 2015년 개「정(正)」법의 내용 분석

(1) 개정 내용

이번 개정의 주된 내용은 다음과 같다.[96]

(1) 특정근로자파견사업과 일반근로자파견사업의 구별이 없어져 모든 근로자파견사업이 허가제로 된다(법 제5조 이하).

(2) 26개 전문업무와 그 외의 업무라고 하는 구별이 없어져 각각에 따른 파견기간규제도 없어진다. 이를 대신하여 사용사업주의 사업소 단위의 기간 제한과 파견근로자 개인 단위의 기간 제한의 조합에 의해서 규제된다(법 제35조의3, 제40조의2 등).

(3) 파견사업주는 동일한 조직 단위에 계속하여 1년 이상 파견될 것으로 예상되는 등과 같은 일정한 경우에 파견근로자의 고용안정 조치를 강구하지 않으면 안 된다(법 제30조). 1년부터 3년 미만은 노력의무로, 3년 경과 시는 의무가 된다. 고용안정 조치는 사용사업주에의 직접고용의 의뢰, 새로운 근로자파견 일자리의 제공, 파견사업주에 의한 무기고용, 기타의 조치이다.

(4) 파견사업주는 고용하고 있는 파견근로자의 커리어 향상을 위한 조치를 실시할 의무가 있다(법 제30조의2).

(5) 파견근로자와 사용사업주의 동종의 업무에 종사하는 근로자와의 균형대우를 도모하기 위해서 파견사업주에게는 해당 근로자에 대한 설명 의무가 새롭게 부과된다(법 제31조의2).

(6) 사용사업주에게는 파견사업주가 파견근로자의 임금을 적절히 결정할 수 있도록 필요한 정보 제공에 관한 배려의무가 부과된다. 또한 파견요금을 결정할 때 균형대우를 공표할 노력의무를 진다(법 제40조).

(7) 사용자업주는 동일한 사업소에서 1년 이상 사용하고 있는 동일한 파견근로자에 대해서 정사원 모집의 정보를 제공하여야 한다(법 제40조의5).

(8) 법 제40조의6에 의해서 근로계약청약 간주제도의 대상이 되는 것은 금지업무에서의 파견근로자 사용, 무허가 사업주로부터의 파견근로 이용, 사업소 단위의 기간 제한에 반하는 파견근로자 사용, 개인 단위의 기간 제한에 반하는 파견근로자 사용, 이른바

---

96) 상세한 것은 厚生労働省・都道府縣 労働局「平成27年労働者派遣法改正法の概要 – 平成27年9月30日施行」을 참조. 개정법에 대한 해설로서는 鎌田耕一「改正労働者派違法の意義と變容」法教 425호(2016) 55쪽 이하.

위장도급의 경우이다.

(9) 앞의 (2)와 관련해서 파견가능기간을 넘는 경우의 사용사업주의 직접고용청약 의무는 삭제되었다.

(2) 상용대체방지라고 하는 기본적 철학의 포기

개정법 제25조는 일부러 파견 취업이 임시적 · 일시적인 것이라는 원칙을 근로자파견제도의 운용에 있어서 후생노동대신은 고려하여야 한다고 언급하고 있다. 법조문 가운데 이러한 유의 사항을 넣을 필요가 있게 된 것은 법제정 과정에서 그 이유를 찾을 수 있다.

앞의 연구회 보고서에서는 파견근로자만을 상용대체방지의 대상으로 하는 것에 합리성이 없고(기간제고용, 단시간근로도 같다), 상용대체방지는 사용사업주의 상용 근로자와의 관계에만 착목하는 것에 지나지 않는다고 하여 파견법의 취지로 여겨져 온 상용대체방지는 근로자파견의 실정에 부합하지 않는다고 지적되었다. 그리고 26개 업무 이외의 업무의 파견기간의 최장 3년이라고 하는 규제가 오히려 고용불안정의 한 요인이 되고 있어서 업무 단위의 파견기간 제한은 커리어 형성의 관점으로부터 볼 때 의문이며, 업무 단위를 변경하면 파견의 장기화가 가능하고, 상용대체방지가 철저하게 이루어질 수 없게 된다고도 하였다. 또한 26개 업무의 기준이 명확하지 않은 것도 구별을 폐지하는 이유가 되었다. 이렇게 하여 탄생한 것이 앞의 (2)의 개정이다.

새로운 규제는 파견사업주와의 사이에 무기계약으로 고용되어 있는 파견근로자[97]에 대해서는 파견기간의 제한이 없고, 그 외의 파견근로자의 경우에는 사용사업주의 사업소 단위와 파견근로자 개인 단위의 기간 제한의 조합에 의해서 규제된다. 사용사업주의 사업소 단위의 기간 제한으로서는 원칙 3년이 한도이고 그것을 넘어 사용사업주가 파견근로자를 사용하려고 하는 경우에는 사업소의 과반수 조합이나 과반수 종업원대표의 의견 청취가 필요하다. 파견근로자 단위로는 사용사업주의 동일한 사업소에서의 동일 조직 단위에의 파견 가능 기간은 3년이 한도가 된다.

97) 그 외에 60세 이상의 파견근로자의 경우, 종기(終期)가 명확한 프로젝트 업무에 종사하게 하는 경우, 일수가 한정되어 있는 업무(1개월의 근무일수가 통상의 근로자의 절반 이하이며 10일 이하)에 종사하게 하는 경우, 산전산휴가, 육아휴직, 가족돌봄휴직 등을 취득하는 근로자의 업무에 종사하게 하는 경우가 있다.

2011년 6월 단계의 수치로는 26업무 종사자 64만명(이 가운데 상용형은 45만명, 비상용형은 19만명), 그 외 업무 종사자 73만명(이 가운데 상용형은 41만명, 비상용형은 32만명)이지만(후생노동성 「향후의 근로자파견제도의 방향에 관한 연구회 · 자료」), 법개정의 영향을 크게 받는 것은 26업무 종사 · 비상용형과 그 외 업무종사 · 상용형이다. 2014년 6월 단계의 수치로는 법개정 후의 파견기간의 제한을 받지 않게 되는 무기고용 근로자는 17%, 기간제 고용은 83%, 후자 가운데 1년을 넘는 고용이 예상되는 사람=상용형 66%, 그 이외의 기간제고용=등록형 39%라고 추계된다(후생노동성 「파견기간 제한의 재검토에 의해 대상외가 되는 사람의 변화」).

그런데 이번 법개정에 의해서 법 제25조에서 말하는 '파견취업은 임시적 · 일시적인 것이다' 라고 하는 원칙은 여전히 유지되고 있는 것일까? 1999년 법개정에 의한 네가티브 리스트화와 그 후의 26업무에 대한 파견기간 제한의 폐지에 의해서 이 원칙은 이미 대폭적으로 수정되었다. 그리고 이번 사용사업주의 파견근로자 사용기간 규제의 완화에 의해서 이 원칙은 완전히 형해화되어 버렸다. 즉 파견사업주에게 무기 계약으로 고용되고 있는 근로자에 대해서는 무기파견을 할 수 있기 때문에 이 원칙은 완전하게 무시되고 있다. 또한 파견사업주에게 기간제로 고용되고 있는 근로자에 대해서도 과반수 조합이나 과반수 종업원대표자의 의견 청취라고 하는 거의 실효성이 없는(취업규칙의 변경 절차를 참조) 3년 규제에 의하여 결과적으로 동일하게 이 원칙은 쉽게 벗어날 수 있다.[98] 근로자파견법 제25조는 완전히 장식물에 지나지 않는 규정으로 전락해 버렸다.

(3) 그 밖의 문제

파견근로에 관한 분쟁의 대다수는 등록형과 제조업 파견에 관련되어 발생하고 있어서 그 규제가 문제로 되어 왔다. 그러나 앞의 연구회 보고서는 등록형은 고용조정기능을 영위하고 있어서 이것을 폐지하면 위장도급이 만연할 것이라는 이유로, 그리고 제조업 파견의 문제는 기간제 고용문제 속에서 논의하여야 한다고 하고 규제를 보류했다.

그러나 등록형 파견을 용인하고 있는 한, 파견근로자의 보호는 있을 수 없다. 등록

98) 毛塚勝利「『2014年労働者派遣法改正法律案要綱』を讀み解く」労旬 1816호(2014) 8쪽 이하(이 논문은 법률요강 단계이지만 동법의 문제점을 망라적으로, 그리고 날카롭게 분석하고 있다); 浜村彰「これはもう労働者派遣法ではない」労旬 1847호(2015) 4쪽 이하.

형 파견을 금지하면 위장도급이 확대되므로 금지하지 않는다고 하는 것은 이상한 논리이다. 파견근로자의 커리어 향상을 중시한다면 모두 상용형 파견으로 하여야 한다. 제조업 파견에 대해서는 기간제고용 속에서 논의하여야 한다고 하는 점에는 찬성이지만, 이 경우에는 입구규제에 대해서도 심도 있게 검토하여야 한다. 또한 이번 개정에서도 균등처우원칙은 채용되어 있지 않다(이상에 대해 자세한 것은 후술 한다).

Ⅱ. 직접고용의 원칙

1. 직접고용원칙 부정론의 큰 오해

파견법의 바람직한 모습에 대해서 기본적인 문제로 되돌아와 검토하기로 한다.

근로자파견제도를 둘러싸고 직접고용원칙을 강조하여 그 예외로서의 근로자파견을 규제하고 있다고 이해하는 것이 지금까지 주류적인 견해였다. 그 논거로 제시된 것은 주로 근로자공급사업을 금지한 직업안정법 제44조의 존재이다.[99] 이에 대해서 파견법의 제정에 의하여 직접고용원칙은 법적 기반이 없어졌다고 하는 주장도 있다.[100] 그러나 이 주장에는 두 가지 점에서 큰 오해가 포함되어 있다.[101]

첫째로는 사법상의 계약관계를 규제하는 기본법인 민법은 근로자를 고용하는 것과 사용하는 것이 합치하는 것을 원칙적인 형태로 염두에 두고 있다고 이해된다. 즉 민법 제623조는 고용은 '상대방에 대해서 노동에 종사할 것을 약속하는' 사람과 '이에 대

99) 萬井隆令「労務提供に關わる三者間關係の概念について」学会誌労働法 14호(2009) 70쪽 이하; 萬井隆令「僞裝議負における業者従業員と發注元との労働契約關係の成立について」労旬 1694호(2009) 18쪽; 西谷敏『労働法 第2版』(日本評論社, 2013) 463쪽에서는 이에 더하여 중간착취를 금지하는 노동기준법 제6조를 들고 있는데, 같은 조의 '타인의 취업에 개입하여' 라고 함은 '노동관계의 당사자 간에 제3자가 개입하여 그 노동관계의 개시, 존속 등에 대해서 일정한 인관관계를 가지는 관여를 하는 경우' 라고 이해되고 있어서(最一小決 1956. 3. 29. 刑集10巻3号 415쪽) 같은 조를 직접적으로 직접고용원칙을 정한 것으로는 이해할 수 없다.

100) 本庄淳志「派遣先での直用化をめぐる諸問題」季労 231호(2010) 29쪽 등; 野田進「松下PDP事件・大阪高裁判決が展開する三つの『雇用契約』」労旬 1682호(2008) 21쪽에서는 대상업무의 네거티브 리스트화에 의하여 근로자파견은 예외적인 형태가 아니라 독립적인 형태로 되었다고 하는데, 이러한 언급이 직접고용원칙을 부정하는 것인지는 명확하지 않다.

101) 沼田雅之「労務供給の多様化と直接雇用の原則」学会誌労働法 112호(2008) 35쪽 이하 참조.

해서 그 보수를 줄 것을 약속하는' 사람과의 사이에 성립한다고 하고 있다. 「노동계약법」 제6조에 의한 근로계약의 성립도 이것과 같은 내용이다. 이에 대해서 민법 제625조에 의하면 '사용자는 근로자의 승낙이 없으면 그 권리를 제3자에게 양도할 수 없다' 고 되어 있다. 따라서 근로자를 고용하는 사람과 사용하는 사람이 분리되는 경우에는 근로계약의 성립에 관한 합의에 더하여 노무지휘권을 양도(이전)하는 것에 관한 동의가 필요하기 때문에 민법 제623조와 같은 법 제625조가 병렬적으로 규정된 것이라고 이해하는 것은 아무리 생각해 보아도 무리이다. 민법 제623조에서 정하고 있는 직접고용이 원칙적인 형태이라고 이해할 수밖에 없다.[102]

그런데 민법 제625조에 대하여 임의 규정이라고 이해하는 견해[103]도 없는 것은 아니지만, 일반적으로는 이 조항은 채권양도의 원칙(민법 제466조 제1항 본문)에 대한 예외(동항 단서)를 정한 것으로서 강행규정이라고 이해되고 있다.[104] 민법 제625조는 헌법 제13조의 인간의 존엄이나 자기결정권의 존중에 근거를 가지는 규정이라고 이해된다.

이상을 전제로 하여도 근로자파견은 민법 제625조의 적용 대상인가라는 문제가 있다. 이 조항의 적용대상에 대해서는 사용자의 권리양도(권리양도적용설)인가, 그렇지 않으면 지위의 양도(지위양도적용설)인가라는 논의가 있다. 그러나 채권·채무의 총체인 지위의 양도(이전)에 대해서는 민법 제625조가 없어도 당연하게 근로자의 승낙이 필요하다고 이해되기 때문에 민법 제625조의 고유의 존재 의의를 인정한다고 하면 권리양도적용설이 타당하다.[105] 사견으로는 근로자파견은 사용자가 가지고 있는 노무급부청구권의 일부를 이루는 노무지휘권을 양도하는 법적 관계이라고 이해한다.

근로자파견에 있어서의 파견근로자, 파견사업주, 사용사업주의 3자간 근로관계의 법적 성격에 대해서도 논의가 있다.[106] 근로자의 노무지휘권이 파견사업주로부터 사

---

102) 毛塚勝手「偽装請負・違法派遣と受入企業の雇用責任」労判 966호(2008) 5쪽 이하; 浜村彰「労働者派遣の今後の法的規制のあり方」学会誌労働法 112호(2008) 45쪽.

103) 萬井 앞의 주99)(労旬) 논문 28쪽의 주2).

104) 馬渡淳一郎『三者間労務供給契約の研究』(總合労働研究所, 1992) 36쪽 이하 참조.

105) 민법 제625조의 의의에 대해서는 졸저「出向命令權の根據」学会誌労働法 63호(1984) 31쪽 이하 참조.

106) 가장 상세한 논하고 있는 문헌으로는 萬井隆令『契約締結の法理』(有斐I閣, 1997) 69쪽 이하; 萬井隆令「労働者派遣と労働契約」西谷敏・根本到 編『労働契約と法』(旬報社, 2011) 79쪽 이하가 있다. 학설의 논점 정리로서는 鎌田耕一「派遣労働の法的性質」ジュリ増刊『労働法の争點 第3版』(2004) 270쪽 이하.

용사업주에게 이전한다고 생각한다면, 근로자파견에는 민법 제625조가 적용되게 된다.[107] 사용사업주의 노무지휘권 행사를 위임된 권한을 사실상 행사하고 있는 것에 지나지 않는다고 하는 권리위임설[108]은 민법 제625조에 대해 지위양도설을 취하고 있어서 그 점에서 타당하지 않다. 파견사업주를 청약자, 파견근로자를 승낙자, 사용사업주를 수익자로 구성하는 제3자를 위한 계약설[109]은 등록형의 근로자파견에 대해서는 설명이 불가능하지 않지만, 파견사업주 아래에서 노무종사가 있을 수 있는 상용형의 근로자파견에 대해서는 설명에는 궁색하다. 같은 문제점은 사용사업주의 노무지휘권은 사용사업주와 파견사업주 간의 근로자파견계약에 의해서 창설되어 사용사업주는 이것을 원시적으로 취득한다고 생각하는 원시취득설[110](근로자파견법에 따라 새롭게 창설된 특별한 근로계약이라고 하는 점에서 파견근로계약설)에 대해서도 지적할 수 있다.

근로자파견의 경우는 출향(出向)과 달리 파견사업주는 근로계약의 기본적인 요소인 노무지휘권을 행사하는 것을 염두에 두지 않은 사례가 일반적이라는 점, 그리고 이는 근로계약의 본래적인 모습은 아니라는 점을 생각해 보면 원시취득설은 매력적인 견해이다. 그러나 앞에서 검토한 것처럼 민법상 이러한 노동관계의 형태도 가능하고, 근로자파견의 경우에도 파업사업주 하에서의 관념적인 노무지휘권의 취득은 상정할 수 있다. 그렇다고 한다면 굳이 민법의 규정을 무시하는 구성을 취할 필요도 없다.

둘째로 역사적인 경위로부터 볼 때도 간접고용의 일종으로서 '근로자공급사업을 하는 사람으로부터 공급되는 근로자를 스스로의 지휘명령 아래에 두고 근로에 종사하게 하는' 것이 금지되어 있고(직업안정법 제44조), 이 중에 일정한 형태가 '근로자파견' 으로서 법인되었기 때문에 여기에서도 원칙과 예외라고 하는 관계가 발견된다. 이 조항 위반에는 벌칙이 부과되는데(동법 제64조), 이에 의해서 근대적이고 건전한 노동시장을 유지하려고 하고 있다. 근로자파견에 대해서는 단선적인 규제완화로 전개되고 있는 것은 아니고 향후에도 2012년의 법개정 이상으로 규제를 강화하는 입법정책도 충분히 상정할 수 있는 것이기 때문에 간접고용을 정상적인 형태라고 생각하는 것은 역

---

107) 졸고「受入會社と社外労働者の間の労働契約の成否」名大法政論集 228호(2008) 313쪽 이하; 학설의 시초는 横井芳弘「派遣労働者の法的地位」季労 140호(1986) 13쪽이다.

108) 土田道夫「労働者派遣と労働契約關係」日労研 330호(1986) 45쪽 이하(그런데 그 후 권리양도설로 입장을 변경하였다(『労務指揮權の現代的展開』(信山社, 1999) 530쪽 이하).

109) 鎌田 앞의 주106) 논문 271쪽.

110) 萬井 앞의 주106)(『契約締結の法理』), 105쪽 이하.

시 무리가 있을 것이다.

이상에서 볼 때 직접고용원칙의 법적 기반은 없어졌다고 하는 주장은 그야말로 법적 근거가 없는 자의적인 견해라고 생각된다. 이러한 법체계 혹은 제도상의 원칙을 오인하면 큰 폐해를 부르게 될 수도 있다.

해석론으로서는 근로자의 승낙(동의)이 없으면 파견사업주로부터 사용사업주로의 노무지휘권의 양도(이전)는 불가능하다. 게다가 근로자파견은 근로관계의 예외적인 형태이므로 근로자의 승낙 · 합의의 방식이나 사용사업주가 노무지휘권을 취득하는 계약에 대해서는 신중한 배려가 필요하다.

2. 직접고용원칙과 입법정책

직접고용원칙에 수반되는 입법정책과의 관계에서 다음과 같은 문제 제기에 대응하지 않으면 안 된다. 즉 약 20년 전의 문제 제기이지만, '현재는 세계적으로 직업안정법제 전체의 전환기' 이고, 그러므로 '파견법을 검토할 때 약 반세기 전의 전근대적 고용관행이 적지 않게 남아 있고 산업이 괴멸적 상태에 있었던 시대의 법제도를 금과옥조로 하면서 이로부터의 이반(離反)을 비판하는 것만으로는 오늘에는 아무 도움이 되지 않' 기 때문에, '비판의 좌표축 그 자체의 재검토가 필요하다' 라는 주장이 있다.[111] 또한 비(非)직접고용을 시대의 흐름이라고 보고 현행법제에는 발전의 족쇄가 되고 있는 「무용 · 유해한 규제」가 많이 남아 있다고도 한다.[112] 이 주장은 올바른 것인가? 종합적인 입법정책에 대해서는 후술하는 것으로 하고 여기에서는 한 가지 점만을 언급해 두고자 한다.

2012년의 정기국회에서 성립한 파견법 개정에서는 일정한 법률위반의 경우에 사용사업주는 파견근로자에 대해서 '해당 파견근로자와 관련되는 근로조건과 동일한 근로조건을 내용으로 하는 근로계약의 청약을 한 것으로 간주한다' 라는 규정이 삽입되었다(동법 제40조의6).[113] 파견근로자가 이에 승낙하는 취지의 의사표시를 하면 당사자 간에 근로계약이 성립한다. 일정한 경우란 제4조 제1호의 몇 개의 파견금지업무에 종사

---

111) 馬渡 앞의 주104) 책 96쪽 이하.

112) 馬渡淳一郎「非直用労働と法規制」日労研 505호(2002) 22쪽 이하.

113) 이 조항 자체는 2015년 법개정에서는 유지되었다.

시키는 것(법 제4조 제3항 위반), 파견사업주 이외의 근로자파견사업을 하는 사업주로부터 근로자파견의 역무의 제공을 받는 것(법 제24조의2 위반), 파견허용기간을 넘어 근로자파견 역무의 제공을 받는 것(법 제40조의2 제1항 위반), 파견법 등에 의해서 부과된 법률 규정의 적용을 면하려는 목적으로 도급 등의 명목으로 계약을 체결하고 법 제26조 제1항 각 호의 사항을 정하지 않고 근로자파견 역무의 제공을 받는 것이다. 즉 사업법의 근간을 흔드는 위법성이 강한 파견법 위반의 경우에 사용사업주와 파견근로자의 사이에 근로계약관계의 성립을 의제하고 있다.

이 규정의 배후에 있는 것은 직접고용원칙이라고 해도 좋지만, 채용의 자유를 강조하는 입장에서는 비판이 강하다. 헌법 제22조의 직업선택의 자유와 제29조의 재산권의 보장에서 계약자유의 근거가 되지만, 그 일환인 사용자의 채용의 자유는 자본주의 경제체제의 중요한 요소이며 그것을 제한하는 것은 가능한 한 피하여야 한다는 의견이 있다.[114] 그리고 채용과정에서의 일반적인 차별금지(고용기회균등법 제5조 등)나 일정 수의 특정근로자의 채용의무부여(장애인고용촉진법)라고 하는 방법이 아니고, 근로자에게 구체적인 근로계약 체결권(채용청구권)을 주는 것에는 더 명확한 근거가 필요하다고 한다.[115] 또한 근로계약체결 간주규정의 요건(대상사례)에 대해서 각각 현행 규제 자체의 합리성에 대한 의문을 제기하면서 간주규정의 정당화 근거를 의문시한다.[116]

사용자의 채용 자유라고 하더라도 공공의 복지나 입법에 따르는 제한을 받는 것이고 그 가운데 개별적인 계약의 체결을 강제하는 것도 합리적인 이유가 있으면 부정되는 것은 아니다. 채용의 자유를 매우 절대시하고 있는 미츠비시수지사건 최고재판소 판결[117]도 이를 용인하고 있다고 이해된다. 2012년 개정 파견법 제40조의6은 중대한 법규 위반에 대한 민사적인 제재이지만, 그 합리성은 법에 따라 요구되고 있는 노무지휘권의 정당한 행사를 크게 일탈하고, 그러한 경우에 한하여 근로자파견제도의 근간을 흔들 수도 있는 경우에 고용의 안정을 위하여 기간의 정함이 없는 고용으로 전환하여야 한다고 하는 점에 구할 수 있을 것이다. 직접고용원칙으로부터는 이러한 제재는 충

114) 小嶌典明「採用の自由とその制約 − 求められる慎重な議論」阪大法学 59권3 · 4호(2009) 599쪽 이하; 같은 취지의 지적으로서 大内伸哉「雇用强制についての法理論的檢討」荒木尙志 · 岩村正彦 · 山川隆一 編『労働法学の展望』(有斐閣, 2013) 111쪽 이하.

115) 本庄 앞의 주100) 논문 33쪽 이하.

116) 本庄淳志「改正労働者派遣法をめぐる諸問題」季労 237호(2012) 30쪽 이하.

117) 最大判 1973. 12. 12, 民集 27권 11호 1536쪽.

분히 긍정될 수 있다.

그런데 2012년 개정법은 사용사업주 기업과의 근로계약체결 간주제가 적용되는 경우를 네 가지로 한정하고 있지만, 이러한 한정이 적절한가에 대해서는 보다 검토할 필요가 있다. 예컨대 사용사업주가 파견근로자를 특정하는 행위를 하는 것은 후술하는 것처럼 근로자파견이라고 하는 제도의 본질과 양립할 수 없는 것이기 때문에 이 경우에도 간주제를 적용하여야 한다.

고용과 사용이 분리되는 결과, 사용자의 권한 관계가 착종하여 노동법규나 사회보험 관련 법규의 준수라고 하는 사용자의 책무의 이행이 불완전하게 되기 쉬운 고용의 형태는 그러한 한도 내에서 제한을 받지 않을 수 없다. 고용의 유연화나 다양화라고 하는 미사여구에 의해서 불안정 고용의 무질서한 이용이 허용되는 것은 아니다. 이는 파견법의 네가티브 리스트화가 도입된 이후의 고용사회의 실태를 보면 쉽게 알 수 있을 것이다.

Ⅲ. 3자간 고용관계에 관한 중요한 규정

1. 특정행위의 금지

파견법 제26조 6항에 의하여 소개예정파견의 경우를 제외하고 근로자파견계약을 체결할 때 사용사업주에게는 파견근로자의 특정을 목적으로 하는 행위(사전 면접, 파견예정자의 이력서의 송부, 연령이나 성별의 한정 등)를 하지 않을 노력의무가 부과되어 있다. 그 취지에 대해서는 '근로자파견에 있어서는 파견근로자를 사용사업주에게 파견하는 행위는 파업사업주에 의한 근로자의 배치와 같고 사용사업주에게 파견근로자 중 누구를 파견할 것인지를 결정하는 것은 고용관계에 있는 파견사업주' 인데, '그럼에도 불구하고 사용사업주가 파견근로자를 특정하는 경우에는 사용사업주와 파견근로자와의 사이에 고용관계가 성립한다고 판단될 개연성이 높아져 근로자공급에 해당할 가능성이 있는 점과 그 외에 파견근로자의 취업기회가 부당하게 좁아질 우려가 있다' 고 설명한다.[118)]

이 규정은 문언상으로는 노력의무를 정한 것이지만, 행정실무에서는 금지규정과 동

118) 高梨昌 編『詳解労働者派違法』(日本労働協會, 1985) 410쪽.

일하게 이해되고 있는 듯하다.[119] 특정행위를 금지하지 않으면 근로자파견이 파견사업주의 인사배치의 문제라고 하는 설명이 특히 등록형 파견의 경우에는 불가능하게 된다.[120]

그러나 실제의 판례에서는 사용사업주 회사의 인사 담당자 등이 파견사업주의 채용면접에 동석하는 경우 등에도 사용사업주의 특정행위를 쉽사리 인정하지 않는다.[121] 판례는 대체로 이 조항이 노력의무규정인 것에 지나치게 구애되어 있는 듯하다. 또한 근로자파견도 사람과 사람과의 연결이라고 하면서 근로자파견의 매칭 기능을 중시하는 입장으로부터 특정행위 금지 규정의 철폐를 요구하는 의견[122]도 예전부터 있었다. 2012년 법개정 및 2015년 법개정 과정에 있어서도 파견사업주와의 사이에 기간의 정함이 없는 근로계약으로 고용되어 있는 근로자(상용형)에 대해서는 파견사업주와 사용사업주의 근로자파견계약에 대해 특정행위를 인정하는 합의를 하는 것이 가능하도록 하는 개정안이 제안되었지만 법제화는 되지 못하였다. 특정행위가 근로자파견의 법적 성격과 양립할 수 없는 것이라는 점을 생각한다면 타당한 결과이다. 입법론으로서는 특정행위 금지의 취지를 명확히 하기 위해서 이 조항을 단순한 노력의무규정이 아니고 금지규정으로 고쳐야 한다.

2. 사용사업주 근로자와의 평등취급 · 균형처우

정규직 근로자와의 관계에서 비정규직 근로자의 평등취급을 실현해 가는 것이 요즈음의 입법정책의 과제로 되어 있다. 2007년 「파트타임노동법」 개정에 의해서 파트타임 근로자의 차별금지 규정(동법 제8조)과 균형처우규정(동법 제3조, 제9조, 제10조), 균등대우노력의무규정(동법 제11조)이 도입되고, 계속하여 2012년 「노동계약법」 개정에 의해서 기간제고용 근로자의 균형처우규정의 일종으로 간주할 수 있는 불합리한 차별금

119) 濱口桂一郎「いわゆる僞裝請負と默示の雇用契約」NBL 885호(2008) 21쪽;「派遣先が講ずべき措置に關する指針(平11労1告38号, 最終改正 平21厚労告244号)」第2・1・3도 참조.

120) 濱口桂一郎『新しい労働会社』(岩波書店, 2009) 66쪽 이하.

121) パーソンズ等事件・東京地判 2002. 7. 17. 労經速 1834호 3쪽; マイスタッフ(一橋出版)事件・東京高判 2006. 6. 29. 労判 921호 5쪽 등.

122) 小嶌典明「紹介予定派遣と規制緩和」阪大法学 51권5호(2002) 22쪽 이하 등; 土田道夫・豊川義明・和田肇『ウォッチング労働法 第3版』(有斐閣, 2009) 295쪽(土田道夫).

지 규정(법 제20조)이 도입되었다.

2012년 파견법 개정에서도 파견근로자의 임금에 관해서 균형처우규정이 도입되었지만(법 제30조의2), 여기서 비교되는 대상은 '파견근로자가 종사하는 업무와 동종의 업무에 종사하는 사용사업주에 고용되어 있는 근로자'의 임금수준, 교육훈련, 복리후생의 실시 등이다.[123] 이 조치가 적절하게 강구될 수 있도록 하기 위하여 사용사업주는 파업사업주에 대하여 비교 대상이 되는 근로자의 해당 조치에 관한 정보제공에 관한 노력의무를 진다(법 제40조 3항). 근로계약관계에 있지 않은 제3자인 사용사업주의 임금수준 등이 고려되고 있다는 점이 3자간 노동관계인 근로자파견의 특징적인 점이다. 2015년 법개정에서도 이 점을 보강하는 규정이 도입되었다.

그런데 근로자파견에서의 균등처우는 기간제고용이나 시간제 근로와 같은 다른 비정규직 고용에 있어서의 그것과는 다른 성격을 가지고 있다. 즉 후자의 균등처우는 동일 기업 내에서의 '통상의 근로자'와의 관계의 문제인데, 여기에서는 직무분석이 중요하다. 이에 대해서 전자의 균등처우는 사용사업주 기업에서의 저임금 노동력 이용을 방지하고 상용대체의 인센티브를 사용사업주에 부여하지 않기 위한 시도이기 때문에 여기에서는 직무분석은 반드시 필요하지 않다. 앞의 연구회 보고서나 파견법의 입법자는 이 점을 오해하고 있다.[124]

파견근로자의 균등대우원칙이 도입되면 근로자파견은 결코 저임금 노동력 이용의 형태가 아니게 된다. 그 결과 파견법의 본래의 취지로 한 걸음 되돌아올 가능성을 기대할 수 있다.

3. 근로자파견법 제40조의6와의 관계

2012년 파견법개정은 세계금융위기의 영향에 의한 파견노동시장의 큰 혼란과 근로권 침해의 경험으로부터 근로자의 보호를 일정 정도 강화한 것으로서 필자는 높게 평가하고 있다. 사용사업주와 파견근로자와의 사이의 근로계약간주제도(제40조의6)는 마

123) 이에 더하여 일반근로자의 임금수준, 당해 근로자의 직무 내용, 직무 성과, 의욕, 능력, 경험 등이 감안된다.

124) 毛塚 앞의 주98) 논문 9쪽 이하.

츠시타(松下)PDP(파나소닉 플라즈마 디스플레이)사건 최고재판소 판결[125]이 고용정책으로서의 한계를 돌파할 수 없었던 것(Ⅴ.에서 자세하게 논한다)에 대한 반성에 근거하고 있다. 사용사업주는 해당 근로자에 대해서 근로계약체결의 청약을 한 것으로 간주하는 경우, 해당 근로자가 이것을 승낙하면 근로계약이 성립한다. 그것은 근로자로부터의 청약에 대한 사용자로부터의 승낙에 의해서 근로계약은 성립한다고 하는 법리[126]에 따른 법구성을 취하고 있다.

이러한 사례는 일종의「법정 근로계약 성립」으로 처리하면 될 것이다.[127] 위법성이 강한 근로자파견에 대해 직접고용원칙을 강조하여 규범적인 의사해석이라고 하는 방법을 취하면서 사용사업주의 근로계약상의 사용자 책임을 묻는 여러 가지 학설의 해석론[128]이 판례 법리로 연결된 것은 아니지만, 법위반의 계약 제재를 추구하는 성격이 있고 그러한 점에서는 이 법개정으로 이어졌다는 것은 부정할 수 없다.

이 규정이 재개정되어 만일에 삭제되어 버리면 어떻게 될 것인가? 개정법이 시행되기 전부터 경제계는 그 속심을 드러내고 있었다.[129] 이 점을 고려해 볼 때 종래의 학설의 진지한 노력을 발전 · 심화시키는 노력을 게을리 해서는 안 될 것이다. 2015년 개정법은「상용대체의 금지」라고 하는 파견법의 기본 철학을 크게 변질시키는 등 비정규직 고용대책의 흐름에 역행하는 것이다. 이번 개정은 노동이동지원조성금제도의 대상 확대와 함께 인재파견업계의 육성책으로 전락해 버렸다.

Ⅳ. 근로자파견법의 법적 성격

1. 판례의 견해

마츠시타PDP사건 최고재판소 판결은 해당 근로자파견이 ‘노동자파견법의 규정에

125) 最二小判 2009. 12. 18. 労判 993호 5쪽.

126) 大日本印刷事件 · 最二小判 1979. 7. 20. 民集 33권5호 582쪽; 近畿電通局事件 · 最二小判 1979. 5. 30. 民集 34권3호 464쪽.

127) 마츠시타(松下)PDP사건도 금지업무에서의 파견사례이기 때문에 개정법에서는 사용사업주와 파견근로자의 사이에 근로계약관계의 성립이 긍정될 수 있다.

128) 萬井 앞의 주99)(労旬) 논문 22쪽 이하; 毛塚, 앞의 주102) 논문 8쪽 이하 등.

129) 日本經濟團體連合會「今後の労働者派遣制度のあり方」(2013. 7. 24).

위반하고 있었다' 는 점을 인정하면서도 '노동자파견법의 취지 및 그 단속법규로서의 성질', '나아가 파견근로자를 보호할 필요성 등을 고려하면, 만일 노동자파견법에 위반한 근로자파견이 이루어진 경우에도 특별한 사정이 없는 한 그러한 사실만에 의해서는 파견근로자와 파견사업주 간의 고용계약이 무효가 될 수는 없다고 이해하여야 한다' 고 하면서 파견사업주와 파견근로자의 사이의 '고용계약은 유효하게 존재하고 있었다' 는 점, 사용사업주가 파견근로자의 '채용에 관여하고 있었다고는 인정되지 않는다' 는 점, 파견사업주로부터 파견근로자가 '지급을 받고 있던 급여 등의 액을' 사용사업주가 '사실상 결정하고 있었다고 말할 수 있는 사정도 보이지' 않는다는 점, 오히려 파견사업주가 파견근로자의 '배치를 포함하는 … 구체적인 취업 태양을 일정한 한도에서 결정할 수 있는 지위에 있었다' 는 점으로부터 볼 때, 사용사업주와 파견근로자 간의 묵시의 고용계약 성립을 부정하였다.

이 판결은 파견중단 뒤에 사용사업주와 직접 기간제 근로계약을 체결하고 기간만료에 의해서 고용이 중단된 근로자가 사용사업주에 대해 손해배상청구를 한 사안에도 영향을 주고 있다. 즉 일본톰슨사건 제1심 판결[130]은 사용사업주가 원고인 파견근로자 등의 채용에 관여하고 있었다고는 인정되지 않는 점 등 여러 가지 사정을 종합적으로 고려하면 묵시의 근로계약이 성립하고 있었다고까지 평가하는 것은 곤란하며 갱신거부도 무효라고는 할 수 없다고 하면서, '본건 파견계약을 체결하고 만연히 파견노동을 계속했던 것이기 때문에 이것은 법이 허용하는 경우에 한하여 3자간 노동관계를 인정하고 있는 노동관계법규의 취지에 반하는 것이며, 원고들에 대하여 불법행위를 구성한다고 하여야 한다' 고 하면서 원고들이 5년을 넘는 긴 세월에 걸친 위법한 파견노동 아래에서 취업을 하게 했던 것에 대하여 불법행위법상의 위법성을 인정하여 위자료로서 각 50만엔이 상당하고 판시하였다. 노동국으로부터 위법파견의 개선명령을 받고 있었지만, 거기에 따르지 않았던 것도 위법성을 긍정하는 중요한 요소가 되고 있다.

그러나 마츠시타PDP사건 최고재판소 판결의 뒤에 나온 위 사건의 고등법원 판결[131]에서는 위장도급 · 위법파견이 있던 사실은 인정하면서도 '노동자파견법은 노동력

130) 神戸地路支判 2011. 2. 23. 労判 1039호 35쪽.
131) 大阪高判 2011. 9. 30. 労判 1039호 20쪽.

수급의 적정한 조정을 도모하기 위해 근로자파견사업의 적정한 운영의 확보에 관한 조치를 강구하는 것과 함께 파견근로자의 취업에 관한 조건의 정비를 도모하고 이로써 파견근로자의 고용 안정 기타 복지의 증진에 이바지하는 것을 목적으로 하여 제정된 행정상의 단속법규' 이기 때문에 '노동자파견법에 따라 보호되는 이익은 기본적으로 파견노동에 관한 고용 질서이며, 그것을 통해서 개개의 파견근로자의 근로조건이 보호되는 일이 있다고 하여 파견법은 파견근로자와 사용사업주 기업과의 근로계약의 성립을 보장하거나 파견관계 하에서 정해져 있는 근로조건 … 을 넘어서 개개의 파견근로자의 이익을 보호하려고 하거나 하는 것은 아니라고 이해되는 이상', '사회적으로 보면 근로자파견은 기업에게 있어서 비교적 유리한 조건으로 노동력을 얻는 것을 가능하게 하는 반면, 근로자에 대해서 취업의 장소를 제공하는 기능을 수행하고 있는 것도 경시할 수 없다는 점으로부터 볼 때, 비(非)허용업무가 아님에도 불구하고 파견근로자를 사용하여 허용기간을 넘어서 파견근로자를 사용한다고 하는 파견법 위반의 사실이 있었다고 하여 그 즉시 불법행위상의 위법이 있다고는 하기 어렵다' 고 판시하고 있다.

2. 단속법규와 사법상의 공서

이러한 마츠시타PDP사건 최고재판소 판결이 제시한 이론 · 판단기준에 대해서는 의문을 금할 수 없다.

첫째로 파견법을 위반한 계약의 사법상의 효력이다. 위의 최고재판소 판결은 파견법에서 금지하고 있는 업무에의 파견을 대상으로 한, 파견사업주와 사용사업주의 근로자파견계약의 유효성에 대해서는 판단하고 있지 않지만, 파견법의 법적 성격에 관한 이해로부터 보면 아마도 이 계약도 무효로는 되지 않는다고 이해하고 있다고 할 것이다. 파견법을 위반한 계약의 효력에 대해서[132] 학설의 유력설은 허가나 신고 위반의

132) 그런데 근로자공급을 전면적으로 금지하는 직업안정법 제44조에 대해서는 일반적으로 형벌법규라는 점과 함께 사법상의 강행(효력)규정이라고 이해되고 있기 때문에(菅野和夫『労働法 第5版』(弘文堂, 1999) 199쪽; 浜村彰「派遣元の形式的 · 名目的性格と親會社たる派遣先の使用者責任」労旬 1589호(2004) 21쪽; 위장도급이나 위법파견이 근로자공급에 해당한다면 그 계약은 위법무효가 된다. 다만 판례는 이 규정은 단속규정이지 강행규정이 아니라고 이해하고 있는 듯하다(サガテレビ事件 福岡高判 1983. 6. 7. 判時 1084호,126쪽 참조).

근로자파견(근로자파견법 제5조, 제11조), 금지업무에의 근로자파견(동 법 제4조 1항)에 대해서는 벌칙이 과하여지고(동법 제59조, 제61조), 동법의 대다수의 규정 위반에 대해서는 후생노동성 대신에 의한 지도, 조언, 권고, 개선 명령, 공표 등의 감독행정이 이루어지는 것으로부터 볼 때, 파견법은 기본적으로 행정단속법규이라고 이해한다(동법 제33조에 대해서는 강행규정이라고 한다). 그리고 이것으로부터 정책적으로 마련된 행정단속법규 위반에 대해서는 행정(노동국)에 의한 시정 · 지도 등은 가능하지만 효력규정으로서 거기에 반하는 계약을 무효로 하는 것은 아니라고 한다.[133)]

민법의 통설적인 견해에서도 사업자규제법에 반하는 계약도 사법상 곧바로 무효가 되는 것은 아니라고 이해되고 있다.[134)] 이것은 공법 · 사법 2분론에 근거하는 전통적인 단속법규론을 전제로 하고 있다.[135)]

그러나 법률상 명확하게 금지하고 있는 행위를 하기 위해서 체결된 근로자파견계약을 유효로 하는 것의 타당성에 대해서는 찬성하기 어렵다.[136)] 우선 일반론으로서 최근의 민법학 혹은 행정법학의 주류를 이루고 있는 견해에서는 공법과 사법의 분리가 아니라 오히려 양자의 상호의존관계가 강조되고 있다.[137)] 즉 전통적인 단속규정론은 거래와는 직접 관계하지 않는 경찰법령을 염두에 둔 것이어서 거래와 밀접한 관련성을 가지는 경제법령에 대해서는 그대로는 적용될 수 없다. 경제법령 중에도 당사자의 이익을 보호하는 것을 목적으로 한 법령(소비자보호법령 등)과 거래환경인 시장의 질서를 유지하는 것을 목적으로 하는 법령(독점금지법, 부정경쟁방지법 등)이 있는데, 후자의 경우는 당사자 사이의 거래의 이익이나 신의에 대해서도 배려하여야 하지만, 시장을 확보하기 위해서는 법령 위반행위를 무효로 하는 것에 의해서 어느 정도 개인적인 이익을 후퇴시키는 것도 불가피하다.[138)] 또는 경제법령에 의해서 형성되는 공서의 특징을 경제적 공서로 보고 법원은 과잉개입으로 되지 않는 이상 민법 제90조를 이용하여 법

---

133) 菅野 앞의 주77) 책 374쪽 이하.

134) 磯村保「取締規定と消費者法」ジュリ別冊『消費者法判例百選』(2010) 173쪽.

135) 이에 관해서는 山本敬三『公序良俗の再構成』(有斐閣, 2000) 239쪽 이하 참조.

136) 浜村 앞의 주132) 논문 20쪽 이하.

137) 大橋洋一 · 山本敬三「對話で学ぶ行政法 − 民法との對話」法学教室 249호(2001) 60쪽 이하(山本의 언급). 노동법에 대해서는 西谷敏「労働法規の私法的效力」法時 80권8호(2008) 80쪽 이하 참조.

138) 大村敦志「取引と公序(下)」ジュリ 1025호(1993) 68쪽 이하.

령을 보완하는 것이 요청되는 경우가 있다고도 주장된다.[139)]

이러한 견해를 전제로 하면, 어느 개인의 행위에 대해서 국가가 행정기관으로서 개입하거나 형벌권을 가지고 개입하는 것은 인정되면서 동일한 국가기관인 재판소(법원)만은 개입할 수 없다고 하는 주장은 단지 해당 규정이 행정단속법규라고 하는 것만으로는 설득력 있는 설명이라고는 할 수 없다. 강행규정이 아닌 한 거래안전의 보호를 위해서 해당 계약을 무효로 하여서는 안 된다고 하는 주장도 예상되지만, 명문상 강행규정인 것이 분명하지 않은 경우에도 행정법규의 목적으로부터 법규 위반의 법률행위의 유효성을 판단하는 것은 가능하다.

3. 근로자파견법에 위반하는 파견계약의 효력

파견법에는 다양한 규정이 혼재하고 있다. 동법의 일반적인 성격을 사업법 혹은 단속법규로 이해하는 견해도 파견사업주와 파견근로자의 사이에 체결되는 파견기간 종료 후에 사용사업주와의 사이에 직접고용하는 것을 금지하는 취지의 계약 및 파견사업주와 사용사업주의 사이에 체결되는 같은 계약을 금지하고 있는 규정(파견법 제33조), 2012년 법개정에 의해서 도입된 계약체결간주규정(동법 제40조의6)에 대해서는 사법상의 효력 규정이라고 이해하고 있다.[140)] 그러나 그 이외에도 사법상의 효력 규정이 존재하는지 않을까?

예컨대 근로자파견의 대상업무(근로자파견법 제4조, 동법 시행령)는 당초 13업무로부터 시작되어 26업무로 확대되고(1996년 시행령 개정), 그 후 포지티브 리스트 방식이 네가티브 리스트 방식으로 전환되고(1999년 법개정), 나아가 제조업 파견금지가 폐지되는(2003년 법개정) 프로세스를 거쳐 왔다. 그리하여 일반적으로 파견법의 허용업무는 그때그때의 정책적인 배려에 근거하는 것으로서 이에 반하는 근로자파견이 공서위반이라고 까지는 말할 수 없다고 이해되고 있다.[141)]

---

139) 山本 앞의 주135) 책 250쪽 이하.

140) 菅野 앞의 주77) 책 374쪽 이하; ホクトエンジニアリング事件・東京地判 1997. 11. 26. 判時 1646호 106쪽(사용사업주가 파견근로자를 직접 채용할 목적으로 파견근로계약의 갱신을 거절한 경우에 해약금을 정한 합의도 실질적으로 동 조 위반에 해당한다고 하여 무효로 판단하고 있다).

141) 濱口 앞의 주119) 논문 19쪽 이하; 26업무 시대의 사례로서 앞의 주140) ホクトエンジニアリング事件, 제조업파견금지가 폐지되기 직전의 사례로서 앞의 주125) 松下PDP事件 등.

그러나 입법 당초야말로 파견법 제4조는 '적용대상업무 이외의 업무에 대해서 근로자파견사업을 하여서는 안 된다' 고 되어 있었지만, 1996년 법개정으로 사용사업주는 '파견근로자를 적용대상업무 이외의 업무에 종사시켜서는 안 된다' 고 하는 규정이 추가되었다. 근로자파견계약이 동 규정에 위반하였을 경우에[142] 대상업무를 적법한 업무로 변경하는 것도 생각할 수 없지는 않지만, 통상은 계약 내용의 기본적인 부분이 이행불능이 된다고 생각해야 할 것이다. 이러한 계약도 여전히 유효하게 존속한다고 생각하는 것은 법원이 위법한 행위에 조력하는 꼴이 된다.

직업안정법이나 파견법은 정책적인 법률이지만, 건전한 노동시장을 확보 · 유지하는 것을 목적으로 하는 경제 법령이며, 특히 상용대체의 제한이라고 하는 파견법의 기본적인 취지와 관련되는 파견대상업무나 파견기간 등의 법규제는 경제법령에 의한 '공서' 를 형성하고 있어서 이것도 민법 제90조의 공서가 된다고 이해하여야 한다. 건전한 노동시장을 유지하기 위해서 금지되고 있는 행위를 목적으로 하는 계약을 유효한 것으로 유지할 필요성은 부족하고, 또한 그렇게 하여서는 안 된다. 파견법의 중요한 목적에 반하는 계약에 대해서 공서위반으로서 무효로 하는 것은 불가능하지 않으며, 그렇게 하는 것이 바람직하다.

4. 근로자파견법 위반과 불법행위

파견법 위반행위에 대해 불법행위가 성립할 것인지는 당해 위반 계약의 사법상의 효력 문제와는 별도로 생각하여야 한다. 일반적으로 단속법규 위반의 행위에 대해서 일반 공중의 이익을 보호하기 위한 규정의 경우에 불법행위의 성립이 긍정되고 있기 때문이다.[143]

예컨대 사업자법으로 이해되지만 이에 위반한 계약이 반드시 무효라고 이해되지 않는 「구 방문판매법」 제9조의9 제1항 위반, 또 「특정상거래법」 제52조 제1항의 위반

142) 이 경우에 후생노동대신은 역무의 제공 정지를 요구할 수 있고(근로자파견법 제49조 제2항), 권고 · 사업주명 공표의 대상으로 될 수 있다(동법 제49조의2). 근로자파견법에는 이에 관한 벌칙은 규정되어 있지 않지만 직업안정법 제44조 제9호이 적용될 것으로 생각된다.

143) 加藤一郎 編『注釋民法(19)債權(10)』(有斐閣, 1977) 34쪽; 吉村良一『不法行爲 第4版』(有斐閣, 2010) 60쪽.

행위에 대해서 불법행위의 성립을 긍정한 판례가 있다.[144)]

앞에서 본 일본톰슨사건 고등재판소 판결[145)]은 파견법의 근로자의 이익은 반사적인 것에 지나지 않기 때문에 동법은 적법한 조건 아래에서 일하는 것에 대하여 근로자의 이익으로서 보장하고 있는 것이 아닌, 바꾸어 말하면 어쨌든 일할 기회가 주어지고 있으면 그것이 적법한지 아닌지는 묻지 않는다고 이해하는 것으로 평가할 수 있을 것이다. 단속법규 위반이 불법행위가 되기 위해서는 강한 정도의 위법성이 있을 것이 요구되지는 않는다. 어떻게 생각하여도 파견법이 적법한 조건 아래에서 일하는 것을 근로자의 이익이라고 생각하지 않다고는 이해할 수 없다.

5. 파견계약의 해지와 불법행위

허용업무 이외의 파견 또는 허용된 기간을 넘는 파견에 있어서 근로자파견계약을 해지한 것에 대해 불법행위의 성립을 인정한 판례가 있다. 즉 정사원보다 우수하여 회사도 신뢰하고 있었기 때문에 다른 사원에게 기술을 가르칠 것을 의뢰받아서 가르친 직후에 파견요금이 고액이라는 것을 이유로 근로자파견계약을 해지하고, 다른 파견근로자에 대해서도 위법파견이 발각되는 것을 우려하여 파견을 중단하면서 그 이유를 충분히 설명하지 않고 조합과의 단체교섭에도 성실하게 응하지 않은 사례,[146)] 또는 장기간 계속된 위법파견을 염려하여 일자리를 찾는 것이 지극히 곤란한 연말에 근로자파견계약을 해지한 사례[147)]에서 각각 위자료의 손해배상청구가 인용되었다.

여기서는 '근로자파견에서는 파견사업주가 고용주로서 파견근로자에 대해서 고용계약상의 계약책임을 지는 것으로 사용사업주는 파견근로자에 대해서 계약상의 책임을 지는 것은 아니지만 근로자파견을 받아 파견근로자를 사용하는 경우에는 파견법상

144) 東京地判 2006. 2. 27. 判タ 1256호 141쪽(이 판결에 대한 평석으로는 졸고「在宅ワークの斡旋を裝ったパソコン教材等の販賣と內職詐欺商法」앞의 주134) 消費者法判例百選 6쪽 이하).

145) 앞의 주131) 日本トムソン事件.

146) パナソニツクエコシステムズ事件 · 名古屋地判 2011. 4. 28. 労判 1032호 19쪽(동 사건의 평석으로는 河野奈月 ジユリ 1192호(2012) 119쪽 이하); 名古屋高判 2012. 2. 10 労判ジャーナル 2호,9쪽(最二小決 2012. 10. 12.에 의하여 확정).

147) 三菱電機ほか事件 · 名古屋地判I 2011. 11. 22. 労判 1040호 5쪽; 같은 사건 고등법원 판결(名古屋高判 2013. 1. 15. 판례집 미등재)는 1심 판결에서 손해배상청구가 인정된 3명 중 1명을 제외하고 청구를 기각하고, 청구인 가운데 인용된 1명에 대해서도 배상액을 감액하고 있다.

의 규제를 준수하는 것과 함께 그 지휘명령 하에서 근로에 종사시키는 것에 의하여 형성되는 사회적 접촉 관계에 근거하여 파견근로자에 대하여 신의성실의 원칙에 따라서 대응하여야 할 조리상의 의무가 있다고 하여야 하고, 고용의 계속성에 있어서 불안정한 지위에 놓여 있는 파견근로자에 대해서 그 근로생활을 심각하게 위협하는 것과 같은 현저하게 신의에 반하는 행위가 인정될 때에는 불법행위책임을 진다고 하는 것이 상당하다' 고 판시하고 있다 .

이상의 판례에서 문제가 되고 있는 것은 만일 위법한 근로자파견 상태라고 하더라도 파견근로자에게는 일정한 고용에 대한 기대가 있고 그것을 현저하게 침해하는 행위는 신의칙에 반하는 것이라고 하여 위법성을 띤다고 하는 점이다. 안전배려의무법리를 형성한 판례의 논리를 본받아 '사회적 접촉관계에 근거해 신의칙상 지는 조리상의 의무' 라고 표현하고 있다. 사업자법이나 단속법규라는 기존의 개념 · 전통적 이론구조를 형식적으로 적용할 것이 아니라 사실로부터 법리를 창조하려고 하는 의욕을 엿볼 수 있다.[148)]

V. 사용사업주와의 묵시적 근로계약의 성립 여부

1. 마츠시타PDP(파나소닉 플라즈마 디스플레이)사건 최고재판소 판결의 검토

(1) 최고재판소 판결의 판단기준

최고재판소 판결은 이 문제에 대해 다음과 같은 판단기준을 제시하고 있다.

업무위탁에 근거하는 사업장 내 하청의 형식을 취하고 있더라도 도급인이 하청근로자에게 직접 구체적인 지휘명령을 하고 작업을 시키고 있는 경우에는 도급계약이라고 평가할 수 없고, 근로자파견에 해당한다고 보아야 한다. 그렇다면 직업안정법 제4조 제6항에 말하는 근로자공급사업에 해당할 여지는 없다. 파견법이 금지하는 업무를 대상으로 하는 근로자파견은 파견법의 규정에 반하고 있지만, 파견법의 취지 및 단속법규로서의 성질, 나아가 파견근로자를 보호할 필요성 등에 비추어 보면 특별한 사정이

148) 「ディアローグ労判 この1年の争点」 日労研 628호(2012) 28쪽(和田肇)(河野 앞의 주146) 평석 122쪽에서는 이러한 일반론의 전개에 의문을 피력하고 있지만 이에는 찬성할 수 없다).

없는 한 그것만을 가지고 파견근로자와 파견사업주와의 사이에 고용계약이 무효가 되지는 않는다.

또한 (1) 사용사업주가 파견근로자의 채용에 관여한 사실이 없고, (2) 파견사업주가 지급한 급여 등의 금액을 사실상 결정한 사정도 없으며, (3) 파견근로자의 배치를 포함한 구체적인 취업 태양을 파견사업주가 일정한 한도에서 결정할 수 있는 지위에 있던 점, (4) 파견사업주와 사용사업주 사이에는 자본 관계나 인적 관계가 없다는 점 등의 사정으로부터 볼 때 파견근로자와 사용사업주와의 사이에 묵시의 근로계약이 성립하고 있었다고 평가할 수는 없다.

(2) 최고재판소 판결이 의미하는 것

최고재판소 판결이 의미하는 바를 오카다(岡田) 조사관의 해설도 참고해 보면 다음 같이 정리할 수 있을 것이다.

우선 파견근로자와 파견사업주 사이의 근로계약은 '특별한 사정'이 없는 한 무효가 되지 않는다. 반대로 말하면, '특별한 사정'이 있으면 무효가 될 수 있다. 본 판결의 조사관 해설에 의하면 최고재판소 판결에서는 특별한 사정은 예시되어 있지 않지만, '이것은 탈법행위로서의 성질상 노동국에 의한 지도 등에 대응하여 빠져나갈 방도를 찾는 것과 같은 위법한 파견의 태양으로서는 향후에도 다양한 것이 출현할 것이라는 점'을 염두에 두고 있다고 한다.[149] 따라서 어떠한 사실이 존재하면 특별한 사정에 해당되는지는 사안에 따라서 판단할 수밖에 없다.

다음으로 파견사업주와 파견근로자 사이의 근로계약이 무효로 판단되는 것은 파견근로자와 사용사업주의 사이에 묵시의 근로계약이 성립하기 위한 필요조건으로 이해하고 있지는 않다. 이러한 의미에서는 이중의 근로계약의 성립 가능성도 있을 수 있다. 그러나 실무적으로는 전자의 근로계약이 무효이거나 부존재인 경우에는 후자의 근로계약의 성립이 인정되기 쉬워진다.[150]

그리고 최고재판소 판결은 위의 (1) 내지 (4)의 사실로부터 볼 때 파견사업주와 파견근로자의 사이에 묵시적 근로계약의 성립을 부정하고 있지만, 일반적인 판단기준을

---

149) 岡田幸人「パナソニックプラズマディスプレイ事件・最高裁判決解說」法曹時報 63권10호 (2011) 2526쪽.

150) 岡田 앞의 주149) 해설 2527, 2529, 2541쪽.

제시하고 있는 것은 아니다. 이러한 의미에서는 이 판결은 사례 판단을 하고 있는 것에 지나지 않는다고 할 수 있다. 그러나 조사관 해설에서도 '근로계약이 묵시적으로 합의된 것으로 객관적으로 평가할 수 있는 사정이 있는지를, 사용종속관계의 유무에 더하여 근무나 고용관리의 실태, 임금의 결정 · 지급방법, 채용형태 등을 종합적으로 고려하여 탐구하여야 하는 것으로 판단하여 온 종래의 판례의 입장' 을 답습하고 있다고 설명하고 있다.[151] 따라서 묵시의 근로계약에 관한 판례의 축적을 최고재판소도 인정하고 있다고 보아도 좋을 것이다.

이와 같이 보면, 사용사업주와 파견근로자 사이에 묵시적 근로계약의 성립으로 판단이 기우는 사례로서 파견사업주와 파견근로자 사이의 근로계약이 무효 혹은 부존재라고 판단되는 경우(이것을 '파견근로계약무효 사례' 라고 부르기로 한다)와 파견사업주가 사용사업주의 인사 · 임금지급 대행부문으로 되어 버린 경우(이것을 '인사 · 임금지급대행기관화 사례' 라고 부르기로 한다)를 들 수 있다. 이 사건 최고재판소 판결은 전자 사례가 되는 것을 부정하였지만, 후자 사례에 대해서는 특별히 언급하고 있지 않다.

2. 묵시적 근로계약에서 의사 추정 방법

(1) 엄격해석론

묵시의 근로계약 성립이 다투어지는 사례에서 가장 문제가 되는 것은 말할 필요도 없이 당사자, 특히 사용자의 '의사' 의 추정이다. 마츠다호후(マツダ防府)공장 사건[152]에 있어서도 파견근로자 등을 서포트사원에서 근로자파견으로 되돌린 시점에서 사용사업주는 명시적으로 근로계약의 체결을 부정한 것이 된다. 그리고 파견근로자 등도 그것을 인식하고 있기 때문에 이에 반하는 의사의 추정에는 무리가 있는 것은 아닌가라는 의문이 제기된다.

이 점에 대해 경영계측 변호사인 나카야마(中山)는 다음과 같이 논한다.[153] 먼저 사실

---

151) 岡田 앞의 주149) 해설 2529.

152) 山口地判 2013. 3. 13. 労判 1070호 6쪽(동 사건에 대해서는 野田進「派遣労働者の派遣先との間の默示の労働契約の成立」山田省三 · 青野覺 · 鎌田耕一 · 浜村彰 · 石井保雄 編『労働法理論變革への模索』(信山社, 2015) 469쪽 이하 참조.

153) 中山滋夫「僞裝請負と默示の労働契約」山口浩一郎 · 菅野和夫 · 中嶋士元也 · 渡邊岳 編『經營と

적 근로계약관계설이나 규범적 의사해석설을 비판하면서 묵시의 합의론은 구체적 사실에 의해서 표시된 의미의 해석 · 평가의 문제라고 한다. 그리고 판결례의 분석으로부터 도급인이 채용에 관여하고 있는 점, 도급인과 수급회사의 근로자 사이에 사실상의 사용종속관계가 있는 점, 그리고 도급인이 임금의 실질적인 결정권자일 것을 필요로 한다는 이론을 전개한다. 이것을 전제로 묵시의 근로계약의 성립을 긍정한 판례에 대해서도 임금지급의 의사를 인정하는 사실이나 수급회사가 도급인의 채용을 대행하고 있던 사실의 적시가 충분하지 않다고 논한다. 이것은 재판에서 묵시의 의사해석에 대한 엄격성, 즉 일정한 사실에 대한 법적 가치판단을 포함하지 않는 '해석이라는 한계'를 전제로 하고 있다.

(2) 노동판례에서의 묵시적 의사의 추정

그러나 이 의견에 대해서는 몇 가지 의문을 가질 수밖에 없다.

노동법 분야에서는 사용자의 명시적인 반대 의사가 있음에도 불구하고 그것과는 다르게 근로계약체결의 의사를 추정하는 판례가 실제로 많이 존재하고 있다. 예컨대 기간제 근로계약이 반복갱신된 후 갱신거부를 한 사례에서 해고권남용법리의 유추적용이라는 방법을 이용하여 사용자의 의사에 반하여 종전의 기간제 근로계약이 갱신되었다고 판단하고 있다.[154] 이 갱신거부의 법리는 60세 정년 후 1회 1년 계약으로 재고용된 근로자의 재고용에 대해서도 적용된다.[155] 이러한 사례에서는 사용자는 새로운 기간제 근로계약을 체결할 의사가 없는 것을 분명히 하고 있음에도 불구하고, 공권적으로 근로계약 체결의사를 추인하고 있다. 그러한 한도에서 판례에 의한 일종의 법정갱신을 하고 있는 것이다.[156]

労働法務の理論と實務』(中央經濟社, 2009) 37쪽 이하; 山口浩一郎「黙示の意思表示理論」労判 981호(2009) 2쪽도 동일한 취지이다.

154) 東芝柳町工場事件 · 最一小判 1974. 7. 22. 民集 28권5호 927쪽; 日立メディコ柏工場事 · 最一小判 1986. 12. 4. 判時 1221호 134쪽 참조.

155) 津田電氣計器事件 · 最一小判 2012. 11. 29. 裁判所時報 1568호 6쪽; 원심(大阪高判 2011. 3. 25. 労判 1026호 49쪽)은 계속고용의 의사표시를 한 근로자가 취업규칙이나 노사협정 소정의 계속고용의 기준을 충족하는 경우에 사용자는 계속고용의 승낙의무가 있고 이에 반하여 불승낙한 때에는 권리남용으로 되어서 재고용계약이 성립한다고 구성하고 있다. 최고재판소는 1회 기간제 계약을 체결하고 그 갱신이 문제로 된 사안으로 보고 갱신거절의 법리를 적용하고 있는데, 원심 판결과 같은 처리방법도 불가능한 것은 아니다.

156) '일종의 법정갱신'이라고 하는 표현은 菅野 앞의 주77) 책 328쪽(법정갱신이라고 함은 판결에 의

또한 사업양도에 대해서는 일반적으로 개별(특정)승계라고 이해되고 있으며, 노동관계에 대해서도 양도회사와 양수회사의 계약에 의해서 승계의 유무를 합의할 수 있다. 그러나 양도회사가 일부 근로자를 불채용하거나 근로계약의 승계를 거부함에도 불구하고 이를 무효라고 판단하여, 양수기업에게 근로계약의 승계가 긍정되는 사례가 있다.[157] 예컨대 동일성을 유지한 사업양도의 경우에 양도회사에서의 해고와 양수회사에 의한 신규채용이라고 하는 과정을 거쳤다하더라도 양도 · 양수 회사 간에 노동관계를 포괄적으로 승계하는 묵시(암묵)의 합의를 인정하여 일부 근로자의 불승계를 무효라고 판단하고 있다.[158] 또한 양도 · 양수 회사 간의 사업양도계약 자체는 유효하지만, 일부 근로자의 승계를 배제하기 위해서 행한 합의, 즉 양도회사에서 근로자를 일단 해고한다는 합의 부분을 민법 제90조에 반하여 무효로 하는 판례가 있다.[159]

사업양도 사례에서는 반복갱신된 기간제 근로계약의 갱신거부에 관한 같은 판례법리는 아직 없고, 판례 · 학설에서도 여러 가지 이론이 모색 중이다. 그러나 사업양도의 경우 특정 계약이 체결되어 양도회사에서 일단 해고되고 그 사람을 양수회사에서 채용하지 않거나 또는 일부의 근로자의 근로계약의 승계를 거부한다는 양수인 사용자의 명시적 의사표시가 그대로 유효하다고 판단되는 것은 아니다. 근로계약의 전부를 승계하는 묵시의 의사를 추인하거나 승계거부를 무효로 하는 방법 등과 같이 양도회사 · 양수회사 · 근로자 사이의 합의에 관한 합리적 해석으로서 근로자와 양수회사 간의 묵시적 근로계약의 성립이 추정된다.

이들 법리에는 계속적 관계의 유지 또는 근로자의 보호라고 하는 노동법의 독자적인 법적 가치 판단이 작용하고 있지만, 다른 한편으로는 계속적 계약관계인 근로계약에 대해서는 당사자의 의사가 표명되어 있지 않은 경우나 표명되고 있어도 여러 가지 사정으로부터 그것과는 반대의 의사를 추정하는 경우가 있다는 것을 의미하고 있다.

하여 동일한 내용의 계약의 성립을 인정하는 것을 말한다).

157) 有田謙司「事業譲渡における労働契約の承継をめぐる法的問題」毛塚勝利 編『事業再構築における労働法の役割』(中央經濟社, 2013) 61쪽 이하; 竹林竜太郎「事業譲渡と労働契約承継」岩村正彦 · 中山滋夫 · 宮里邦雄 編『實務に效く労判精選』(有斐閣, 2014) 19쪽 이하 참조.

158) 松山市民病院事件 · 高松高判 1967. 9. 6. 判時 404호 53쪽; タジマヤ事件 · 大阪地判 1999. 12. 8. 労判 777호 25쪽 등.

159) 勝英自動車(大船自動車興業)事件 · 横浜地判 2003. 12. 16. 労判 871호 108쪽; 東京高判 2005. 5. 31. 労判 898호 16쪽.

그리하여 이 경우의 의사는 간접적인 사실로부터 추정할 수밖에 없다.[160] 이상의 판례법리에서 알 수 있는 것처럼 엄격한 의사표시이론에 너무 구속되면 노동법의 판례법리의 다수가 성립되지 않게 되어 버린다.[161]

명시의 의사표시에 반하여 그것과는 다른 의사를 추정하는 경우란 사실관계로부터 객관적으로 이 의사를 추정할 수 있고 나아가 그것이 법적 정의나 사안의 적절한 해결에 이바지한다고 생각되는 경우이다. 병원 입원 환자의 간병인으로 파견된 사람에 대해서 병원과의 사이에 사용종속관계의 존재에 더하여 '양자 사이에 객관적으로 추인되는 묵시의 의사 합치가 있다' 는 것으로부터 양자 사이에 묵시의 근로계약 성립을 인정한 사례[162]가 그 전형이다.

일반적으로 묵시적 근로계약의 법리는 사업장 내 하청노동이나 파견노동과 같이 도급인(사용사업주)과 근로자 사이에 사용종속관계가 있는 사안에서 발전해 온 법리로서 그 적용 사례도 대부분이 이러한 사업이다. 이 법리에서는 위에서 언급한 바와 같이 사용종속관계의 존재에 더하여 수급인(파견사업주)이 도급인(사용사업주)의 노무대행기관이 되어 있는 등과 같이 그 존재가 형해화하고 있는 사정이 존재할 것, 도급인(사용사업주)이 근로자의 근로조건, 특히 임금액을 결정하고 있는 사정이 존재할 것을 요구하고 있다. 이러한 사정으로부터 근로계약 성립(근로계약법 제6조, 민법 제623조)에 관한 당사자의 의사를 추인할 수 있다고 생각되기 때문이다. 이 중 수급인(파견사업주)의 형해화에 있어서는 묵시적 근로계약의 성립이 인정된 사례의 대부분에서는 이러한 사정이 존재하지만, 그것이 반드시 불가결의 요소로 되어 있는 것은 아니다.[163]

---

160) 근로계약관계는 아니지만 동일하게 계속적인 관계인 노동조합과의 노사관계에 있어서 노조법 제7조 제1호나 제3호에서 요구되는 '부당노동행위의사' 에 대해서는 이러한 추정작업에 의해서 의사가 탐구된다(菅野 앞의 주77) 책 968쪽 참조).

161) 법원도 항상 엄격한 의사해석론에 서 있는 것은 아니다. 예컨대 아나운서 모집에 응모하여 채용되고 2개월의 연수를 받은 뒤에 24년간에 걸쳐서 동 업무에 종사하여 온 근로자에 대해서 직종한정의 합의가 이루어져 있다고는 할 수 없다고 판단한 사례가 있다(九州朝日放送事件 · 福岡高判 1996. 7. 30. 労判 757호 21쪽(이 사건에 대한 사견은 졸고「アナウンサ–勤務の女性職員に對する他職種轉換の效力」ジュリ臨增平成11年度重要判例解說(2000) 210쪽 참조).

162) 安田病院事件 · 大阪高判平 1998. 2. 18. 労判 744호 63쪽; 같은 사건 最三小判 1998. 9. 8. 労判 745호 7쪽.

163) 수급인(파견사업주)의 형해화라는 사정이 존재하지 않았던 예로는 ナブテスコ · ナブコ西神事件 · 神戸地明石支判 2005. 7. 22. 労判 901호 21쪽.

중요한 점은 해당 근로자와의 관계에서 수급인(파견사업주)이 도급인(사용사업주)의 인사노무 · 임금지급의 대행 기관이 되어 있는지, 그리고 도급인(사용사업주)이 근로자의 임금액을 결정하고 있었는지에 있다.[164)]

그런데 엄격설의 입장에서는 묵시의 근로계약이론은 법인격부인론에서의 형해화 사례에 가까워지게 되어 이론적으로는 독자성이 없어져 버린다. 더욱이 법인격 형해화 사례에 대해서는 그것을 인정하는 것에 소극적인 의견이 강하기 때문에[165)] 엄격설에서는 묵시의 근로계약이 성립할 여지는 한없이 무에 가깝게 되어 버린다. 그것은 분명하게 법적 정의에 반한다.

이상을 전제로 생각하면 마츠다 호후공장 사건 제1심 판결은 타당하다고 생각된다.[166)]

Ⅵ. 근로자파견 규제의 개선 방향

1. 대상업무와 파견기간의 문제

근로자파견에 대한 법규제의 방향은 제도를 어떻게 평가할 것인가라는 문제와 깊게 관련되어 있다.[167)] 다양한 고용형태를 제공하는 것으로 시장의 미스매치를 해소할 수

---

164) 묵시의 의사표의 해석은 구체적인 사실에 대한 법적 판단인데, 그것이 순수하게 '당사자의 계약체결의 의사 해석이라고 하는 틀 내에서만' 이루어져야 하는 것인가에 대해서는 법관들 사이에도 이론이 있는 듯하다. 전 최고재판소 재판관 이토(伊藤)는 한계를 신중하게 생각한다고 하는 입장을 견지하면서 규범적 요건과 같은 법적 판단도 포함되지 않을 수 없다고 한다(伊藤滋夫『要件事實の基礎』(有斐閣, 1999) 132쪽).

165) 졸고「労働契約における使用者概念の擴張 － 会社法人格否認論の一断面」平出慶道 · 今井潔 · 浜田道代 編『現代株式会社法の課題』(有斐閣, 1986) 255쪽 이하 참조.

166) 상세한 것은 졸고「黙示の労働契約における意思の推定 － マツダ防府工場事件を素材に」앞의 주 152) 책 497쪽 이하 참조.

167) 신진 연구자인 혼죠(本庄)는 '1981년생의 필자의 눈으로 볼 때에는 철이 들 무렵에 이미 파견이라고 하는 고용형태가 당연한 것으로 존재하고 있었기 때문에 이를 부정적으로 보는 것에는 … 위화감밖에 느껴지지 않는다' 고 한다(앞의 주100) 논문 36쪽). 어떻게 느끼는지는 개인의 자유이지만, 근로자파견제도가 걸어온 역사나 2008년 가을의 '대량의 파견근로자 계약해지' 에서 전형적으로 나타고 있는 근로자파견(종사하고 있는 개인이 아니라 제도)을 감도는 의문점(中野麻美『労働ダンピング』(岩波書店, 2006) 92쪽 이하; 湯淺誠,『反貧困』(岩波書店, 2008) 143쪽 이하 등)을 생각하면 너무나도 목가적이라고 할 수밖에 없고, 노동법학자로서 상상력의 결여라고 하지 않을 수 없다.

있다고 생각하는지(근로자보호법의 규제를 일정 정도 적용하면서), 그렇지 않으면 직접고용의 원칙, 상용대체 금지, 임시적 · 일시적인 취업의 형태라는 원칙을 유지하고 중간착취나 사회보장 적용의 회피 등과 같은 폐해를 수반하기 쉬운 고용형태로서 가능한 한 억제해야 한다고 생각하는지, 기본적인 인식의 차이이다. 또 전자라고 하여도 근로자파견을 내부노동시장을 침식하지 않으면서 병존할 수 있는 외부노동시장의 범위에 한정할 것인지 아니면 그러한 제한을 가하지 않고 그대로 둘 것인지와 같이 규제완화의 범위 내에서도 논의가 있다.

여기서는 근로자파견 규제에 대해서 지금까지 언급하지 않았던 문제로서 특별히 중요하다고 생각되는 두 가지 사항에 한정하여 검토하고자 한다.[168)]

첫째는 대상업무와 그것과 밀접하게 관련된 파견기간의 문제이다.[169)]

파견법 제정 당시에 대상업무가 한정되어 있던 취지에 대해서는 노동력수급조정의 방법으로서 직업소개를 기본으로 하고 근로자파견을 보완적인 역할로 자리매김하면서 커리어 형성이 충분히 이루어지고 고용이 안정되어 있는 상용고용이라는 고용관행에 악영향을 미치지 않기 때문이라고 설명되고 있다.[170)] 파견법의 산파역이라고도 할 수 있는 타카나시(高梨)에 의하면 당초 인정되었던 파견은 전문직이기 때문에 교섭력이 있고 임금이 높으며 또한 내부노동시장과는 경합하지 않아서 상용대체가 되지 않는 구조를 기대하고 있었다고 한다.[171)] 법률에 규정은 없었지만, 행정지도로서 파견가능기간은 3년이 상한으로 되어 있었다. 이것이 상용대체의 금지나 근로자파견의 임시성 · 일시성을 담보하고 있었다.

그런데 그 후 파견대상업무가 포지티브 리스트 방식에서 네가티브 리스트 방식으로

근로자파견법의 문제를 일찍부터 그리고 가장 체계적으로 검토한 문헌으로는 脇田滋『労働法の規制緩和と公正労働保障』(法律文化社, 1995) 83쪽 이하; 脇田滋「労働者派遣法改定の意義と法見直しに向けた検討課題」, 学会誌労働法 96호(2000) 72쪽 이하가 있다.

168) 中野麻美「労働者派遣法抜本改正に向けて」賃金と社會保障 1470호(2008) 9쪽 이하; 西谷敏「派遣法改正の基本的視点」労旬 1694호 (2009) 14쪽 이하 참조.

169) 奥田香子「2015年改正法による新たな期間制限ルール」法セミ 731호(2015) 12쪽 이하 참조.

170) 労働省職業安定局 編『人材派遣法の實務解説』,(労務行政研究所, 1986) 51쪽 이하.

171) 高梨昌「派遣は『専門業務限定』の原点に戻すべきだ」エコノミスト 2007년 1월 30일호 33쪽; 입법자료에서 이와 같은 점은 확인할 수 없다고 하는 지적도 있지만(本庄 앞의 주100) 논문 30쪽 주16), 근로자파견법 제정에 직접적으로 관여한 학자의 견해이기 때문에 근거가 없다고 할 수는 없다.

전환되었는데, 타카나시는 이에 대해서 근로자파견의 규제 철학이 변경되어 버렸다는 점에서 문제가 있다고 생각하고 있다.[172] 대상업무의 이러한 전환을 고용조정시스템으로서 적극적으로 파악하여 오히려 법개정 시 입법자의 설명과 같이 임시적 · 일시적인 노동력 수요에 대한 대응과 상용대체의 위험이 없다는 점을 들어 기간제한 등의 규제를 마련한 것을 비판적으로 논하는 견해가 있다.[173] 그러나 문제의 본질은 네가티브리스트 방식으로의 전환을 비판하는 논자가 지적하듯이 항상적 업무에 대한 근로자파견을 허용하지 않았다는 것이 아니라 근로자파견을 안이하게 고용조정시스템과 결부시켰다는 것에 있다. 1990년대 후반 시점에서도 법개정에 의해서 일부의 파견근로자에 대해서는 고용의 기회를 늘렸지만, 그 이상으로 대량의 불안정고용이 출현하는 것에 대한 우려가 표명되었다.[174] 2008년 세계금융위기 이후 근로자파견을 둘러싼 현실은 바로 이 비판론이 지적한 것을 현재화하였다. 상정한 것을 벗어났다고 하는 방관자적인 변명은 용서되지 않는다.

상용대체의 회피라는 시점만으로,[175] 또 ILO협약과의 관계를 과도하게 강조하여 근로자파견의 문제를 파악하는 것은[176] 더 이상 적절하지 않다. 법제정 당시부터 지적되었던 것처럼 인간의 존엄, 균등처우, 커리어 형성이라고 하는 노동에 대한 노동법과 사회보장법의 가치, 보호의 관점을 보다 강조해야 한다.[177]

법제정 당시부터 존재하던 전문업무 중에는 파일링, 건축물청소업무, 건축물관련 서비스업무 등과 같이 전문업무라고 할 수 없고, 업무도급 등으로 대체가능한 것도 포함되어 있었다.[178] 이 점에서는 철저하지 못했던 것도 사실이지만, 규제철학 자체는

---

172) 高梨昌「労働者派遣法の原点へ歸れ」大原社會問題硏究所雜志 604호(2009) 1쪽; 高梨 앞의 주 118) 책 43쪽 이하.

173) 島田陽一「改正労働者派遣法における適用對象業務のネガテイブリスト化の意義と問題点」早稻田法学 75권3호(2000) 133쪽 이하.

174) 山路憲夫「労働者派遣法と業界の問題点」季労 169호(1993) 74쪽 이하; 水島郁子「職業安定法 · 労働者派遣法改正の意義と法的課題」日学硏 523호(2004) 23쪽 이하.

175) 예컨대 鎌田耕一「派遣労働の多様化と労働者派遣法の課題」ジュリ 1066호(1995) 208쪽.

176) 鎌田耕一「労働者派遣法改正法案の意義と検討課題」法律のひろば 1999년 3월호 4쪽 이하.

177) 脇田滋,「労働者派遣事業と有料職業紹介事業の自由化論批判」季労 183호(1997) 74쪽 이하는 ILO협약이 지향하고 있는 것은 파견대상업무나 파견기간 제한철폐라고 하는 단순한 규제완환가 아니라 근로자보호를 강화하고 그것과 균형을 맞춘 규제를 한다는 점을 강조하고 있다.

178) 島田 앞의 주173) 논문 122쪽 이하; 濱口 앞의 주119) 논문 20쪽 참조.

타카나시가 말한 바와 동일했다고 보아도 좋을 것이다.

근로자파견의 법규제에 있어서는 우선은 이러한 당초의 철학으로 되돌아가야 한다. 그리고 그것으로부터 재차 근로자파견이 허용되는 전문업무의 내용을 검토해야 한다. 특히 단순업무를 근로자파견의 대상으로 하는 것에 대해서는 신중해야 한다. 사용자 책임이 분리되는 것에서 생기는 문제는 최소화하는 것이 좋고, 3자간 근로관계는 그 범위 내에서 고용조정시스템으로서 기능시키는 것이 바람직하다.[179] 네가티브 리스트화에 의해서 등장한 새로운 허용업무는 이제까지와 마찬가지로 도급 또는 직접고용으로 충분히 대응할 수 있고, 그렇게 하여야 한다.

전문업무와 그 외 업무의 구별을 없앤 2015년 법개정은 이상의 점에 비추어 볼 때 논할 가치가 없다.

2. 등록형 파견의 문제

둘째는 등록형 파견이다.

등록형 파견이 도입된 것은 타카나시(高梨)에 의하면 전문직 기능을 갖추고 있으면서 직업생활을 떠난 여성의 직장 진출을 지원하기 위한 것이었다고 한다.[180] 그러나 현실에서는 등록형 파견은 전적으로 직업소개에 가까운 제도로 이용되고 있어서 당초의 구상과는 완전히 다른 제도로 변모하였다. 이러한 의미에서 이 제도는 중간착취의 금지라는 측면으로부터도 문제가 많다. 2008년 가을에 발생한 대량의 근로자파견 해지나 파견사업주의 고용보험 미가입으로 인하여 안전망에서 누락된 것이 큰 문제가 되었던 것도 이 유형의 파견근로자이다.[181] 따라서 등록형 파견에 대해서는 건전한 노동

---

179) 법령준수에 대해서 '할 수 없는 것은 할 수 없다' 며 정색하며 말하는 것(小嶌典明「労働市場改革と労働法制」 RIETI Discussion Paper Series 08-J-106)은 건전한 노동시장이나 고용환경을 정비한다고 하는 발상을 저해한다. 이 보고서에서는 실증자료에 근거한 논의의 중요성을 주장하고 있지만 거기서 제시되어 있는 실증자료는 매우 자의적으로 선택된 것으로서 자신의 주장에 불리한 실증자료는 무시되어 있다. 萬井隆令「市場原理主義と労働者派遣 – 小嶌典明氏の労働者派遣論の批判的検討」 労旬 1571호(2004) 36쪽 이하는 小嶌의 노동법 · 고용정책은 시장원리주의에 대한 신봉으로부터 나온 것으로서 고용현장의 실태로부터 동떨어진 것이라고 적확하게 지적하고 있다.

180) 高梨 앞의 주172) 논문 15쪽 이하.

181) 그 외에 파견사업주는 단순히 근로자를 모집하기 위한 기관에 불과하여 충분한 교육훈련도 하지

시장을 파괴하지 않으면서 근로자보호로부터 벗어나지 않고 실시되기 위한 요건을 재차 검토하여야 한다.

등록형 파견은 하마구치(濱口)가 종종 지적하듯이 계약 성립과 파견과의 시계열로부터 생각해 볼 때 그 실태에 있어서 근로자파견을 위해서 파견근로자를 고용한다. 파견법 제2조 제1호에 말하는 「자기가 고용하는 근로자」를 타인을 위하여 노동에 종사하게 하는 것이 아니다. 그것은 오히려 파견사업주가 사용자책임을 부담하는 서비스가 부가된 직업소개라고 하여야 할 것이지 과연 근로자파견이라고 할 수 있을지 의문이다.[182] 즉 근로자파견이라고 할 수 없는 것을 근로자파견으로 한 것에 본래의 잘못이 있다.

등록형 파견에서는 파견사업주와의 근로계약은 대부분이 기간제이기 때문에 이 문제는 또한 기간제고용의 법규제와도 관계되어 있다. 즉, 노동법과 사회보장법의 적용(일정기간 사회보험 가입이 조건으로 되어 있는 후생연금보험을 참조)이라는 측면에서 생각해 보면 표준적인 규제모델은 기간의 정함이 없는 안정된 고용이라고 할 수 있다. 고용기간에 관한 현행 법제에서는 판례법리에 의하여 형성된 갱신거부의 법리(근로계약법 제19조)나 5년을 경과했을 경우의 기간의 정함이 없는 근로계약체결 간주라고 하는 전환제도(동법 제18조)가 있어서[183] 일정 정도는 고용안정화 조치를 마련하고 있다. 그러나 출구규제가 중심이고 기간의 설정에 대한 사유를 요구하지 않아서 입구규제가 존재하지 않는다. 기간제고용 규제로서는 무엇보다도 입구규제가 핵심이다.

3. 취업형태로서의 근로자파견의 자리매김

근로자파견이라는 고용형태는 기간제고용이나 단시간고용과 같이 고용사회에 있어서 불가결한 것인가라고 묻는다면 대답은 '아니다' 이다. 실제로 1985년까지는 극히

않고 파견하기 때문에 사용사업주의 기업에서 분쟁이 다발하는 사례가 발생하는 것도 이 유형의 파견이다.

182) 濱口桂一郎「労働者派遣システムを再考する(2) － 登録型派遣の本質」時の法令 1811호(2008) 33쪽 이하;濱口桂一郎「請負・労働者供給・労働者派遣の再検討」学会誌労働法 114호(2009) 88쪽 이하.

183) 2012년 근로계약법이 기간제고용의 단기고용화로 이어질 위험이 높다는 점에 대해서는 졸고「労働契約法改正は有期雇用不安定化法である」労判 1054호(2012) 2쪽.

예외적인 경우를 제외하고 근로자파견 없이 고용사회는 유지되어 왔다. 1985년에 제정된 파견법은 민법이나 노동관련법의 원칙인 직접고용원칙의 예외를 일정한 요건 하에서 기교적으로 창출하였다. 여기에는 전문업무에 대해서 일시적이고 임시적인 경우에는 건전한 노동관계의 발전에는 그다지 악영향은 없을 것이라는 생각이 작용하고 있었다.

그러나 그 후의 제 · 개정(대다수는 근로자보호의 관점에서는 개악이었다)에 의해서 실질적으로 이러한 기본 철학은 변경되었다.[184] 규제완화 정책이 노동법을 근로자보호법으로부터 노동시장조정법으로 변질시킨 좋은 예이다. 세계금융위기에서 전형적으로 나타난 것처럼 근로자파견은 비정규직 고용 중에서도 경기변동의 영향을 직접적으로 받는 고용형태이다. 또한 인건비 절감의 가장 유효한 고용형태이기도 하다. 이러한 의미에서 파견의 고용형태는 디센트 워크 고용, 두꺼운 중간층의 창출, 표준적 노동관계 모델과도 동떨어져 있다. 그러므로 가능한 한 이것을 줄이든가, 더 강고한 노동법과 사회보장법상의 보호가 있어야 한다.[185]

사견으로는 비정규직 근로자 고용정책의 요체는 균등처우와 정규직화에 있다고 생각한다. 즉 기간제고용 근로자의 경우에는 무기고용과 정규직화라고 하는 프로세스를 거치는 경로로 자리매김해야 한다. 그렇게 하지 않으면 약 40%에 이르는 비정규직 고용에 대한 본격적인 대책은 불가능하다. 근로자파견에 대해서 보면 이미 많은 학자들이 지적하고 있듯이 근로자파견의 직업훈련이나 커리어 향상 정책과 연동되는 사용사업주의 정규화정책을 유도하는 정책이 바람직하다.[186]

Ⅶ. 정 리

고용의 미스매치 해소라는 노동시장 정책으로부터 시작된 근로자파견은 수차례의

184) 毛塚 앞의 주8) 논문 7쪽 이하.

185) 脇田滋「派遣労働擴大と労働關係 · 社會保障の理論」法セミ 731호(2015) 22쪽 이하 참조.

186) 浜村 앞의 주102) 논문 50쪽 이하; 毛塚 앞의 주97) 논문 13쪽 이하; EU는 근로자파견을 일시적인 경우에 한정하는 정책을 다시금 도입하려고 하고 있는데(川田知子「ドイツ労働者派遣法の新動向」法学新報 119권5=6호(2012) 454쪽 이하 등 참조), 이러한 방향은 일본에도 참고가 된다.

개정을 통하여 당초의 규제철학과는 완전히 동떨어진 제도가 되었다. 2012년 법개정에서 다소 원상회복이 이루어졌지만, 2015년 법개정은 그 흐름을 다시 원점으로 되돌렸고, 나아가 한층 더 진행시키려고 한다.

근로자파견의 비율은 근로자 전체에서 보면 약 2%로서, 비정규직 고용에서 차지하는 비율은 비교적 적다. 그러나 많은 나라에서 그리고 일본에서도 불안정고용, 저임금고용, 사회보장제도로부터의 소외라는 비정규직 고용문제는 근로자파견 문제와 보조를 맞추어 진행되어 왔다. 이러한 의미에서 근로자파견 정책은 비정규직 고용 정책의 이정표라고도 할 수도 있다. 새로운 정책의 해답은 근로자파견을 포함하여 고용형태의 차이와 관계없이 모든 고용에 대해 '디센트 워크'를 실현하는 것이다. 즉 일하는(고용되는) 것에 의하여 생존(본인뿐만이 아니라 경우에 따라서는 가족도 포함)을 유지할 수 있을 것, 커리어 형성이 가능할 것, 스스로의 이익이 노동조합이나 종업원대표시스템을 통해서 적절히 대표될 것, 사회안전망에 의해서 확실하게 커버될 것 등이 중요한 핵심 개념이 된다.[187)]

187) 矢野昌浩「持續可能な社會と雇用」, 法セミ 731호(2015) 17쪽 이하 참조.

제 3 장

양질의 일자리(decent work) 실현을 위하여

제1절 고용형태와 근로자상의 다양화란

들어가는 말

고용사회와 노동법의 현재의 모습을 묘사할 때, 종종 일하는 방식의 다양화, 고용형태의 다양화, 고용의 다이버시티 또는 근로자상의 다양화가 지적된다. 이들은 대체로 전통적인 노동법이 온전히 기능하지 못하는 원인으로 거론된다. 하지만 여기에서 '다양화'가 무엇을 의미하는지, 혹은 그것이 노동법에 어떠한 영향을 미치는지가 명확히 정리되어 있지는 않다.[1)]

고용형태의 다양화에 따라 근로자에게는 분명 선택지가 늘어난 측면이 있다. 가족에 대한 책임을 다하는 동시에 일을 하고자 하는 사람에게 풀타임이 아닌 자신의 생활스타일에 맞춰 근로시간을 선택할 수 있다는 점은 큰 장점일지도 모른다. 하지만 풀타임 정규직으로 일하고 싶어도 하지 못하는 사람에게 비정규직 고용의 증가는 정규직이 될 가능성을 감소시킨다. 또한 같은 일을 하면서 파트타임 고용이라는 이유 때문에

1) 최근 문헌으로 村中孝史・水島郁子・高畠淳子・稲森公嘉 編『労働者像の多様化と労働法・社会保障法』(有斐閣, 2015)의 표제; 野川忍・山川隆一・荒木尚志・渡邊絹子 編『変貌する雇用・就労モデルと労働法の課題』(商事法務, 2015)의 서문 등. 또한 필자 자신도 별 부정적인 생각 없이 이 개념을 쓴 적도 있는데(졸저『人権保障と労働法』(日本評論社, 2008) 99쪽 이하 등), 그 태도를 반성하고 있다. 그것이 본절과 연결되어 있다.

임금이 낮게 책정되거나 사회보험이 적용되지 않으면 빈곤이나 워킹푸어 같은 큰 사회문제로 발전할 수도 있다.

제2차 대전 후 노동법이 염두에 두었던 근로자상은 보호가 필요한 사회적 약자로서의 근로자였지만, 1990년대 이후 지속적으로 국가법이나 집단으로서의 노동조합에서 자유로운 자립적 노동자군이 늘어났다고들 말한다. 그리고 이러한 측면에 맞춰 노동입법이나 법개정이 이루어져왔다. 그러나 자립적 근로자라는 근로자상이 실태와는 동떨어진 것이라면, 그것을 전제로 한 입법개혁에는 큰 폐해가 수반된다. 자립적인 근로방식을 강요당한 결과로서 나타난 과로사 문제는 그 전형일 것이다.[2)]

어쨌든 노동법이 전제해야 할 근로자상과 고용에 대해 다시 한 번 검토해야 할 단계에 있다는 것은 분명해 보인다. 특히 '근로자상' 을 어떻게 그릴까 하는 점은 노동법의 존재의미(〈프〉Raison d' être)와 관련된 기본문제이다. 그것은 또한 민주주의 제도로서의 노동법을 담당하는 사람에게 관련된 문제이기도 하다.

Ⅰ. 일하는 방식의 다양화에 대하여

1. 일하는 방식의 다양화?

(1) 노동과 사생활의 조화

'고용의 다양화' 의 경우 다양한 요소를 지적할 수 있다.

근로자의 일하는 방식이 다양화 되었다고 이야기된다. 예컨대 여성 중에 지속적인 커리어 형성을 원하는 사람이 늘고 있다. 반대로 남성 중에서는 예전에는 잔업이나 단신부임을 꺼리지 않는 맹렬사원이 압도적이었지만, 요즘은 가사와 육아에도 참여하며 일과 생활의 균형(워크 라이프 밸런스)를 존중하는 사람이 늘어났다.

이러한 상황을 반영하여, 혹은 그것을 뒷받침하는 형태로 「고용기회균등법」이 제정되고, 그 후 몇 차례 개정을 반복해왔으며, 「육아휴직법」(育児休業法) 제정을 시작으로 「육아돌봄휴직법」(育児介護休業法)이 개정되고 그 대상도 자녀의 돌봄휴가로 확대되었

2) 伍賀一道「雇用と働き方の貧困と労働組合」中村浩爾・寺間誠治 編『労働運動の新たな地平』(かもがわ出版, 2015) 61쪽 이하는 일하는 방식 다양화의 함정을 예리하게 지적한다.

다. 이러한 흐름에 대해서는 필자 역시 긍정적으로 평가한다. 그러나 문제는 과연 법이 기대하는 효과를 내주고 있는가이다. 몇 가지 지표를 살펴보자.

(2) 실 태

후생노동성「2013년도 고용균등기본조사(최종보고)」(平成25年度雇用均等基本調査(確報))(2014. 8. 19)에 따르면, 2013. 10. 1. 현재 조사에서 재직 중인 근로자의 육아휴직 취득률은 여성이 83.0%, 남성이 2.03%이다. 여성의 경우 전년도 대비 0.6포인트 낮아졌다. 남성의 경우에는 전년도에 비해 0.14포인트 높아졌지만, 여전히 매우 낮은 수치이다.[3] 또한 취득한 육아휴직 일수는 여성의 경우 압도적으로 6개월 이상이지만, 남성의 경우 압도적으로 1개월 미만이 많다(도표3-1 참조).

〈도표 3-1〉 육아휴직 취득 기간 비율(2012년도)

(%)

	5일 미만	5일-2주간	2주간-1개월	1개월-6개월	6개월-1년	1년 이상
여성	0.3	0.9	1.6	11.5	50.5	29.6
남성	41.3	19.4	14.8	20.1	2.5	0.5

〈출처〉 후생노동성「2012년도 고용균등기본조사」(平成24年度雇用均等基本調査)에서 작성

약간 오래된 자료지만 후생노동성「2011년판 일하는 여성의 실태」(平成23年版働く女性の実情)에 따르면, 첫째 자녀출산 후 취업지속자 비율은 1980년대 후반에는 39%, 2000년대 후반에는 38%로 거의 달라지지 않았고(정규직에서는 증가했지만, 비정규직 고용층에서는 큰 폭으로 감소했다), 그 결과 기저는 약간 높아졌지만, M자형 고용커브는 지금까지 유지되고 있다. 따라서 출산한 여성 중 육아휴직 취득자의 비율은 더 낮아진다.

그리고 같은 조사에 따르면 출산한 여성의 계속적인 취업을 어렵게 하는 요인으로서 육아기(25세~44세)의 남성 5명 중 한명이 주60시간 이상 일하고 있다는 점이 거론되

3) 독일도 아버지의 육아휴직 취득률이 낮은 국가이지만, 2009년 수치로 '부모수당'을 수급한 아버지의 신생아수 대비 비율은 23.6%이다. 2007년 이전에는 3%였던 남성의 육아휴직 취득률이 그 후 급속히 상승했다(労働政策研究・研修機構, 国別労働トピック 2011년 7월: http://www.jil.go.jp/foreign/jihou/2011_7/german_02.html)

었다. 이 수치는 월간 80시간 이상 잔업을 하고 있는 사람의 비율이다.

다음으로 관리직 내 여성의 비율은 〈도표 3-2〉에서 볼 수 있듯이 선진국 중 한국과 나란히 매우 낮은 수치를 보인다.

〈도표 3-2〉 취업자 및 관리직에서 여성이 차지하는 비율(2012)

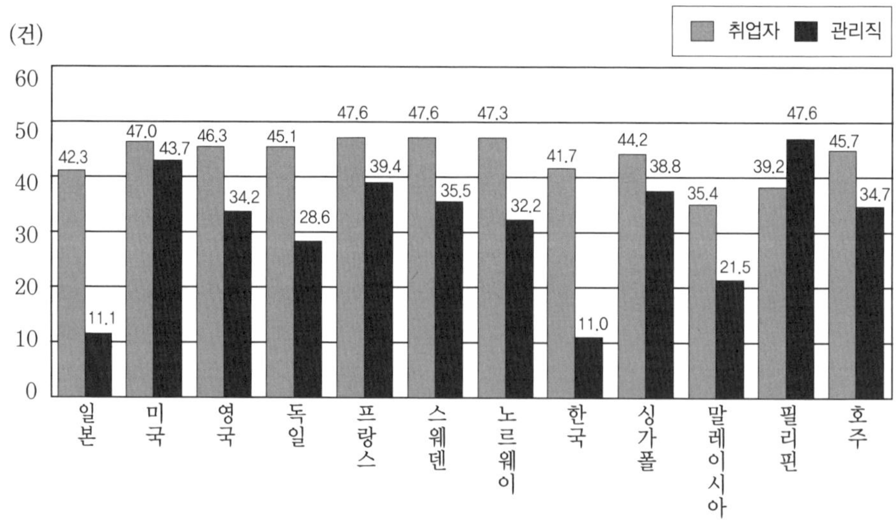

〈출처〉 노동정책연구 · 연수기구(労働政策研究·研修機構) 「데이터북 국제노동비교」(データブック国際労働比較)

이상 일하는 방식의 극히 일부에 관한 것이지만, 남녀근로자 모두가 주체적으로 일하는 방식 혹은 생활과 조화를 꾀할 수 있는 상황에 있다고는 할 수 없다는 점을 말한다. 적어도 여성의 고용환경에는 여전히 척박한 부분이 있다. 아직도 「고용기회균등법」이 그리는 모습과는 크게 다르다고 할 수 있다. 전후 일본 사회, 고용사회가 안고 있던 낡은 공동체적 관계가 여전히 그대로 유지되며 불식되지 않은 채 남아있다.

2. 근로시간의 선택

(1) 근로시간 주권

일하는 방식이 다양화되고 있다면, 근로자가 근로시간과 직장에 관해 어느 정도 주체적인 결정을 할 수 있어야 한다.

우선 근로시간에 대한 주권이 근로자에게 있어야 한다. 근로시간제도 중 근로자 주권은 플렉스타임제, 재량노동제, 시간외 · 휴일근로 명령에 대해 개인 사정을 이유로 거부할 수 있고, 연차휴가를 자유롭고 완전하게 사용할 수 있는 점이다.

「노동기준법」 제32조의3에서 정하는 플렉스타임제에서 근로자는 일정한 범위(선택적 타임) 안에서 출퇴근을 자유롭게 선택할 수 있고, 일정기간 내에서 근로시간의 조정이 가능하다. 또한 노동기본법 제38조의3 이하에서 정하고 있는 재량근로시간제에 대해서는 업무수행의 방법과 근로시간을 스스로의 재량으로 상당 정도 결정할 수 있다. 시간외 · 휴일노동에 관해서는 근로자는 본래 계약으로 약속한 소정근로시간을 초과하여 일할 필요가 없고, 시간외노동 등은 전적으로 예외적인 상황이며 그 실시에는 근로자의 의사가 존중 되어야 한다고 되어 있다. 노동기본법 제39조는 연차휴가 사용에 있어 온전히 근로자에게 시기지정권을 부여하고 있다.

(2) 실 태

그러나 실태는 어떠한가? 제2장 제2절과 중복되지만, 여기에서도 통계자료로서 실태를 확인하고자 한다.

후생노동성 「2014년 취로조건 통합조사결과」(平成26年就労条件総合調査結果)에 따르면, 2014년도 단계에서 플렉스타임제를 도입한 기업의 비율은 5.3%, 적용 근로자는 8.3%에 불과하다. 또한 재량노동제 중 전문직형을 도입한 기업은 3.1%, 적용 근로자는 1.0%에 불과하다. 1987년 노동기본법이 개정되면서 제도가 도입된 지 30년 가까이 되고 있지만, 제도의 보급상황은 이러하다.[4)]

플렉스타임제가 도입되지 않는 이유로서는(복수응답), 적절한 업무 · 직종이 없다 61.7%, 거래처에 피해가 간다 23.6%, 업무의 효율성 · 생산성이 저하된다 21.1%, 종업원의 시간의식이 나태해진다 19.8% 등으로 나와 있다(후생노동성 「재량노동제의 새로운 프레임, 플렉스타임제 재고」). 이 조사를 보면, 근로시간 주권에 관한 논의가 일본에서

---

4) 현실의 재량근로자의 노동실태가 법이 상정하고 있는 것인지, 장시간 노동을 은폐하고 있는 것에 불과한 것인지 검토해볼 필요가 있다. 예컨대 厚生労働省 「裁量労働制等の労働時間制度に関する調査結果 事業場調査結果」(2014. 6. 30)에 따르면, 재량노동제 간주 시간과 실제 근로시간 사이에는 큰 차이가 있다. 재량노동 종사자의 장시간 노동에 의한 과로사 사안도 보고된 바 있다(毎日新聞). 근로시간 주권을 이야기할 때에는 우선 이러한 실태를 극복해야 하지만, 여기에서는 문제만 지적해 둔다.

는 별로 이루어지지 않는 이유를 알 수 있다.[5)]

〈도표 3-3〉 연간 총 실제 근로시간 추이(파트타임 근로자를 포함, 사업장 규모 5인 이상)

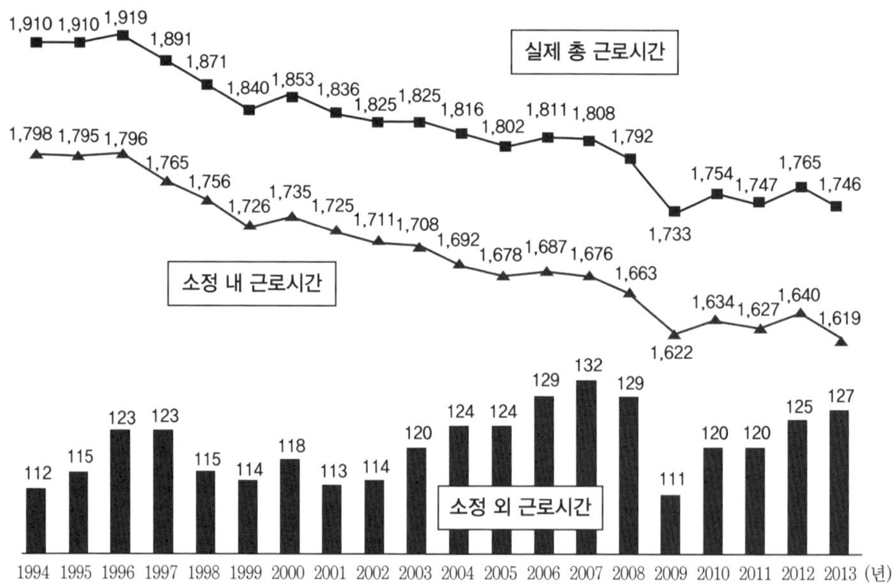

〈출처〉 후생노동성 「매월 근로통계조사」(毎月勤労統計調査)

근로시간 주권이라는 관점에서는 연차휴가 사용률도 중요한데, 위의 조사에서 연차휴가 부여 일수 18.5일 중 사용일수는 9.0일, 사용률은 48.8%에 불과하다. 최근 십몇 년 간 50%를 밑도는 상태를 유지하고 있다. 참고로 외국과 비교하면 독일과 프랑스에는 약 30일의 연차휴가가 있고 거의 완전 사용되고 있어, 일본의 연차휴가의 빈약함을 알 수 있다. 이 점을 통해서도 일본 근로자에게는 근로시간 주권이 없다고 할 수 있다.

(3) 시간외 근로

전체 근로자 평균 연간 실제 총 근로시간은 완만하게 감소하고 있지만(〈도표 3-3〉 참조), 일반근로자(정규직 근로자)만 떼어서 보면, 거의 변화가 없다는 점을 알 수 있다(〈도

5) 독일의 근로시간 주권 논의에 관해서는 졸저 『ドイツの労働時間と法』(日本評論社, 2008) 5쪽, 32쪽 이하 등을 참조.

표 2-17〉 참조). 이는 결국 파트타임 근로자가 급증함에 따라 평균근로시간이 단축되어 온 것에 불과하다는 의미이다. 일반근로자의 장시간 근로에는 변화가 없다. 그리고 IT 기기 활용 등에 의해 노동밀도는 높아지고 있으므로, 근로시간에 변화가 없다는 점은 피로 축적이 오히려 높아졌으리라는 예상이 가능하다.

주지하듯 여기에 상당시간의 서비스(무급)잔업이 추가된다.[6] 이 배경에 대해 스게노(菅野) 교수는 증가 추세인 고도 전문직은 근로시간 관리 적용이 어렵다는 점 외에 인원삭감으로 인해 소정근로시간 내 업무처리가 어려워진 점, 총 인건비 억제 정책이 영향을 끼치고 있다고 지적한다.[7]

이상의 지표는 모두 근로자의 근로시간 주권이 확립되어 있다고 절대 말할 수 없는 상황임을 나타낸다. 따라서 압도적인 수의 근로자는 여전히 종속성 안에 놓여있다고 할 수 있다.

3. 직종 · 직장의 선택

(1) 무한 정사원 제도를 정당화 하는 판례법리

일본의 기업 업무에서 이른바 정사원에게 요구되는 것은 언제든, 어디서든 사용자의 지휘명령에 따라 근무할 태세일 것이다. 가령 잔업이 필요하면 업무 종료시간 직전에 명령을 받아도 그에 따르며, 주말에도 꺼리지 않고 출근하고,[8] 혹은 일주일 전 사령이라도 단신부임을 거부하지 않고 전국 어디든 이동하는 사원이다.[9] 「파트타임노동법」 제8조에서 상정한 '통상적 근로자' 가 말 그대로 이러한 근로자이다.

이전에 기업 내 인사이동인 배치명령권의 근거에 대한 격렬한 논의가 있었다. 대표적인 학설은 혼다(本田)설(포괄적 합의설 · 형성권설)과 와타나베(渡辺)설(노동계약설)이

---

6) 이 계산은 학자에 따라 크게 다른 것 같지만, 高橋陽子「ホワイトカラー『サービス残業』の経済学的背景」日労研 536호(2005) 56쪽 이하에 따르면, 2000년 전반의 월간 서비스 잔업시간은 30시간에서 40시간(기업규모에 따라 상이)인 것으로 추산된다. 이 숫자에 그 후에도 큰 변화는 없다고 예측된다.

7) 菅野和夫『新雇用社会の法』(有斐閣, 2002) 201쪽.

8) 시간 외 근로를 거부한 근로자의 징계해고를 긍정한 히타치제작소 무사시공장(日立製作所武蔵工場) 사건 · 最高裁判所 · 最一小判 1991. 11. 28. 民集 45권8호 1270쪽을 참조.

9) 병중인 부모를 돌봐야 하는 근로자의 원거리 배치를 유효하다고 판단한 도아페인트(東亜ペイント) 사건 · 最二小判 1986. 7. 14. 労判 477호 6쪽 참조.

다.[10] 근로계약론의 기본문제에 대한 이론적 측면에서는 흥미로웠으나, 도아페인트(東亜ペイント) 사건 최고재판소 판결(주9)로 인해 타협적인 결말로 논의가 정리되었다.

이 논의 가운데 주목받은 것이 근로계약을 지위설정=신분취득계약으로 이해하는 스에히로(末広厳太郎)의 이론이었다.[11] 포괄적 합의설 또는 신분설정계약설도 '신분에서 계약으로' 라는 근대법의 이념상 의문시되기도 했지만, 일본의 고용실태에는 맞아 떨어졌다. 그렇기 때문에 도아페인트 사건에 대한 최고재판소 판례법리는 그 후 오랫동안 실무를 주도할 수 있었다.

이러한 맹렬형 사원은 오래 전부터 존재했지만, 1995년 당시 일본경제단체연합회(日経連)가 내놓은 '신시대의 「일본식 경영」' 에서 제기된 고용전략에 따라 그것이 수적, 양적으로 더욱더 첨예화 되었다. 즉 이 부분(장기축적능력 활용형)을 더 줄이고, 그 대신 주변에 대량의 비정규직 고용(특히 고용유연형)을 증대시켰다. 그리고 고용보장을 받는 대신 과로사와 과로자살까지 이를 법한 '과도한 노동' 을 강요받게 되었다.

(2) 한정 정사원(限定正社員) 제도라는 제안

전통적인 전환배치 법리는 그 후 「육아 돌봄휴직법」(育児介護休業法) 제26조와 「노동계약법」 제3조 제3항에 일과 생활의 균형 규정이 삽입됨에 따라 약간이긴 하나 수정되었다.[12] 이 움직임을 더욱 부추긴 논의가 다양한 정사원 제도로서 제기되고 있는 것으로, 특약으로 직무내용과 근무지 또는 근무시간을 정해놓는 한정 정사원=업무(job)형 정사원 제도이다.[13] 전술한 맹렬형 정사원이 아니라 근무지나 직종이 한정된 정사원(업무형 정사원)을 제도화, 법제화 하자는 제안이다. 이를 구체화한 것이 2014. 5. 30. 규제개혁회의에 제출된 워킹그룹 보고서이다.

그 제안 이유로는 (1) 비정규직 고용에서 정규직 고용으로 전환이 용이해지는 점, (2) 가정친화적(family friendly)이고 일과 생활의 균형을 갖춘 일하는 방식을 실현할

---

10) 恒藤武二 編 『論争労働法』(世界思想社, 1978)에 수록된 本多淳亮 「人事権」 220쪽 이하, 渡辺章 「人事権」 238쪽 이하 참조.

11) 石田眞 「労働契約論」 籾井常喜 『戦後労働法学説史』(労働旬報社, 1996) 625쪽 이하.

12) 네슬레일본(ネスレ日本) 사건 · 大阪高判 2006. 4. 14. 労判 915호 60쪽; NTT히가시니혼(NTT東日本) 사건 · 札幌高判 2009. 3. 26. 労判 982호 44쪽.

13) 예컨대 規制改革会議 「ジョブ型正社員の雇用ルールの整備に関する意見」(2013. 12. 5).

수 있는 점, (3) 여성의 적극적인 고용촉진으로 연결되는 점, (4) 정사원 간 상호 전환으로 커리어 지속이 가능해지는 점, (5) 외부노동시장에 대한 옵션이 확대된다는 점이 거론된다. 또한 한정 정사원 제도에 대해서는 이용방법 여하에 따라서는 일과 생활의 조화형 고용이 될 수도 있고, 전통적인 정사원으로는 바로 이행할 수 없는 비정규직 고용이 용이하게 정사원 이행형태도 될 수 있다고 적극적으로 평가하는 의견도 있다.[14)]

(3) 평 가

한정 정사원 제도 제안에 대해서는 애초에 그 전제로서 직무내용, 근무지, 근무시간을 한정되지 않는 무한정 정사원을 상정하는 입론[15)]에 대해 의문이 든다.[16)] 가라츠(唐津) 교수의 말을 빌리자면, 그러한 인식은 법적 커먼센스와 모순된다.[17)] 이러한 정사원상은 전통적인 맹렬형 정사원상이지만, 건강이나 일과 생활의 균형면에서 결함을 갖고 있다. 그것을 모델로 생각하는 발상을 바꾸지 않으면, 과로사나 과로자살 문제도 고용형태 간 차별문제(「파트타임노동법」 제9조의 통상의 근로자는 맹렬형 정사원을 모델로 하고 있다고 해석된다)도, 성차별 문제도, 어떤 것도 해결할 수 없다.

무한정 정사원과 비정규직 고용이라는 이원적 고용관리 문제는 예전부터 지적되어 왔다. 하지만 이 문제는 그 사이에 한정 정사원을 만들면 해결되는 단순한 문제가 아

---

14) 예컨대 濱口桂一郎『日本の雇用と中高年』(筑摩書房, 2014) 202쪽 등. 한정 정사원 제도는 최근 주목 받는 주제로서 부정적인 면도 포함한 실태에 대해서는 日経ビジネス, 2014년 5월 19일자 특집「さらば使い捨て経営」週間東洋経済, 같은 해 5월 24일자 특집「雇用がゆがむ」참조.

15) 大内伸哉 · 守島基博『人事と法の対話』(有斐閣, 2013) 44쪽 이하 참조.

16) 전통적인 노동법 이론과의 관계에서는 근로자가 오랜 기간 그 직무에 종사한 것이나 아나운서로서 채용되어 그 직무훈련을 받고, 그리고 오랜 동안 이 업무에 종사해왔다는 것만으로는 직무 특정을 인정하지 않는 것이 판례법리이다(닛산자동차 무라야마공장(日産自動車村山工場) 사건 · 最一小判 1989. 12. 7. 労判 554호 6쪽; 규슈 아사히방송(九州朝日放送) 사건 · 最一小判 1998. 9. 10. 労判 757호 20쪽 등. 한정 정사원 제도는 이 판례이론에 대해 어떻게 대응하는지, 명확하게 밝히지는 않고 있다.

17) 唐津博「コモン · センスと労働法ー『限定』正社員論を怪しむ」労旬 1804호(2013) 4쪽 이하. 그 의미에서는 무한정 근로시간을 만들어낸 히타치제작소 무사시공장(日立製作所武蔵工場) 사건 · 最一小判 1991. 11. 28. 民集 45권8호 1270쪽, 무한정 배치를 만들어낸 도아페인트(東亞ペイント) 사건 · 最二小判 1986. 7. 14 労判 477호 6쪽 각 판례법리의 근본적인 재고가 필요하다(이 점에 대해서는 앞의 주1) 졸저 144쪽 이하 참조).

니다. 오히려 1985년 균등법 제정 직후에 유행하고, 그리고 성차별의 새로운 형태라고 비판 받았던 종합직 · 일반직의 재탕으로 이용되거나, 명칭만 정사원으로 해놓고 고용실태는 그때까지의 비정규직과 거의 달라지지 상태에 놓일 위험성이 크다. 무한정 정사원이 안고 있는 문제 자체를 해결하지 않고, 새로운 불안정한 고용신분을 만들어내는 것으로 이어질지도 모른다. 이원적 인사정책을 해소하기 위해서는 철저한 균등처우 · 차별금지가 더 적합하다.[18)]

나아가 한정 정사원 제도에서는 직무내용과 근무지가 한정되어 있기 때문에, 그것이 없어지면 즉시 해고가 정당하다고 해석된다.[19)] 하지만 근무지나 직종이 한정되어 있는 근로자라도 정리해고법리에서 말하는 제1요건을 충족된다고 해서 즉시해고가 정당화되는 것은 아니므로, 이 의견은 정리해고법리 중 특히 제2요건인 해고회피노력의무를 제대로 이해하고 있지 못하다.[20)]

그래서 경영자측은 한정 정사원만을 대상으로 하는 정리해고법리를 입법화하자는 의견을 말한다. 즉 정리해고법리는 근무지나 직종이 한정되지 않은 정사원에 대해서는 현재 종사하고 있는 직무 혹은 사업소나 공장이 구조조정 차원에서 폐지되어도, 해당 근로자를 바로 해고할 수 없다. 다른 공장이나 직무로의 배치이동 가능성을 검토하고 이러한 노력에도 불구하고 고용을 유지할 수 없을 때 비로소 인원정리로서의 해고(정리해고)가 유효하게 된다. 이에 반해 한정 정사원의 경우 종사자에게 근무장소나 직무내용이 한정되어 있기 때문에 근무장소나 직무가 없어지면 그로 인한 정리해고가 즉각 유효해진다. 이 점을 입법에 의해 명확하게 하겠다는 것이다.

그러나 "일과 생활의 균형을 고려한 고용형태를 마련했습니다. 그것을 선택할 수는 있지만, 고용보장에는 결함이 있습니다."라는 고용제도는 고용개혁이긴 하나 과연 고용개선이 될 수 있을까?

이러한 점에 생각하면, 한정 정사원은 다음과 같은 특징을 갖는다고 할 수 있다. 가령 직업생활 중에 가정생활과 개인생활과의 균형을 고려하여 지역 한정형 정사원을 뽑는다고 해도(대다수의 경우 기혼여성이겠지만), 그 사람은 큰 임금격차나 쉬운 해고의

---

18) 이 문제에 대해서는 毛塚勝利「『限定正社員』論の法的問題を考える」季労 245호(2014) 19쪽 이하 참조. 고용형태와 균등대우에 대해서는 제3절에서 자세히 논하고 있다.

19) 濱口桂一郎『若者と労働』(中央公論新社, 2013) 261쪽 이하 등.

20) 朝日新聞 2013년 8월 2일 菅野和夫 인터뷰 참조.

위험성을 상정해야 한다. 여기에는 일과 생활의 균형을 중시하는 근로자의 의사나 생활스타일을 존중하려는 발상이 아니라, 그들을 비협조자나 2급 근로자로 취급하려는 기업의 태도가 엿보인다.

종래의 정사원=맹렬형 정사원과 직무, 근무지 한정형 정사원=업무형 정사원이라는 이분법에는 이상에서 논한 것처럼 많은 문제가 있다.

Ⅱ. 고용형태의 다양화에 대하여

1. 고용형태의 다양화란

필자도 지금까지 고용형태의 다양화를 논해왔지만, 그 의미를 엄밀히 밝혀오지 않은 점은 반성해야 한다. 고용형태란 근로계약에 있어 직접고용형인지 간접고용형인지, 기간제인지 기간의 정함 없는 것인지, 풀타임인지 파트타임인지의 요소에 의해 정해지는 계약내용을 말한다(고용통계에서는 기업 내에서의 명칭을 기준으로 조사한다).

그런데 기간제인지 무기인지는 민법 제정 당시부터 존재했으며(민법 제626조 이하 참조), 풀타임인지 파트파임인지도 역시 민법 제정 당시부터 존재했다. 따라서 형태면에서 다양화를 논할 만한 의미가 있는 부분은 1985년 「노동자파견법」에 의해 법적으로 인정된 간접고용 뿐이다. 이 역시 민법 제625조의 한 가지 이용형태이지만, 「직업안정법」(職業安定法) 제44조에 의해 그 이용은 금지되어 왔다.

그렇다면 고용형태의 다양화란, 간접고용, 기간제고용, 파트타임노동의 조합에 의해 특징 지워지는 비정규직 고용근로자가 양적으로 증가한 사실을 지칭하는 것이 된다. 〈도표 2-1〉을 보면, 비정규직 근로자가 최근 20년간 두 배 이상으로 늘었다는 것을 알 수 있다. 최근의 노동력 조사에서는 비정규직 고용 근로자가 차지하는 전체에서의 비율은 약 38%에 이른다. 여성의 경우 57%의 비율이다.

그런데 후생노동성의 「'비정규직 고용' 의 현상과 과제」에 따르면 비정규직 고용에 대해서는 다음과 같은 특징을 들 수 있다.

① 각 연령층에 평균적으로 분포한다.

② 원치 않는 비정규가 평균 18%를 넘으며, 그 수치는 25-34세에서 특히 높다.

③ 일반근로자(정규직)의 임금은 50대 초반까지는 상승하나(19세까지의 시급은 1천 엔

을 조금 넘으며, 50-53세에서는 2440엔이 조금 넘는다), 파트타임 근로자(정규직 이외)의 임금은 거의 상승하지 않는다(880엔부터 1030엔으로 상승).

④ 커리어 형성에 필요한 교육훈련은 비정규직원의 경우 정규직원의 절반 이하이다(계획적인 OJT를 받는 비율은 전자가 62.2%, 후자가 31.1%).

⑤ 사회보험 가입상황은 비정규직 고용의 경우, 고용보험이 65%, 건강보험이 53%를 각각 넘는 비율이며, 후생연금의 경우 51%이다.

이상으로 볼 때 개괄적으로 말하면, 비정규직 고용의 증가에 따른 고용의 다양화는 근로조건 등에서 큰 격차를 생기는 근로자가 증가한다는 의미이다. 모든 나라에서 비정규직 고용 문제가 고용대책의 중심이 되는 이유가 여기에 있다. 특히 동일가치노동 동일임금이 없는 일본에서 상황은 더욱 심각하다(자세한 내용은 제2절과 제3절에서 논한다).

2. 박사 후 과정(post doctor)의 문제

기간제고용의 하나로서 고도의 전문지식, 경험 등을 가진 사람에 대해서는 「노동기본법」 제14조의 3년이라는 기간상한의 예외로서 고용기간을 5년으로 설정하는 것이 인정된다(동조 제1항 제1호). 이 예외가 활용되는 전형적인 사례가 박사학위를 가진 사람, 즉, 포스트닥터의 고용이다.

이러한 고용을 정사원의 무기고용과 비교적 단기간고용(단기고용) 사이의 중기고용으로서 사용자도 교육훈련 등에 주력하거나, 근로조건 개선을 도모하는 등 전체적으로 기간제고용 근로자의 고용을 개선하는 고용방식으로 하겠다는 의견이 나왔다.[21] 하지만 박사 후 과정 문제에서 보는 한, 이러한 기대는 충족되지 않는다.[22] 박사학위를 갖고 있는 근로자조차 노동시장에서는 결코 강자가 아니다.

---

21) 渡辺章「中期雇用という雇用概念について」『労働関係法の現代的展開』(中嶋士元也 선생 회갑 기념)(信山社, 2004) 71쪽 이하 등.

22) 水月昭道『高学歴ワーキングプア』(光文社, 2007); 大理奈穂子 外『高学歴の貧困』(光文社, 2014) 등.

Ⅲ. 근로자상의 다양성에 대하여

1. 무엇이 다양화 되었는가?

노동관계법규의 대상이 되는 근로자의 개념이 상이하다는 사실은 학설, 판례에서 일반적으로 인정되고 있다. 「노동조합법」 제3조의 근로자 개념[23]은 「노동기본법」 제9조[24]와 「노동계약법」 제2조 제1항[25]의 그것보다 넓다. 이는 근로자 개념의 다양성이라고 할 수도 있으나, 상이한 법의 취지 · 목적에 대응하는 근로자 개념의 상대성의 문제이다. 노동조합법 제3조는 법 형식적(세법과 사회보장법)으로는 자영업자로 취급 받는 자의 일부를 경제적 종속성을 중심으로 한 종속성의 특징이 보인다는 점에서 '근로자' 개념을 확장한 것으로 생각할 수 있다.[26]

근로자의 일하는 방식이 다양해진 점은 근로자상과 관계가 없지는 않지만, 그 영향은 미미하다. 고용형태의 다양화 또한 그러하다. 근로시간에 대해 일반적으로 근로자에게는 그 주권이 부여되지 않는다. 고도의 권한을 가진 관리직의 근로시간 주권은 생각할 수도 있지만, 현재는 관리직일수록 장시간 근로를 강요당하고 있다. 노동기본법 제정 당시 동법 제41조 제2호가 예상했던 '중역 출근' 유형[27]은 오늘날에는 극히 소수밖에 존재하지 않는다.

남성 중심이었던 일하는 사람에 여성이 늘어나고 또한 장애인 고용이 중시되면서

---

23) 신국립극장 운영재단(新国立劇場運営財団) 사건 · 最三小判 2011. 4. 12. 民集 65권3호 943쪽; INAX메인터넌스(INAXメンテナンス) 사건 · 最三小判 2011. 4. 12. 労判 1026호 27쪽; 빅터서비스엔지니어링(ビクターサービスエンジニアリング) 사건 · 最三小判 2012. 2. 21. 労判 1043호 5쪽.

24) 노동기본법 9조와 마찬가지로 해석되는 노재보험법상의 근로자 개념에 대해, 요코하마노동기준감독서장(横浜労基署長)(아사히지업(旭紙業)) 사건 · 最一小判 1996. 11. 28. 労判 714호 14쪽.

25) 통설적 견해로서 노동기본법 9조와 노동계약법 제3조 제1항의 근로자의 범위는 전자가 '사업' 에 사용되는 자인 점을 제외하고는 같다고 해석되지만(菅野和夫 『労働法 · 第11版』(弘文堂, 2016) 170쪽 이하; 土田道夫 『労働契約法』(有斐閣, 2008) 47쪽 등. 개인적 의견은 후자는 전자보다도 훨씬 넓은 개념이라고 해석한다(졸고 「労働契約の成立と当事者」 西谷敏 · 根元到 『労働契約と法』(旬報社, 2011) 58쪽 이하).

26) 西谷敏 『労働法 · 第二版』(日本評論社, 2013) 532쪽 이하 참조.

27) 1947. 9. 3. 発基 17호에서는 부장, 공장장은 노무관리에 대해 경영자와 일체적인 지위에 있다고 본다.

이들이 고용 다양화(diversity)로 논해지는 경우가 있다.[28] 이들은 때때로 차별금지영역 확대, 그리고 때때로 차별 철폐 행동(affirmative action)의 대상 확대로 연결되어, 특별한 입법 대책을 요구하게 되지만, 이들 역시 근로자상의 다양화와는 관련성이 희박하다. 굳이 말하면 사회적 보호의 필요성이 있는 노동자군의 증가라고는 이해할 수 있다.

2. 전통적 근로자상과 자립적 근로자상

법이 염두에 두고 있는 인간상이 법의 기본적인 성격을 결정한다고 정식화한 것은 두말할 것도 없이 라드브루흐(Gustav Radbruch)부터였다. 그에 따르면, 근대법의 기초에 있는 인간상은 중세 공동체로부터 해방된 호모 에코노미쿠스(homo economicus)의 인간상이었다. 이에 반해 사회법으로서의 노동법의 인간상은 사회생활에 입각한 인간상이다.[29]

근로자상을 공동체 의식을 갖고 연대성으로 유지되는 인간상으로서 더욱 정식화 시킨 것은 진츠하이머(Hugo Sinzheimer)이다. 추상적인 자유에 기초를 둔 민법적 인간상에 비해 노동법에 있어 인간상은 현실에 기초를 둔 인간상이다. 그것은 계급으로서의 인간이며 이 점이 종속성론으로서 발전된다.[30]

종속성론은 노동법 이념 또는 그에 따라 확립되는 기반을 설명하는 것으로서, 또 노동법이 적용되는 근로자 개념 혹은 노동계약 개념을 확정하는 툴로써 일본에서도 사용되어왔다. 후자의 경우 때로는 사용종속관계라고 바꿔 읽을 수 있는 경우가 있지만, 본질적으로는 다르지 않다. 종속성론 혹은 그에 의해 특징 지워지는 근로자 개념이 법에 따라 상이하다는 점도 앞서 언급한 대로이다.

---

28) 예컨대 森戸英幸・水町勇一郎 編『差別禁止法の新展開－ダイヴァーシティの実現を目指して』(日本評論社, 2008).

29) 구스타프 라드부르흐(桑田三郎・常盤忠充 역)『法における人間』(東京大学出版会, 1962) 3쪽 이하.

30) 상세한 내용은 片岡曻『労働法の基礎理論』(日本評論社, 1974) 6쪽 이하 참조. 진츠하이머의 종속노동개념에 대해서는 진츠하이머(楢崎二郎・蓼沼謙一 역)『労働法原理・第2版』(蓼沼謙一 저작집 별권)(信山社, 2009) 14쪽 이하; 진츠하이머의 사람, 교우관계, 연구활동에 대해서는 久保敬治『ある法学者の人生 フーゴ・ジンツハイマー』(三省堂, 1986); 同『フーゴ・ジンツハイマーとドイツ労働法』(信山社, 1998) 참조.

본절에서 문제로 삼고 있는 것은 전자의 의미의 종속성론이다. 많은 대표적인 노동법 교과서에서는 라드부르흐나 진츠하이머의 학설에 맞춰 설명한다.[31] 이에 대하여 노동법 이념을 종속성 개념을 활용해 설명하는 것에 부정적인 사람도 예전부터 존재해 왔다.[32] 하지만 이러한 비판도 고용관계의 현실에서 생산수단의 소유자인 사용자의 사실상의 우위성, 노동력 상품의 특수성, 근로자의 지휘명령 복종성의 현실과 노동법이 그것들을 극복할 사명이 있다는 사실을 부정하지는 않는다.

이러한 종속성론에 문제를 제기한 것이 근로자의 자기결정권 또는 집단에 매몰되지 않는 주체성을 중시한 이론을 제기한 니시타니(西谷) 교수 이론이다. 1980년대 후반부터 전개된 니시타니 이론은 종속노동론 일변도였던 전통적 노동법학의 철학적 변용을 강요하는 내용의 것이었다. 경제성장이 성숙기에 들어간 점, 근로자 의식에 변화가 생겼던 점이 이 이론을 뒷받침했다. 그러나 그 후 이 이론에 여러 가지 비판이 제기되는데, 전통적 노동법학 진용(프로레이버 노동법학)으로부터의 자기결정을 과대하게 평가하며, 신자유주의 사상의 영향을 받는 규제완화론에 이용된다는 비판을 받으며 니시타니 자신이 그 후 이론을 약간 변용했다. 즉 자기결정권이 헌법상에서도 혹은 노동법상에서도 중요한 개념 · 이념이라는 점을 재차 강조하면서, 그렇기 때문에 자기결정을 존중할 수 있는 법적 규제의 재구축이 필요하다는 점을 적극적으로 설득한다.[33]

필자는 자기결정권 주장에 찬성하면서도 1990년대 이후의 규제완화론에 교묘하게 이용당했던 점에 우려를 느꼈다.[34] 안타깝게도 그 우려는 최근의 입법정책을 보면서 한층 강해졌다. 입법정책에는 전술했듯 고도프로페셔널제도의 도입과 재량노동제의 대상 확대가 있다. 아베노믹스가 내걸고 있는 '고용유지형에서 노동이동지원형으로의 전환' 이라는 고용정책 안에서 2014년도부터 해고를 막기 위해 지급하고 있는 '고용

---

31) 대표적인 것으로 宮島尚史『労働法学』(青木書店, 1964) 56쪽 이하; 本田淳亮『労働法総論』(青林書院, 1986) 65쪽 이하; 久保敬治 · 浜田冨士郎『労働法』(ミネルヴァ書房, 1993) 5쪽 이하 등. 西谷 앞의 주26) 책 6쪽 이하도 기본적으로는 여기에 놓을 수 있지만, 후술하는 바와 같이 새로운 문제도 제기한다.

32) 吾妻光俊『労働法』(青林書院, 1956) 52쪽 이하; 石井照久『新版労働法 · 第3版』(弘文堂, 1976) 8쪽 이하 등.

33) 西谷敏『規制が支える自己決定』(法律律丈化社, 2004) 151쪽 이하.

34) 졸고「労働契約論の現代的課題」季刊労働者の権利」233호(2000) 7쪽 등. 그 배경에 대해서는 菅野和夫 · 諏訪康雄「労働市場の変化と労働法の課題」日労研 418호(1994) 4쪽 이하이다. 이 문제에 관해서는 앞의 주1) 졸저 255쪽 이하도 참조.

조정지원금' 예산을 절반으로 줄이는 한편, 전직을 지원하는 '노동이동지원지원금'을 대폭 늘렸다.

판결례에서도 반복갱신된 기간제 근로계약의 고용해지에 관한 판례법리를 회피하기 위해 근로자의 동의에 기반한 '비갱신조항'을 이용하는 사례,[35] 근로자의 개별동의를 붙여 취업규칙의 불이익변경을 강행 하려는 사례[36] 등이 등장하고 있다. 이들은 얼핏 근로조건의 결정을 근로자의 자기결정권에 위임하는 것 같지만, 종속적 관계를 이용한 근로자의 동의 강요라고 할 수도 있다. 판결은 근로자의 합리적인 의사를 살피고는 있으나, 강요당한 의사를 진정한 의사라고 받아들여도 되는가라는 문제에 대해서는 충분히 대응하지 못하고 있다.[37]

3. 근로자상은 변화하고 있는가?

노동조합에 가입하지 않는 근로자는 매년 늘어나고 있다. 조직률이 저하하고 있을 뿐 아니라, 노동조합원 수 자체도 감소하고 있다. 유니온 숍 협정이 없다면 현재의 조직률을 훨씬 밑도는 수치가 나올 수밖에 없을 것이다. 연령 계층별로 보면, 비조합원인 관리직층이 늘어나는 45세 이상에서 조직률이 저하하는(45~49세에서 7.2%) 점은 이해가 가지만, 그 이전 층에서는 35~39세가 42.8%로 가장 높고, 30~34세에서는 18.4%, 30세 미만에서는 1.4%에 불과하다.[38] 특히 청년층에서 뚜렷하게 나타나는 단

---

35) 긴키코카콜라드링크(近畿コカ・コーラドリンク) 사건・大阪地判 2005. 1. 13. 労判 893호 150쪽; 히타치제작소(日立製作所) 사건・東京地判 2008. 6. 17. 労判 969호 46쪽; 혼다기연공업(本田技研工業) 사건・東京高判 2012. 9. 20. 労経速 2162호 3쪽 등.

36) 교아이(協愛) 사건・大阪高判 2010. 3. 18. 労判 1015호 83쪽; 야마나시현민신용조합(山梨県民信用組合) 사건・最二小判 2016. 2. 19. 재판소 웹 등.

37) 가령, 비갱신 조항에 관해 많은 판례(앞의 주35)는 근로자의 의사의 진의를 문제 삼아(그 때 이따금 인용되는 것은 싱거 소잉 머신(シンガー・ソイング・マシーン) 사건・最二小判 1973. 1. 19. 民集 27권 1호 27쪽이 제시하는 판단구조이다) 처리하고 있지만, 그렇게 하면 고용해지법리(현재는 노동계약법 제19조)의 회피를 쉽게 인정해버리게 될 수도 있다. 이 경우에도 고용해지법리를 적용하고 비갱신 조항의 존재를 하나의 상황으로서 고려하거나(아카이시서점(明石書店) 사건・東京地決 2010. 7. 30. 労判 1014호 83쪽), 혹은 합의 성립 요건으로서 고용해지의 필요성을 고려하는 방식이 타당하다. 또한 앞의 주36) 야마나시현민신용조합 사건에 대한 최고재판소 판결은 노동관계에서 근로자의 특수한 입장부터 근로자의 합의 인정에 대해서는 신중한 대응을 요구한다. 이상에 대해서는 西谷・앞의 주26)『労働法・第2版』(有斐閣, 2013) 446쪽 이하 참조.

38) 연령계층별 조직률을 알 수 있는 최근 조사는 厚生労働省「平成17(2005)年労働組合活動実態調

체로부터의 자유를 유지하려고 하는 근로자를 어떻게 생각해야 할까? 그들은 개인으로서 강한 근로자일까? 한 조사는 근로자의 권리를 이해하고 있는 사람일수록 노동조합을 강력하게 지지한다는 사실을 밝힌 바 있다.[39] 그렇다면 근로자의 노동조합 이탈은 권리의식의 후퇴와 연관되어 있다고 할 수 있다. 그러한 상태는 자립적인 근로자상과는 거리가 멀다.

다른 조사에서는 '의식상 노동조합 이탈은 매우 장기적으로 진행되어 온 것', '노동조합에 대한 유효성, 의견 반영도, 필요성, 신뢰에 대한 감각이나 노동조합의 존재감은 모두 대체로 저하 경향이라는 점', '직장에서 근로자의 연대감은 상실되는 추세로, 동료와의 이상적인 인간관계도 부분화, 형식화 되어온 점', 그 배경에 '최근의 성과주의적 인사제도의 강화'가 있다고 지적한다. 이 조사 중 직장생활에서의 문제 해결 수단에 관한 조사가 주목되는데, 약 20년간 노동조합 활동을 선택하는 자는 31.5%에서 18.2%로 감소하고, 그만큼 당분간 사태의 추이를 지켜보는 자가 37.2%에서 50.25%로 상승했으며, 직장상사의 재량에 맡기겠다는 자가 23~25%로 변화하고 있다.[40] 이들 수치로 보면, 근로자가 자립화하고 있다 혹은 그러한 근로자가 증가하고 있다고는 생각하기 어렵다. 오히려 타자 의존적이고 체념한 정반대의 근로자상이 그려진다.

이러한 가운데, 도쿠시마(徳島)에 소재한 도요타 하청회사의 청년근로자 정사원화 운동이 있었는데,[41] 스스로의 약함을 인식하면서 노동조합이라는 연대를 찾아 큰 기업, 사용자와 맞서려는 청년[42]에게 진정한 자립을 추구하는 근로자상을 발견한 사람은 나뿐일까?

査」, 그 전에는「平成１２(2000)年労働組合活動実態調査」. 이 기간 중 감소경향으로 보면 지금의 수치는 더욱 저하되어 있을 것으로 추측된다.

39) 原ひろみ・佐藤博樹「労働組合支持に何が影響を与えるのかー労働者の権利に関する理解に着目して)」日労研　532호(2004) 54쪽 이하.

40) 間淵領吾「労働組合離れと組合意識の変容」中村圭介・連合総合生活開発研究所 編『衰退か再生か:労働組合活性化への道』(勁草書房, 2005) 123쪽 이하.

41) 伊藤大一『非正規雇用と労働運動』(法律文化社, 2013). 이 책에 대해서는 猿田正機에 의한 서평이 있다(大原社会問題研究所雑誌 661호(2013) 74쪽 이하).

42) 수도권 청년유니온으로 대표되는 각지의 청년유니온 등처럼 청년이 적극적으로 노동조합 만들기에 앞장서는 사례(木下武男『若者の逆襲ーワーキングプアーからユニオンへ』(旬報社, 2012)). 이상에 대해서는 橋口昌治「『若者の労働運動の活動実態と問題意識の射程」日労研 602호(2010) 60쪽 이하 참조.

Ⅳ. 정 리

근로자상을 어떻게 그릴지는 라드부르흐가 정식화한 것처럼, 노동법의 존재가치(레종데트르)와 관련한 문제이다. 몇몇 학자가 지적하는 '근로자상의 다양화'에는 이러한 문제의식이 희박하다. 문제 설정 방식이 굉장히 피상적이고 표면적이라는 느낌을 떨칠 수가 없다.

본절의 결론은 근로자의 고립화, 개별화, 타자 의존적인 체질, 권리의식의 약화가 진행되고 있으며, 그런 의미에서 근로자의 종속성은 한층 강해지고 있을 것이다.[43] 이러한 상황에 근거해 '자기결정권'을 지탱하는 자립적 근로자에 대해서도 이야기하지 않으면 수박 겉핥기식 논의가 되어버린다.

니시타니 이론이 때때로 지적하는 종속적인 상태에서 탈출하려는 강한 시민인 자립적 근로자를 육성하기 위해서는 더 많은 과제가 남아있다. 각 직장에서 노동조합 결성, 그를 통한 권리실현(집단적 권리뿐 아니라 개별적 권리도 포함), 노동조합을 주체로 한 근로자 교육[44]이 특히 필요할 것이다. 이렇게 해서 마침내 민주주의를 주체적으로 이끌 수 있는 노동자군이 양성될 것이다.

43) 청년이나 학생을 중심으로 만연해 있는 블랙 기업이나 블랙 아르바이트 현상은 1960년대, 70년대 세대가 만들어낸 것으로, 고용사회의 지속가능성이라는 면에서도 심각한 문제이다.

44) 최근 워크 룰 교육에 대한 관심이 높아져 있고, 그 사실 자체 그리고 이를 추진해온 관계자에게는 크게 경의를 표한다. 하지만 필자가 특히 강조하고 싶은 것은 고등학생에 대한 근로자권리(필자 자신은 워크 룰이라는 표현이 꼭 적합하다고는 생각하지 않는다) 교육(소비자 교육과 같은 정도), 그리고 노동조합에 의한 근로자의 권리교육이다. 2015년 5월 제129회 노동법학회(労働法学会)에서 '워크 룰교육의 의의와 과제(ワークルール教育の意義と課題)'라는 심포지엄이 개최되었다(学会誌労働法 126호 참조).

제2절 표준적 노동관계 모델의 재구축

들어가는 말

2010년 9월에 베를린에서 열린 제68회 독일법률가총회의 노동법 · 사회법 부회에서 본대학(University of Bonn) 교수인 발터만(Raimund Waltermann)은 '표준적 노동관계로부터의 결별인가' 라는 주제로 감정보고(鑑定報告, Gutachten)를 했다.[45] 그에게 부여된 과제는 '새로운 취업 형태가 증가하고 수입 포트폴리오의 연속성이 더욱 상실되고 있는 가운데,[46] 어떠한 노동법 · 사회법 규제가 바람직할까' 이다. 비정규직 고용 등이 급증하는 가운데, 노동법 · 사회(보장)법의 전통적인 모델로 여겨져 온 '표준적 노동관계' (Normalarbeitsverhältnis) 개념이 앞으로도 유지 되어야 하는가를 묻는 것이다.

필자도 이전에 같은 문제의식으로 독일노동법의 변용과 과제를 논한 적이 있다.[47] 그로부터 십몇 년이 지났지만, 표준적 노동관계로부터의 괴리현상은 현재까지도 진행되고 있는 것 같다. 이 사이에 비정규직 고용은 약 1.5배로 급증하고, 반대로 노동조합의 조직률은 30% 전후에서 10%대 후반까지 떨어졌다.

그렇다고 이 개념과 결별해야 하는가라는 답은 그렇게 간단하지 않다. 그 부분을 조금 더 깊이 생각하고 같은 현상을 안고 있는 일본법에 대해서도 검토해보고자 한다. 필자는 독일뿐 아니라 일본에서도 이 개념이 노동법이나 사회보장법의 미래상을 그리는 데 중요하다고 생각한다. 독일에 관한 도표는 적절히 보충한다.

---

45) Raimund Waltermann, Abscgued von Noramalarbeitsverhältnis?(또한 동 보고의 요약으로 Raimund Waltermann, Abscgued von Noramalarbeitsverhältnis?, NJW-Beil.2010, S.81ff.) 동 보고에 대해서는 皆川宏之「ドイツにおける非典型労働と低賃金労働」村中 외 · 앞의 주1) 책『労働者像の多様化と労働法 · 社会保障法』(有斐閣, 2015) 383쪽 이하에 소개, 분석이 있다.

46) 가령 보험료를 내지 못해 장래 공적인 후생연금을 받지 못하게 되는 것을 말한다.

47) 졸고「ドイツ労働法の変容ー標準的労働関係概念を中心に」学会誌労働法 93호(1999) 57쪽 이하.

Ⅰ. 발터만 보고의 개요

발터만은 독일 현실에서 표준적인 노동관계로부터의 괴리가 진행되고 있는데, 그 점이 장차 '사회적 불씨'가 될 위험성이 있다고 생각한다. 여기에서 말하는 사회적 불씨란 노동관계의 불안정화와 사회보험 · 보장시스템의 지속가능성 붕괴를 가리킨다.

그가 표준적 노동관계에서의 괴리로서 특히 주목하는 것은, 저임금 섹터와 저임금 고용,[48] 과소취업(geringfügige Beschäftigung) 소규모 자영업의 증가이다. 같은 보고에 따르면, 1998년과 2008년을 비교하면 전 취업자 중 표준적 노동관계의 비율은 72.6%에서 66.0%로 감소하고, 같은 기간에 비정규직 고용은 46.2%, 1인 사업장은 27.8% 증가했다. 특히 과소취업의 증가가 현저하여 71.5%의 증가율을 보인다.

〈도표 3-4〉는 1991년부터 2010년까지 비전형 고용의 변화를 보여준 것이다. 독일경제사회연구소 전 소장이자 현 수석연구원인 자이페르트(Hartmut Seifert)와 콘스탄츠대학 교수인 켈러(Berndt Keller)가 연방통계국 등의 자료를 근거로 작성한 것이다.[49]

발터만은 지금까지의 고용정책이 이러한 현상을 만들어냈다고 하면서 "안정된 노동관계 하에서 질 높고 수입을 동반한 노동에 의한 자기책임을 가질 수 있다. 그리고 지속적인 생존보장을 지탱하는 노동법상의 구조를 확립해야 한다"고 제안한다. 그러면서 주목하는 것이 '표준적 노동관계' 개념이다.

발터만은 많은 지면을 할애하여 고용사회의 현실과 그 문제점을 밝힌다.[50]

---

48) 독일의 저임금 문제에 관해서는 名古道功「労働者の生活保障システムの変化ードイツにおける低賃金労働 · ワーキングプア」社会保障法 24호(2009) 136쪽 이하에 상세히 나와 있다.

49) Harmut Serifert/Berndt Keller, Atypical employment in Germany: Paper to be presented at the 16th ILE World Congress Philadelphia, 2-5, July, 2012.

50) 이 점에 관해서는 하르트무트 자이페르트(金井幸子 역)「ドイツにおける非典型雇用(1)」名大法政論集 236호(2010) 39쪽 이하;「同 (2 · 完)」同 237호(동) 21쪽 이하에도 자세한 분석이 있다.

〈도표3-4〉 독일의 비전형 고용 변천(1991년~2010년)

연	전체 근로자 수 (천명)	파트파임 근로자		과소취업자				파견근로자		기간제고용근로자	
		(천명)	(%)	(천명)	(%)	미니잡 (천명)	(%)	(천명)	(%)	(천명)	(%)
1991	33,887	4,736	14.0					134	0.4	2,431	7.5
1992	33,320	4,763	14.3					136	0.4	2,495	7.8
1993	32,722	4,901	15.0					121	0.4	2,221	7.1
1994	32,300	5,122	15.9					139	0.4	2,322	7.5
1995	32,230	5,261	16.3					176	0.5	2,388	7.8
1996	32,188	5,340	16.6					178	0.6	2,356	7.7
1997	31,917	5,695	17.7					213	0.7	2,453	8.1
1998	31,878	5,884	18.5					253	0.8	2,536	8.4
1999	32,497	6,323	19.5			3,658	11.3	286	0.9	2,842	9.2
2000	32,638	6,478	19.8			4,052	12.4	339	1.0	2,774	8.8
2001	32,743	6,798	20.8			4,132	12.6	357	1.1	2,740	8.8
2002	32,469	6,934	21.4			4,169	12.8	336	1.0	2,543	8.2
2003	32,043	7,168	22.4	5,553	17.3	4,375	13.7	327	1.0	2,603	8.5
2004	31,405	7,168	22.8	6,466	20.6	4,803	15.3	400	1.3	2,478	8.3
2005	32,066	7,851	24.5	6,492	20.2	4,747	14.8	453	1.4	3,075	10.1
2006	32,830	8,594	26.2	6,751	20.6	4,854	14.8	598	1.8	3,389	10.8
2007	33,606	8,841	26.3	6,918	20.6	4,882	14.5	731	2.2	3,291	10.3
2008	34,241	9,008	26.3	6,792	19.8	4,882	14.3	794	2.3	3,106	9.6
2009	34,203	9,076	26.5	6,993	20.4	4,932	14.4	610	1.8	3,026	9.3
2010	34,459	9,196	26.7	7,018	20.4	4,916	14.3	806	2.3	3,157	9.6

〈출처〉 주50) 논문

파트타임 노동 중에서도 가장 문제가 있는 것이 근로자가 사회보험료 부담을 면제받거나 경감 받는 과소취업이다. 과소취업 중 '미니잡'은 사회보장법전 제4편 제8조 제1항에 따르면, 근로시간과 관계없이 월수입이 450유로 미만의 취업, 혹은 연간 고용이 2개월이나 50일 이하의 취업를 말한다. 이 미니잡에서 사용자는 질병보험, 연금보험, 세금으로 임금의 30.88%를 일괄 부담하지만, 근로자는 법정연금 부담분을 제외한 부대경비 부담을 지지 않는다(그리고 2013년에 400유로에서 450유로로 인상되었으며 법정연금 가입이 의무화되었다). 또한 미니잡 중에는 수입이 850유로 미만의 '미디잡'이

있는데, 여기에서는 피고용자의 세금 · 사회보험료 지급이 경감된다.[51]

이 취업형태는 당사자인 근로자로부터는 호의적으로 받아들여지는 반면 최저임금 이하의 고용을 늘리고, 사회보장재원을 잠식한다. 또한 이 사람들의 다수는 산재보험을 제외하고는 원칙적으로 법률상의 질병보험, 연금보험, 요양보험 그리고 실업보험 적용을 받지 못하기 때문에 빈곤문제로 연결될 위험성도 있다. 이 취업형태는 여성에게 많기 때문에 결과적으로 성차별 문제를 일으키게 되고, 커리어 형성이라는 면에서도 폐해가 크다.

근로자 파견의 경우, 2008년 세계금융위기로 증가 추세는 완화되었지만, 일정비율로 변화하고 있다(〈도표 3-4〉 참조). 여기서 큰 문제는 저임금이다. 단체협약으로 커버되는 파견근로자의 비율이 극히 낮고, 95% 이상의 파견근로자가 개별계약으로 임금을 정한다. 단체협약으로 커버되는 근로자 중에서도 근로자에게 불리한 협약 기준의 임금(파견사업주의 비교가능한 동종 근로자에게 지급되는 임금)을 밑도는 합의를 용인하는 단체협약을 적용 받는 사람이 존재한다.

이 점에 대해 약간 부언하고자 한다. 파견법에 따르면, 파견사업주는 파견근로자에게 사용사업주 기업의 비교가능한 근로자에게 적용되는 임금을 포함한 근로조건을 보장해야 하며, 이 원칙에 반할 경우 영업허가를 받을 수 없고(동법 제3조 제1항 제3호), 이 원칙에 반하는 근로계약은 무효가 되며(동법 9조 2호), 파견근로자는 사용사업주에게 평등한 취급을 청구할 수 있다(동법 제10조 제4항). 다만 이 원칙에는 몇 가지 예외가 있는데, 그 하나가 단체협약으로 별도로 정한 바가 있는 경우(동법 제3조 제1항 제3호, 제9조 제2호)이다. 현실적으로 인재파견 · 인재서비스 분야의 근로자를 조직하는 노동조합으로 구성되는 연합체인 기독교노동조합동맹(CGZP)이 파견회사단체 등과 이러한 협약을 맺어 그 적법성이 문제가 되었다.[52]

---

51) 厚生労働省「世界の厚生労働2007」및 労働政策研究 · 研修機構의 2013년 1월 기사(http://www.jil.go.jp/foreign/jihou/2013_1/german_02.htm) 참조. 이 제도의 역사적인 경위와 문제점에 관해서는 緒方桂子「社会保険非適用限度内就業と社会保険財政の問題ーいわゆる630マルクジョッブに関するドイツ社会法典の改正とその意義１」賃金と社会保障 1275호(2000) 53쪽 이하; 「同 · 2完」동 1276호(동) 44쪽 이하 참조.

52) 경위에 대해서는 緒方桂子「派遣労働に対する労働組合の戦略」労旬 1668호(2008) 55쪽 이하; 川田知子「ドイツ労働者派遣法における均等待遇原則の機能と限界」季労 225호(2009) 116쪽 이하 참조. 이 협약은 파견근로자의 절반에 조금 못 미치는 30만 근로자를 대상으로 한다고 추정된

콘체른 내부 파견에서는 표준적 노동관계를 치환하는 경우도 실제로 일어나고 있다. 발터만은 파견근로자 문제에서 중요한 것은 평등한 취급이라고 생각하며, 그것을 실현하기 위해서는 파견노동의 질을 높일 필요가 있다고 논한다.

이상의 비표준적 노동관계의 수입을 보면, 약 절반 정도의 사람이 최저임금의 한계치(Niedriglohngrenze) 이하이다. 이 한계치란, 세금 포함 수입으로 따졌을 때 전 국민의 중간 값에 해당하는 사람의 수입의 3분의 2를 말하며, 2006년 시점에서는 하루에 9.85유로이다.

이상의 분석에서 도출되는 발터만의 결론은 다음과 같다.

(1) 사회보험료를 면제하는 과소취업은 없애야 한다.

(2) 평등대우 요구가 현실적으로 적용되지 않고 있는 근로자파견의 법적 구조를 없애는 방향으로 변경해야 한다.

(3) 사회보험료를 부담하지 않아도 되며, 사회보험급여를 지급함으로써 저임금 취업을 증가시키고 시장을 왜곡하는 정책을 중단하고 입법상의 최저임금제도를 도입해야 한다.[53)]

(4) 소규모 자영업자를 지금까지 의무적인 후생연금에서 배제했지만, 개인 이익을 위해 사회 전체에 부담을 주게 되기 때문에 이들을 법률상 공적 연금보험제도로 조직화할 필요가 있다.

이처럼 동 보고에서는 특히 문제가 많은 고용으로서 세금 등의 부담 의무를 면제받는 과소취업, 파견노동, 수입이 적은 고용에 대해서 논하고 있지만, 그것은 이러한 고용의 장래가 밝지 않은 점과 세금 부담이라는 면에서 장차 사회 전체에 큰 부담을 끼

다(戸田典子「海外労働情報・ドイツ・労働者派遣法改正案」ジュリ 1422호(2011) 7쪽). 하지만 연방노동재판소(BAG)는 연달아 이 협약의 무효판결을 냈다. 2010. 12. 14. 결정(1ABR 19/10, http://lexetius.com/2010, 6212)에서는 노동조합의 연합체인 CGZP의 하부조직인 각 노동조합은 단체협약 체결능력이 없고, 또한 하부조직의 노동조합 규약에는 근로자 파견업은 조직대상이 아닌 점 때문에 CGZP는 단체협약 체결능력을 가진 노동조합(단체협약법 제2조 제3항)에는 맞지 않고, 따라서 그 노동조합이 체결한 단체협약은 무효라고 판단했다. 그 결과 CGZP와의 협약을 체결한 사용자단체에 가입한 기업은 동 산업에 적용되어 있는 DGB 가입조합이 체결한 단체협약에 근거하여 과거 4년분을 거슬러 올라 다액의 미지급금을 지급해야 하게 되었다(이 기간의 상황에 대해서는 緒方桂子「ドイツおける労働者派遣をめぐる新たな動き」労旬 1748호(2011) 23쪽 이하 참조). 2012. 5. 23. BAG의 같은 결정(1ABS 67/11. http://lexetius.com/2012, 1953)이 났다.

53) 또한 독일에서는 2015. 1. 1.부터 최저임금법(Mindestlohngesetz)이 시행되어 전국 일률적으로 8.5유로의 최저임금제도가 도입되었다. 그 배경이나 논점 등에 대해서는 제5장에서 다시 검토한다.

치게 되기 때문이다. 누구든 실업상태보다는 고용되는 상태가 바람직하지만, 그렇다고 해서 실업을 워킹푸어로 대치하는 것은 해결책이 아니다. "충분한 수입을 얻을 수 있고, 이성적으로 보장되는 여러 관계 하에서의 노동은 민주주의의 필수불가결한 요소이다. 법적 프레임은 그에 상응하는 것이어야 한다" 발터만은 이렇게 적으며 보고를 마무리한다.

Ⅱ. 발터만 보고에 대한 약간의 코멘트

동 보고는 독일 법학 특유의 법 도그마[54](dogmatik, 교의학, 교리론)을 다루는 것이 아니라, 통계자료를 활용해 입법정책의 영향과 과제를 논한 것이다. 독일 노동법학자가 이러한 연구방법을 취하는 데에 일종의 신선함을 느낀다. 뒤집어 말하면, 법 도그마에 특화되어있는 독일 노동법학에서도 노동입법정책을 진지하게 논해야 할 만큼 현상황은 심각해졌다는 입증일지도 모른다.

감정(鑑定)보고자인 발터만은 노동법과 사회(보장)법 양쪽을 전문으로 하는 학자이다. 따라서 이 보고는 노동법의 측면뿐 아니라 사회보장법의 측면에서도 분석된다. 전자만을 강조하면, 때때로 경제적 효율성 혹은 그 반대로 평등취급이라는 규범론에 치우치기 쉽다. 동 보고는 비정규직 고용이 사회보장법에서 어떻게 취급되는지 혹은 취급되어야 하는가하는 문제에도 주목하고 있다. 안정된 안전망의 확보 · 유지라는 관점은 일본의 노동법 연구에서도 등한시되기 쉬운, 하지만 중요한 관점이다.

필자 자신, 독일에서 일어나는 표준적 노동관계로부터의 괴리라는 현상에 대해서도 1990년대부터 위기감을 느껴왔다.[55] 그런 의미에서 발터만의 문제제기와 제안에 공명하는 바가 크다.

그러나 동 보고에는 철저히 명확화하지 못한 점이나 끝까지 논하지 못한 부분도 몇 군데 있다. 그 중 하나로, 동 보고에는 '표준적 노동관계' 개념이 의미하는 바가 명확하게 정의되어 있지 않다. 논문 가운데서는 이따금 비전형 고용이라는 표현도 나오기

---

54) 독일법에서 법 도그마의 의의에 대해서는 우선 松本博之 · 野田昌吾 · 守矢健 編『法発展における法ドグマティークの意義』(信山社, 2011) 각 논문 참조.

55) 앞의 주47) 졸고 67쪽 이하.

때문에 표준적 노동관계는 비전형 고용이 아닌 고용[56]과 같은 의미인 것으로 보인다.

동 보고의 논지로 추측하면, 발터만이 말하는 표준적 노동관계는 아마도 1990년대에 도이블러(Wolfgang Däubler) 등이 생각했던 것과 같다고 할 수 있을 것이다. 도이블러 등은 표준적 노동관계의 징표(merkmal)로 ① 모든 노동 법규와 사회보험관계 법규의 적용을 받을 것, ② 단체협약의 적용 하에 있을 것, ③ 기간이 정해지지 않은 근로계약일 것, ④ 풀타임 노동일 것, ⑤ 정형적인 근로시간제일 것, ⑥ 월급제일 것을 들고 있다.[57]

이에 관해서는 분명 오늘날에는 몇 가지 수정이 필요하게 되었다. 다시 말해, ⑥의 임금제도의 경우, 전통적인 블루컬러 근로자는 시간급제이고, 화이트컬러 근로자는 월급제라는 단순한 도식은 현재에는 유지되고 있지 않으며, ⑤의 정형적인 근로시간제도 엄밀하게 풀이하면, 지금은 표준적 노동관계의 전형인 화이트컬러 근로자의 다수가 플렉스타임제나 신뢰근로시간제[58](Vertrauensarbeit)로 근무하고 있어 이러한 실태와 부합하지 않기 때문이다. 또한 근로자파견을 생각하면, 직접고용을 표준적 노동관계의 요소에 추가해야 할 것이다.[59]

하지만 이 점은 표준적 노동관계 개념의 유효성 부정으로 이어지는 것이 아니라 이 개념이 고용환경의 변화에 대응해 약간 수정될 수밖에 없다는 점을 의미할 뿐이다. 핵심적인 부분은 지금도 여전히 유지 가능하다.

또 하나의 의문은 앞으로의 노동법과 사회(보장)법의 규제를 생각하면, 표준적 노동관계 개념을 유지해야 한다는 것만으로, 과연 바람직한 규제의 방식을 설명할 수 있을지 하는 점이다. 즉, 표준적 노동관계로부터의 괴리현상이 이어져, 현재 독일에서도 30% 넘는 근로자가 표준적 노동관계가 아닌 형태로 일하고 있다. 그렇게 보면, 이들

---

56) 전형고용이라는 표현은 나오지 않는다. 독일에서는 전형고용(typische Beschäftigung)보다도 기간(基幹) 종업원(Stammbelegschaft)이라는 표현이 자주 사용된다.

57) 앞의 주47) 졸고 59쪽 이하.

58) 노동의 방식과 시간배분에 대해서 근로자 주권이 인정된 제도로는 일본의 재량노동제와 유사하다. 동 제도에 대해서는 小俣勝治「ホワイトカーラー労働者に対する労働時間規制の変容ードイツの信頼労働時間制を参考に」青森中央学院大学研究紀要 12호(2009) 81쪽 이하 참조. Vgl.Monika Schlachter, Vertrauensarbeitszeit in Deutschalnd und Japan: kollektive Gestaltungsmöglichkeiten auf betrieblicher Ebene, in: 50 Jhare Bundesarbeitsgericht(Fest schrift für das Bundesarbeitsgericht), München 2004, S.1253ff.

59) 자이페르트 · 앞의 주50) 논문「(1)」41쪽 이하 참조.

근로자들에게 표준적 노동관계 모델은 어떻게 작용할지, 그 경로를 제시하지 않으면 답변으로서 충분치 않다. 몇 가지의 경로를 생각할 수 있다.

그 하나는 비표준적 노동관계를 입법에 의해 한정하는 방법이 있다. 가령 근로자파견의 고용의 질을 지키고자 한다면 전문직종으로 한정시킬 수도 있다. 또한 세금이나 사회보험 부담이 면제되는 고용형태를 없애기 위해서는 고용형태에 중립적으로 혹은 수입과 관계없이 이러한 부담을 부과하는 방법을 생각할 수 있다.

두 번째는 표준적 노동관계와의 철저한 평등취급을 법제화하는 것이다. 전술한 것처럼 독일의 근로자파견에서는 파견사업주 근로자에게 지급되는 임금과의 평등원칙이 규정되어 있지만(근로자파견법 제3조 제1항), 단체협약에서 이와 다른 결정을 하는 것이 허용된다. 협약에 열려있는 규정(tarifpositives Klausel)인 셈인데, 발터만은 이에 비판적이다.[60)]

파트타임 근로자나 기간제고용에 대해서는 이미 평등취급원칙이 법제화되어 있어서인지[61)](파트노동 · 기간제고용법 제4조) 동 논문에서는 많이 논하지 않는다.[62)] 하지만 현실적으로는 파트타임 노동을 하는 근로자는 압도적으로 여성이며 풀타임 노동과 비교하면 임금격차는 아직도 크다. 독일경제연구소가 행하는 조사인 SOEP(Sozioloekonomische Panel)에 근거하여 분석한 연구에 따르면(도표3-5), 구 서독 지역이긴 하나 여성의 풀타임 근로자와 파트타임 근로자의 시간당 임금 차이는 3.5유

---

60) 동 논문이 발표된 후에 중요한 법 개정 움직임이 있다. 다시 말해 2011년 3월 개정(BGBL. IS.642)에 의해 최저임금(Lohnuntergrenze)을 설정할 가능성이 열렸고(동법 3a조), 단체협약으로 파견사업주의 비교가능한 근로자의 근로조건에서 평등취급의 예외를 설정할 수 있지만, 이에 대해 종전의 단체협약으로 설정된 최저임금을 밑돌 수 없다는 예외가 정해졌다(동법 제10조 제4항 개정). 나아가 정규직 근로자를 해고한 후에 동일한 사람을 낮은 근로조건의 파견근로자로서 사용하는 것을 방지하기 위해 회전문 조항이라 불리는 규정이 삽입되어(제9조 제2호 개정), 과거 6개월 이내에 해당 기업 혹은 같은 콘체른 내 기업을 퇴직한 근로자에 대해서도 단체협약에서 설정한 예외를 적용하지 않는 것으로 했다(동 개정에 대해서는 緒方 · 앞의 주52) · 労旬 1748호) 논문 25쪽 이하; 戸田典子「海外労働情報 · ドイツ · 労働者派遣法への最低賃金の導入」ジュリ 1434호(2011) 77쪽 참조).

61) 독일 파트타임 노동 · 기간제고용의 평등취급 원칙에 대해서는 그 실태도 포함해 川田知子「ドイツにおけるパートタイム労働並びに有期労働契約をめぐる新動向」中央学院大学法学論叢 15권 1=2호(2002) 186쪽 이하에서 자세한 분석이 있다.

62) 2006년에 제정된 일반평등취급법(Allgemeines Gleichbehandlungsgesetz)에서는 광범위하게 차별금지 이유를 들고 있지만, 특별법이 존재하는 고용형태 간의 문제에 대해서는 규정하고 있지 않다.

로(약 16유로 대 12.5유로)이며, 남성의 경우는 5유로(약 18유로 대 13유로)이다. 이 차이는 구 동독지역에서는 상당히 줄어든다.[63] 또한 최근 20년간 남성 취업자는 8% 감소하고, 여성취업자는 16% 증가했지만, 증가의 압도적 부분은 파트타임이다. 특히 35세부터 55세까지를 보면, 남성의 경우 파트타임 비율은 10% 전후이지만, 여성의 경우 약 55%이다.[64] 발터만의 보고에서 이러한 점도 논해주길 바랬다.

〈도표3-5〉 풀타임 근로자와 파트타임 근로자의 평균 시간 임금 비교(2007)

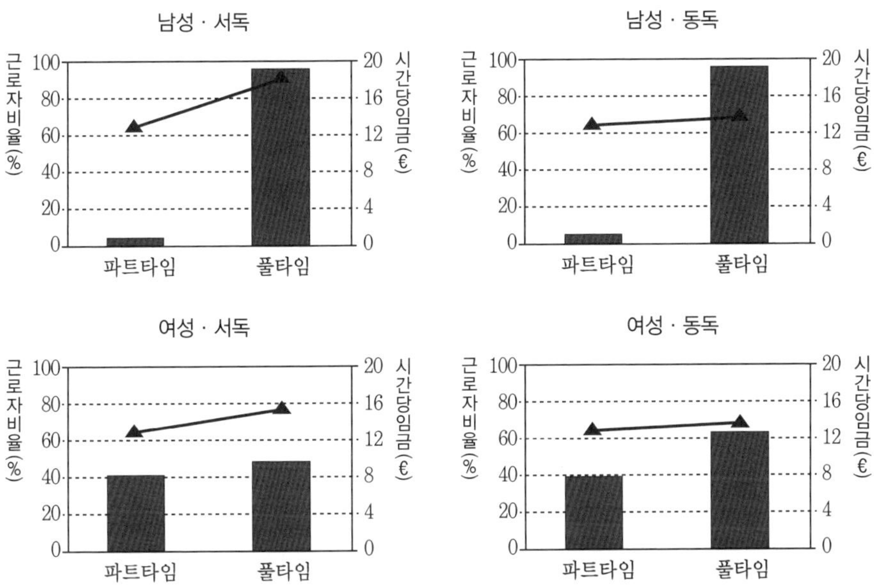

〈출처〉 주63 논문

나아가 비정규직 고용과 표준적 노동관계 사이에 다리를 놓는 작업[65]도 필요할 것이다. 예컨대 파트노동 · 기간제계약법 제7조는 파트타임 노동에서 풀타임 노동으로의 이행 가능성을 인정하지만, 기간제고용에 대해서도 마찬가지 가능성을 고민할 필요가

---

63) Elke Wolf, Lohndifffernziale zwichen Vollzeit-und Teilzeitbeschäfttigten in Ost-und Westdeutschalnd, WSI Diskussionpapier.

64) IAB-Kurzbericht9/2011, S.1ff.

65) 이것은 독일과 북유럽에서 검토되고 있는 이행노동시장의 실현 시도이기도 하다(예컨대 권터 슈미트(ギュンター・シュミット) 布川日佐史 역)「労働の未来」季労 194호(2000) 29쪽 이하 참조).

있을 것이다.

고용정책론으로서 표준적 노동관계의 문제를 논할 경우, 종래의 입법정책이 어떻게 변화되어왔는지에 대해서도 당연히 분석해야 할 것이다. 발터만이 특별히 언급한 것은, 적(사회민주당), 녹(연대90 · 녹색당) 연립정권 하에서 2000년대에 추진된 '하르츠(Hartz) 개혁' 이다. 이 개혁은 4차에 걸친 노동법 · 사회보장법 전면 개혁으로 그 전체상을 명확히 하기는 어렵다.[66] 하지만 이러한 비정규직 고용 · 불안정 고용을 만들어내는 규제완화정책은 그 이전에 오랫동안 계속된 흑(기독교민주동맹 · 기독교사회동맹), 황(자유민주당) 연립정권 하에서 특히 1980년대에 단초가 있었고,[67] 1990년대부터 본격적으로 추진되었다.[68] 적녹연립정권의 정책은 그 연장선상에 놓을 수 있다.

1990년대 이후 독일 노동법개혁에는 시장원리주의에 친화적인 규제완화정책이 우선시되었다. 발터만이 지적하는 고용과 사회보험의 위기에는 그것이 크게 영향을 주고 있다고 할 수 있다. 그렇다면 이러한 위기에 대한 대응책으로서 어떤 대안을 그릴 수 있을까? 두 선택지를 생각할 수 있을 것이다.[69]

그 중 하나는 도이블러가 말했듯, 고용환경이나 노동생활 혹은 근로자의 의식변화에 대응하는 현상으로서 비정규직 고용의 존재를 인정하면서, 등대의 불빛이 동심원상에 투영되듯, 표준적 노동관계에 부여되고 있는 보호를 여기에도 최대한 확대해가는 방법이다. 평등취급원칙이 그 전제가 되며, 빛이 닿지 않을 법한 고용, 즉 고용불안정, 저임금으로 미숙련 업무에 집중되는 노동이나 커리어 형성이 어렵거나 사회보험 비적용을 초래할 만한 고용을 가능한 한 줄일 필요가 있다.

다른 선택지는 뮈켄베르거(Ulrich Mückenberger) 등이 묘사하듯, 표준적 노동관계 모델을 포기하고 근로시간의 장단, 고용형태, 성별이라는 요소를 완전히 도외시하고, 개인에게 착목해 노동법을 재편성하는 방법이다. 거기에서는 근로자와 자영업자 또는 근로자와 시민의 차이는 상당히 상대화된다.

이상의 논의에 대한 검토는 뒤에서 다루고자 한다. 어쨌든 발터만의 보고는 글로벌

---

66) 이 개혁의 전체 모습에 대해서는 名古道功「ドイツ労働市場改革立法の動向」金沢法学 48권 1호(2005) 29쪽 이하가 체계적인 분석을 더하고 있다.

67) 1985년 취업촉진법(Beschäftigungsförderungsgesetz) 제정이 단초라고 여겨진다(앞의 주5) 졸저 166쪽 이하 참조).

68) 이 사이의 상황에 대해서는 앞의 주5) 졸저 163쪽 이하 참조.

69) 이 점에 관해서는 이미 앞의 주47) 졸고 71쪽 이하에서 논하고 있다.

경제 하에서 국제경쟁력 격화와 사회 · 고용구조의 변화 속 새로운 고용사회의 법규제의 바람직한 모습을 논하고 있으며, 같은 고용환경인 일본에 대해서도 참고가 되는 점이 많다.

Ⅲ. 일본 비정규직 고용의 실태

발터만의 분석에 대응하는 형태로 일본의 상황을 살피고자 한다.

독일에서 상대적 빈곤문제에 관한 수치가 공표된 것은 2000년대에 들어와서부터인데,[70] 일본에서도 마침내 2007년에 수치가 공표되었다(후생노동성 「상대적 빈곤율 공표에 대해」(相対的貧困率の公表について)). 이에 따르면 1998년에는 14.6%였지만, 2007년에는 15.7%가 되었다. 또한 여기에서의 상대적 빈곤율은 OECD 기준에 따라 등가가처분소득 중간 값 50% 미만으로 되어 있다. 이에 비해 독일에서는 EU기준을 따라 그 국가의 평균수입의 60% 미만으로 되어 있다.

후생노동성 「2010년 국민생활 기초조사 개요」(平成22年国民生活基礎調査の概要)에 따르면, 2007년의 등가가처분소득의 중간 값은 112만 엔(실질값)이다. 그 수치 자체는 1997년을 피크로 계속 하향세이다. 비정규직 고용 중 어느 정도가 상대적 빈곤상태인지 통계에서는 분명하지 않지만,[71] 후술하는 비정규직 고용의 증가가 상대적 빈곤율의 증가에 크게 영향을 주고 있는 것은 분명할 것이다.

또한 발터만은 저임금 취업문제의 원인 중 하나로, 단체협약으로 커버되기 어려운 경우가 있다고 보며, 법률에 의해 최저임금을 정하는 제도의 도입 필요성을 예전부터 주장해왔고 현재는 그것이 실현되었다. 일본에서도 이미 최저임금제도가 실현되고 있지만, 현실적으로는 정해진 지역별 최저임금으로는 가령 정규종업원와 같은 근무스타일로 일한다고 해도 연수입에서 상대적 빈곤에 거의 근접한 수입밖에 얻지 못하기 때

---

70) 嵯峨嘉子「ドイツにおける貧困の現状と対策の課題」海外社会保障研究177호(2011) 31쪽 이하가 상세하다.

71) 참고로 厚生労働省雇用政策研究会報告書「持続可能な活力ある社会を実現する経済・雇用システム」의 자료(표-31)에 따르면, 연 수입 200만 엔 미만자의 고용형태별 비율은 정사원이 22.0%인데 반해, 파트 · 아르바이트가 51.3%, 그 외의 비정규직사원이 14.7%, 그 외의 취업이 12.0%이다.

문에,[72] 입법에 의한 최저임금제도 도입만으로는 결코 특효약이라 할 수 없다.[73]

총무성(総務省) 「2011년 노동력 조사(상세집계)」(平成23年労働力調査(詳細集計))에 따르면, 비정규직 고용 근로자의 비율은 2010년 수치에서는 34% 전후에서 떨어지지 않고, 파트 · 아르바이트가 23.3%, 파견근로자가 1.9%, 계약사원 · 촉탁이 6.5%, 그 외가 2.7이다. 남녀별 비정규직 고용의 비율에서는 남성은 18.9%인데 반해, 여성은 53.8%이다(현재는 양쪽 모두 상승했다). 이러한 수치는 독일과 매우 비슷하다.

후생노동성의 조사에 따르면, 정사원의 경우 연령에 따른 임금은 시급 기준으로 19세까지 1,132엔, 가장 높은 50세부터 54세에서 3,054엔이지만, 파트타임 근로자(단시간근로자)나 파견근로자의 경우에는 연령이 높아짐에 따라 임금이 오르는 경향은 별로 보이지 않는다(도표3-6). 파트타임 근로자의 경우, 19세까지에서 849엔, 50세에서 54세에서 1,027엔이다.

〈도표3-6〉 연령별 임금 곡선(시급 기준)

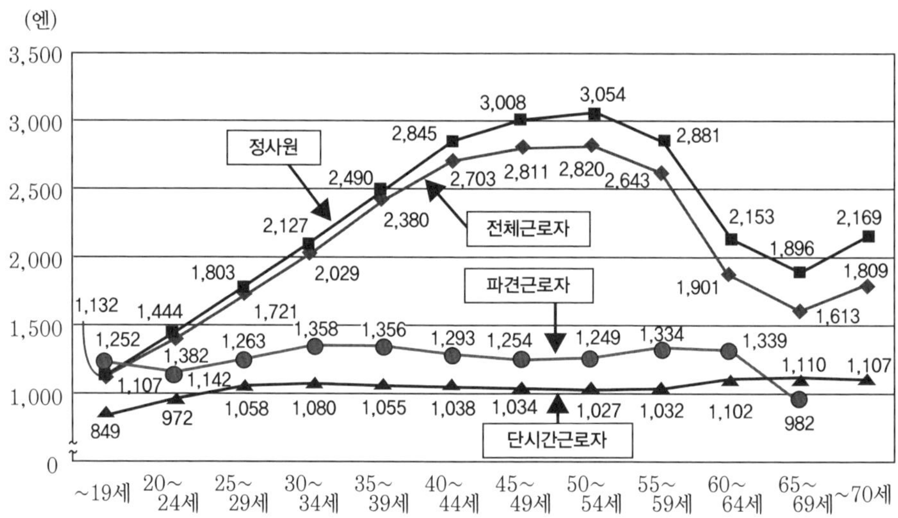

〈출처〉 후생노동성 고용정책연구회 보고서 「지속가능한 활력 있는 사회를 실현하는 경제 · 고용 시스템」

---

72) 2015년 10월 시점의 아이치현의 지역별 최저임금(820엔)을 베이스로 보너스가 없는 것으로 계산하면, 세금 포함 수입에서 820 × 174.1시간 × 12개월 = 1,713,140엔이 되는 데 불과하다.

73) 독일법과의 비교하면서 이 문제에 대해서는 제5장에서 자세히 논한다.

파트타임 근로자의 임금 자체와 상승률이 낮은 이유로는 약 90%가 일반사무, 서비스업무, 생산공정 등에 종사하고 있는 점, 파트타임 근로자의 약 40%에서 임금 인상이 이뤄지지 않는 점, 파트노동의 임금 자체가 낮게 책정되어 있는 점, 즉 신분유래 요인이 있다. 마지막으로 직무 내용이 거의 같은 정사원과 파트타임 근로자의 임금을 낮게 설정하는 기업은 77.2%이고, 같은 기업은 17.9%에 불과하다.[74]

파견노동은 파견법의 규제 완화에 따라 종사하는 근로자의 수가 급증했지만, 2008년 9월의 세계금융위기를 경계로 양상은 확 달라졌다(도표1-1, 도표2-11). 하지만 고용이 불안정한 등록형 파견이 그 대부분을 차지하는 상황에 변화는 없다. 후생노동성「2010년도 근로자 파견사업 보고자의 집계 결과(확정보고판)」(2012. 1. 20)에 따르면 피크에 이른 2008년의 실제 파견 근로자 수(상용 환산)가 198만 명이 넘는 데 비해, 2010년에는 148만 명이다. 하루당(8시간 환산) 파견임금의 전체 평균은 2010년도에는 등록형이 포함되는 일반근로자 파견사업에서는 11,792엔, 그것이 포함되지 않는 특정근로자 파견사업에서는 16,068엔이다.

노동보험 · 사회보험 가입문제인데, 후생노동성의 조사에 따르면 고용보험에 가입한 파트타임 근로자와 가입하지 않은 파트타임 근로자의 비율은 반반으로, 후생연금 · 공제연금에 스스로 가입한 사람이 33.2%, 배우자의 피부양자가 된 자(제3호피보험자)가 35.2%, 국민연금 가입자가 20.7%, 미가입자가 7.8%이다(도표3-7). 또한 후생노동성에 따르면 단시간 근로자는 약 1,400만 명으로 주당 소정근로시간이 20시간 이상 30시간 미만인 자(고용보험가입자)가 약 400만 명이라고 한다.[75] 후생연금보험과 건강보험에 모두 가입하고 주 소정근로시간이 30시간 이상인 자에 대해서는 이 자료에서는 명확하지 않지만, 앞선 후생연금 가입률로 추측하면, 최대라 하여도 약 400만 명일 것이다. 따라서 약 절반의 파트타임 근로자에 대해 사용자는 사회보험료 부담에서 면제되고 약 100만 명은 사회보험에서 완전히 배제되고 있다는 것이 된다.

---

74) 厚生労働省「平成18年(2006)パートタイム労働総合実態調査」(2006)

75) 厚生労働省「第13回社会保障審議会短時間労働者への社会保険適用等に関する特別部会 · 資料」.

〈도표 3-7〉 후생연금 등의 공적 연금 가입 상황별 파트 등 근로자의 비율

(단위: %)

구 분	20~59세 근로자	후생연금 · 공제연금에 본인이 피보험자로 가입 (다른 회사에서 가입되어 있는 경우도 포함)	배우자가 가입된 후생연금 · 공제연금의 피부양 배우자인 경우 (제3호 피보험자)	그 외의 곳에서 국민연금에 가입	양쪽 다 미가입	잘 모름
파트 합계	[80.5] 100.0	33.2	35.2	20.7	7.8	3.1
남	[55.6] 100.0	45.1	0.6	29.9	18.6	5.8
여	[89.1] 100.0	30.6	42.6	18.8	5.5	2.5
그 외 합계	[79.1] 100.0	81.4	2.5	8.6	5.0	2.5
남	[65.7] 100.0	76.7	0.4	11.5	8.4	3.0
여	[92.0] 100.0	84.7	4.0	6.5	2.7	2.1

〈출처〉 후생노동성 「2006년 파트타임 노동 종합실태조사(2006)」

이상에서 본 것처럼 몇몇 부분에서는 분명 일본과 독일에서는 상황이 다르다. 예컨대 사회보험 적용관계에서 독일에서는 수입이 적어져도 사용자의 사회보험료 부담은 없어지지 않기 때문에 적어도 이 점에서 부대경비가 적다는 의미에서 일본의 사용자 쪽이 좋은 조건 하에 있는 것이 된다. 파트타임 근로자의 비율은 산업에 따라 천차만별이지만(도표3-8 참조[76]), 파트타임 근로자의 비율이 높은 산업에서는 사회보험 등의 부담이 적어진다. 산업 간에 이러한 격차가 생기는 점에도 문제가 있다.

76) 이것은 아이치현의 예이다(www.pref.aichi.jp/0000052172.html).

〈도표 3-8〉 산업별 취업형태별 상용근로자 수, 파트타임 근로자 비율(2010)
(아이치현의 상용근로자 5인 이상의 사업장)

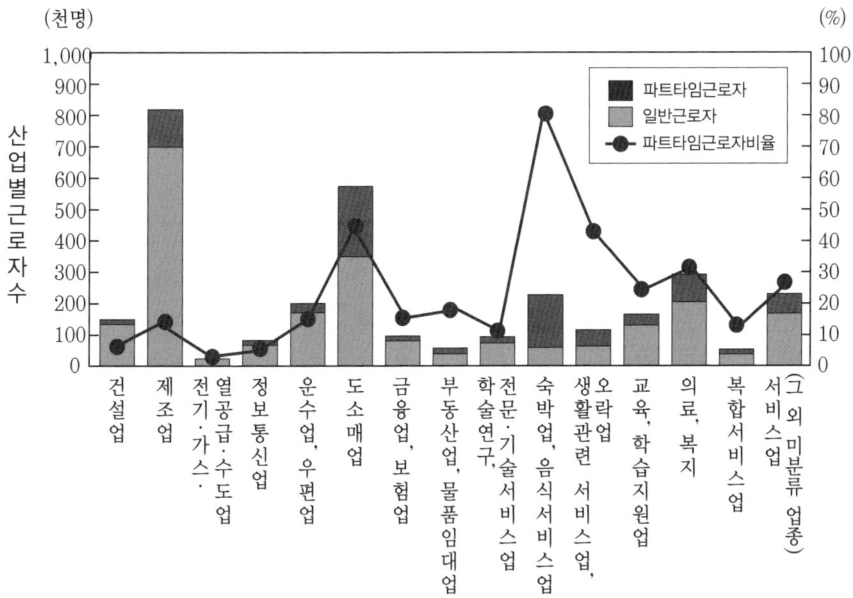

〈출처〉 아이치현 통계과 「아이치의 근로」(愛知の勤労)

어쨌든 비정규직 고용이 놓여있는 전체적인 고용환경과 안고 있는 과제는 일본과 독일에서 매우 비슷하다. 이러한 현상은 오늘날에는 많은 관계 당사자와 학자에 의해서뿐만 아니라,[77] 이전의 민주당 정권 하에서는 바람직하지 않은 것으로 인식되었다.[78]

77) 빈곤, 워킹푸어, 파견해지, 사회적 배제 등에 대해 예리하게 폭로한 르포르타주나 단행본도 많지만, 여기에서는 앞으로의 전망도 제시하고 있는 역작으로서 中野麻美『労働ダンピング』(岩波書店, 2006); 湯浅誠『反貧困』(岩波書店, 2008); 五十嵐仁『労働再規制』(筑摩書房, 2008); 西谷敏『人権としてのディーセント・ワーク』(旬報社, 2011)을 든다.
78) 예컨대 厚生労働省「望ましい働き方ビジョン」(2012).

Ⅳ. 일본에서의 '표준적 노동관계' 개념의 의의

1. 정규직 고용과 표준적 노동관계

일본에서는 비정규직 고용의 대비 개념으로서 '정규직 고용'을 사용하지만, 그 의미하는 바는 독일의 표준적 노동관계와는 다르다. 독일에서의 표준적 노동관계는 단순히 비정규직 고용의 대비 개념으로서 쓰일 뿐 아니라, 노동법과 사회보험 · 보장시스템을 설계할 때의 모델 개념이다. 이에 비해 일본의 정규직 고용에는 명확하게 이러한 법규범적인, 혹은 법정책적인 의미가 부여되어 있지는 않다.

일본에서 말하는 정규직 고용이란, 일반적으로는 다음과 같은 징표(특징)을 갖춘 고용의 형태라 할 수 있다.[79)]

첫째, 고용하는 자(근로계약의 일방 당사자에 해당하는 사용자)와 사용하는 자(노무지휘권자 · 지휘명령권자)가 동일하다는 점을 들 수 있다. '직접고용 원칙'(직용(直用)원칙)이라고 해도 무방하다. 이에 대해서는 '직접고용을 원리적으로 중시하고, 현재의 파견을 둘러싼 해석문제에까지 이를 반영하려고 하는 견해에 대해 그 법적 근거에 의문이 든다'는 비판이 있다.[80)] 직용원칙이 법적 근거를 가진다는 사실은 제2장 제3절에서 이미 서술한 바와 같다.

입법정책적으로도 「직업안정법」 제44조가 의도하는 직용원칙을 포기한 것은 아니라는 점은 미국법 등과는 다르게 매우 엄격한 요건을 부과해 근로자파견이라는 3자간 근로관계를 용인하고 있다는 점, 근로자파견은 현실적으로는 전 고용의 약 2%에 불과하다는 점에서도 분명할 것이다. 단속적인 고용이 될 수 있다는 점에서 사회보험가입의 탈법을 일으키기 쉬운 등록형 파견(파견근로자의 대다수가 이 형태이다)을 포함한 근로자파견을 정규직 고용이라고 보는 것은 사회적 정의의 관념에서도 설득력이 있다고는 할 수 없다. 직용원칙은 근로자를 사용하는 자가 노동법과 사회보험법상의 책임을 진다는 대원칙과도 연관되어 있다.[81)]

---

79) 그 이전 노동법(또한 사회보장법)상의 '근로자'라는 것이 전제조건이다. 같은 근로자여도 노동기준법 제9조, 노동계약법 제2조 제1항, 노조법 제3조 등에서 다를 수 있지만, 본서에서는 이 문제는 다루지 않는다.

80) 本庄敦志「派遣先での直用化をめぐる諸問題」季労 231호(2010) 29쪽, 34쪽 이하.

81) 다만 간접고용이라고 해도 사용사업주가 사용자로서의 책임을 지도록 하는 입법은 생각할 수 있다.

두 번째 징표는 풀타임 노동이다. 그에 가까운 고용도 포함된다. 첫 번째의 징표와 달리 법적으로 그렇게 되어 있는 것은 아니지만, 충분한 소득 보장을 지탱한다는 면에서 '정규의' 고용형태라고 할 수 있다.

이 징표에 관해서는 별로 논의가 없는 것 같지만, '표준적 노동관계'와의 관계에서 생각하면 다음과 같은 검토가 필요시 된다. 즉 도이블러에 따르면 단순히 풀타임으로 근무하고 있는 것만으로 충분한 게 아니라, 근로시간제가 정형제에 가까운 점, 잔업을 거의 하지 않는 점도 표준적 노동관계에서는 요구된다.[82] 일본에서는 '정규직 근로자'라고 불리는 사람일수록 장시간 노동을 하고, 통계상으로도 연간 시간외 근로가 100시간을 족히 넘고, 더구나 서비스잔업이라 불리는 '무급잔업'(보다 정확히 말하면, 노동기본법 제37조를 위반한 '위법 잔업')이 횡행하고 있고, 경우에 따라서는 과로사·과로자살에 이르기까지 노동을 강요 당하고 있다.[83] 전 근로자의 평균에서 연차휴가 사용률은 오랫동안 50% 아래로 떨어져있다. 이 상황은 어떻게 봐도 '비표준'(abnormal)이다. '표준적인' 고용에서는 일과 생활의 균형이 맞춰진다는 의미에서 '정상적인' 고용이라는 점도 포함된다고 생각해야 한다. 이상에 대해서는 제2장 제2절에서 상술한 바 있다.

독일에서는 도이블러의 정의로도 약 80%(현재는 이보다도 상당히 저하했다)의 정규직 근로자가 표준적 노동관계라고 여겨지지만, 일본에서는 근로시간 면에서 정상적 고용은 거꾸로 극히 몇 퍼센트밖에 없다고 추측된다. '표준적 노동관계'가 규범적인 내용을 갖는 개념이라고 생각되는 이유가 있는 것이다. 따라서 표준적 노동관계는 「파트타임노동법」 제8조 이하와 노동계약법 제20조에서 생각되는 '통상적 근로자'나 혹은 실태로서의 정사원과는 상이한 개념이다. 후자의 맹렬형 사원은 일하는 방식으로서도

독일 근로자파견법에서는 사용사업주도 연대책무자로서 파견사업주와 같이 임금을 지급하도록 의무를 부과하는 것이 가능하다(제10조 제3항).

82) 앞의 주47) 졸고 61쪽. 연차휴가는 모두 거의 100% 가깝게 취득하므로 그 점은 처음부터 문제시되지 않았다.

83) 이러한 잔업을 근로자의 자유의사에 의거해 설명하는 것은 너무도 피상적이다. 근로자는 노동과잉에 의해 자살을 선택하는 것이 아니다. 과잉된 노동이 심신건강 면, 가정생활 면, 고용정책 면에서 큰 문제를 일으키고 있고, 국가의 근본적인 대책이 필요하다는 점에 대해서는 日本学術会議労働雇用環境と働く人の生活・健康・安全委員会提言「労働・雇用と安全衛生に関わるシステムの再構築で安寧な生活を確保するために」(2011. 4. 5) 참조.

노멀하지 않고 그 의미에서 규범이 될 근로자상이라고는 말할 수 없기 때문이다. 또한 이 문제는 앞 절에서도 논한 '한정 정사원' 개념과도 관계가 있다.

세 번째 징표는 근로계약에 기간이 정해져있지 않은 점이다. 이 점도 법적인 규제는 아니지만,[84] 이에 대한 설명은 불필요 하리라. 고용의 안정이라는 면에서 봤을 때 '정규의' 고용형태이다. 그렇기 때문에 기간제고용이면서 반복갱신을 계속하며 근로자에게 갱신에 대한 기대권이 생기거나 또는 실질적으로 기간이 정해지지 않은 근로계약이 되는 경우의 고용해지에는 기간이 정해지지 않은 고용에 적용되는 해고권남용법리가 유추적용되는 것이다(노동계약법 제19조).[85]

이상의 정규직 고용에 대해서는 노동법이나 사회보험제도가 전면적으로 적용된다. 독일법과 비교했을 때 상이한 문제로서 단체협약의 적용여부가 있다. 이는 독일의 단체협약의 적용률은 노동조합의 조직률이 19.1%로 낮음에도 62.5%에 달해 정규직 고용률을 약간 밑도는 데 불과하다. 이에 비해 일본의 경우에는 전자는 18.2%로, 후자는 16.0%로 후자가 전자를 밑도는, 선진국 중에서도 상당히 특이한 실태이기 때문이다.[86] 독일의 경우에는 사용자단체의 조직률이 높은 점과 단체협약법 제5조 제1항의 단체협약의 일반적 확장적용(일반적 구속력 선언)이 상당히 이루어지고 있는 점[87] 등이 후자가 전자를 크게 상회하는 요인이다. 그에 비해 일본에서는 노동조합이 존재하는 기업에서도 약 10%밖에 단체협약이 체결되어 있지 않고,[88] 노동조합법 제18조의 지역적인 일반적 확장적용 제도는 거의 사용되고 있지 않다.[89]

이러한 의미에서는 일본의 정규직 고용은 '협약자치로 충분하게 지탱되고 있지 않고', 또는 '협약자치가 약한' 표준적 노동관계라고 말할 수 있다.[90] 규제가 지탱하는

---

84) 유럽에서는 프랑스 법규제에서 전형적으로 보이듯, 무기고용이 일반적 · 표준적인 고용형태라고 생각된다. 田端博邦「有期雇用の法制をどう考えるかーEU, 独, 仏との比較で」, 労旬 1770호(2012) 30쪽 이하 참조.

85) 도시바 야나기마치공장(東芝柳町工場) 사건 · 最一小判 1974. 7. 22 民集 28권5호 927쪽.

86) OECD(2011), Economic Policy Reform 2011:Going Growth. 이에 따르면 프랑스는 노동조합 조직률이 7.7%, 단체협약 적용률이 90.0%, 덴마크는 전자가 67.6%, 후자가 83.0%이다.

87) 앞의 주5) 졸저 141쪽 이하, 191쪽 이하를 참조.

88) 조금 오래되긴 했지만, 厚生労働省「平成18(2006)年労働協約実態調査」.

89) 노조법 제18조의 입법경위와 실례를 분석한 연구로서 古川景一 · 川口美貴『労働協約と地域的拡張的ーUIゼンセン同盟の実践と理論的な考察』(信山社, 2011)이 있다.

90) 본서의 문제의식과의 관계에서 말하자면, 그 점이 표준적 노동관계 모델의 표출, 특히 평등취급 규

자기결정이라는 문제의식이 나오는 것도 그러한 상황이 크게 연관되어 있다.[91)]

2. 계약자유와의 관계

헌법 제22조의 직업선택의 자유와 같은 제29조의 재산권 보장에 의해 계약의 자유가 근거를 갖게 되고 사용자의 채용 자유도 그 일환으로 여겨지고 있다. 하지만 이 자유 역시 공공복리에 의해 제한은 받으며(헌법 제13조), 법률이 특별한 제한을 마련한 경우도 그 제한을 받는다.[92)] 호시노(星野)가 논하듯 시장경제는 자연 그대로 전개되는 것이 아니라 여러 가지 법적 틀을 전제로 성립하는 것으로 생각해야 한다.[93)]

사용자의 채용 자유는 자본주의 경제체제의 중요한 요소로, 그를 제한하는 것은 가능한 한 피해야 한다는 의견이 있지만,[94)] 만약 그 점이 채용의 자유를 선험적(a priori)으로 상정하는 것이라고 하면, 찬성할 수 없다. 또한 채용 자유의 제한은 일반적인 제한이 통상적이지만(고용기회균등법(雇用機会均等法) 제5조, 장애인고용촉진법(障害者雇用促進法) 제37조, 제43조 등), 개별적인 계약체결을 강제하는 것도 합리적인 이유가 있다면 부정할 이유가 없다. 최근의 법 개정에 의해 근로계약 체결을 간주하는 규정이 도입되었다(2012년 개정 파견법 제40조의6, 2012년 개정 노동계약법 제18조). 그 합리성은 법에 의해 요구되는 노무지휘권의 정당한 행사에서 크게 일탈하는 경우에 민사적인 제재(sanction)를 통해 사용자 본래의 책임을 다해야 한다는 것과 기간제 근로계약을 거듭 활용해 실질적인 장기고용을 꾀하는 경우, 고용의 안정을 위해 기간을 정하지 않는 고용으로 전환하도록 요청될 것이다.

요약하자면, 무엇이 이성적, 합리적인 제한인가이며, 우리는 항상 이 점을 논의하

범의 실현과정을 어떻게 생각할까 하는 문제에 큰 영향을 준다. 즉 산업민주주의를 중시해야 한다는 점은 두말 할 나위 없으나, 노동조합이 존재하는 기업이 10-20%에 불과한 현상황에서는 협약자치를 중시한다고 해도 전혀 실효성이 없다. 그 대신 대안을 제시해야 하는데, 독일형 종업원대표제도를 입법에 의해 도입하는 어프로치와 제정법에 의거한 어프로치를 생각할 수 있다. 이들은 '법의 절차화' 와 '법의 실질화' 와의 논쟁이라고 할 수 있지만, 필자는 후자의 어프로치가 적당하다고 생각한다(앞의 주1) 졸저 268쪽 이하).

91) 西谷敏『規制が支える自己決定』(法律文化社, 2004) 참조.

92) 미츠비시수지(三菱樹脂) 사건 · 最大判 1973. 12. 12 民集 27권11호 1536쪽.

93) 星野英一『民法のすすめ』(岩波書店, 1998) 57쪽 이하.

94) 小嶌典明「採用の自由とその制約」阪大法学 59권3 · 4호(2009) 599쪽 이하 등.

고 있는 것이다. 그것은 법적 정의, 사회적 정의, 자유, 자기결정, 이성적 판단, 사회적 약자 보호, 인간존엄, 차별금지 · 평등대우 등의 법적 가치의 조정이라고 해도 좋다. 가령 EU에서 보이는 기간제 근로계약의 이용을 '합리적인 이유' 가 있는 경우로 한정하는 입법은(예컨대 독일의 파트타임노동 · 기간제고용법 제14조) 사용자의 채용의 자유의 폭을 좁히지만, 불안정고용을 가능한 한 제한하려는 목적을 갖고 있으며, '사회국가', '사회적 시장국가' 원리를 반영한 것이라고도 할 수 있다. 또는 고용의 다양화를 인정하면서 고용형태의 차이를 이유로 한 차별을 금지하는 것도(예컨대 독일의 파트타임노동 · 기간제고용법 제4조), 마찬가지로 사용자의 계약의 자유를 제한하지만, 충분하게 합리성을 가진 선택이라고 생각된다. 나아가 어떤 특정한 이유로 파견사업주와 파견근로자 사이의 근로계약이 무효가 된 경우, 사용사업주와 파견근로자 사이에 근로관계가 성립된 것으로 하는 규정(독일 근로자파견법 제10조)도 그 연장선상에 놓을 수 있다.

어쨌든 채용의 자유를 절대시하는 견해는 법적 근거가 있는 것도 아니고, 오히려 종종 위에서 논한 것처럼 이성적인 가치 조정 시도를 차단해버릴 위험성을 갖고 있다.

3. 표준적 노동관계와 근로자상

표준적 노동관계는 독일법과 마찬가지로, 노동법과 사회보장법의 모델이 되는 노동관계 · 고용이라고 정의할 수 있다. 그것은 정규직 고용을 중심으로 하면서, 평등취급 · 차별금지 등과 일과 생활의 균형 요소가 더해진 노동관계이다.

여기에서의 표준적 노동관계는 이념적인 모델이지만, 하지만 살아있는 인간에 가까운 평균적인 근로자를 상정한다. 극단적인 예일지도 모르지만, 근무 의사의 세계에서는 몇 년에서 길어도 10년 정도 간격으로 근무 병원 · 의원을 바꾸는 사람이 많은데, 이것은 외부노동시장이 발달하고 근무지 변경이 커리어 형성에 유리하게 작동하는 환경이 어느 정도 마련되어 있다는 전제가 있다. 이 사례처럼 교섭력이 있는 '강한 근로자상' 을 주로 염두에 두고,[95] 노동법 시스템을 설계하는 것은 폐해가 너무 크다.

---

95) 또한 근무의사의 근로시간에 관한 조사(労働政策研究 · 研修機構「勤務医の就労実態と意識に関する調査」2012. 9. 4. 발표)에 따르면 전체의 40%가 과로사 위험 수준인 주 60시간 이상 일하고 있으며, 상당한 수의 사람이 수입(급여)을 얻거나 업무명령으로 인해 복수근무하고 있고, 숙직 후에도

그러나 여기에서 말하는 평균적 근로자상은 사용자에게 완전히 종속되어 자유의사나 자기결정을 작동시키려고 하지 않는 근로자는 아니다. 스스로 부끄럽다고 생각하면서도 잔업을 하면서 이따금 반발하는 혹은 주변으로부터 냉담한 시선을 받으면서 어떻게든 몇 주 간의 육아휴직을 받으려고 하는 그러한 근로자상이기도 하다.

이러한 의미에서 표준적 노동관계는 Sein(존재, be-역주)으로서의 정규직 고용을 전제로 하면서 Sollen(당위, should-역주)으로서의 규제 모델이 되는 개념으로 구성된다.

Ⅴ. 표준적 노동관계로부터의 괴리에 대한 대처

표준적 관계모델을 중심으로 한 바람직한 노동법의 규제에 대해 필자 자신은 이전에 다음과 같이 논한 적이 있다.[96)]

“헌법 제27조 제1항의 근로권보장에 대해서는 당연히 그 ‘질’도 물어야 할 것이다. 워킹푸어라고 불리는 실태가 존재하는 현재의 노동시장의 상황을 생각했을 때, 뭐든 좋으니 우선 ‘일’이 있으면 된다고는 할 수 없다. 헌법과의 관계에서 보자면, 근무권의 내용은 헌법 제13조, 제14조 제1항, 제25조의 요소를 구비한 것이어야 한다. 그것은 ILO가 제안한 ‘디센트 워크’, 즉 양질의 취업, 사회보장 정비, 능력개발, 사회적 대화 · 참여, 남녀평등을 내용으로 한 노동이라는 사고방식에 가깝다.

이 점을 약간 부연하면, 디센트 워크는 개인적인 견해로는 ‘표준적 노동관계와 그 표출 상태’를 의미한다. 표준적 노동관계 개념은 독일법에서 주창되는 것으로 모든 노동법과 사회보장법이 적용될 것, 기간을 정하지 않고 고용의 존속 보호가 있을 것, 풀타임 노동일 것, 정형적 근로시간제일 것, 월급제일 것을 기본적인 징표로 삼는다. 전통적인 노동법과 사회보장법이 모델이었던 노동관계가 있다. 이는 이념 모델로서 현실 고용은 이것으로는 다 파악할 수 없을 정도로 다양화된 것도 사실이다. 하지만 그렇다고 해서 근로권의 질을 생각했을 때, 모든 고용을 상대화해버리는 것은 적절하

통상 근무하는 36시간 체제로 일하고 있다. 이러한 점에서 보면, 근무의사조차 결코 강한 근로자상으로 그릴 수 없을지도 모른다. 근무시간 면에서 보면 이러한 일하는 방식은 결코 ‘표준적 노동관계’가 아니다.

96) 앞의 주1) 졸저 282쪽 이하.

지 않다. 중요한 것은 일정한 이념 모델을 그리면서, 각 고용형태가 가교로 연결되어 '상호' 이행이 가능해지는 방책을 강구하는 것으로, 그것이 표준적 노동관계가 표출된 상태이다. 그 포인트는 평등취급 · 균등대우 원칙과 쌍방향적인 전환가능성에 있다. 2007년 「파트타임노동법」은 아직 불충분하기는 하나, 불완전해도 조금씩 이 방향으로 키를 틀고 있다는 의미에서 평가할 만하다. 이를 21세기형 고용의 미래에 대응할 수 있도록 개정을 거듭하는 것이 앞으로의 과제가 된다고 필자는 생각한다."

이 말은 지금도 견지하고 있는 모티프라는 점은 지금까지의 검토에서 분명했을 것이다.

최근 후생노동성의 각종 연구모임에서 앞으로 주력할 고용정책 모델이 몇 가지가 제시되었다. 시계열에 따라 거론하면, 고용정책연구회 보고서 「지속가능한 활력 있는 사회를 실현하는 경제 · 고용 시스템」(2010. 7), 비정규직 고용의 비전에 관한 간담회 「바람직한 일하는 방식 비전」(2012. 3. 28), 「다양한 형태에 의한 정사원」에 관한 연구모임 보고서(2014. 3. 29)이다.

이 보고서에서 제기된 장래의 고용정책에 관해서 세부적으로는 다른 의견도 있지만, 필자가 지금까지 주장해온 것과 기본적으로는 같은 방향성을 갖고 있다고 평가한다. 예컨대 '바람직한 일하는 방식 비전' 에서는 정규직 고용과 비정규직 고용의 연속성, 정규직 고용으로의 전환, 고용안정, 직업 커리어 형성, 고용형태에 중립적인 사회보장시스템, 공정처우, 균등대우, 불합리한 격차해소, 고용 안전망의 강화, 디센트 워크 실현 등이 향후 고용법 정책의 키워드가 되어있다.

이러한 방향성을 가진 정책의 실현에 관해서는 더 검토해야 할 많은 과제가 있는 점도 분명하다. 여기에서는 세 가지만 검토하고자 한다.

첫째, 어떤 정책도 실현하는 데 너무 시간이 걸린다는 점이다. 예컨대 고용형태 간의 평등취급의 경우, 「파트타임노동법」 제9조(2006년 개정 시의 제8조)의 차별금지가 적용되는 것은 파트타임 근로자의 극히 적은 퍼센트에 불과하고, 그 외에는 아직 소프트 로(soft law)인 균형처우에 머무르고 있다. 1980년대부터 본격적인 대처를 시작해 2000년대 초반에 입법적 대응을 끝낸 EU와 비교하면, 균등처우 실현에 대해 너무 긴장감이 부족하다. 이 점 자체는 제3절에서 다루듯, 소프트 로 접근(어프로치)이 안고 있는 문제점이기도 하다. 「파트타임노동법」 제9조 등의 비교대상이 되는 '통상적 근로자' 의 벽을 더욱 낮춰 설정할 필요가 있다. 구체적으로는 '업무에 수반하는 책임' 의 요건 명확화와 '직무내용 및 배치 변경' 요건의 완화 · 유연화가 필요하다.[97] 이 점은 전술했듯, 무엇을 표준적 노동관계라고 생각할지라는 문제와 연관되어 있다.

어쨌든 균형처우라는 어프로치에는 한계가 있다는 인식에서, 입법에 의한 균등처우 · 차별금지 어프로치를 선택해야 한다. 그러면서 사용자에 대해 동일가치노동 동일임금 원칙 실현을 위한 직무평가제도 도입을 의무화하는 것은 아니지만, 근로자에게 소송제기의 기회를 부여해 제3자 기관이 직무 평가를 행하는 영국법(동일임금법) 타입[98]과, 고용형태 간의 차별 등을 금지하는 독일법(파트노동 · 기간제계약법)과 한국법[99](동일가치노동 동일임금을 규정한 남녀고용평등법, 비정규직 근로자보호법) 유형을 생각할 수 있다. 필자로서는 후자의 어프로치에 찬성한다(제3절에서 상세하게 논한다).

둘째, 정규직 고용으로의 전환제도가 있는데, 이 점도 아직 충분하지 않다. 유효성이라는 면에서는 「파트타임노동법」 제12조 등을 폐기해도 되며, 2012년 개정 「노동계약법」에서 새롭게 도입된 기간제 근로계약의 기간을 정하지 않은 근로계약으로의 전환에 관한 규정은 그에 의해 구제되는 근로자가 있다는 점은 부정할 수 없지만, 현실적으로는 오히려 5년 이하의 단기고용 촉진법으로서 많은 기간제고용 근로자의 고용을 불안정하게 만들 위험성이 더 높다. 개인적 견해로는 5년 넘게 근무하는 기간제고용 근로자에 대해서는 시험 등에 의해 기간을 정하지 않은 고용으로 전환하도록 의무화하는 편이 유효하다고 생각한다.[100]

셋째, 고용형태에 중립적인 사회보장에 있어서는 근로자의 일하는 방식을 묻지 않는 사회보장의 적용이라는 관점이 가장 중요하다. 어떤 고용형태를 선택하는지에 따라 사용자의 부담이 경감되거나 없어지는 것은 사회보장의 연대정신에도 위배된다. 그 의미에서는 비근로자화 된(한) 위장 자영업자에 대한 취급에 관해서도 앞으로 검토

---

97) 이 점에 대한 濱口桂一郎 『新しい労働社会』(岩波書店, 2009) 98쪽 이하의 견해는 흥미롭다. 특히 정사원의 과잉책임을 완화해야 한다는 주장에는 기본적으로는 찬성하지만, 균형취급이라는 소프트로에 너무 집착하고 있는 점에는 찬성할 수 없다.

98) 宮崎由佳 「イギリス平等法制の現時点と課題」 森ます美 · 浅倉むつ子 編 『同一価値同一賃金原則の実施システム』(有斐閣, 2010) 197쪽 이하 참조.

99) 鄭永薫 「非正規労働者の差別是正制度の争点」 労旬 1767호(2012) 7쪽 이하; 趙淋永 「韓国における非正規雇用政策一期間性労働者と派遣労働者の使用を中心に」 労旬 같은 호 17쪽 이하; 金善洙 「韓国における同一価値労働同一賃金」 労旬 같은 호 39쪽 이하.

100) 졸고 「労働契約法改正は有期雇用不安定化法である」 労判 1054호(2012) 2쪽.

가 필요할 것이다.[101)]

Ⅵ. 정 리

1995년 당시 일본경영자단체연맹(日経連)이 내놓은 '신시대의 「일본식 경영」이라는 정책 아젠다는 근로자를 '장기축적능력 활용형 그룹', '고도전문능력 활용형 그룹', '고용유연형 그룹'의 세 그룹으로 나눠 관리직과 기간(基幹)근로자만을 상용 고용하고, 다른 두 그룹에 대해서는 노동력의 '탄력화'나 '유동화'를 추진해 총 인건비를 절약하고 '저비용화' 하겠다고 제안했다. 경영자단체에서는 그 후에도 인건비 삭감을 위한 워크셰어링의 일환으로서 유연한 고용형태의 활용 또는 아웃소싱 촉진이 적극적으로 이야기되어 왔다.[102)] 1990년대 이후의 일련의 입법개혁은 정치 주도라는 명목 하에 노・사・정 3자구성이라는 ILO방식을 교묘하게 빠져나가는 교묘한 고용정책 결정 시스템을 통해,[103)] 이러한 제언, 주장을 착실하게 추진했다. 노동시장의 법제는 점차로 고용보장안정정책법제에서 고용유동화정책법제로 변질했다. 그 결과 노동시장과 고용사회에서 어떤 일이 일어났는지는 앞(특히 제1장, 제2장)에서 논한 그대로이다.

이러한 제언으로 그려진 고용관리는 고용을 근로조건 보장이라는 점에서 전혀 다른 그룹(존)으로 구별하고, 중심에서 주변으로는 고용형태가 전환될 수 있지만, 센터존의 벽이 높기 때문에 그 반대의 전환은 거의 있을 수 없는 모델이었다. 이 고용모델에는 고용형태 간의 평등취급이라는 관점이 부족하다. 그 후 서서히 균형처우 이념이 입법에 의해 도입되었지만, 지금까지 '고용 양극화', 한편에서는 '노동과잉', 그리고 다른 한편에서는 '불안정고용', '워킹푸어', '상대적 빈곤' 혹은 '사회적 배제'라는 고용

---

101) 예컨대 산재보험법의 적용에 관해 많은 점에서 종속성의 징표(Merkmal)를 충족하고 그 의미에서 근로자에 가까운 노무급부자가 '자영업자성'이 보다 강하다는 이유만으로 동법의 적용을 받지 않는 점(예컨대 요코하마남노기서장(横浜南労基署長)(아사히지업(旭紙業)) 사건・最一小判 1996. 11. 28. 労判 714호 14쪽), 입법정책의 논의가 필요하다.

102) 예컨대 日経連労働問題研究委員会・2000년 보고(『「人間の顔をした市場経済」をめざして』), 2001년 보고(『多様な選択肢を持った経済社会の実現を』).

103) 노동정책결정과정의 정치화에 대해서는 久米郁男 『労働政治』(中央公論新社, 2005) 75쪽 이하; 五十嵐仁 『労働政策』(日本経済評論社, 2008) 179쪽 이하 참조.

사회의 문제는 기본적으로 해결되지 않았다. 아니 오히려 상황은 악화되었다고 할 수 있다. 필자가 시간이라는 요소에 집착하는 이유이다.

세계금융위기 이후 특히 민주당 정권 하의 고용정책은 조금씩 그 역방향을 위한 정책을 수행하고자 했다. 각 존을 상대화 시키려고 하는 '다양한 정사원' 이라는 발상은 '신시대의「일본식 경영」' 패러다임에서는 나오지 않는다. 그것은「파트타임노동법」제8조의 비교가능성을 넓히는 시도로서도 중요하다.

하지만 다양한 정사원 모델은 필자가 말하는 '표준적 노동관계의 표출' 모델과도 다르다. 그것은 '정사원' 존의 벽을 낮추기는 하지만 여전히 '비정사원' 존과의 사이에는 높은 벽이 쳐져있기 때문이다. 한정 정사원 구상도 기본적으로 다르지는 않다. 표준적 노동관계 모델은 노동법과 사회보장법을 규제하는 모델이기는 하나, 그를 동심원상에서 주변으로 확장시켜감으로써 기본적으로 존의 벽은 없어지거나 낮아진다. 다만 이에 의해서도 빛이 들지 않는 영역이 있고(극히 단기, 단시간 고용), 그것에 어떻게 대처할지가 일본에서도 검토 되어야 한다. 몇 가지의 고용정책문서에 등장하는 중간층 강화라는 정책목표에 필자도 찬성한다. 그러나 그 정책 실현에는 과감한 대책이 요구된다. 또한 현재의 고용사회 실태를 보면, 실현에는 긴급성이 요구된다.

제3절 비정규직 고용과 균등대우

들어가는 말

비정규직 고용이 전체 근로자의 40%에 달하고 있는 상황에서 입법정책도 드디어 이들에 대한 대책을 강구하려고 하고 있다. 그 가운데에서 가장 큰 입법정책의 변화는 2012년의 기간제 근로계약에 관한 「노동계약법」 개정이다. 동 개정에 의해 기간제고용의 무기화로의 길을 열었던 제18조와 불합리한 차별적 취급을 금지하는 제20조가 도입되었다.

그러나 현재 채용되고 있는 입법정책이 비정규직 고용이 안고 있는 다양한 문제에 대해서 단순한 미봉책이 아니라 근본적인 대책이 되고 있는가에 대해서는 여전히 의문이다. 특히 아베노믹스 고용개혁에서는 비정규직 고용문제와 격차 · 빈곤문제에 대한 대처가 여전히 소극적이라고 할 수 밖에 없다.

그렇다면 비정규직 고용대책은 어떠해야 하는가? 그것을 실현하기 위해서는 어떠한 방법을 채용해야 하는가? 본절에서는 균등(평등)대우에 착안하면서 이 문제를 검토한다.[104] 검토의 중심은 단시간 노동이지만, 적절하게 기간제고용에 대해서도 언급할 것이다.

Ⅰ. 비정규직 고용과 균등대우에 관한 입법 경위

1. 1980년대까지

임시공, 계절공[105](대표적으로 농한기 농업인의 객지 벌이), 기간공(期間工), 아르바이트, 촉탁고용 혹은 단시간근로자(예전에는 겸업농가의 공장 단시간종사) 등은 꽤 이전부터 존재하였지만, 노동법은 오랫동안 특별히 이들 고용형태를 대상으로 대책을 강구해 왔

104) 비정규직 고용에 관한 종합적인 대책으로 厚生労働省「望ましい働き方ビジョン」(2012. 3. 28)을 참고한다.

105) 그 실태를 설명한 것으로 鎌田慧『新訂増補版 · 自動車絶望工場一ある季節工の手記』(講談社, 2011)이 있다.

던 것은 아니다. 노동법 정책의 중심은 가내노동법을 제외하면 압도적인 부분을 점하고 있는 정규직원과 본공(本工)이었다. 해고남용법리, 정리해고법리, 배치전환법리, 시간외 근로의 법리 등의 판례 법리도 역시 마찬가지이다.

이것에 대하여 조세제도는 배우자의 소액수입에 대한 대책으로 1961년 배우자공제제도가, 1988년 배우자 특별공제제도가 도입되었다. 또한 사회보험제도에 대해서는 건강보험의 피부양자제도가 이미 제2차 세계대전 중에 도입되어, 세계대전 이후에도 적극적으로 활용되어 왔다. 이들 모두 남성이 주로 돈을 버는 모델을 전제로 하고 있지만,[106] 오늘날에는 단시간근로자의 수입을 낮추는 기능이 강하다. (이른바「103만엔의 벽」 문제 등)

반면 비정규직 고용에 관한 판례는 1960년대 중반부터 등장하였다. 그 대부분은 단시간근로자와 기간제고용 근로자의 해고 혹은 갱신거부 · 해지의 사안이다.[107] 기간제고용의 해지에 관한 판례가 축적됨에 따라 1970년대 전반에 해지의 판례법리가 확립하였다.[108] 그 영향으로 기간제고용의 반복갱신이 상당한 수에 이르러, 기업의 기간(基幹)노동력으로 자리 잡은 단시간근로자에 대해서 정사원과 동등한 정리해고법리를 적용하는 판례도 나오게 되었다.[109]

단시간근로자의 압도적인 부분은 여성이지만, 1960년대 전반에는 여성근로자 중에 단시간근로자의 비율은 약9%였던 것이, 1975년에는 약17%로, 1980년에는 약19%, 1995년에는 약32%로 증가하였다(경제기획청「1997년 국민경제백서」). 이러한 단시간근로자의 고용실태에 대해서 본격적인 분석이 이루어지게 되었던 것은 1980년대에 들

106) 이점에 대해서는 遠藤公嗣「雇用の非正規化と労働市場規制」大沢真理 編『ジェンダー社会科学の可能性 第2巻 · 承認と包摂へ』(岩波書店, 2011) 143쪽 이하; 同『これからの賃金』(旬報社, 2014) 103쪽 이하 참조. '남성이 주로 돈을 버는 모델' 로도 일컬어지는(예컨대 脇田滋「日本における失業 · 半失業と問題状況」脇田滋 · 矢野昌浩 · 木下秀雄 編『常態化する失業と労働 · 社会保障』(日本評論社, 2015) 4쪽 이하).

107) 예컨대 기간의 정함이 없이 고용된 단시간근로자의 해고사건으로, 春風堂 사건 · 東京地判 1967. 12. 19. 労民集 18권6호 1251쪽(동 판결은 결론적으로 해고를 무효로 판단했지만, 일반론을 서술한 판시 부분에서 단시간근로자를 해고하는 경우의 이유는 통상근로자를 해고하는 경우에 비해서 상당히 경감할 수 있다고 한다).

108) 東芝柳町工場 사건 · 最一小判昭和 1974. 7. 22. 民集 28권5호 927쪽.

109) 三洋電機 사건 · 大阪地決 1990. 2. 20. 労判 558호 45쪽; 같은 地判 1991. 10. 22. 労判 595호 9쪽.

어서 부터이다.[110)]

노동법학회의 본격적인 대응이 이루어진 것도 이 즈음이다. 1984년에 노동법학회의 심포지엄 주제로 「단시간근로의 법적문제」가 채택되어 모두 열띤 보고를 하고 있다. 특히 흥미로운 것은 균등처우 · 차별금지에 대한 논의이다. 시모이(下井) 교수와 노다(野田) 교수는 해석론으로서는 소극설을 전개하고 있지만, 입법적인 조치에 대해서는 시모이(下井)교수도 긍정하고 있다.[111)]

이러한 학설의 영향을 받았는지, 이 시기 행정의 대응책은 입법화에 대비하면서도 기본적으로는 행정지도에 의해,[112)] 단시간근로자의 취업규칙 정비와 근로조건의 명확화를 기업에 요구하는 것이었다. 또한 1987년 「노동기준법」 개정에 의해 연차휴가의 유급휴가일수에 대한 근무일수 비례의 규정이 도입되었다(동법 제39조제3항).

2. 1990년대 이후

단시간근로자에 관한 최초의 법률은 1993년에 제정된 「파트타임근로자의 고용관리의 개선 등에 관한 법률」(「파트타임노동법」)이다.[113)] 동법은 다음과 같은 특징을 가지고 있었다.

동법 제1조의 목적에서도 알 수 있듯이 동법은 어디까지나 단시간근로자의 복지증진법이다. 동법은 그 의미에서 고용정책에 초점을 맞추고 있는 입법이었다고 할 수 있다. 이러한 점은 현재에도 기본적으로 변함이 없다.

1993년 「파트타임노동법」에서 근로조건에 관한 규정은 사업주(사용자)의 책무에 관한 제3조와 근로조건에 관한 문서의 교부를 규정한 제6조 등 2개조뿐이었다. 게다가 이들은 사용자의 노력의무를 주된 내용으로 한 소프트 로(soft law)이다(이 개념에 대해서는 후술한다). 결국 동법에서는 「근로계약의 법」에 불가결한 근로계약의 규범내용(당

110) 東京労働基準局 編『パートタイマーその笑態と意識』(日本労働協会, 1984)

111) 下井隆史「パートタイム労働者の法的保護」学会誌労働法 64호(1984) 12쪽 이하; 野田進「パートタイム労働者の労働条件」学会誌労働法 64호 70쪽 이하.

112) 1984년의 「단시간노동 대책 요강」과 1989년의 「단시간노동 지침」

113) 이하의 입법과정에 대해서는 앞의 주1) 졸고 104쪽 이하 참조. 단시간 노동에 관한 지금까지의 행정지도형 노동대책과 입법화의 경위에 대해서는 松下乾次「パートタイム労働法」学会誌労働法 82호 (1993) 170쪽 이하; 大脇雅子「パートタイム労働法の概要と問題点」季労 170호(1994) 6쪽 이하 참조.

사자의 권리의무)을 명확히 규율하는 요소가 빠져 있었다.

게다가 동법의 많은 규정은 노동대신에 의한 대책의 기본방침의 책정(제5조), 사업주가 강구해야할 조치에 관한 노동대신에 의한 방침의 책정(제8조), 단시간근로원조센터의 설치(제13조 이하) 등, 국가의 행정지도에 근거를 부여하기 위한 것이었다. 동법은 행정지도를 위한 근거법이라는 성격이 강했다.

동법은 단시간근로자의 고용개선을 목적으로 제정된 법률이다. 그러나 결론부터 말하면, 동법은 단시간근로라는 고용형태의 다양화와 그 증가에 대해서는 적극적으로 뒷받침을 한 것도, 또한 그것을 제한하는 것도 아니었다. 근로조건 명시와 고유한 취업규칙의 제정이라는 점에서는 개선되었다고 할 수 있을지 모르지만, 기타의 근로조건이 대폭 개선되었다는 점은 적어도 조사와 통계자료 등에서는 명확히 나타나지 않는다. 동법을 이용한 판례가 거의 없다는 점은 입법의 효과를 측정하는 하나의 자료로 될 수 있을 것이다.

「파트타임노동법」을 둘러싼 큰 쟁점중 하나는 동법 제정 이후에도 균등대우원칙의 입법화에 있었다. 그러나 동법제정 이후의 입법정책을 이끈 균등대우의 입법화에 대해서는 단시간 근로의 고용이 억제되고 아웃소싱을 촉진시켜, 지역 고용시장을 부정하게 될 것이고, 정규종업원의 고용 불안정화를 가져와 단시간근로자를 정형적 · 보조적 업무에 고착화시킬 뿐이라는 이유에서 소극적이었다.[114]

이러한 입법불요론을 뒤로하고 학설의 논의는 보다 활발히 진행되었다. 동일의무노동 동일임금설, 균등이념(처우)설, 평등취급의무설, 동일노동 동일임금설 등이 전개됨과 동시에, 입법필요설이 유력해졌다.[115] 이러한 중에 마르코경보기사건(丸子警報器事件)의 판례가 등장한다.[116] 또한 필자를 포함해 단시간 근로의 입법구상도 일부 나왔지만,[117] 너무 시대를 앞서간다는 이유에서 완전히 무시되었다.

---

114) 菅野和夫 · 諏訪康雄「パートタイム労働と均等待遇原則―その比較法的ノート」北村一郎 編『現代ヨーロッパ法の展望』(東京大学出版会, 1998) 131쪽 이하 등.

115) 학설의 정리로 大木正俊「非典型労働者の均等待遇をめぐる法理論」季労 234호(2011) 223쪽 이하 참조. 水町勇一郎「『パート』労働者の賃金差別の法律学的検討」東北法学 58권5호(1994) 872쪽은 법해석에서 근거 · 기준의 불명확함을 극복하기 위하여 입법 필요성을 주장한다.

116) 長野地上田支判 1996. 3. 15. 労判 690호 32쪽.

117) 졸고「パート労働者の『均等待遇』―パャトタイム労働法私案について」労旬 1485호(2000) 18쪽 이하. 앞선 연구로는 宮島尚史「パート労働法の立法論(構想 · 過程 · 技術)」学会誌労働法 63

3. 2007년「파트타임노동법」개정

(1) 법개정과 취지

2007년「파트타임노동법」개정에서는 다음과 같은 중요한 내용이 수정되거나 규정이 추가되었다.

(가) 근로조건의 문서교부 · 명시의무(제6조)

(나) 균등대우 확보의 촉진(제1조, 제3조, 제8조 이하)

(다) 통상근로자로의 전환의 추진(제12조)

(라) 설명의무(제13조)

(마) 고충처리 · 분쟁해결원조(제19조 이하)

동법 개정은 이론 · 실무면에서 다음과 같은 중요한 의의를 갖는다.

첫째, 근로조건에 관한 규정은 종래는 제3조(사업주의 책무)와 제6조(근로조건에 관한 문서의 교부) 밖에 없었지만, 새롭게 제8조, 제9조, 제10조, 제11조 및 제12조가 신설되었다. 이것에 따라 동법은 근로조건의 중요한 부분을 다루게 되어 행정지도를 위한 근거법에서 근로조건보호의 측면도 함께 가지는 혼합적인 법으로써의 성격을 갖게 되었다.

둘째, 제8조에 처음으로 차별금지 규정이 도입되었다.[118] 차별금지의 대상은 임금의 결정, 교육훈련의 실시, 복리후생시설의 이용 기타 모든 대우이다. 후생노동성의 설명에서[119] 그 대상자인 '통상근로자와 동일시해야할 단시간근로자'는 전체 단시간근로자(약1,200만 명)의 4~5%(48만~60만 명)에 불과하지만, 균등대우의 노력의무에 불과했던 종래의 제3조와 비교하면 규범내용에 큰 차이가 있다. 어쨌든 입법소극론에서 탈피했다는 점에서 동법 개정의 중요한 의의가 있다.[120]

셋째, '통상근로자와 동일시해야할 단시간근로자'가 아닌 근로자에 대해서도 '직무

호(1984) 141쪽 이하; 大脇雅子「パートタイム労働と均等待遇の原則」労旬 1490호(2000) 6쪽 이하이다.

118) 동조를 적용하여 단시간근로자의 손해배상청구를 인용한 사례로 ニヤクコーポレーション(Niyac Corporation)사건 · 大分地裁 2013. 12. 10. 労判 1090호 44쪽.

119) 2007. 5. 22. 개최의 참의원 후생노동위원회 등.

120) 下井隆史『労働基準法 · 제4판』(有斐閣, 2007) 47쪽; 藤井龍子「労働力政策としての差別解消を」日労研 574호(2008) 1쪽.

내용, 직무의 성과, 의욕, 능력 또는 경험 등을 감안하여' 직무와 관련된 임금을 결정할 노력의무가 사용자에게 부과되었다(제9조 제1항). 이러한 단시간근로자에 대해서는 근속연수를 쌓아가더라도 지금까지는 그것이 임금에 반영되지 않거나, 승급이 지역 · 산업별 최저임금의 개정에 따라 결정되는 등, 직무내용이나 공적과는 관계없이 결정되었지만, 이러한 임금결정시스템 변경의 노력을 사용자에게 요구한 것이다.[121)]

넷째, 통상근로자로의 전환 규정이 새롭게 도입되었다(제12조). 구체적으로는 정사원 모집에 관한 정보제공 이외에, 일정한 자격을 갖는 단시간근로자에 대해서 정사원 등용시험을 실시하는 등의 조치를 강구하는 것이 사용자에게 의무로 되었다. 단시간근로자 중에 젊은 사람들이 비자발적으로 그 근로형태를 선택하는 자가 많이 있지만, 현실적으로 일단 단시간근로자로 채용되면 정사원으로의 전환은 곤란하다. 이러한 근로형태의 고정화는 단시간근로자의 근무의욕을 저하시켜, 유능한 인재의 육성을 방해하고 격차의 고정화를 야기한다. 동조는 이러한 사태를 개선하기 위하여 새롭게 도입된 것이다.[122)] 많은 기업이 정사원 등용시험을 실시하게 되면 동조의 취지가 적극적으로 살아나게 될 것이다.

(2) 법의 한계

반면에 동법 개정에는 조문의 내용과 체계에서 볼 때 몇 가지 문제가 남아 있었다.

우선 개념과 분류의 복잡함이다. 단시간근로자는, 단시간근로자와 '통상근로자' 를 '업무' 마다 판단하기 때문에 하나의 사업장에 복수업무가 존재하고 있거나 동시에 정규직 근로자가 존재하지 않는 경우에 어떤 기준으로 '통상근로자' 라고 할 것인지 쾌 복잡한 문제이다. 치밀하게 단시간근로 정책을 추진하려고 하는 자세는 이해할 수 있지만, 너무 치밀하면 너무 복잡하게 되어 오히려 실효성 측면에서 의문이 나올 수 있다.

다음으로 개념이 불명확하다는 문제도 있다. 전술한 바와 같이 사용자의 명확한 의무가 아닌 조치에 대해서 노력의무 이외에 배려의무규정을 두었다. 이 구별은 일단은

---

121) 厚生労働省雇用均等 · 児童家庭局短時間 · 在宅労働課「改正パートタイム労働法の概要」4쪽. 앞의 주 119) 국회심의에서 후생노동성의 설명으로는 전체 단시간근로자의 약 50%가 이러한 변경의 혜택을 받은 자로 추측하고 있다.

122) 厚生労働省 앞의 주121) 개요, 5면.

불가능한 것은 아니지만, 지침 등을 보지 않으면 그 규범내용이 명확하지 않다. 법기술적으로 이러한 불명확한 개념을 많이 사용하는 것은 피해야 할 것이다.

게다가 ILO 제175호 협약과의 관계에서도 문제가 남아 있다.[123] 결국 같은 협약 제4조에서는 노동기본권, 직업상의 안전과 건강, 고용 및 직업에 있어서 차별을 금지하고, 단시간근로자가 통상근로자와 평등(동일)한 권리를 갖는다는 점을 명확히 하고 있다. 또한 같은 협약 제5조 및 제7조에서 임금에 대해서는 시간비례가, 모성보호, 고용종료, 연차유급휴가 · 유급공휴일, 병가에 대해서는 동등 조건의 향유가 보장된다. 동일, 동등, 비례라는 개념에는 미세한 차이가 있지만, 임금 가운데 적어도 기본급에 대해서는 기본적으로는 비례원칙이 채용되고 있다. 이 점에 대해서 개정법 제8조이하는 단시간근로자를 몇 가지로 구분하여 근로조건 · 대우기준을 달리하거나, 또한 모성보호, 교육훈련, 기타 인사처우 혹은 해고 등에 대한 동등한 취급을 보장하는 규정이 빠져 있다. 동협약의 기준을 만족하고 있는 것은 통상근로자와 동일시해야할 단시간근로자뿐이다.

또한 같은 협약 제10조에서는 단시간근로와 통상근로의 이동이 쌍방향적으로 확보되어 있다. 이 점에 대해서 제12조는 전자로부터 후자로의 이동 가능성을 보장하고 있는데 불과하다. 게다가 그 실현은 극히 곤란하다.

2007년 법개정에 즈음하여 참의원의 부대결의에 따라 통상근로자와의 균등 · 균형처우를 위한 「직무분석의 방법과 비교를 위한 지표(기준)」의 검토가 요구되었다. 동일(가치)노동 동일임금원칙이 채용되고 있는 국가에서는 직무와 능력 · 자격에 따른 기준이 나와 있고,[124] 그것은 중요한 연구성과이기도 하다.

4. 2014년 법개정

「파트타임노동법」을 둘러싼 과제는 균등대우원칙을 2007년 개정법 제8조, 제9조를 넘어 어떻게 추진해 갈 것인가에 있다. 균등대우원칙의 입법화에는 정규종업원의 고

---

123) 이들 협약, 권고의 내용에 대해서는 斉藤周「ILOパートタイム労働条約の採択」学会誌労働法85호(1995) 152쪽 이하; 浅倉むつ子『労働とジェンダーの法律学』(有斐閣, 2000) 403쪽 이하 참조.

124) 森ます美『日本の性差別賃金』(有斐閣, 2005)은 그 선구적 업적이다.

용의 불안정화를 야기한다거나, 단시간근로자를 정형적 · 보조적 업무에 고착화시킨다는 등의 이유에서 소극적이었고, 이것이 종래의 입법정책에 커다란 영향을 주었다. 그러나 2007년 법개정은 명확히 이러한 입법소극론에서 일보 전진하고 있다. 질적 · 양적 측면에서 단시간근로의 중요성을 생각하면, 그 근로조건의 질적인 개선은 거역할 수 없는 흐름이다. 입법규제에 대해서는 고용정책적인 관점보다도 평등취급의 권리라는 인권의 관점이 보다 중시되지 않으면 안 된다.

그런데 2012년에 「노동계약법」 개정이 있었고, 제20조에 '기간제 근로계약을 체결하고 있는 근로자의 근로계약의 내용인 근로조건이 기간의 정함이 있다는 이유에서 동일한 사용자와 기간의 정함이 없는 근로계약을 체결하고 있는 근로자의 근로계약의 내용인 근로조건과 차이가 있는 경우에는 당해 업무에 수반하는 책임의 정도(이하 같은 조에서의 「직무의 내용」이라 한다.), 당해 직무의 내용 및 배치의 변경의 범위 기타 사정을 고려하여 불합리하다고 인정되어서는 안 된다' 는 규정이 도입되었다. 이것에 따라 2014년에 「파트타임노동법」이 개정되어, 동법 제8조에 '사업주가 고용하는 단시간근로자의 대우를, 당해 사업장에 고용하는 통상근로자의 대우와 다르게 하는 경우에는 당해 대우의 차이는 당해 단시간근로자 및 통상근로자의 업무의 내용 및 당해 사업에 수반하는 책임의 정도(이하 「직무의 내용」이라 한다.), 당해 직무의 내용 및 배치의 밴경의 범위 기타의 사정을 고려하여 불합리하다고 인정되어서는 안 된다.' 는 규정이 도입되었다. 그리고 기존의 동법 제8조는 약간 수정이 이루어져 새롭게 동법 제9조로 되었다.

Ⅱ. 소프트 로(soft law) 접근

1. 소프트 로 접근이란

이상의 규정에 대한 분석 전에 소위 소프트 로(soft law) 접근과 법의 절차화론에 대해서 검토한다. 그것은 노동입법에 대한 법규제의 존재방식을 둘러싼 것이고, 비정규직 고용의 균등대우 문제와 깊은 관계가 있다. 결국 법규범을 어떻게 이해하는가? 또는 권리실현시스템을 어떻게 구상하는가(행정지도형인가, 사인(私人)에 의한 권리실현형인가)? 여기서 문제로 된다.

소프트 로의 개념을 사용하여 지금까지의 노동입법정책을 긍정적으로 평가하는 것

은 아라키(荒木) 교수로, 다음과 같이 논하고 있다.[125)]

노동입법에서 보이는 노력의무규정을 소프트 로라고 부르지만, 그것에는 법의 목적과 이념을 나타내어 그 방향으로 노력을 촉구하는 훈시적 · 피상적 노력의무규정과 내용이 꽤 구체적인 구체적 노력의무규정이 있다. 노동입법에서 많이 사용되고 있는 것은, 강행적인 규제(hard law)도 가능하지만 그 입법화에 합의하기 위하여 노력의무에 그친 후자의 유형이다.

이 노력의무의 사법상의 효과에 대해서는 판례에서는 부정적으로 이해하고 있지만, 행정상의 지도 등의 근거로는 될 수 있다.

지금까지의 입법에서 처음에는 노력의무규정에서 시작하여, 그 후에 금지규정으로 변화한 사례가 일부 보인다. 구체적으로 신체장애인의 고용에 관한 1960년 제정된 「신체장애인고용촉진법」과 1976년 개정, 1985년 제정된 「고용기회균등법」에서 모집 · 채용 · 배치 · 승진에 관한 규제(제7조, 제8조)와 1997년 개정, 육아휴직에 관한 1972년 「근로여성복지법」 제11조와 1991년 「육아휴직법」 제정, 정년제에 관한 1986년 「고령자고용안정법」과 1994년 개정 등을 들 수 있다.

아라키(荒木)교수는 이러한 소프트 로 접근에 대해서 과도적 · 규제유예적인 성격으로 관계자가 인식하고 있는 경우가 많다는 점, 소프트 로에는 사법상 효과는 없지만, 행정상의 시책을 총동원하여 당사자에게 이행을 촉구하고 있다는 점, 사람들의 가치관 전환에 기여하여 왔다는 점 등에서 긍정적으로 평가하고 있다. 다만 인권에 관한 문제에 대해서 소프트 로 접근이 적절했는지 여부에 대해서는 이후의 과제로 남겨져 있다는 점은 인정하고 있다.

이러한 주장에 대해서는 소프트 로 자체에 대해서 규범론의 체계로서의 법률의 존재방식과 그리고 입법과정론으로서의 타당성이라는 양방향에서의 검토가 필요하다. 또한 현재 많은 차별금지와 사용자의 구체적인 의무를 정한 규정이 출현하고 있고, 이것이 큰 역할을 하고 있다는 점 자체는 부정할 수 없다. 다만 그 과정에서 나왔던 현상을 문제로 하고 있다.

125) 荒木尚志「労働立法における努力義務規定の機能−日本型ソフトロー・アプローチ」앞의 주 21) 책 19쪽 이하.

2. 소프트 로가 가지는 문제

(1) 소프트 로 규범내용의 불명확성

소프트 로 접근의 중요한 특징은 노력의무규정과 배려의무규정의 다양화이다. 그 구체적인 예로써 아라기(荒木) 교수가 들고 있는 1985년 제정된「고용기회균등법」등 이외에도 1993년에 제정된「파트타임노동법」제3조, 2007년에 개정된 동법 제9조, 제10조, 연령차별에 관한 2001년 개정된「고용대책법」제7조, 사업주가 강구해야할 조치를 정한「육아돌봄휴직법」제21조, 제22조 및 제26조 등, 같은 규정인「근로자파견법」제26조 제7항, 제30조 등이 있다. 아라키(荒木) 교수는 언급하고 있지 않지만,「노동계약법」제3조, 제4조에서 정하는 사용자의 의무도 노력의무이다.

이외에도 2007년 개정된「파트타임노동법」제11조,「육아돌봄휴직법」과「노동자파견법」제31조 등에서 노력의무와 비슷한 배려의무의 규정이 다수 존재하고 있다. 배려의무에 관한 규정은 사용자의 안전배려의무를 정한 노동계약법 제5조에도 존재하지만, 사용자가 그것에 위반한 경우에는 바로 채무불이행으로써 손해배상책임을 부담한다는 점에서(근로자에게 구체적인 이행청구권이 있는지 여부에 대해서는 학설상 이론이 있다), 다른 배려의무와는 다르다.[126)]

사용자의 명확한 실시의무는 아니지만 배려의무와 노력의무에는 확실히 그 내용이 특정되어 있어 실시의무에 가까운 것부터, 훈시적 · 윤리적인 의미밖에 갖지 못하는 것까지 다양하다. 그러나 그것에는 규범 내용이 피상적으로 불명확하다는 점에서 공통점이 있다. 결국 사용자는 무엇을 하면 이러한 노력의무를 이행하는 것이 되는지, 한마디로 명확하지 않는 것이다. 그 무엇을 하지 않으면 아마도 노력의무를 이행했다고는 할 수 없겠지만, 무언인가의 작위 혹은 조치를 강구하면 될 것이다. 이것과 관련하여 만약 의무위반이 있었다고 하더라도 근로자에게는 어떠한 청구가 가능한 것인가? 이론적으로는 손해배상청구를 생각해 볼 수 있지만, 그것을 위해서는 근로자에게 너무 과도한 입증이 요구되는 것이고, 결과적으로 그 이론적인 가능성은 닫혀 버릴 것이다. 이러한 것의 가장 적절한 예가 '균형'이라는 개념과 '노력하는 것으로 한다' 는

---

126) 이러한 점에 대한 분석으로 鎌田耕一「安全配慮´義務の履行請求」水野勝先生古稀記念論集編集委員会『労働保護法の再生』(信山社, 2005) 359쪽 이하 참조.

2가지의 피상적인 개념이 사용되고 있는 1993년 제정된 「파트타임노동법」 제3조 및 2007년 개정된 동법 제9조 제1항이다. 이들 법규정은 현실에서 차별을 해소하는 기능을 그다지 못하고 있었다.

(2) 법규범의 유연화

이러한 피상적인 개념이 사용되는 것은 다분히 법의 정책화 혹은 행정주도형의 권리실현법제와 연관되어 있다.

노력의무규정에는 2가지가 있다. 하나는 사적자치의 원칙을 전제로 그 확인을 위하거나, 혹은 이후의 분쟁의 예방을 위하여 당사자가 납득할 것과 서면 등을 요구하는 사례이다. 예컨대 당사자의 권리의무의 체계인 「노동계약법」 제4조에는 제1항과 제2항에 표현이 미묘히 다르지만, 노력의무규정을 두고 있다. 근로계약 체결시에 근로조건 명시의무를 규정한 「노동기준법」 제15조와 비교하면 규정내용에 큰 차이가 있다. 그러나 이러한 규정은 「소비자계약법」 제3조에서도 보여 진다. 이러한 노력의무는 계약의 합의원칙을 보충한다는 적극적인 의의도 인정된다.

다른 하나는 행정지침과 행정지도에 위임하기 위한 근거로써 두고 있는 사례이다. 많은 노력의무규정은 여기에 해당하고, 그리고 실제로 문제로 되는 것은 이러한 행정지도위임형 노력의무규정이다. 노동입법정책의 묘라고 할 수 있지만, 과연 그렇게 이해해도 좋을 것인가? 이 문제에 대해서는 여전히 다음과 같은 의문이 남아 있다.[127] 즉 그것은 법규범성이 엷어지는 문제를 초래한다는 의문 혹은 비판이다. 노동법 분야에서 적극적인 행정이 필요하다 하더라도 강제를 수반하지 않는 행정지도는 스스로 한계가 존재한다. 행정지도에 의한 근로계약 내용에 대한 개입은 법을 권위적이고 비민주적인 것으로 변질시킬 위험조차 있는 것이다.

노동입법을 보면서 특히 강하게 느끼는 것은 행정지도위임형 노력의무규정으로 과연 법의 목적이 달성될 수 있을 것인가, 라는 의문이다. 예컨대 단시간근로에 종사하

---

127) 앞의 주1) 졸고 105쪽 이하. 또 유럽의 고용정책은 소프트 로 접근에 따른 유연안정성 모델이 난관에 빠져 하드 로 접근에 따른 '고용의 질', '양질의 노동'을 탐구하는 방향으로 전환하고 있다 (Pascale Vielle, Silivia Borelli, Legal and Normative Perspectives on Quality of Employment in Europe, in: Silvia Borelli & Pascale Vielle (eds), Quality of Employment in Europe, Brussels 2012, p.9~p.31).

는 자는 약 70%가 여성이기 때문에 이 문제는 성에 관한 고용기회균등과 밀접하게 관련되어 있다. 「파트타임노동법」이 제정된 1993년 이후도 단시간근로자의 비율이 계속해서 상승하고 있기 때문에, 여성 비전형근로자의 비율이 증가하고 있는 것이다. 정규직 근로자와 비교해 여성의 임금은 남성의 약 70% 정도이고, 여성중에서 단시간근로자의 임금은 거의 일정하게 정사원의 약 70% 이기 때문에 종합적으로 보아 남녀간의 임금격차는 확대되고 있는 것이다. 그렇다면 성에 관한 고용평등을 실현하기 위해서는 단시간노동의 근본적인 개선이 필요하게 된다(그것과 함께 기간제고용근로자의 대부분도 여성이기 때문에 그 계약의 개선도 필요하다). 그러나 1993년 「파트타임노동법」의 제정은 단시간근로자의 고용개선에 거의 기여하지 못하였다. 기여하고 있었다고 한다면, 단시간근로자의 증가가 상대적 빈곤율의 상승으로 이어졌거나, 워킹푸어의 증가로 이어지지는 않았을 것이다.

그 결과 고용평등 면에서 보면, 그것과는 반대의 방향으로 사태가 변화하는 것에 어떤 유효한 책략으로 기능하지 못하였다.

(3) 소프트 로 접근의 문제점

소프트 로 접근의 다른 하나의 특징은 소프트 로에서 하드 로의 이행이라는 입법정책의 과정에 있다. 아라키(荒木) 교수도 지적하는 것과 같이 지금까지의 입법에서는 당초에 관계자(노동입법의 경우에는 특히 사용자와 근로자, 각각의 단체)의 합의가 불가능했기 때문에 우선은 노력의무로 하고, 그 후에 기운이 무르익은 단계에서 금지규정과 실시의무규정으로 이행한다는 사례가 많았었다. 그리고 현재 일부의 노력의무규정에 대해서도 같은 과정을 걸어갈 것이라는 것을 예상해 볼 수 있다. 그러나 그것을 확신할 수는 없다.

1993년 「파트타임노동법」은 대부분이 행정지도와 행정기관을 설치하기 위한 근거규정이었다. 유일한 근로조건에 관한 규정은 제3조뿐이었지만, 그것은 통상근로자와의 '균형' 대우의 조치를 강구할 노력을 사용자에게 부여하고 있는데 불과했다. 2007년 개정에 의해 도입된 제8조에서 차별금지 규정이 도입되었지만, 그 대상으로 되는 단시간근로자는 전체의 수%(후생성의 추계에서는 3~5%이지만, 실제로 관계되고 있는 자는 그보다 훨씬 작다고 평가하고 있다)에 불과하고, 동시에 비전형근로자의 상당수를 점하는 기간제고용 근로자에게는 적용되지 않았다(후생성은 유추 적용의 가능성을 인정하고는 있지만). 압도적 다수인 단시간근로자에게 적용되는 것은 구법 제3조를 거의 그대로 받아들인 개정법 제9조이다.[128)]

이러한 문제는 노력의무규정과는 직접적인 관계는 없지만, 「육아돌봄휴직법」에서도 보인다. 남녀공동의 가족적 책임의 이행 혹은 남녀공동참가의 이념에서 시작된 동법은 육아휴직 사용비율을 보는 한, 많은 여성근로자에게 권리실현의 기회를 부여했지만, 남성근로자에게는 거의 영향을 주지 않았다. 최근 조금씩 상승 경향에 있다고는 하지만, 그것도 2% 정도에 불과하다(후생노동성 「2014년도 고용균등기본조사(속보판)」 2015. 6. 25). 육아휴직 사용기간에 대해서 보면, 여성의 경우는 약 83%가 6개월 이상이지만, 남성의 경우는 61%가 2주 미만이고, 41%가 5일 미만이다(후생노동성 「2012년도 고용균등기본조사」). 5일 미만의 사용을 과연 육아휴직이라고 말할 수 있을 것인가. 남성이 쉽게 사용할 수 있도록 하는 제도를 마련하지 못했기 때문이지만, 그것을 위한 논의도 진척되지 못하고 있다. 이들 모두 소프트 로형의 입법으로는 반드시 그 목적이 실현된다고 할 수 없는 점, 그리고 그것이 쉽게 하드 로(hard law)로 이행하지 않는다는 점을 보여준다.

또한 소프트 로 접근에서는 노력의무규정 등에서 금지규정으로 이행했다는 점을 규범의식의 고조라는 이유에서 설명할 수 있지만, 그것이 왜 불가결한 것인가, 그리고 법에는 고용사회에 영향을 미치는 기능이 있다는 점에 대한 설명은 불가능하다.[129)] 소프트 로 접근은 차별해소에 대해서 어떠한 규정을 설계하는가는 사회정책의 문제로 다르지만, 그것이 어떠한 법규범적인 요청 혹은 법규범에 지지되고 있는가라는 점에서는 거의 관심을 보이지 않는다.

---

128) 앞의 주 1) 졸저 124쪽 이하. 川口大司 「改正パートタイム労働法はパートタイム労働者の処遇を改善したか？」 日労研 642쪽(2014) 53쪽 이하는 많은 단시간근로자가 일정한 직종에 한정되어 있지만, 2007년 개정 「파트타임노동법」의 처우개선효과를 분석하고, 임금격차에 대해서 개선효과가 보이지 않는다는 결론을 도출하고 있다. 고용정책의 평가에는 그 원인 분석이 필요하지만, 아쉽게도 동 논문에서는 그것이 이루어지지 않았다. 분석대상이 법 시행후 2년간이라는 제약도 있었지만, 필자는 소프트 로의 기능적 한계와 격차가 상당히 확대하기까지 손을 놓고 있었다는 법정책의 지체(소극적 법정책)에 가장 큰 원인이 있다는 견해를 가지고 있다.

129) 그것이 배경에 있는 것인지, 비정규직 고용의 균등대우에 관한 최근의 입법을 말할 때 아라키(荒木)교수는 소프트 로에 대해 언급하지 않는다(荒木尚志 「労働者像の変化と法政策のあり方ー法学の立場から」 野川 외 · 앞의 주1) 책 33쪽 이하).

Ⅲ. 법의 절차화 이론

1. 법의 절차화란

1990년대 이후 노동법을 노동시장과의 관계에서 고찰하려고 하는 노동시장법의 구상이 강하게 주장되었지만, 그것에 찬성하면서 노동의 자유로운 거래라는 의미에서의 외부시장화와 기업 내부의 노동관계의 완결이라는 의미에서의 노동의 내부시장화 각각의 폐단을 지적하고, 그것을 극복하는 것으로서 미즈마치(水町) 교수는 법의 절차화 이론을 제안하였다. 즉 노동시장화의 폐해를 제거하기 위해서는 국가에 의한 기본적인 가치보장이 필요하지만, 포스트 공업화의 복잡화 · 다양화한 사회에서는 국가가 인식할 수 있는 능력에 한계가 있기 때문에 이것에 너무 의존하는 것 또한 문제가 있다. 그래서 실체적인 규제는 최소한의 기본적인 부분에 그치고, 규제의 역점을 당사자에 의한 것으로 이동시켜, 그 집단적인 조정에 맡겨야 하고, 이러한 절차화가 21세기 노동법의 바람직한 자세라고 주장한다. 이곳에서 말하는 법의 절차화란, 실체적인 규제로부터 당사자 간의 협의 · 교섭을 통한 규제로 획일적인 규제로부터 개별적인 규제로라는 흐름을 가리키고 있다.[130)]

몇 가지 점을 보충해 둔다. 우선 절차화에서 말하는 집단적 규제의 「집단」이란, 통상은 노동조합을 상정할 수 있지만, 반드시 그것만은 아니다. 미즈마치(水町) 교수가 미국 노동법 분석에 의해 집단의 재생을 도출하고, 그것에 의해 일본법에 시사점을 말하고 있지만, 거기에도 노동조합뿐만이 아니라 종업원대표 등을 포함한 광의의 의미에서의 집단을 통한 의사소통 기능의 중요성을 주장한다.[131)]

다음으로 집단에 의한 교섭 · 조정의 절차로는 국가법에서 당사자 교섭으로의 이행, 산업별에서 기업 · 사업장별로의 이행과 같은 분권화의 경향, 거기에서의 소수자의 의견도 존중되는 집단적 교섭이 중시되고 있다는 가설을 묘사하고 있다.[132)] 미즈마치(水町) 교수는 그러나 규제완화에 의해 사회적 불평등과 생활곤란자가 확대되고 있다는 인식에서 단순한 규제완화론에는 비판적이다. 이점에 대하여 국가법에 의한 규제가

---

130) 水町勇一郎「『労働』『市場』と『法』」学会誌労働法 97호(2001) 99쪽 이하; 同「法の『手続化』」東北法学 65권 1호(2001) 1쪽 이하; 同『労働社会の変容と再生』(有斐閣, 2001) 279쪽 이하.

131) 水町勇一郎『集団の再生』(有斐閣, 2006) 7쪽, 222쪽 이하.

132) 水町勇一郎 編『個人か集団か？変わる労働と法』(勤草書房, 2006) 1쪽 이하, 277쪽 이하.

아니라 기업 · 사업에서의 노동조합과 종업원대표 등의 집단에 의한 규제, 그것도 소수자의 의견을 존중하는 의사소통 기능에 의해 이 현상을 극복해야한다고 말한다. 이것이 법의 절차화이다.

미즈마치(水町) 교수는 이 방법을 고용평등 혹은 균등대우 문제에도 응용한다. 거기에서는 오늘날의 고용문제로서 노동과잉과 격차의 존재를 추출하여, 그것에 대한 처방전으로 유럽과 같은 법에 의한 규제도 아니고, 또한 미국과 같은 시장에 의한 규제도 아닌 집단적 발언이라는 당사자의 의사소통에 의한 해결을 제시한다.[133]

2. 검 토

미즈마치(水町) 교수의 이론은 프랑스 노동법과 미국 노동법의 역사연구에서 시작하여 현상과 오늘날의 문제를 멋지게 추출하여 그것을 기본으로 하면서 이러한 주장을 전개하고 있고, 키워드 제시의 방법 등 참신하고 매력적이다. 그러나 몇 가지 의심스러운 점이 있다.

첫째, 미즈마치(水町) 교수 이론의 현실적 실현가능성에 대한 것이다. 예컨대 니시타니(西谷) 교수는 산업수준이나 기업수준에서도 노동조합의 규제력이 취약한 일본에서의 법의 절차화는 규제완화의 주장과 구별이 어렵고, 노사 자치만으로 대응결정이 확보될 수 있다는 것은 비현실적인 주장이라고 비판한다.[134] 일본에서는 제4장에서 상세하게 논하고 있는 것과 같이, 80~90%의 사업장에 노동조합이 존재하지 않고, 노동조합이 존재하지 않는 사업장에서는 과반수 근로자대표를 선출하지만, 그 자격, 선출방법 그리고 활동보장 등의 모든 면에서 대표가 완전히 직장의 상황을 파악하고, 종업원의 이익을 대표한다고 말하기 어렵다. 그러한 상황에서 법의 절차화를 받아들일 수 있는 태세가 갖추어져 있는지 매우 의심스럽다.

둘째, 이념론으로서도[135] 미즈마치(水町) 교수 이론이 과연 노동법의 새로운 패러다임을 그리고 있는지 의문이다. 예컨대 미즈마치(水町) 교수가 제안하는 방법은 단시

---

133) 水町勇一郎「『過剰労働』と『格差』のあいだ」世界　2007년 3월호 71쪽 이하.

134) 西谷敏「読書ノート水町勇一郎 編『個人か集団か？変わる労働と法』」日労研 562호(2006) 142쪽.

135) 中村圭介「書評 · 水町勇一郎『労働社会の変容と再生』, 同『集団の再生』」書斎の窓 2006년 5월호 52쪽은 미즈마치(水町)교수에게 노동법의 장래 설계도를 그릴 것을 기대하고 있다.

간 노동규제에서 지금까지도 채용되어 왔던 것이고, 그것이 잘 되지 않았기 때문에 2007년의 「파트타임노동법」의 개정이 이루어진 것은 아닌가? 현장의 실태에 정통한 자에 의한 교섭이 문제해결로 유효하다는 점은 부정할 수 없지만, 모든 근로자에 대한 격차의 시정이라는 거시적 관점에 대한 문제에 대해서는 보다 대국적인 시점에서의 대응책이 필요하다. 그것에는 당사자의 교섭을 지탱하기 위한 법규제가 불가결한 것이 될 것이다.

미즈마치(水町) 교수 이론은 결국 이념 우선으로, 실태와 너무나 괴리된 이론은 아닐까? 일본경제단체연합회(經団聯)은 일관되게 새로운 노동법의 존재방식으로 과도한 규제 · 개입은 고용기회를 축소시키고, 재도전의 장해로 되며, 근로자의 근로의욕과 기업의 고용의욕을 감쇄시킨다는 관점에서 전면적 재검토가 필요하고, 노사 자치를 기본으로 규제는 최소한으로 해야 한다고 주장하였다.[136] 미즈마치(水町) 교수는 반론할지 모르지만, 이 주장과 미즈마치(水町) 교수 이론에 연결되는 바가 있다는 것도 사실이다.

야노(矢野) 교수가 적절히 지적하는 바와 같이, 일본 노동법의 현상에서는 이해관계자가의 대등한 교섭의 공공성을 형성하기 위해서는 실체적 규제에 의한 규범화를 진행하는 것이 여전히 중요하다.[137] 이러한 것을 의식해서인지, 미즈마치(水町) 교수는 최근에는 법의 절차화론을 적극적으로 전개하고 있지 않고 있다.

Ⅳ. 헌법 제14조와 노동법

1. 헌법 제14조 제1항과 차별금지

소프트 로 가운데 노력의무규정이 많이 사용되고 있는 것은 고용평등 분야이다. 헌법 제14조 제1항과의 관계에서 보면, 국적, 신조, 사회적 신분에 대해서는 이미 「노동기준법」 제3조에 차별금지 규정이 존재하고 있다. 「노동기준법」 제4조는 성별에 의한 차별을 금지하고 있지만, 대상은 근로조건 중에서도 임금에 한정하고 있다. 1985년에 제정된 「고용기회균등법」에서는 판례법리로 확정하고 있었던 정년제 등의 고용종료를

136) 日本経済団体連合会『希望の国, ビジョン2007』(経団連, 2007) 71쪽 이하.
137) 矢野昌浩「構造改革と労働法」法科 34호(2004) 50쪽.

제외하고 평등하게 취급할 것, 혹은 차별 하지 않을 취지의 노력의무규정에 그쳤었다. 그 이후, 노력의무규정이 설계되었던 것은 연령(「고용대책법」)과 고용형태의 차이(「파트타임노동법」)이지만, 이것들은 확실히 헌법 제14조제1항에 규정된 차별금지사유를 들고 있지 않았었다. 최근에는 「노동기준법」 제3조 제2항과 「파트타임노동법」 제10조 등과 같은 균등대우기준이 자주 사용되고 있다.

이렇게 보면, 지금까지의 입법에서는 헌법 제14조 제1항과 노력의무규정과의 사이에는 상관관계는 없는 것이 된다. 모집과 채용의 단계이든가, 그렇지 않으면 그 후의 근로조건의 단계이든가 라는 구별도 「노동기준법」 제3조를 제외하면 노력의무규정과의 상관관계는 없다. 결국 다른 사정과의 관계에서는 차별도 허용된다는 의미에서의 상대적 차별금지사유와 항상 차별이 금지된다는 절대적 차별금지사유라는 차이는 많은 노동입법에서 발견되지 않는다.

2. 차별해소 입법에 대한 접근

그렇다면 차별배제에 대해서 금지규정을 둘 것인가, 아니면 노력의무규정을 둘 것인가의 차이는 어디로부터 발생하는 것인가. 이것을 연령차별과 고용형태의 차이에서 살펴본다.

연령차별에 대해서 예컨대 사쿠라바(桜庭) 교수는 기존의 고용관행과 노동시장에의 영향을 고려하면, 그 차별이 반드시 불합리하다고 할 수 없는 경우도 있고, 입법정책으로 성차별에 관한 「고용기회균등법」과 같은 인권보장을 전면에 내세우는 연령차별금지법을 제정할 것이 아니라, 고용관리를 개별적으로 시정하는 정책적 접근을 해야 한다고 주장한다.[138] 이점에 대하여 야나기사와(柳澤)교수는 정책 목적을 명확히 하지 않은 채 연령차별을 부분적으로 배제하는 입법정책에는 반대하며, 특히 모집을 중심으로 연령차별금지법 제정 필요성을 주장한다.[139]

고용형태의 차이에 대해서도 같은 대립을 볼 수 있다.[140] 차별금지입법이라는 형태

---

138) 桜庭涼子『年齢差別禁止の法理』(信山柱, 2008) 309쪽 이하.

139) 柳浮武『雇用における年齢差別の法理』(成文堂, 2006) 282쪽 이하; 同「年齢差別」森戸英幸・水町勇一郎 編著『差別禁止法の新展開』(日本評論社, 2008) 143쪽 이하.

140) 이러한 분쟁에 대해서는 両角道代「パート処遇格差の法規制をめぐる一考察一『潜在能力アプローチ』を参考に」野川 외 · 앞의 주 1) 책 356쪽 이하 참조.

로의 국가법에 의한 개입에 부정적인 견해는 이 처리를 가능한 노동시장의 규제력에 맡기려고 한다. 차별금지에 대해서 대체로 소극적으로 전통적인 고용관행과의 조화와 노동시장의 규제력을 살리는 방법을 제시하고 있다. 그리고 입법에 의한 어떠한 격차 해소 정책이 필요하더라도 그 근거를 사회의식의 변화와 사회정책적인 배려에서 구한다.[141)]

이 견해는 지금까지 현실에서 채용되어 왔던 입법정책을 뒷받침해 왔던 것으로, 입법당시의 법의식의 차이 혹은 정책적인 요청을 중시하고 있다. 다만 그것과 정책의 타당성과는 다른 문제이다.

이 점에 대하여 입법개입을 적극적으로 평가하는 견해는 고용형태의 차이를 헌법 제14조 제1항 및 「노동기준법」 제3조의 '사회적 신분'과 비슷한 것으로 생각하여 불합리한 차별을 금지하는 것이 법적 정의에 적합하다고 생각한다.[142)] 미국과 유럽에서 채용되고 있는 견해라고도 할 수 있을 것이다. 예컨대 미국법에서는 1964년 「공민권법」 제7편의 제정에서 비롯하여, 1967년 「고용에서의 연령차별금지법」의 제정, 1990년 「장해를 갖는 미국인법」의 제정 등으로 전개되었다.[143)] 이들 법에서는 처음부터 일관되게 하드 로가 채용되어 왔다.

또한 EU에서의 차별금지입법의 움직임은 1970년대의 남녀공용평등 지침에서 시작되었지만, 1990년대에 들어가면서 불합리한 차별 일반을 배려하려고 하는 움직임이 가속화되었다. 단시간근로자와 기간제고용 근로자의 평등취급, 인종 · 민족에 관한 평등취급, 기타 고용평등취급에 관한 지침이 계속해서 나오면서 그것의 국내법화가 요구되었다. 독일도 이것의 영향을 받아 2000년에는 「파트타임 근로 · 기간제 근로계약

141) 荒木 · 앞의 주 129) 논문 41쪽 이하. 両角 · 앞의 주 140) 논문 354쪽 이하는 비정규직 고용의 격차해소를 위한 법규제를 기본적으로 정책적인 것으로 생각하면서, 정책적 배려를 사회정책이나 경제정책의 배후에 있는 사회정의와 헌법에 기인하여 규범적으로 요청되는 '개인의 잠재적 능력'(실질적인 선택의 자유)에서 구한다. 이 견해에서는 왜 보편적(혹은 상대적인) 가치인 '잠재적 능력'의 발휘에 대해서 사회정책적인 요청밖에 근거지울 수 없는 것일까 설명할 수 없다.

142) 水町勇一郎「非正規雇用と法」長谷部恭男 外編『現代法の動態3社会変化と法』(岩波書店, 2014) 50쪽은 '일본 상황에 비추어, 고용형태에 따른 처우격차 문제를 인권보장을 위한 차별금지 문제와 명확히 구별하여, 양자를 준별하는 법적 접근을 하는 것에' 반대한다. 또한 미즈마치(水町) 교수 이론은 최근 20년간 크게 변화해 오고 있어, 어떠한 시점을 취할 것인가가 미묘하다. 앞의 주1) 졸고 251쪽 이하 참조.

143) 中窪裕也『アメリカ労働法 · 제2판』(弘文堂, 2010) 195쪽 이하 참조.

에 관한 법」이 제정되고,[144] 그리고 2006년에는 '민족적 배경, 성별, 종교 혹은 세계관, 장해, 연령 및 성정지향'에 대한 차별을 금지하는 「일반평등취급법」이 제정되었다.[145] 고용형태의 차이와 기타 사유와의 구별은 있지만, 모두 차별금지 규정이 채용되고 있다. 하드 로의 접근이다.

이러한 것의 배경을 추측해 보면, 미국과 유럽에서 차별문제는 넓게 일반적으로 인권문제로서 인식하고 있다는 점, 그리고 노력의무라는 입법기술에 친숙하지 않다는 점을 들 수 있을 것이다. 독일에서도 차별금지 사유에 대해서 전혀 예외가 인정되지 않는 것은 아니다. 예컨대 「일반평등취급법」 제8조는 직무의 성질과 수행조건에 따라 필요한 경우에는 다르게 취급하는 것을 허용하고 있다. 특히 연령에 대해서는 제1호 내지 제6호에 걸쳐 많은 예외가 인정되고 있다. 일본에서도 2007년 개정의 「고용대책법」 제10조에서 동일한 방법을 볼 수 있다. 원칙금지에서 예외를 허용하는 방법은 현실 노무관리와 노동시장의 존재방식을 고려하면서도 규범내용의 명확성을 유지할 수 있다는 장점을 가지고 있다. 법령에서 예외를 인정하는데 불과하기 때문에 행정개입의 여지도 적다. 이 의미에서 전술한 소프트 로에 대한 문제점을 회피할 수 있는 것이고, 입법방법으로도 뛰어나다고 평가할 수 있다.

2010년경부터 「파트타임노동법」의 균등대우에 관한 학설도 조금씩 변화가 보이고 있다. 즉, 종래 입법에 의한 비정규직 고용의 균등대우에 반대해 왔던 사람들 중에도 법규제의 필요성을 설명하는 주장이 강해지고 있다.[146]

---

144) 川田知子「パートタイム労働の法制度 ドイツ」海外労働時報 331호(2002) 21쪽 이하 참조.

145) 山川和義「ドイツ一般平等取扱法の意義と問題点」日独労働法協会会報 8호(2007) 79쪽 이하; 山川和義・和田肇「ドイツにおける一般平等立法の意味」日労研 574호(2008) 18쪽 이하 참조.

146) 両角道代「家族の変化と労働法」앞의 주142) 책 148쪽 등. 또한 정규직원과 비정규직원간과 같이 직역이 크게 다른 사람 사이에서 균등대우를 실현하기 위하여 입법이 개입하는 것은 시장의 힘과 활력을 저하시킨다는 것을 이유로 반대하는 의견도 있다(富永晃一「雇用社会の変化と新たな雇別平等法理」같은 책 79쪽 참조)

V. 비정규직 고용과 균등대우

1. 현재까지의 사견

단시간근로자의 균등대우에 관한 사견은 비교적 단순하면서 일관성이 있다. 최근에 논했던 것은 2000년이지만, 그곳에서 다음과 같은 입법구상을 제시하였다.[147)]

> 제3조(단시간근로자의 처우에 관한 원칙) ① 단시간근로자의 근로조건 등의 처우에 대해서, 종사하는 직무가 동일한 통상근로자 등과 비교해 합리적 이유 없이 불이익한 취급을 해서는 아니 된다.
>
> ② 단시간근로자의 임금에 대해서는 시간급 임금으로 환산하여 단시간근로자의 1주간의 소정근로시간(甲시간)과 동일노동에 종사하는 통상근로자의 근로시간(乙시간)의 관계(비례비율)를 고려하여 사용자는 다음의 원칙에 따라 지급하여야 한다.
>
> 1. 甲시간이 乙시간의 80퍼센트 이상인 경우, 그 격차는 20퍼센트를 넘을 수 없다.
> 2. 甲시간이 乙시간의 50퍼센트 이상 80퍼센트 미만인 경우, 그 격차는 30퍼센트를 넘을 수 없다.
> 3. 甲시간이 乙시간의 50퍼센트 미만인 경우, 그 격차는 40퍼센트를 넘을 수 없다.
>
> ③ 근로조건 가운데 시간비례에 따른 취급이 불가능하거나, 또는 종사하는 직무의 차이에 의해 시간비례에 따른 취급이 불가능한 경우에는 전항의 처우의 원칙을 참고하면서 대응하여야 한다.
>
> ④ 사용자는 본조 제2항의 처우의 세칙에 대해서, 당해 사업장에서 근로자의 과반수로 조직된 노동조합, 과반수로 조직된 노동조합이 없는 경우에는 근로자의 과반수를 대표하는 자, 및 당해 사업장의 단시간근로자의 대표와 협의하여야 한다.
>
> 제4조(통상직으로의 전환과 정보제공) 단시간근로자가 종사하는 업무에 통상근로자를 채용하는 경우에는 적절한 시기에 그 정보를 단시간근로자에게 제공하여야 한다. 이 경우에 사용자는 우선 종래부터 고용하고 있었던 단시간근로자부터 전환 가능 여부를 검토하여야 한다.

이 제안에서 「합리성 없는 차별의 금지」의 판단기준과 입증책임의 배분에 관하여 이하와 같은 구체적인 안을 제시하였다.

① 근로의 양은 1주 동안의 소정근로시간의 길이에 따라 판정된다. 이것은 「노동기준법」 제32조의 근로시간 규제의 방법과 관련되어 있다.

② 근로의 질은 종사하는 직무내용, 요구되는 직업능력 · 자격 · 숙련도에 따라 판정

---

147) 앞의 주117) 졸고 19쪽 이하. 이는 제3조 제1항에 관하여(미즈마치(水町) 교수는 특별히 인용을 하고 있지 않지만), 미즈마치(水町) 교수가 주장하는 '합리적 이유 없는 불이익변경 취급금지 원칙' 접근이다(水町勇一郎 「『同一労働同一賃金』は幻想か？一正規 · 非正規労働者観の格差是正のための法原則のあり方」 RIETIDiscussion Paper Series 11-J-05).

된다. 책임의 정도는 직무내용의 요소이고, 근속연수는 주로 숙련도를 구성하는 요소라고 생각하면 좋을 것이다. 어느 직무에 비교해야할 통상근로자가 존재하지 않거나, 혹은 극히 소수밖에 존재하지 않는 경우에는 근로의 질이 가장 가까운 직무를 비교대상으로 해야 할 것이다. 위의 입법(안) 제3조제1항에서 말하는 통상근로자「등」이란 그것을 의미하고 있다.

③ 기타의 요소로서 채용절차, 근로시간 설정의 자유, 전직의 유무, 부수적 의무로 일컬어지는 일련의 의무(경업금지의무 등)의 유무 등이 고려된다. 부수적 의무와 주된 의무는 확연히 구별할 수 있는 것은 아니지만, 입증책임을 고려하면 많은 논자와 마찬가지로 ③의 기타의 요소에 포함시켜 두는 것으로 한다. 또한 시간외 근로는 기본적으로는 가산임금에 의해 해결되고 있기 때문에 기본적으로는 기타의 요소에는 포함되지 않지만, 그것을 넘은 근로시간 설정의 자유도의 내용이 되는 경우는 있을 수 있다.

① 및 ②가 임금액 결정의 기본적 요소이고, ③이 그 보완적 요소이다. 그러나 이들에 대해서는 약간 설명해 둘 것이 있다. 우선 위의 입법(안)에서는 임금격차가 시간급으로 비교되기 때문에 그 때 ①은 중요한 요소가 아니다. ①은, ③의 요소의 판단에 영향을 미치는데 불과하다. 그러므로 근로자는 ②에 따라 스스로의 직무가 비교해야할 통상근로자와 동일하다는 점(동일 노동)의 입증책임을 부담하게 된다. 이점에 대하여, ③에 대해서는 사용자에게는 그 요소에 얼마만큼의 비중을 둘 것인가 대해서 어느 정도 재량이 인정되지만, 그것은 어디까지나 사용자의 내부적 결정의 문제이기 때문에, 이 점은 사용자측에 입증책임을 부담시켜야 할 것이다. 또한 허용된 임금격차의 범위는 사용자의 입증의 성공도(혹은 격차의 합리성의 설명도)와 관련되어 있지만, 그 경우에도 최대격차(아사쿠라(浅倉) 교수가 말하는 노동의 실태와 격차의 유의성의 범위[148])는 위의 입법(안) 제3조제2항의 기준의 범위 내이어야 한다. 이 범위는 ③의 요소가 ①의 단시간근로자의 소정근로시간의 길이에 따라 달라질 수 있다는 점을 인정하고 있다. 덧붙여 ③과 관련하여 시간외 근로의 종사는 야마다(山田)교수와 마찬가지로[149] 그것에의 준비문제가 아니라 실제로 종사한 부분에 대한 가산임금의 지급으로 처리해야한다고 생각하고 있다. 일 · 생활의 균형 관점도 포함하고 있다.

---

148) 浅倉むつ子「パートタイム労働と均等待遇原則 · 下」労旬 1387호(1996) 46쪽 이하.
149) 山田省三「パートタイム労働者と均等待遇原則」学会誌労働法 90호(1997) 119쪽 이하.

이상의 필자의 제안은 「동일(가치)노동 동일임금」원칙에 근거하면서, 야마다(山田)교수의 견해[150]에 자극을 받아 입법(안)을 논한 것이다. 그 후 이 입법(안)을 조금 수정하여 균등대우의 규정이 아니라, 부칙에서 단계적인 차별해소를 위한 규정을 두는 안을 제안하였다.[151] 이러한 안에 대해서는 호의적인 평가도 보인다.[152]

그 후 필자는 이상의 이론을 발전시키는 형태의 동일가치노동 동일임금 원칙에 근거한 균등대우론에 찬성해 왔다. 그리고 현재는 그동안 동 이론의 놀라운 진전이 있어왔기 때문에, 동 이론을 무시한 균등대우론은 입법정책론으로써는 공론에 그칠 수밖에 없다고 생각하고 있다. 그 한에서 필자의 의견도 수정을 받을 수밖에 없다.

2. 동일(가치)노동 동일임금 접근

최근 몇 년간 급속히 진전되었던 것이 동일가치노동 동일임금을 지탱하는 직무분석 방법의 개발이다. 이 원칙에서는 직무평가에 의해 직무의 가치가 동일하다고 평가할 수 있다면 직무내용이 다르더라도 그 직무에 동일임금을 지급해야 하는 것으로 된다.

일본에서는 남녀 간에 임금액에 큰 격차가 있는 경우가 적지 않다. 남녀가 다른 일을 하고 있는 경우뿐만 아니라, 비슷한 일을 하고 있더라도 마찬가지이다. 이러한 실무상 실태에 직면해 동일가치노동 동일임금 원칙을 도입할 수 있도록 직무분석이 이루어져 왔다. 그 성과가 나타난 것이 쿄가스(京ガス)사건[153]이다. 총무부 관리과에 배속되어 정산업무, 검수업무, 다른 사람과의 연락, 절충 등의 업무에 종사하고 있는 여성이 같은 시기 입사하여 관청과의 회의업무, 시공전 업무, 서류작성, 자격취득의 지도 등의 업무에 종사하고 있는 감독직의 남성과의 임금격차분에 손해배상를 청구한 사안이지만, 판지는 남녀가 전혀 다른 직무에 종사하고 있더라도 그 직무수행의 곤란함, 당해 직무를 수행하는데 필요한 지식 · 기능, 책임, 정신적 부담과 피로도를 비교 검토하여 동일한 가치라고 인정될 수 있는지를 판단하여, 양자의 직무가치에 격차의 차는 없다고 하여 손해배상의 일부에 대해서 청구를 인용하고 있다.

---

150) 土田道夫「パートタイム労働と『均衡の理念』」民商法雑誌 119권4 · 5호(1999) 537쪽 이하.

151) 졸고「雇用形態の多様化と均等待遇」法時 75권5호(2003) 18쪽.

152) 西谷敏「パート労働者の均等待遇をめぐる法政策」日労研 518호(2003) 62쪽 이하.

153) 京都地判 2001. 9. 20. 労判 제813호 87쪽.

동 판결에서는 모리(森)교수의 감정의견서[154]가 크게 반영되었다. 감정의견서에서는 양자의 직무내용의 평가요소와 점수배분이 분석되어, 양직무의 가치가 동등하다고 결론짓고 있다. 일본의 남녀간 임금차별사건으로 이정도 상세한 직무분석이 이루어진 사안은 아마도 없을 것이다. 동 사건의 재판을 통하여, 일본에서도 직무분석이 가능하다는 것이 명확히 판명되었다. 그 후 3개 그룹에 의한 직무분석방법이 개척되고 있다.

그 하나는 2007년「파트타임노동법」개정에 수반하여 후생노동성이 개발한「직무분석 · 직무평가실시 매뉴얼」이다.[155] 처음 단계에서 직무분석 정보를 수집하고, 수집된 업무의 내용에 대해서 주된 업무, 취급 대상 · 범위, 필요한 지식과 기능의 수준에 따라 또는 책임의 정도에 대해서 권한(부하의 유무, 권한의 범위), 역할의 범위, 사고 발생과 긴급시의 대응, 성과에의 기대 정도에 따라 정보를 정리한다. 그리고 두 번째 단계에서 직무의 비교 · 평가를, 〈도표3-9〉에서 보이는 것과 같은 작업수순으로 진행한다. 동 매뉴얼은 단시간근로자와「동일한 종류의 업무」에 종사하는 통상근로자와의 비교를 위해 고안된 것이다. 이곳에서는 지식과 기능에 더하여「책임」이 중시되고 있고, 그 결과 단시간근로자에게는 불리한 평가방법이 되고 있다.[156]

또한 후생노동성은 2012년에 전술한 흐름도에 기초한「요소별 점수법에 따른 직무평가 가이드라인」을 발표하였다. 그러나 이것은 비정규직 근로자 가운데에도 정규직 근로자에 가까운, 이른바 유사단시간을 주된 대상으로 한 것이다. 또한 ILO의「공평의 촉진 · 평등한 임금실현을 위한 젠더-중립적인 직무평가」등에 직무평가의 요소로 하고 있는 '부담', '지식 · 기능', '책임', '근로환경' 가운데 '부담'과 '근로환경'을 고려하고 있지 않아, 비정규직 근로자의 처우개선이라는 점에서 문제가 있다.[157]

---

154) 森ます美 『日本の性差別別賃金ー同一価値労働同一賃金原則の可能性』(有斐閣, 2005) 255쪽 이하.

155) http://www.mhlw.go.jp/bunya/koyoukintou/parttime/dl/zentai.pdf

156) 森 · 浅倉 앞의 주98) 책 326쪽 이하.

157) 大槻奈己『職務格差』(勁草書房, 2015) 114쪽 이하.

〈도표3-9〉 직무분석의 흐름도

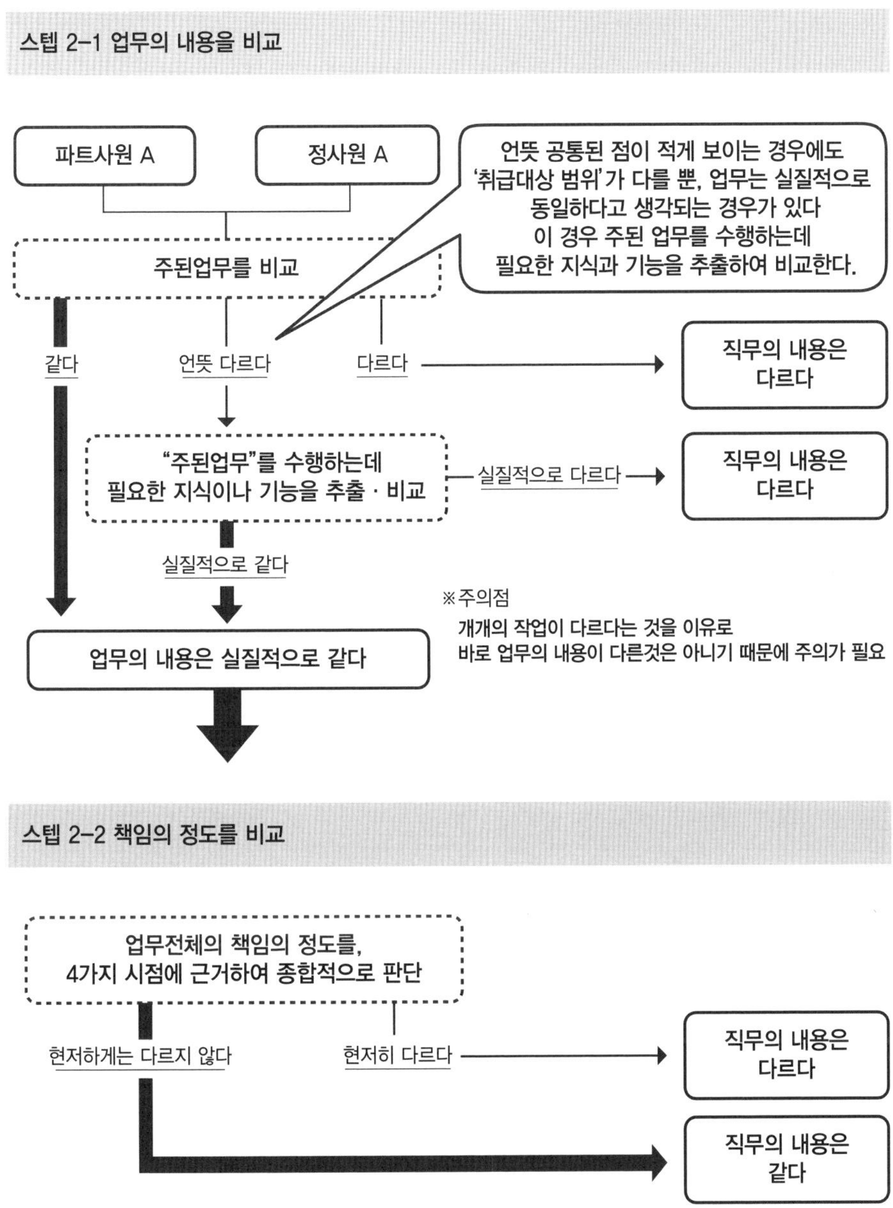

〈출처〉 후생노동성「직무분석 · 직무평가 실시 매뉴얼」

두 번째는 남녀간 혹은 정규 · 비정규직 고용간의 격차시정을 위한 일반적, 포괄적 직무분석방법이 모리(森) · 아사쿠라(浅倉)교수 등의 연구 그룹에 의해 개발되고 있다.[158] 이 연구의 특징은 성과 고용형태에 중립적인, 결국 직종과 직무 혹은 고용형태가 다르더라도 적용 가능한 직무평가시스템의 구축에 있다. 사용되고 있는 방법은 부담, 지식 · 기능, 책임, 근로환경의 4요소와, 각각에 부수적 요소를 배치하고, 이들에 대해서 점수화하는 득점요소법이다. 이렇게 하여 구체적으로는 의료간호직, 슈퍼마켓의 판매나 가공직이 분석되고 있다. 이 그룹에서는 남녀간 임금격차뿐만 아니라, 고용형태간 임금격차의 해소를 염두에 두고 있다.

세 번째는 앞의 두 개 그룹에 참가하였던 연구자들에 의한 전일본자치단체노동조합(自治労)의 직무평가제도 분석이다.[159] 공무노동에 종사하는 워킹푸어의 해소를 목적으로 한 것으로 기본적으로 앞의 두 개 그룹의 방법을 답습하고 있지만, 주된 요소와 부수적 요소 사이에 비중을 두고 있다는 점에 특징이 있다. 주된 요소의 비중은 근로환경이 6%, 부담이 30%, 책임이 28%, 지식 · 기능이 36%로 되어 있다. 두 번째 및 세 번째 방법도 공통적으로 부담과 근로환경을 골라내어 그것에 큰 비중을 두고 있어, 여성과 비정규직 고용에 불리한 결과로 되지 않도록 하는 방법이 모색되고 있다.

또한 이상의 각 접근방법이 기본적으로 염두에 두고 있는 것은 시간비례에 따른 처우가 가능한 기본급이나 상여금 등의 임금으로, 가족수당, 통근수당, 주택수당, 직무수당 등의 임금, 혹은 복리후생 등의 이용에 관한 처우에 대해서는 직무내용과의 관련성 등을 고려한 검토가 필요하다.

이상이 동일가치노동 동일임금 접근의 현 단계에서의 도달점이다. 이것이 전 직무에 보급 · 확대된다면, 전 직무에 걸친 직무분석 · 평가가 가능할 것이다. 다만 이 직무분석은 전통적인 임금 · 인사처우제도(전산형 임금이나 직능자격제도)와 양립하지 않는 면이 있어, 그 점에 대한 검토가 과제로 될 것이다. 어쨌든 이러한 연구에 의해 일본의 균등대우원칙의 법리는 비약적으로 발전하고 있다. 오늘날 균등대우연구에서는 이러한 접근을 무시할 수 없다고 필자는 생각한다.

---

158) 森 · 浅倉 앞의 주98) 책 3쪽 이하, 303쪽 이하.

159) 遠藤公嗣 編『同一価値労働同一賃金をめざす職務評価 官製ワーキングプアの解消』(旬報社, 2013).

3. 불합리한 차별(합리성 없는 불이익취급)금지 접근

이상의 내용에 대해서 케즈카(毛塚) 교수는 2007년 개정 「파트타임노동법」 제8조를 동일성요건 접근으로 취급하여, 이것과 동일가치노동 동일임금 접근을 동일시하여 비판하고 있다. 비판으로써는 동일가치노동 동일임금 원칙은 임금원칙이 아니라, 고용차별의 증명책임의 배분원칙에 그친다는 점, 임금의 본질적 요소인 직업능력의 평가에서 합리적 이유 없는 다른 취급이 배제된다는 것이 가장 중요하다는 점을 지적한다. 케즈카(毛塚)교수는 이러한 의미에서 2012년 개정 「노동계약법」 제20조의 규정방식에 한계를 지적하면서도 평등취급의무의 시점을 포함시키고 있다는 점에 찬성 의견을 표명한다. 그리고 바람직한 방향으로는 '사용자는 근로자가 그 근로계약이 기간의 정함이 있다는 점 또는 근로시간이 짧다는 점 기타 고용관리 구분이 다르다는 점을 이유로 직무내용이 비슷한 근로자에 비하여 균형을 잃어 불이익하게 취급해서는 안 된다'는 규정을 제안한다.[160)]

케즈카(毛塚) 교수의 동일가치노동 동일임금 접근에 대한 비판에는 동일성요건 접근과 일괄적으로 취급하고 있다는 점 이외에도 납득할 수 없는 점이 있다. 첫째, 동일가치노동 동일임금 접근은 증명책임의 배분원칙으로 고려되는 것은 아니라는 점이다. 오히려 노동조합이 주체로 되지만, 사용자의 협력하에서 합리적으로 납득할 수 있는 임금제도를 구축하는 하나의 시도이기도 하다. 그 의미에서 실무에서도 유효한 임금원칙을 정하는 것이다.[161)]

둘째로, 독일의 「파트타임 근로 · 기간제고용법」 제4조에서도 단시간근로나 기간제고용을 이유로, 합리적 이유 없이 '비교 가능한 근로자'와 비교해 불이익한 취급을 해서는 안 되는 것으로 되어 있다. 여기에서는 일본의 「노동계약법」 제20조와 「파트타임노동법」 제8조 이하와 같은 동일성 요건은 부과되지 않고, 불이익 취급의 합리적 이유의 존재는 사용자측의 입증책임으로 되고 있다. 그러한 입법의 성과로, 〈도표

---

160) 毛塚勝利「非正規労働の均等処遇問題への法理論的接近方法」日労研 636호(2013) 22쪽. 또 同「労働法における差別禁止と平等取扱」山岡省三 · 石井保雄 編『労働者人格権の研究 · 下巻』(信山社, 2011) 3쪽 이하 참조.

161) 厚生労働省 앞의 주104) 문서에서도 정규 · 비정규직 고용간의 격차의 해소에는 동일가치노동 동일임금원칙의 생각을 존중하면서, 객관적으로 공정한 직무분석 · 직무평가의 방법을 활용하는 것이 유효하다고 되어 있다.

3-10〉에서 알 수 있듯이 단시간근로자의 임금격차는 존재하지만 일본보다 상당히 작다. 그러나 그 배경에는 법규제의 방법뿐만 아니라, 근로계약에 의해 직무분석과 그 평가가 이루어지고 있다는 사실이 있다는 점을 무시할 수 없을 것이다. 이러한 임금협약의 기초가 있기 때문에 차별금지 접근이 유효하게 기능할 수 있는 것은 아닌가. 동일가치노동 동일임금 접근은 근로자의 입증책임을 경감하기 위해 필요한 방법이라고 필자는 생각하고 있다.

〈도표 3-10〉 통상근로자에 대한 단시간근로자의 임금수준 · 국제비교

(통상근로자 = 100)

국가	임금수준	연도
일 본	56.9	2012년
미 국	30.3	2012년
영 국	70.7	2012년
독 일	79.3	2010년
프랑스	74.3	2010년
이탈리아	70.8	2010년
네덜란드	78.8	2010년
덴마크	81.1	2010년
스웨덴	83.1	2010년

〈출전〉 노동정책연구 · 연수기구 「2014년 데이터북 국제노동비교」

셋째로, 일본에서 독일의 「파트타임 근로 · 기간제고용법」 제4조와 같은 규정이 도입되는 것은 이상적이라고 할 수 있지만, 그렇게 용이한 일이라고는 생각지 않는다. 그 전제로 적어도 「노동계약법」 제20조 및 「파트타임노동법」 제8조이하의 '배치 변경의 범위' (인재활용의 구조)를 우선 삭제하는 것이 필요하다.[162] 불합리한 차별금지 접근과 동일가치노동 동일임금 접근은 서로 배제하는 것이 아니라, 병행하여 진행시켜 나가면 된다.[163] 그 방법이 보다 실속있는 연구성과가 얻어질 수 있을 것이다.

---

162) 浅倉むつ子「日本の賃金差別禁止法制と紛争解決システムの改正提案」森 · 浅倉 · 앞의 주98) 책 316쪽; 緒方桂子「女性の労働と非正規労働法制」根本到 · 奥田香子 · 緒方桂子 · 米津孝司 編『労働法と現代法の理論 · 上』(日本許論社, 2013) 472쪽 이하. 2007년 「파트타임노동법」 개정전의 사안이지만, 인재활용의 구조의 차이를 주된 이유로 주35시간 근무의 촉탁직원에 관한 차별임금의 손해배상청구를 부정한 사안으로 京都市女性協会 사건 · 大阪高判 2009. 7. 16 労旬 1713호 40쪽.

163) 水町勇一郎「『差別禁止』と『平等取扱い』は峻別されるべきか？」労旬 1787호(2013) 56쪽 이하

4. 비정규직 고용에 관한 법의 패라다임 전환

종래의 비정규직 고용에 가끔은 고용의 조정장치라는 기능이 부여되었다. 그러나 현실에는 기간공(基幹工) · 기간(基幹)직원화 한 비정규직 고용도 많다는 현실이 생겨났다. 그리고 무엇보다도 정규직 고용과 비정규직 고용이라는 이분법이 고용 현장에서 발생되고, 특히 비정규직 고용에 관한 법정책도 그것을 추종한(소극적 법정책) 결과가 현재의 고용사회의 위기를 초래하고 있다. 본서는 주로 입법정책에 따른 패러다임의 전환을 꽤하고 있다.

이 제안의 대부분은 임금뿐만 아니라 복리후생이나 교육훈련 실시 등에서 균등대우원칙의 도입과 희망하는 근로자의 정규화 촉진이라는 형태로 실현될 수 있지만, 남아있는 과제도 있다. 그 가장 중요한 논점이 정규직 근로자를 보호하는 기능을 가지고 있는 정리해고법리의 재검토 여부이다. 즉 비정규직 고용을 고용의 조정장치로 여기는 한, 일반적으로는 정리해고의 제2요건인 정규직 근로자의 해고회피노력의무로, 혹은 제3요건인 피해고자의 선정으로, 비정규직 고용근로자는 상대적으로 불리한 입장에 놓이게 되는 것이다.[164) 이 법리에 대해서는 근로자의 생활환경이나 경력형성을 보다 중시한 방향에서의 재검토가 필요하다고 생각하고 있지만, 판례의 분석도 포함해 이후의 과제로 하고 싶다.

Ⅵ. 정 리

「같은 것을 같게 취급」한다는 법리는 사회적 정의의 법 감정에 깊게 뿌리박혀 있다. 무엇이 「같은 것」인가는 시대정신과 그것을 반영한 사회정책에 따라 다를 수 있다.

비정규직 고용은 전체 고용의 40%에 달하고 있고, 그것이 일하는 워킹푸어층의 증대, 상대적 빈곤률의 상승, 사회적 격차의 확대라는 사회적 문제를 발생시키고 있다. 이러한 현상에 직면하여 무엇인지 대책을 강구하지 않으면 안 된다는 공통의식이 겨

참조.

164) 전형적으로는 日立メディコ 사건 · 最一小判 1986. 12. 4. 労判 486호 6쪽이지만, 東芝柳町工場 사건 · 最一小判 1974. 7. 22. 民集 28권5호 927쪽도 이 점을 판시한다.

우 가능하게 되었다(유럽에 비해 20년, 한국에 비해 10년 늦었지만). 그러나 현재 정부의 대응은 너무나 방관자적이다.

정규직 비정규직 고용간의 커다란 근로조건 격차의 중심은 예컨대 기본급이 월급제인지, 시간급제인지, 혹은 연공적인 임금상승이 있는지, 또는 상여금이 지급되는지라는 임금의 격차에 있다. 그러므로 이 격차해소에 본격적으로 손을 쓰지 않으면 문제의 해결이 되지 않는다.

그런데 「노동계약법」 제20조로 격차가 해소되는 것은 행정지침(2012년 시행 통달 제5의 6(2))에 따라 통근수당, 식당의 이용, 안전관리 등에 한정된다. 기본급과 상여금에서의 격차해소를 다루지 않으면 근본적인 문제해결이 되지 않는다. 본절에서 검토한 것은 그것을 위한 방법이다.

또한 동일가치노동 동일임금원칙을 기초로 한 균등대우의 입법화는 고용형태간의 이동가능성을 증진하는 것에도 크게 공헌한다. 일찍이 일본경영자단체연맹(日経連)이 생각한 '신시대의 「일본식 경영」' 은 중핵적인 인재양성시스템에서 벗어나서, 유동형의 인재를 늘려간다는 전략이었다. 이곳에서는 전자로부터 후자로의 인재이동은 용이하지만, 후자로부터 저자의 이동은 '정사원' 의 두꺼운 벽에 막혀 극히 곤란하다. 이것은 고용 전체의 비정규직 고용이 급증했다는 점에서 이해할 수 있을 것이다.

이러한 움직임에 대하여 최근 제기되고 있는 것이 '한정 정사원' 제도 창출의 제안이다. 이곳에서 비정규직에서 한정 정사원으로의 등용은 확실히 일본경영자단체연맹(日経連) 시스템과 비교하면 쉬울 수도 있지만, 그러나 한정 정사원에서 정사원으로의 이동은 곤란하다는 점에는 변함이 없다. 정사원 중에 계층분화가 생길뿐이다. 이것으로 어느 정도 일 · 생활이 양립할 수 있는 고용은 실현할 수 있을지 모르지만, '고용의 양극화' 는 해소되기 어렵다.

앞으로의 미래에는 생활의 리듬이나 인생 · 경력설계에 따른 근로의 실현이 요구되고 있다고 한다면,[165] 비정사원에서 정사원으로의 이동이 용이한 시스템을 구축할 필요가 있다. 고용평등은 이러한 넓은 시야를 갖고 생각해야 할 것이다.[166]

---

165) 이것은 유럽 사회민주주의 세력에서 사용되는 '이행 노동시장 정책' (ギュンター・シュミット(布川日佐史 訳)「労働の未来」季労 194호(2000) 29쪽 이하 등), 혹은 미야모토(宮本) 교수가 말하는 '교차점 사회' (宮本太郎『生活保障』(岩波書店, 2009) 170쪽 이하) 이다.

166) 이 점에서 기간제 고용제도를 폐지하고, 근무시간에 관계없이 동일직무에 대하여 동일한 기준을

또한 현행법에서 단시간근로는 공법적 성격과 사법적 성격이 혼재하는 「파트타임노동법」에 의하고 있고, 또한 기간제고용은 사법적 성격의 「노동계약법」에 의해 별도로 규제되고 있다. 그러나 많은 비정규직 고용은 양자의 성격을 함께 가지고 있기 때문에, 통일적인 법률로 규제해야 할 것이다. 그렇지 않으면 2012년 개정 「노동계약법」 제20조와 2014년 개정 전의 「파트타임노동법」 제8조 이하와 같은 차질이 끊임없이 생겨날 수밖에 없다. 비정규직 고용법 정책에는 새로운 무대로의 이동이 요구되고 있다.

적용하는 이케아 재팬(IKEA JAPAN)의 급여시스템이 주목된다. 또한 아베 총리는 최근 종종 동일가치노동 동일임금원칙을 언급하지만, 그 언급은 피상적으로 이 문제의 중요성이나 곤란성을 이해하고 있다고는 생각할 수 없다.

제 4 장

노동조합의 미래

들어가는 말

근로자의 노동조합에 대한 관심이 줄어들고, 또한 노동조합의 근로자이익 대표기능 약화된지 오래이다.[1] 그러나 헌법과 노동조합법을 제대로 배우고 있고(대학의 강의라고 하는 좁은 의미만이 아니라 노동조합이나 시민 또는 공적 기관이 실시하는 학습회나 독학에 의해서), 혹은 노동조합 운동으로 고생하거나 자그마한 성과라도 기쁨을 느끼고 있으면 노동조합의 의의나 역할을 부정하는 사람은 없을 것이다(반대로 말하면, 훌륭한 일을 말하면서도 고생하려 하지 않는 사람도 있지만). 노동기본권을 보장하는 헌법 제28조는 고용사회에서 시민법이 상정하는 계약의 자유를 관철할 수 없는 '근로자'에게 사용자와의 대등성을 확보하기 위한 강력한 무기를 주고, 이것에 의해서 계약자유의 실질화를 도모하고 있다.[2] 사적 자치를 존중하는 법적 세계에서는 그런 까닭에 노사관계의 법적 구조를 규제하는 노동조합법은 노동법의 중핵적 부분을 이룬다고 말할 수 있다.

제2차 대전 후에 제정된 노동관계법규 가운데 「노동조합법」은 1949년에 전문개정

---

1) 예컨대 藤川久昭「労働法における労働組合像と実像」稲上毅　編『成熟社会の中の企業別組合』(日本労働研究機構, 1995) 184쪽 이하 참조. 다만 이 논문에서는 노동조합의 대표성을 주로 조직대상의 측면에서 논하지만, 여기서는 조직률이라는 양적 측면뿐만 아니라 임금인상, 근로시간단축, 고용확보, 차별해소 등 근로조건의 유지 · 개선이라는 질적 측면도 생각한다. 일찍이 이 문제를 제기한 것으로는 中村圭介 · 神谷拓平 · 佐藤博樹『労働組合は本当に役に立っているのか』(総合労働研究所, 1988)이지만, 또한 오늘의 정세 속에서 새로운 노동조합의 모습을 모색한 것으로는 中村浩爾 · 寺間誠治 編『労働運動の新たな地平』(かもがわ出版, 2015)이 있다.

2) 法学協会『註解日本国憲法 · 上巻』(有斐閣, 1953) 527쪽 이하.

을 거친 다음 비교적 작은 수정을 몇 번인가 했을 뿐이다. 같은 시기에 제정된 노동기준법은 큰 폭의 개정이 있었고, 그 이외에도 같은 근로자보호법이라 불리는 분야에서의 입법이 활발하게 진행된 것에 비하면, 제정법으로서 노동조합법은 비교적 정적인 분야였다는 것을 알 수 있다. 그러나 한편으로는 중요한 판례법리가 어느 정도 형성되어 그것이 노동조합법에 숨결을 주어 온 것도 또한 확실하다.

전후 노동법은 집단적 노동법 연구에 경주해 왔다. 그 후에도 이 분야에서 많은 업적을 남기고, 또 고유의 노동조합상을 계속 그려 온 학자로서 니시타니(西谷) 교수가 있다. 연구를 '노동법사상사'나 '노동조합론'을 비롯하여 특히 이 분야에서 큰 업적을 남겨 이론적 공헌을 하여 왔다.[3] 그 이론은 비판적인 대응을 포함하여 노동조합 운동의 현장에도 큰 영향을 주어 왔다. 또한 도발적인(provocative) 문제제기로 노동법학계에 이론적인 자극을 계속 주어 왔다. 본장은 니시타니 교수에게 많은 가르침을 받으면서 나름대로 노동조합의 미래상을 모색하고자 한다.[4]

Ⅰ. 노동조합의 실태

몇 개의 통계자료를 사용하여 노동조합의 실태를 밝히는 것부터 출발한다.

전후 거의 일관해서 고용자 수는 증가하고 있지만 노동조합원의 수는 1990년대 전반을 피크로 감소하면서 조직률도 함께 감소하고 있다(도표 4-1). 2014년 6월 현재의 추정조직률은 17.5%이다. 기업 규모별로는 1,000명 이상으로는 45.3%이지만, 99명 이하에서는 1.0%에 지나지 않는다. 또한 파트타임 근로자의 조직률은 6.2%이다(이상 후생노동성「2014년 노동조합 기초조사의 개요」).

3) 西谷敏『ドイツ労働法思想,史論』(日本評論社, 1987, 이하 '노동법사상사론'); 同『労働法における個人と集団』(有斐閣, 1992, 이하 '개인과 집단'); 同『規制が支える自己決定』(法律律文化社, 2004, 이하 '자기결정') 등.

4) 검토의 중심은 기업내(별) 조합이지만(기업내조합의 역할 · 기능, 공과 일반에 대해서는 白井泰四郎『企業別組合増檎版』(中央公論社, 1976), 稲上 · 앞의 주1) 책 참조), 합동노조, 지역유니온에 대해서도 검토한다.

〈도표 4-1〉 노동조합원 수 · 고용자 수 · 추정조직률의 추이

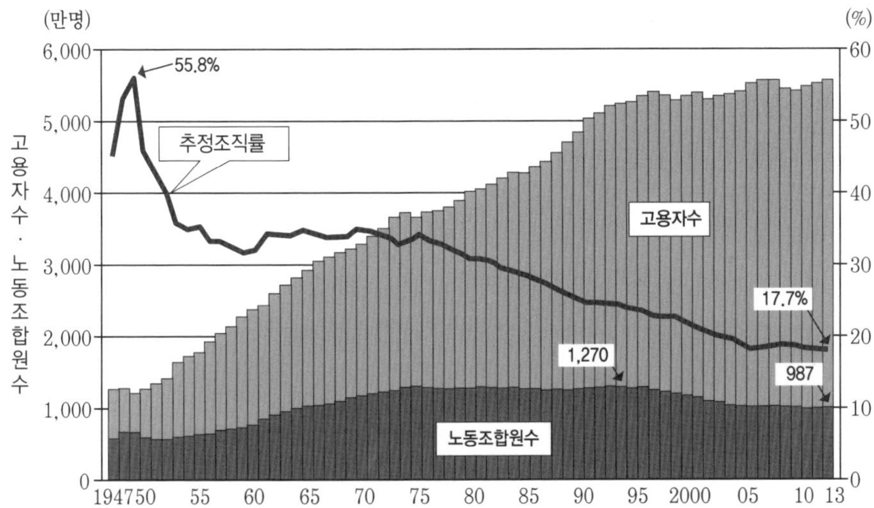

〈출처〉 http://www2.ttcn.ne.jp/honkawa/3810.html

이 조사는 '기타' 라는 항목이 있는데, 거기에는 복수의 기업 근로자로 조직되는 노동조합이나 기업 규모가 불명한 노동조합 등이다. 이 수치는 11% 정도이지만, 그 대부분은 지역유니온이나 합동노조로 추측할 수 있다.

일본에서 노동조합은 압도적으로 기업내 조합이다. 노동기준법 등 법률에서 단체교섭 이외 사업소 내 근로조건 결정에서 과반수 노동조합이 관여하는 기능이 많이 인정되고 있다(과반수 노조가 없으면 과반수 근로자대표가 이 기능을 수행한다). 때문에 노동조합이 존재하는 사업소 비율을 볼 필요가 있다. 그러나 이에 관한 공식 통계는 존재하지 않는 것 같다. 따라서 몇 개의 통계 자료로부터 추측할 수밖에 없지만 노동조합이 존재하는 사업소 비율은 대체로 10% 전후이다(카가와현〈香川県〉 조사에서는 약 6%, 타카야마시〈高山市〉의 조사에서는 약10%, 아키타현〈秋田県〉의 조사에서는 약 13%, 미에현〈三重県〉 조사에서는 약 22%). 노동정책연구 · 연수기구 보고서 「노동조건 결정시스템의 재구축에 관한 연구」(2007년)에 따르면, 노동조합이 있는 비율은 1,000명 이상 규모에서는 70% 정도이지만, 반면 10명 내지 50명 미만 규모에서는 5% 전후로 전체로도 10% 미만에 지나지 않는다(101쪽 주)82 참조). 이상 일본에서는 압도적으로 많은 사업소에서 노동조합이 근로조건 결정에 관여하고 있지 않다. 앞서 언급한 바와 같이 입법정책론도 이 점을 감안하여 논의할 필요하다.

후생노동성「2011년 단체협약 등 실태조사」에 따르면, 단체협약을 체결하고 있는 노동조합의 비율은 91%, 유니온 숍 협정은 64%, 조합비공제 협정은 88%이다. 이러한 수치에서 보면, 유니온 숍 협정이나 조합비공제 협정의 체결 조합은 반드시 과반수 조합뿐만 아니라 소수조합에서도 꽤 활용되고 있음을 알 수 있다.

Ⅱ. 노동조합의 정의

일본에서 부당노동행위의 행정구제제도 등의 관계를 제외하면 지금까지「노동조합」의 정의를 진지하게 생각해 왔던 적은 없었다. 일반적으로 노동조합법 제2조를 근거로 집단성, 주체성, 자주성, 목적 그리고 계속성에 의해서 정의하는 것이 일반적이다. 그러나 과연 그것으로 충분한 것인지? 복수가 있으면 노동조합은 결성할 수 있지만(집단성), 소수의 조합원 수로 사용자와 대등하게 교섭을 할 수 있는 것인지? 조합으로서 어느 정도의 기관이나 재정적인 기반은 필요한 것은 아닌지(조직성)? 사용자 이익을 대표하는 자에 지나지 않고, 그 인사노무의 보조기관에 지나지 않는 단체를 노동조합이라 해도 좋은 것인지(비종속성) 등의 의문이 생긴다.

그런데 독일에서는 원래 노동조합에 관한 제정법상의 정의는 없지만, '협상능력을 가지는 노동조합' (tariffähige Gewerkschaft)이라는 개념이 통용된다.[5] 독일 통일 직후(1990. 3. 18) 체결된「양독일의 통화 · 경제 · 사회 통합의 창설에 관한 국가조약 원칙에 관한 공동의사록」Ⅲ 2에서는「협약능력을 가지는 노동조합 및 사용자단체는 자유롭게 설립되어 대항 세력으로부터 자유롭고, 사업소를 넘어 조직되고, 비종속적으로 현행 단체협약법의 구속을 승인하고 압력을 행사하는 것으로서 상대방에게 단체

5) 이 문제가 왜 중요한지 말하면, 협약능력을 갖지 못한 노동조합이 체결한 단체협약은 무효로 되기 때문이다(예컨대 緒方枝子「派遣労働における均等待遇原則と労働組合の協約締結能力の有無」日独労働法協会会報 12호(2011) 21쪽 이하 참조). 협약능력의 개념에 관해서는 桑村絡美子「協約自治制度と国家介入のあり方」水野紀子 編『社会法制 · 家族法制における国家の介入』(有斐閣, 2013) 17쪽 이하 참조.

협약의 체결을 요구할 수 있는 상태로 되어야 한다」는 문언이 있다. 이것은 독일(서독)법에서 나치시대의 반성에서 이전부터 생각해 온 원리를 새삼 표현한 것이다. 이에 따르면 노동조합이 협약능력을 인정받기 위해서는 사회적 대항자나 제3자(국가·정당·교회)로부터 자유롭고, 근로자의 자유의사로 성립되는 단결체이며, 근로자의 집단적 이익옹호를 위해서 협약체결을 목표로 하며, 민주적인 조직을 가지고, 쟁의행위를 언제라도 수행할 수 있는 것으로 사용자단체에게 충분한 압력을 가할 수 있는 능력을 가지는 것이 필요하게 된다.[6] 사회적 강력함(soziale Mächtigkeit)과 관철력·실행력(Durchsetzungsfähigkeit)이 협약체결 능력을 가지는 노동조합의 불가결한 요소이다.[7]

이 정의의 몇 가지 점은 표현방법은 다르지만 일본에서도 지적되고 있는 바이다. 예컨대 협약체결을 목표로 하는 것은 일본에서는「노동조합법」제2조 노동조합의 목적이라고 생각되고 있는 바와 같이 거의 동일하게 해석할 수 있다. 또한 민주성에 대해서는 노동조합법 제5조는 부당노동행위의 행정구제를 위한 요건으로 되어 있지만, 실체적으로도 그렇게 하여야 하는 것으로 일반적으로 이해된다.[8] 독일법과 마찬가지로 일본법에서도 이른바 어용조합(gelbe Gewerkschaft, Harmonieverband)은 협약체결 능력이 없다고 본다.[9]

독일법의 노동조합 정의는 일본법의 그것과 다른 점도 있다. 특히 사회적 강력함과 관철력·실행력을 요구하는 점이다. 전자는 확실히 노동조합 조직형태의 차이가 있는 것도 무시할 수 없다. 예컨대 독일과 같이 초기업적 조직형태(독일에서도 폭스바겐사로 대표되는 기업내 노동조합이 존재하지만)를 일본에서는 원칙으로 할 수 없고, 따라서 사회적 강력함에는 정도의 차이가 있다(예컨대 세계 최대 금속산업 노동조합=IG메탈의 조합원은 220만 정도로 전국 협약 7지구로 이루어져 있다). 1980년대 IG메탈을 중심으로 근로시간 단축을 쟁취하고, 그 후에도 고용동맹 등을 통해서 근로자의 고용보장에 힘써온 것 등

---

6) マンフレート・レーヴィッシ(西谷敏 외 역)『現代ドイツ労働法.』(法律文化社, 1995) 69쪽 이하, 84쪽 이하 참조. Vgl. Manfred Lowisch, Arbeitsrecht 8. Aufl. 2007, S.57ff., 66f.

7) Raimund Waltermann, Arbeitsrecht 16. Aufl. 2013, S.227.

8) 西谷敏『労働組合法・第3版』(有斐閣, 2012, 이하 '노동조합법') 106쪽; 渡辺章『労働法講義・下』(信山社, 2011) 41쪽 이하 등. 독일의 법적 원리로서 조합민주주의가 형성·전개해온 역사에 대해서는 西谷 앞의 주3) 책(노동법사상사론) 541쪽 이하 참조.

9) 山口浩一郎『労働組合法・第2版』(有斐閣, 1996) 19쪽,169쪽; 渡辺 앞의 주8) 책 120쪽은 이 조합이 체결한 단체협약에는 채무적 효력은 있지만 규범적 효력이 없다고 표현한다.

이 그 전형적인 예이다.[10] 또한 후자는 쟁의행위를 통하여 요구를 관철할 수 있는 태도를 의미한다.[11]

이러한 원리에 대해서는 수정을 통하여 일본법에 도입하는 것은 가능하다.[12] 즉 사회적 강력함에 대해서는 양적인 면도 중요하지만, 질적으로도 강력함을 가지고 있을 것, 그리고 사회적인 역할을 자각하면서 활동을 전개하고 있는 것으로 말을 바꾸어도 괜찮다. 후자에 대해서는 조합이 우선 파업의 절차규정이 존재하고, 파업을 위한 특별한 재정을 가지고 있을 것으로 바꾸어 말할 수 있다. 이 책에서 생각하는 노동조합이란 이상의 요소를 갖춘 근로자의 단결체이다.[13]

Ⅲ. 노동조합의 조직력과 민주주의

1. 조직강제에 관한 최고재판소 판례

노동조합이 사용자 또는 사용자단체에 대하여 충분한 대항력을 갖기 위한 제일의 조건은 보다 많은 근로자를 조직하는 것이다. 파업을 예를 들면, 직장에서 일부의 사람이 실시하는 것보다 압도적인 다수의 사람이 참가하는 것이 위력이 커지는 것은 쉽게 상상할 수 있다. 따라서 많은 근로자를 확보하기 위해서 노동조합은 어떠한 형태로든 조직(가입)강제를 실시하려고 시도한다. 이 때 이용하는 것이 숍(shop) 제도이다.

국가공무원이나 지방공무원의 경우, 법률상 직원단체를 결성할 권리(적극적 단결권)와 함께 결성 · 가입하지 않을 권리(소극적 단결권)가 보장되어 있기 때문에(국가공무원법

10) 이에 관해서는 宮前忠夫『週労働35時間への挑戦』(学習の友社, 1992) 63쪽 이하; 졸저『ドイツの労働時間と法』(日本評論社, 1998) 13쪽 이하 참조.

11) 독일의 근로손실일수는 미국, 프랑스, 한국에 비하여 적지만 일본과 비교하면 10배 이상이며(労働政策制究 · 研修機構 『データブック国際労働比較2012』 200쪽 이하), 조합결정이 불필요한 수 시간의 시한 파업에 해당하는 경고파업(Warnstreik)은 매년 임금교섭 때 활발하게 이루어진다(그 실태와 법적 문제에 관해서는 졸고「ドイツにおける労働協約交渉と警告ストの法理 · 上」労旬 1373호(1995) 4쪽 이하;「同 · 下」同 1374호(1995) 23쪽 이하 참조).

12) 西谷 앞의 주3) 책(자기결정) 333쪽 이하는 중요한 독일법 정의에 주목하면서도 그 이상으로 일본법에 관한 논의가 더해지고 있지는 않다.

13) 노동조합의 정의는 많은 부분 입법론의 문제도 있다. 예컨대 자주성에 관한 노동조합법 제2조 단서 제1호는 헌법 제28조의 요건을 넘어서고 있다는 것, 조합원의 범위는 기본적으로 조합규약과 노사간의 협정으로 정해야 한다는 원칙이 있기 때문에 입법론상 커다란 문제가 있다.

제108조의2 제3항, 행정집행법인노동관계법 제4조 제1항, 지방공무원법 제52조 제3항), 숍 협정을 체결하여 조직강제를 실행할 수 없다. 이에 대하여 민간부문에서는 숍 제도를 금지하는 제정법규는 존재하지 않는다.[14] 기업내 조직에서는 유니온 숍 협정이 자주 사용되지만,[15] 그 합법성 · 합헌성이 문제로 되어왔다.

최고재판소는 어느 특정의 노동조합에 가입하지 않는 사람 또는 거기가 제명된 사람에 대해 사용자에게 해고 의무를 부담하게 하는 이른바 한정적 조직강제를 내용으로 하는 협정의 유효성이 다투어진 사안에서 한정해석을 전제로 이 협정을 유효라고 판단했다.[16] 즉, 「근로자는 스스로의 단결권을 행사하기 위해 노동조합을 선택할 자유가 있고, 또 유니온 숍 협정을 체결하고 있는 노동조합(이하 '체결조합'이라고 한다)의 단결권과 마찬가지로 같은 협정을 체결하고 있지 않는 다른 노동조합의 단결권도 동일하게 존중되는 것이 당연하기 때문에 유니온 숍 협정으로 근로자에 대해 해고의 위협으로 특정 노동조합에의 가입을 강제하는 것은 그것이 근로자의 조합 선택의 자유 및 다른 노동조합의 단결권을 침해하는 경우에는 허용될 수 없는 것이다. 따라서 유니온 숍 협정 가운데 체결조합 이외의 다른 노동조합에 가입하고 있는 사람 및 체결조합을 탈퇴하거나 제명되었지만 다른 노동조합에 가입하거나 새로운 노동조합을 결성한 사람에 대해 사용자의 해고 의무를 부과하는 부분은 앞서의 관점에서 보면, 민법 제90조의 규정에 따라 이를 무효로 보아야 한다(헌법 제28조 참조)」고 판시한다.

부연하며, 일반적으로 조직강제를 하는 것은 헌법 제28조의 규정에서는 허용되지만, 어느 조합원이 유니온 숍 협정 체결조합에 가입하지 않거나 탈퇴 또는 제명되어도 다른 조합에 가입하면 유니온 숍 협정의 효력은 미치지 않다. 전반 부분에서는 일반론으로서 조직강제는 헌법 제28조가 적극적 단결권을 소극적 단결권보다 우선하여 보장하는 것으로 허용된다고 말하고, 후반 부분에서는 어느 근로자가 다른 조합에 가입하는 것으로 적극적 단결권을 행사했을 경우에는 같은 적극적 단결권의 대항이 되어 조직강제는 이제는 인정받지 못한다고 논한다. 이 판시는 일부무효론(한정합법론)의 입장

---

14) 대담하게 말하면, 노동조합법 제7조 제1호 단서는 유니온 숍 협정을 인정하고 있다고도 읽을 수 있다.

15) 후생노동성 · 2011년 단체협약 등 실태조사 현황에서는 유니온 숍 협정을 체결하고 있는 노동조합은 약 64%이다. 또한 同省 · 2008년 단체협약 등 실태조사에 따르면 기업규모가 클수록 그 비율은 높아 5,000명 이상 규모에서는 약 86%에 이른다.

16) 三井倉庫港運事件 · 最一小判 1989. 12. 14. 民集 43권12호 2051쪽; 日本鋼管鶴見製作所事件 · 最一小判 1989. 12. 21. 労判 553号 6쪽 참조.

을 명확하게 하고 있다.[17] 그 의미로는 어느 노동조합으로든지 가입을 강제하는 것은 허용되지만, 특정 조합에의 가입을 강제하는 협정은 무효가 된다는 학설에 가깝다고 말할 수 있다.[18]

2. 니시타니(西谷)설

이러한 견해에 대해 정면으로 비판하면서 유니온 숍 협정 무효설을 전개한 것이 니시타니이며, 학설로도 유력설이 되고 있다.[19] 니시타니는 다음 같이 논하면서 유니온 협정의 합헌성 · 유효성을 부정한다.[20]

① 니시타니가 유니온 숍 유효설에 대해 갖는 의문은 우선 그것이 현실에서 조합 강화를 위해 작동되기보다는 조합 집행부에 반대하는 소수파를 배제하는 기능으로 작동된다는 현실인식이다. 이것은 유니온 숍 협정이 남용되는 현상이 아니라 유니온 숍 협정에 내재한 흠결이라고 생각한다.

② 다음은 유니온 숍 유효설은 적극적 단결권 우위의 사상을 기반으로 하고 있지만, 노동조합의 강화는 강제에 의해서가 아니라 근로자의 주체적인 선택에 의해서 획득되어야 할 것이며, 근로자의 소극적 단결자유를 긍정하는 것 자체가 개인의 자유 · 자율을 최고의 가치원리로 하는 헌법체계에 합치하고 있다. 소극적 단결자유는 헌법 제28조에서도 보장되어 있고, 그 기초에 있는 헌법 제13조(개인의 존중)에 의해서 근거가 된다.

③ 더욱이 학설 · 판례가 해고권남용법리 등에 의해 해고를 엄격하게 규제하면서 유니온 숍 협정 해고에 대해서만 안이하게 긍정하는 것은 균형을 잃은 것이다.

---

17) 名古道功「ユニオンーショップ協定の効力」ジユリ별책『労働判例百選 · 第6版』(有斐閣, 1995) 179쪽.

18) 石井照久『新版労働法』(弘文堂, 1973) 78쪽 이하.

19) 三井正信「組合の中の個人と集団」日本労働法学会 編『講座21世紀の労働法 · 第8巻』(有斐閣, 2000) 27쪽 이하; 大内伸哉『労働者代表法制に関する研究』(有斐閣, 2007) 1038쪽 이하(또 同『労働の正義を考えよう』(有斐閣, 2012) 343쪽에서 유니온 숍 협정을 근거로 해고 요구를 주장하는 노동조합을 폭력단의「조직(組)」에 빗대어 언급하는 것은 학자의 질을 의심 받게 하는 나쁜 농담이라고 한다); 水町勇一郎『労働法 · 第4版』(有斐閣, 2012) 343쪽 이하; 奥田香子「ユニオン · ショップ協定の有効性と適用範囲」唐津博 · 和田肇 · 矢野昌治 編『新版労働法重要判例を読むI』(日本評論社, 2013) 171쪽 이하 등.

20) 西谷 앞의 주3) 책(개인과 집단) 113쪽 이하. 그 원저는 同「ユニオン · ショップ協定の再検討」久保敬治教授還暦記念『労働組合法の理論課題』(世界思想社, 1980) 5쪽 이하이다.

3. 민주주의 학교로서의 노동조합

필자는 오랫동안 어느 학설을 취할까 고민하여 왔다. 대학 강의에서도 명확하게 학설을 말하지는 않았다. 그러나 노동조합 운동에 오랫동안 종사해 온 경험에서 특히 최근 노동조합의 현상을 보았을 때, 유니온 숍 협정에 의한 조직강제를 반드시 부정해서는 아니 된다고(그 의미에서는 소극적 유효론) 생각하게 되었다. 그 이유를 논한다.

우선 위 니시타니설의 ①에 관한 것이다. 유니온 숍 협정이 노동조합 내에 있어서 소수파 특히 노사협조적 조합에서의 대항적 조합론을 주장하는 조합원을 배제해 온 측면이 있는 것은 부정할 수 없다.[21] 그러나 그것이 유니온 숍 협정에 내재한 흠결이라는 이해에는 찬성할 수 없다. ②에 관해서도, 유니온 숍 협정 등이 법률상 금지되고 있는 공무원이 대체로 조직률이 높은 것도 또한 사실이다.

근로자가 연대를 확보하면서 스스로의 근로조건을 유지 · 개선할 수 있는 장치 · 시스템은 노동조합을 제외하고는 존재하지 않는다. 그렇기 때문에 청년층이 노동조합에서 멀어진다거나 노동조합의 전투력과 근로자의 이익대표 기능의 저하가 있더라도, 노동조합을 신뢰하고 거기에 희망을 맡기려는 의견이 통주저음(通奏低音)과 같이 울리고 있다.[22]

패전 후 근로자의 권리보호나 확장은 노동조합 운동이 없었더라면 있을 수 없었다. 지금은 당연하게 것이라 알고 있는 제도나 권리도, 그것은 오랫동안의 권리투쟁의 결과이다. 그리고 지금과는 다르게 거기에는 노동조합 운동이 있었다.[23]

「노동조합은 민주주의의 학교이다」고 말한다. 레닌(Lenin)이 『공산주의에서의 '좌익' 소아병』에서 말한 「노동조합은 공산주의의 학교이다」는 표현을 상기시키지만, 이것은 1948년에 출판된 문부성 저작 교과서 「민주주의」 제10장 「민주주의와 노동조

---

21) 盛誠吾『労働法総論 · 労使関係法』(新世社, 2000) 162쪽 이하.

22) 예컨대 熊沢誠『労働組合運動とはなにか』(岩波書店, 2013). 노동조합을 방관적 입장에서 바라보고, 노동조합과의 관계를 의식적으로 거부하면서 일반론으로서 그 의식을 강조하는언설에 대하여는 필자는 전혀 공감하지 않는다.

23) 현재 필자가 확보한 극히 제한된 수기 · 저서 등(平沢栄一『争議屋』(論創社,1982); 高野不当解雇撤回対策会議 編『石流れ木の葉沈む日々に』(労働旬報社, 1977) 등)에서도 알 수 있다. 물론 이러한 운동에 노동조합이 협조하지 않거나, 경우에 따라서는 적대시하는 것도 있지만, 우선 여기서는 잊자.

합」에 나오는 표현이다.[24] 정확하게 말하면, 「노동조합은 자치적인 조직을 가진 민주주의의 큰 학교이다」고 표현되어 있다. 이것은 「노동조합의 임무」로서 설명되고 있는 것이지만, 「노동조합의 임무는 결코 임금 인상이나 근로시간의 단축, 그밖에 근로조건의 개선을 요구한다는 경제상의 목적이 전부가 아니고」, 「노동조합은 그 이외 더욱 중요한 사회적 · 문화적인 임무로 되어 있다」고 하면서, 「근로자의 자주적인 단결의 힘에 의해, 개인으로서는 얻기 힘든 교양을 몸에 익혀 새로운 문화를 흡수할 수 있도록 하는 것은 노동조합에 부과되는 매우 중요한 사명이다」고 되어 있다. 따라서 「자주적인 조합의 활동에 의해서 근로자는 자신을 사회적으로 또 정치적으로 교육하는 것이 가능」하고, 그 의미로 「노동조합은 민주주의의 학교이다」라는 것이다.

이는 민주주의에 대한 강한 원망(願望)이 기술되어 있는 것인가이다. 패전 직후와 달리 오늘에는 NGO나 NPO 등 사회적 · 문화적 활동을 담당하는 조직은 다양화하여, 이제는 노동조합의 독점물이 아니게 되었다. 또한 노동조합은 직장 문제에 세력을 투입해야 하고, 직장을 떠난 시민생활의 영역에서는 다양한 채널이 있는 것이 바람직하다는 의견도 있다. 근로자가 시민사회에 대해 다양한 사회활동이나 문화활동에 종사하는 것에 대한 의의를 필자도 부정하는 것은 아니다. 그럼에도 불구하고 노동조합의 사회적 기능에 주목하는 것은 다면적인 활동을 하는 것에 의해서만 노동조합의 기능은 강화된다고 생각하기 때문이다.[25]

노동조합이 민주적인 교양인을 만드는 중요한 장치라면, 사람은 의무교육을 받아야 하듯이 마찬가지로 노동조합이라는 조직을 경험하는 것도 필요한 것은 아닌지? 만약 마지못해 나가더라도 타인의 이익을 위해 활동하는 것은 상상력이 풍부한 인간을 만들기 위한 귀중한 경험이 된다. 오늘날 많은 사람 특히 청년이 정치나 사회운동에 대해 무관심한(apathy) 현상에서, 그래도 역시 노동조합이 필요하다면 노동조합에 액세

---

24) 文部省『文部省著作教科書 民主主義 · 復刻版』(径書房, 1995) 197쪽.

25) 大原社会問題研究所『日本労働年鑑』각 연도 「노동운동」, 「공해반대투쟁」 항목에서 노동조합이 중심적인 역할을 담당한 공해반대투쟁이 열거되어 있다. 기업내 노동조합이 기업 이기주의의 관점에서 공해반대투쟁이나 환경유지를 위한 주민운동 등에 적대시하는 예도 많다는 것은 알고 있다. 그러나 이것은 노동조합의 사회적 역할론 중에서 극복되어야 할 것이다. 신일본질소 노동조합이 당초 미즈마타병(水俣病) 환자와 그 지원운동에 대해 냉담했다는 것이 그 후 「부끄러운 선언」(恥宣言)을 통해 파업까지 실시하면서 운동에 연대하게 되었던 것처럼.

스하는 유력한 방법으로서 조직강제가 유효하다고 생각한다.[26)]

한정적 조직강제 조항의 유효성을 인정하지 않는 최고재판소 판례에 따르면, 소극적 단결의 자유는 적극적 단결권보다 하위에 있는 것에 지나지 않는다. 따라서 유니온 숍 협정에 의해서 소수조합을 기업으로부터 배제할 수 없다. 배제되는 것은 적극적으로 단결권을 행사하고 있지 않는 근로자이다. 그렇다면 다음 문제는 이러한 기능을 완수하는 유니온 숍 협정은 개인의 자유 · 인권을 보장하는 헌법의 인권 체계와 융합할 수 있는 여부이다.

4. 유니온 숍 협정의 헌법론

헌법학자 니시하라(西原)는 유니온 숍 협정은 헌법과 융합할 수 없는 제도이라고 한다. 즉, 「유니온 숍 협정을 통해서 통제권을 강화하고 비판을 봉해 스스로의 특권을 유지하는 기존 조합 지도부의 기득권 등, 기본적 인권과 아무 관련도 없고」, 「오히려 유니온 숍 협정을 전형으로 하는 조직강제는 일본의 기업별 조합에서는 사용자와 묶어(tie-up) 근로자의 〈회사〉에 대한 충성을 확보하는 〈회사주의〉 구축의 구성요소가 되어 왔다」고 한다. 그리고 유니온 숍 협정의 유효성에 의문을 갖지 않는 입장은 「스스로가 근로자 개인의 자립성을 압살하고 가부장주의(paternalism)를 주장하는 측에 찬성」하는 것이라고 단언한다.[27)] 또한 오쿠다이라(奧平)는 유니온 숍 협정을 긍정하는 것은 도를 넘어선 단체우위주의이며, 헌법 전체의 시스템과 적합하지 않는다고 한다.[28)]

그러나 필자는 이러한 의견에는 찬성하지 않는다.

필자는 노동조합 운동을 둘러싼 현재 상황에서 가장 큰 문제는 조직률 저하에 있다고 생각한다. 근로자가 비교적 많이 조직되어 있는 것은 이른바 대규모 사업소 · 기업이며, 여기서는 유니온 숍 협정이 자주 이용되고 있다. 그렇다고 이 정도의 조직률

---

26) 유니온 숍 협정의 유효성을 압도적인 다수로 조직된 노동조합의 사용자에 의한 지위승인기능 또는 통일적 근로조건결정시스템과의 관계에서 설명하는 견해가 있지만(盛 · 앞의 주21) 책 163쪽 이하), 찬성할 수 없다. 후술하는 바와 같이 소수조합을 적극적으로 자리매김하려는 사견에서 보면 이것이 부정적으로 작용하기 때문이다.

27) 西原博史「〈社会権〉の保障と個人の自律」早稲田社会科学研究 53호(1996) 124쪽.

28) 奧平康弘『憲法III』(有斐閣, 1993) 277쪽.

이기 때문에 유니온 숍 협정의 노동조합 조직화 기능을 부정하려는 것도 아니다. 이와 같이 말하더라도 유니온 숍 협정을 체결하지 않고도 완전하게 근로자의 자유의사에 따라 조직화에 성공한 노동조합이 많이 있는 것도 알고 있으며, 이러한 노동조합에는 큰 경의를 표하고 있다. 그러나 노동조합과 거리를 두고 있는 것을 자유의 향수라고 단언하는 것에는 위화감을 느낀다. 노동조합에 가입하지 않고 무임승차(free rider)하는 것, 또는 무의식적이건 노동조합을 적대시하는 것은 과연 헌법의 노동기본권 보장과 융합하는 것일까?

유니온 숍 체결조합이 존재하는 경우, 근로자의 개인적인 권리행사는 다른 조합을 결성하거나 다른 조합에 가입하는 것에 의해서 보장되고 있는 것이며, 이러한 어느 것에도 속하고 싶지 않은 경우에는 조합을 탈퇴하는 자유(그 결과 유니온 숍 해고가 되는 경우가 있을 수 있지만)는 하등 제한을 받지 않는다.

헌법은 근로자가 경제적으로 또는 사회적으로 약자라는 인식에서 출발하고 있다. 그리고 이를 수정하여 근로자의 경제적 · 사회적 입장을 강화하는 방법으로서 단결을 통해서 사용자와 교섭하는 것(제28조), 강행법규를 주된 내용으로 하는 입법규제를 하는 것(제27조 제2항)을 선택하고 있다. 후자는 확실히 사적 자치에 대한 가부장주의적인 개입이다. 근로자 보호의 방법으로서 어느 쪽이 보다 우수할지 단언하기는 어렵지만, 적어도 가부장주의를 싫어한다면, 그 점에서는 전자의 방법이 선호되는 것이 당연하다. 노동기본권 보장의 배후에 있는 사상은 집단주의적 자유, 즉, 스스로의 권리나 자유를 보호하기 위해서 단결하는 자유의 사상이다.[29] 그것은 개인주의로 환원할 수 없는 성격의 것이다.

더구나 노동조합법 제7조 제1호와의 관계에서 말하면, 사용자가 노동조합에 가입하지 않거나 탈퇴를 고용조건으로 하는 것(황견계약-반조합계약)을 금지하지만, 노동조합에 가입하는(특정 조합이 아닌 일반적으로) 것을 고용조건으로 하는 것은 금지하지 않는다. 유니온 숍 협정 체결은 이를 고용조건으로 제시한 것으로도 이해할 수 있다.[30]

---

29) 法学協会 · 앞의 주2) 책 527쪽 이하 참조.

30) 다만 UI(현재 UA) 젠센동맹(ゼンセン同盟)이 규정한 한정조직 조항으로 되는 유니온 숍 협정을 회사와 체결하고, 회사 근로자들에게 배포한 소식지에서 젠센 조합에 가입하지 않은 근로자는 해고된다는 공포를 선전하고, 게다가 사장의 추천서를 동봉했다는 것 등이 보도되었다(週刊東洋経済 2009.2.7.호 72쪽 이하 참조). 이러한 행위는 명백하게 헌법과 노동조합법에 위반한다. 즉, 그것은 일반적 조직조항의 유효성만 인정되는 최고재판소 판례에 위반한다. 또한 사장의 추천서를 동봉

5. 유니온 숍 협정의 적법성 요건

(1) 민주성, 특히 정치활동에 대하여

유니온 숍 협정이 헌법상 허용된다면, 그것을 체결하기 위해서 어떠한 요건은 필요한가? 이 점에 대해서는 노동조합법 제7조 제1항 단서에서 그 하나의 요건을 정하고 있다는 견해가 있다.[31] 이에 따르면, 유니온 숍 협정을 체결할 수 있는 것은 사업장의 과반수 조합만이 가능하다. 그러나 이 규정은 소극적으로 부당노동행위에 해당하지 않는 행위를 제시하고 있어 유니온 숍 협정의 적극적인 요건으로 해석하기는 어렵다. 유니온 숍 협정의 유효성은 헌법 제28조와의 관계에서만 논의해야 할 문제이다.[32]

그렇다하더라도 어떠한 노동조합도 유니온 숍 협정을 체결할 수 있다는 것 또한 동 협정이 가지는 강한 효력으로 생각해 보면 적절하지 않다. 필자는 해당 노동조합이 철저한 민주성을 갖추고 있을 필요가 있다고 해석한다. 이 점이야말로 유니온 숍 위법론이 문제로 한 점이다.

첫째, 노동조합법 제5조 제2항에서 규정한 규약상의 민주성 요건을 충족하고, 동시에 조합내 절차적 민주주의가 실천되고 있는 것이다. 이것은 여러 의사결정에 있어서 특히 조합원에 대한 통제처분을 실시할 때 요구되는 절차적 민주주의이기도 하다. 더하여 절차적 민주주의의 일환으로 입사 시에 조합이 신입사원 · 직원에게 유니온 숍 협정의 존재, 의의, 가입절차 등을 설명할 필요가 있다. 채용되면 자동적으로 조합비가 급료로부터 공제된다는 사실은 조합의 태만이다. 이러한 가부장주의야말로 조합민

한 것으로 이 조합은 비종속성의 요건을 충족하지 못한 어용조합이 될 수도 있다(ノテ福祉会事件 · 中労委命令 2005. 8. 24. http://www.mhlw.go.jp/churoi/houdou/futou/shiryo-Ol 135.html 참조). 더욱이 기존 합동노조의 파괴를 목적으로 하여 노동조합 운동의 관점에서도 폐해가 크다.

31) 石川吉右衛門『労働組合法』(有斐閣, 1978) 68쪽 이하; 그밖에 山口浩一郎『労働組合法 · 第2版』(有斐閣, 1996) 38쪽 이하; 菅野和夫『労働法 · 第11版』(弘文堂, 2016) 801쪽.

32) 花見忠「ショップ制」『労働法体系 1 労働組合』(有斐閣, 1963) 192쪽 이하; 外尾健一『労働団体法』(筑摩書房, 1975) 620쪽; 渡辺 · 앞의 주8) 책 56쪽 이하(다만 단서의 요건을 충족하지 못한 노동조합에 대해서는 부당노동행위의 행정구제은 가능하지 않다는 학설을 취함) 등. 久保敬治 · 浜田冨士郎『労働法』(ミネルヴァ書房, 1993) 79쪽 이하에서는 단결권보장과의 관계에서 단결의사의 우위성을 주장할 수 있을 정도로 압도적 다수로 조직하여 지배력을 가지는 것이 필요하다는 학설을 취한다. 많은 유니온 숍 협정 체결조합은 그러하지만, 이를 법적 요건으로 해석해야 할 적극적 이유는 없다.

주주의의 최대의 적이다.[33)]

둘째, 조합 내에서 소수파, 즉, 집행부에 대한 비판 세력을 최대한 존중하는 것이다. 민주적인 프로세스를 거쳐 결정한 단체교섭 요구사항과 다른 요구사항을 들어 독자적으로 행동하는 행위는 단결이나 투쟁력을 저하시키는 행위이며 허용되지 않는다. 그러나 내부고발제도가 기업의 법령준수(compliance)나 기업지배력(corporate governance)을 높이고 있는 것을 볼 수 있듯이 일반적으로 비판 세력이나 소수파의 존재 자체는 조직의 건전성을 유지하기 위해서 필수불가결한 요소이다. 노동조합은 투쟁단체이며 단결력이 요구된다고 하더라도 이를 경시해서는 아니 된다. 같은 집행부가 오랫동안 계속되면 그 만큼 사용자와의 관계가 깊어져, 일반 조합원과의 괴리가 생기는 위험성은 높아진다. 비판 세력은 그렇기 때문에 불가결한 존재이기도 하다.

셋째, 노동조합이 정치에 참여하는 것을 부정하는 것은 아니지만, 지나치면 노동조합에서 무용한 분열을 가져와 그 본래의 역할이 소홀할 수 있다.[34)] 국정선거가 되면 이상하게 힘을 내거나 단결력이 높아진다고 듣고 있지만, 노동조합은 정당의 보완적 세력이 아니다. 원래 사상 · 신조의 존중은 민주주의의 근본이며,[35)] 조합원의 그것도 최대한 존

33) 또한 가입의 유무를 결정하는 계기를 전혀 보장하지 않는 유니온 숍 협정은 당해 근로자에 대해서는 효력이 없다.

34) 여기서 말하는 정치활동이란, 정당정치활동을 가리킨다. 평화운동, 환경보호운동, 소비자운동, 반빈곤운동 등 넓은 의미에서 정치적 이슈에 관계하는 것은 민주적 절차나 조합원과의 대화는 필요하지만, 노동조합의 사회활동으로서 허용되며, 경우에 따라서는 사회적 연대로서도 중요하다. 이 점에 대해서는 나중에 논한다.

35) 사회보험청 직원(사건 당시 국가공무원)이 휴일에 집 근처에서 「신문 적기(しんぶん赤旗)」 호외를 배포한 것에 대해 국가공무원법 위반으로 형사처벌과 관련된 사건에서, 最二小判 2012. 12. 7. 刑集 66권 12호 1337쪽에서 「본건 배포행위는 관리직 지위에 있지 않고, 그 직무 내용과 권한에 있어 재량의 여지가 없는 공무원에 의한 직무와 전혀 관계없이 , 공무원으로 조직된 단체 활동으로서의 성격도 없이 행해진 것이며, 공무원에 의한 행위로 인식할 수 있는 태양으로 행하여진 것도 아니기 때문에, 공무원의 직무수행의 정치적 중립성을 훼손할 우려가 실질적으로 인정된다고 볼 수 없고」, 본건 배포행위는 본건 벌칙규정의 구성요건에 해당되지 않는다고 판시했다. 다만 본청(本省) 과장보좌의 동종의 전단지 배포가 문제된 사안에서 같은 일자 · 같은 재판부(판결 · 刑集 66권 12호 1722쪽)는, 이 공무원의 지위를 중시하여 전단지 배포가 정치적 중립성을 실질적으로 훼손하였다고 판단했다. 후자의 판결에서 피고 공무원의 정치활동이 직무수행과 결부된다고 평가할 수 없어, 정치적 중립성을 훼손하였다고 볼 수 없다는 반대의견이 첨부되었다. 이 판결은 실질적으로 猿払郵便局事件 판결(最大判 1974. 11. 6. 刑集 28권9호 393쪽)을 변경한 것으로 평가할 수 있다(大久保史郎 「国公法二事件上告審判決と二つの負の遺産」 法時 85권3호(2013) 1쪽 이하 참조). 이 문제에 대해

중되어야 한다. 이 문제는 특히 중요해서 그 법적 측면에 대하여 부연해 둔다.

노동조합은 정치와 무관계한 존재가 아닌 것은 노동조합 운동의 역사로부터 알 수 있다.[36] 최고재판소도[37] 「노동조합의 결성을 헌법 및 노동조합법으로 보장하고 있는 것은 사회적 · 경제적 약자인 개개의 근로자로 하여금, 그 강자인 사용자와의 교섭에서 대등한 입장을 세우는 것으로 근로자의 지위를 향상시키는 것을 목적」으로 하며, 「현실의 정치 · 경제 · 사회기구 하에서 근로자가 그 경제적 지위향상을 도모할 때에는 단지 대사용자와의 교섭에 대해서만 이를 요구하는 것으로는 충분히 그 목적을 달성할 수 없으며, 노동조합이 위의 목적을 보다 충분히 달성하기 위한 수단으로서 그 목적달성에 필요한 정치활동이나 사회활동을 행하는 것을 방해받을 수 있는 것은 아니다」고 논하고 있다.

그러나 노동조합이 넓게 정치활동을 할 수 있는 것과 그것을 조합원에게 강제할 수 있는 것은 다른 최고재판소 판결에서 말하고 있는 바와 같이 별개의 문제이다.[38] 즉, 「선거에서 어느 정당 또는 어느 후보자를 지지할지는 투표의 자유와 표리를 이루는 것으로서 조합원 각자가 시민으로서의 개인적인 정치적 사상, 견해, 판단 내지는 감정 등에 근거해 자주적으로 결정해야 할 일이다. 따라서 노동조합이 조직으로서 지지 정당 또는 이른바 통일후보를 결정하고, 그 선거운동을 추진하는 것 자체는 자유이지만, ……조합원에 대해 이에 대한 협력을 강제하는 것은 허용되지 않는다」.

정당정치라 함은 근대 민주주의의 표현 형태이며, 이를 지지하는 것은 성숙한 시민이다. 노동조합은 다양한 속성(그 중에서 사상 · 신조도 포함)을 가진 사람으로 구성되고, 또 그래야 한다. 이를 무시하려는 정당정치 활동은 노동조합 본래의 모습과는 동떨어지게 된다. 이러한 원점에 대해서는 때때로 무시되기 쉬우므로 항상 재확인되어야 하는 것이다.

서는 法時増刊『新たな監視社会と市民的自由の現在』(2006) 및 精山一穂ほか『欧米諸国の「公務員の政治活動の自由」』(日本評論社, 2011); 法時増刊『国公法事件上告審と最高裁判所』l (2011) 등 훌륭한 연구가 있다.

36) 花見忠『労働組合の政治的役割』(未来社, 1965)는 19세기 중반부터 독일 노동조합이 어떻게 정치에 관여 왔는지를 분석한 귀중한 연구이다.

37) 三井美唄労組事件 · 最大判 1968. 12. 4. 刑集 22권 13호 1425쪽.

38) 国労広島地本事件 · 最三小判 1975. 11. 28. 民集 29권 10호 1698쪽.

정치적 대립이 때로는 노동조합 내의 내부대립을 일으키지만, 정치적 민주주의와 다양성을 최대한 존중하는 것은 노동조합의 사활문제이기도 하다. 노동조합은 투쟁단체이지만, 언급한 것처럼 유니온 숍 협정을 이용하고 있는 경우에는 철저한 내부 민주주의가 확보되어 있어야 한다. 이에 대한 제정법상의 근거로는 노동조합법 제5조 제2항 제4호를 들 수 있다. 동규정은 정치적 사상도 포함한 「신조」가 아닌 「종교」라는 개념을 사용하지만, 일반적으로 이것에는 신조도 포함되는 것으로 해석된다.[39] 입법 당초에는 레드 퍼지(red purge)를 생각했던 것으로 보이지만, 이것을 현재에도 유지하는 것은 분명한 시대착오이다.

(2) 철저한 평등취급

노동조합법 제5조 제2항 제4호에는 차별금지 이유로서 「인종, 종교, 성별, 문벌 또는 신분」을 들고 있다. 여기서의 「신분」도 헌법 제28조의 사회적 신분과 같고, 여기에는 고용형태라고 하는 고용상의 지위는 포함되지 않는다는 것이 일반적인 해석이다. 실제로 조합원 자격을 정사원이나 정규직으로 한정하거나 유니온 숍 협정의 대상을 정사원 · 정규직으로 한정하고 있는 조합도 아직 존재하는 것 같다. 하지만 이대로 좋은 것인가?

파트타임 근로자를 비롯한 비정규직 근로자도 정규직과 같은 유니온 숍 협정의 대상으로 하고 있는 사례로는 UI젠센(현재는 UA젠센)의 활동이 유명하다. 헌법 제14조를 비롯한 노동기준법 제3조와 노동조합법 제5조 제2항의 「사회적 신분」에서 고용형태를 포함하지 않는 것은 사용자의 논리이다. 같은 헌법 제28조의 「근로자」이면서 일부 근로자를 고용의 완충장치로 다른 근로자의 고용보장을 획득하려는 것은 사리에 어긋난다. 노동조합이 스스로의 고용안정을 많은 수의 비정규직 고용으로 확보하려고 하는 것은 근로자의 연대 사상에서 본래 있어서는 아니 되는 것이다. 이것이 특히 유니온 숍 체결조합에 타당하다.

39) 石川 앞의 주3) 책 85쪽, 128쪽(다만 정치적 신조를 이유로 하는 차별의 경우, 그 조합은 헌법 제28조의 범주에서 벗어난다고 한다); 外尾 앞의 주32) 책 128쪽; 西谷 앞의 주8) 책(노동조합법) 86쪽.

Ⅳ. 강한 신념을 가지는 소수조합·합동노조

1. 소수조합의 존재의의

노동조합의 힘은 우선은 숫자라 하면, 소수조합의 존재나 역할은 인정받지 못하는 것일까? 만일 인정된다면, 그 존재의의는 무엇인가?

소수조합의 상당수는 유니온 숍 협정을 체결하지 않고, 완전하게 근로자의 자유로운 선택 · 자기결정에 근거해 노동조합을 결성하고 있다.[40] 그 의미로 이상적인 조합이라고 할 수 있을지도 모른다.

소수조합의 형태는 ① 유일한 기업내 조직인 경우, ② 다수조합과 병존하여 존재하는 경우,[41] ③ 지역 유니온이나 합동노조로서 기업 내의 종업원을 조직하고 있는 경우가 있다. 헌법 제28조 및 이에 근거하여 제정된 노동조합법은 복수조합주의를 취하고, 또 조합의 조직형태나 그 세력을 문제로 하지 않기 때문에 법적으로도 이러한 소수조합은 존재할 수 있다. 그리고 이들 소수조합들은 조합원 수는 적더라도 강한 신조를 가지고 있다.

노동문제를 연구하는 사회학자인 카와니시(河西)는 소수파 조합운동을 다음 같이 파악한다.[42] 여기서 소수조합은 기업내 복수조합 중 좌파적인 소수조합으로 한정하고 있는데, 그 지적은 흥미롭다. 즉 소수조합은 그 대부분 분열과 노사협조적인 다수조합의 결성이라는 과정 중에서 생겨난 것으로 경영측이나 기업내 다수파 · 우파 조합으로부터 탄압 · 차별 · 소외를 받고, 또 노사관계에서 교섭력이 약하여 조합원 탈퇴의 위험성을 항상 내포하고 있다는 어려운 조건을 가지고 있다. 하지만 노동조합 운동의 이념을 성실하게 실천하려는 태도가 명확한 것, 노사협조적이지 않은 것, 소수파 조합이

---

40) 공공부문의 직원단체(조합)은 유니온 숍 협정 체결이 인정되지 않지만, 직원의 과반수를 조직하고 있는 사례가 상당히 있다. 따라서 유니온 숍 협정이 다수조합의 필요조건은 아니다.

41) 후생노동성 · 2008년 노동조합실태조사에 따르면, 약 13% 사업장에서 복수조합이 존재한다. 대부분은 일찍이 조합분열을 경험하면서 존재하고 투쟁적, 이데올로기 또는 계급적인 성격을 가지고 있는 노동조합이다. 노사협력 대신 조합원의 근로조건 및 근무환경을 유지 · 향상을 주목적으로 단결하고 있는 조합이 있다. 일찍부터 소수조합 연구는 주로 전자를 염두에 두고 왔지만(최근 鈴木博「少数派労働組合の反合理化闘争の一分析」 京大経済論叢 183권4호(2009) 41쪽 이하), 이 책에서는 후자도 염두에 둔다.

42) 河西宏祐『新版少数派労働組合運動論』(日本評論社, 1990) 43쪽 이하, 103쪽 이하, 277쪽 이하.

우수하다고 생각하고 있지는 않는다는 것, 노동조합을 단순한 임금투쟁의 집단으로서가 아니고 생활공동체적 다기능 수단이라고 파악하는 것, 조합원의 자주성 · 자립성을 존중하는 것, 정규직중심주의가 아닌 것, 기업 외 연대를 목표로 하고 있다는 특징을 가지고 있다. 이것은 분석대상이 된 다수조합과의 특징이지만, 소수조합에 상당히 공통되고 있는 것이라고 생각된다.

이상 언급한 것 가운데 곤란성을 강조하면, 소수파 조합운동을 중시하는 것은 틀린 것이 되지만, 카와니시는 그것과는 달리 임금투쟁, 반합리화투쟁, 권리확대투쟁, 안전보건투쟁, 비정규직의 조직화, 반공해투쟁 등으로 일정한 또는 큰 성과를 냄으로서, 이러한 점에서 소수파 조합운동의 의의를 인정하고 있다. 그리고 향후의 전망을 내부적 요인(신념 · 사상성, 결합력, 지속력, 활동력)과 외부적 요인(지원 · 공동투쟁 태세, 공감 · 지지 상황)의 각각에 대하여, 촉진요인과 저해요인을 분석하고, 활동력과 지원 · 공동투쟁 체제 측면에서 과제는 있지만, 종합적으로 보면 촉진요인을 많이 가지고 있어 향후 발전 가능성은 충분하다고 결론짓고 있다. 또한 활동력의 측면에서도 소수파 조합 등이 연대해 나가는 것으로 과제의 극복은 가능하다고 생각한다.

이 문제 제기로부터 20여년이 경과하였지만, 전체 노동조합의 조직력이 떨어지고 있는 관계로 소수(파) 조합운동도 한층 더 곤란을 겪고 있는 것은 부정할 수 없다. 그러나 노동조합 자신의 노력으로 부분적이라 해도 큰 진전을 보이고 있는 것도 또한 사실이다.[43] 이러한 운동으로서 지역 유니온이나 합동노조가 있다. 필자는 소수(파) 조합이나 그 운동을 경시하거나[44] 너무 투쟁적이라고 비난하는 피상적인 견해에는 찬성하지 않는다.

유니온 숍 체결조합과 소수조합을 근로자 개인의 레벨로 생각해 보면, 전자는 소극적 단결권이 제한되는 결과의 단결임에 대하여 후자는 적극적 단결권의 주체적인 행사의 결과라고 할 수 있다. 노사관계를 단순화하면, 수의 논리가 의미를 가질지도 모르지만, 근로자 개인에게 착안하여 권리행사의 주체성이라는 관점에서 보았을 경우, 법적 세계관은 다른 양상을 나타낸다.

---

43) 예컨대 조합분열의 공격을 받아 일단 소수조합으로 되었지만, 비정규직 근로자의 정규직화를 쟁취하면서 드디어 다수조합으로 된 사철총련 히로시마전철지부의 운동도 있다(河西宏祐『路面電車を守った労働組合』(平原社, 2009)).

44) 예컨대 道学哲也「労働組合の公正代表義務」学会誌労働法 69호(1987) 11쪽 이하.

2. 소수조합의 단체교섭권

일본에서는 미국과 같은 배타적 교섭대표제를 채택하지 않고, 기업 내에 존재하는 병존 조합 또는 해당 기업의 근로자로 조직하는 노동조합은 모두 평등하게 단결권 · 단체교섭권을 가지고 있다. 그 반사적 효과로서 사용자는 '평등취급의무'와 '중립의무'를 지고 있다. 각 노동조합의 힘이나 방침의 다름에 따라 결과적으로 다른 조건에 합의할 수 있지만, 사용자의 태도와 행위 또는 특정 노동조합을 혐오하는 사용자의 의도가 결정적 동기가 되었다는 등 '특별한 사정'이 있는 경우에는 역시 부당노동행위가 성립한다고 해석한다.[45)]

여기서 말하는 '중립의무' 및 '특별한 사정'의 내용은 상당히 미묘하다. 예컨대 새로운 근무시스템에 대응하는 새로운 임금체계에 합의하지 않는 소수조합원에 대해서는 시간외노동을 명하지 않았던 것이 부당노동행위에 해당하는지 여부가 다투어진 사안에서, 신근무에의 시프트 도입 등에 대해 다수조합과 협의하고, 그 후 소수조합과 시간외협정(36협정) 등의 교섭을 이루어졌던 것에 대해서, 소수조합이 신임금체계를 간단히 받아들이지 않을 것이 용이하게 예측할 수 있었다고 하면서, 이러한 교섭에서 중립의무 위반으로 볼만한 '특별한 사정'이 인정되지 않는다고 판단하였다.[46)] 그러나 이 사안에서 노사협조적인 다수조합에 대한 사용자의 호의적인 대응이 보이는 반면, 소수조합에 대해서는 가혹하다고 볼 수 있는 차별적인 징계처분이 반복되었고, 또 다수조합과 합의할 때까지 소수조합과는 전혀 교섭이 이루어지지 않았다. 이러한 사실을 고려하면, 반대의견과 같이 중립의무 또는 성실교섭 의무위반이 인정되어야 했다.

최고재판소 판결은 다수조합이나 소수조합의 자주적 선택을 중시하는 경향이 보인다.[47)] 또 학설 중에도 명시적인 다수결 원리나 다수파 조합 존중의 룰을 존중해야 한다는 견해도 있다.[48)] 그러나 노사협조적인 다수조합를 항상 중시하는 것에 대하여는 소수조합의 단결권을 소홀히 할 수도 있고, 또 긴 안목으로 보더라도 건전한 노사관계

---

45) 日産自動車事件 · 最三小判 1985. 4. 23. 民集 39권3호 730쪽. 본래 소수조합이라 하더라도 차별하는 것은 일반적으로 부당노동행위로 된다(노조법 제7조).

46) 高知県観光事件 · 最二小判 1995. 4. 14. 労判 679호 21쪽.

47) 國武輝久「組合併存状態と不当労働行為」앞의 주19) 講座21世紀 237쪽 이하.

48) 小嶌典明「労使自治とその法理」日労研 333호(1987) 16쪽; 道幸哲也「不当労働行為の行政救済法理』(信山社, 1998) 152쪽 이하.

의 유지 · 발전을 저해하게 될 수도 있다.[49] 앞서 언급한 바와 같이 항상 노사협조적인 대응밖에 하지 않는 노동조합을 노동조합이라 말할 수 있는지, 의문의 여지가 있다.

3. 취업규칙의 불이익변경과 소수조합

넓은 의미로는 단체교섭의 범주라고도 말할 수 있지만, 취업규칙 불이익변경 시 교섭 · 협의에서 문제가 있다. 여기서는 두 가지 문제를 제기한다. 하나는 소수조합만 존재하는 경우 과반수대표자와의 관계이며, 다른 하나는 과반수 조합이 존재하는 경우 소수조합과의 관계에 대한 문제이다.

우선 전자의 문제이다. 노동기준법 제90조는 의견청취의 상대방 당사자로서 과반수 조합이 없는 경우에는 과반수대표자로 정하고 있다. 소수조합이 취업규칙의 불이익 변경을 대상으로 단체교섭을 요구하는 경우, 사용자는 이를 응낙해야 하지만 노동기준감독서에 신고하는 서면의 당사자는 어디까지나 과반수대표자이다. 이러한 법상태에서 과반수대표자의 의견과 소수조합의 의견이 다른 경우, 불리하게 변경된 취업규칙의 구속력(노동계약 내용의 규율효과)에 대해서, 합리성 판단을 어떻게 하면 좋을 것인가이다. 필자는 노동계약법 제10조의 판단요소로서 단결권에 근거하는 교섭시스템이 우선되는 것이 당연하며, 종업원 대표성에 의문이 있는 과반수대표자의 의견보다 오히려 소수조합과의 교섭 · 협의를 중시해야 한다고 생각한다.[50] 소수라 하더라도 근로자의 주체성이 확보되고 있는 노동조합이 이익대표성의 측면에서 우수하기 때문이다. 그것은 또한 헌법 제28조의 취지에도 합치한다.

다음은 후자의 문제이다. 소수조합의 단체교섭 요구에 대해 사용자는 응낙의무가 있다는 것은 전자의 사례와 같다. 그러면 양 조합과의 협의 · 교섭의 관계는 어떻게 되는 것인가? 학설로는 공정한 이익대표라고 하는 판단요소를 고려하면서도, 과반수 조합의 동의로부터 불이익변경의 합리성을 추인할 수 있다는 견해(과반수 조합 중심론)가 유력하게 주장되고 있다.[51] 즉, 과반수 조합이라는 교섭의 프로세스 특히 성실, 진정,

49) 名古道功「複数組合の併存と使用者の中立義務」唐津博 · 和田肇 · 矢野昌浩 編『新版労働法重要判例を読むⅠ』(日本評論社, 2013) 273쪽.

50) 과반수 조합이 있는 경우에도 노동기준법 제90조의 의견청취에 관해서는 소수조합에게도 들어야 한다는 견해로는『沼田稲次郎著作集 · 第7巻』(労働旬報社, 1976) 303쪽.

51) 野川忍「就業規則と労使協定(下)」ジュリ 1052호(1994) 146쪽 이하; 荒木尚志『雇用システムと

공정하게 이루어졌는가가 중시되고, 이로부터 문제가 없다고 판단되면 불이익변경의 합리성이 추정된다. 최고재판소 판례도 과반수 조합 중심설을 취하는 것처럼 보이지만,[52] 과반수 조합과의 합의를 절대시하고 있는 것은 아니며, 사례에 따라서는 불이익변경의 정도 등도 중시하고 있다.[53] 이러한 사정들을 반영한 노동계약법 제10조에서도 여러 요소를 종합적으로 고려하여 합리성을 판단하는 방안(종합고려설)이 채택되어 있다.[54]

과반수 조합 이외에 소수조합이 존재하는 경우, 과반수 조합 중심주의의 입장에서도 소수조합과의 교섭 성실성도 중요한 판단요소가 된다고 해석하는 견해가 있다.[55] 단체교섭 응낙에 관한 사용자의 중립의무 법리의 원용 또는 유추 적용하여 소수조합과의 협의도 합리성 판단의 중요한 요소가 된다고 해석해야 한다.

4. 합동노조에 대하여

수적으로는 소수이지만, 근로자의 이익 · 권리 옹호 측면에서 활발하게 활동하여 주목받는 존재로서 합동노조(지역 유니온, 로컬 유니온, 커뮤니티 유니온)가 있다.[56] 그 결성과 확대하는 배경에는 원래 기업 내에 노동조합이 존재하지 않거나, 기업별 조합이 비정규직 근로자 또는 노동조합법 제2조 단서 제1호에 해당하지 않는 「관리직」을 조직대상에서 배제하거나, 기업별 노동조합이 개별노동분쟁의 해결에 적극적으로 행동하지 않는 사정 등으로[57] 합동노조는 생겨날 수밖에 없어서 생겨났다.

労働条件変更法理』(有斐閣, 2001) 265쪽 이하 등.

52) 第四銀行事件 · 最二小判 1997. 2. 28 民集 51권2호 705쪽.

53) みちのく銀行事件 · 最一小判 2000. 9. 7. 民集 54권7호 2075쪽.

54) 荒木尚志『労働法 · 第2版』(有斐閣, 2013) 333쪽 참조.

55) 菅野和夫「就業規則変更と労使交渉」労判 718호(1997) 6쪽 이하; 菅野 · 앞의 주 31) 책 206쪽 이하.

56) 浜村彰「合同労組からコミュニティ · ユニオンへ」浜村彰 · 長峰登記夫 編『組合機能の多様化と可能性』(法政大学出版局, 2003) 17쪽 이하는 1950년대에 등장한 합동노조와 1980년대 이후에 등장한 커뮤니티 유니온을 구별하면서「위에서부터의 조직화」인지, 자생적 자원봉사적인 성격인지, 전국단일조직화를 지향하고 있는지, 느슨한 네트워크인지 등에서 차이가 있다는 점을 강조하지만, 필자는 양자의 조직단위는 기본적으로 동일하고, 기능적으로도 같다고 생각한다.

57) 아이치현(愛知県)에 있는 모자동차회사의 기업내 노동조합은 그 집행위원 등 하면서 과로사나 과로자살에 이른 조합원 가족의 산재보험 신청에 대해 실제로 냉담하게 대하였다. 이러한 개별노동분쟁

합동노조에 대해서는 전국일반 도쿄일반노조 중 도쿄의 주변부를 중심으로 이 운동을 중심적으로 담당해 온 마츠이(松井)에 의한 훌륭한 분석이 있다.[58] 합동노조는 1950년대 당시 총동맹 그리고 총평이 중소기업 속으로 노동조합 운동을 전개하는 과정에서 시작하였고, 사회활동이나 쟁의행위를 통해서(지역단위로 하는 개인 가입의 통일노조라는 시기를 거치고, 그 후 분열을 경험하면서) 발전시켜 온 것이다. 1960년대 이후 감소경향이었지만,[59] 지금 다시 중소기업의 비정규직 근로자를 조직화하는 운동으로 크게 활동하고 있다.

합동노조가 제기한 법률문제, 즉, 단체교섭의 당사자적격, 기업내 다수조합과의 관계 혹은 익명 조합원 문제에 대해서는 이미 많은 연구가 있으므로 논하지 않는다.[60] 여기서 논하고 싶은 것은 합동노조의 미래, 가능성에 대해서이다.

합동노조는 약자의 피난처(refuge) 기능이 강하고, 통일적 · 계속적인 노사간의 룰이나 근로조건 기준설정 기능이 약하여 생길 때부터 이질적으로 취급하였다.[61] 또한 대체로 조합원 수가 적고 가입과 탈퇴가 빈번하고(많은 곳은 분쟁해결 후 70%의 사람이 탈퇴한다), 재정기반이 취약하다는 약점도 지적된다. 하지만 노동상담 활동, 어려운 단체교섭이나 재판 등을 통하여 개별분쟁의 해결, 다른 사회조직과의 연계 등 기업별 조합의 결점을 보완하는 활동을 적극적으로 전개하고 있다.[62] 무엇보다도 유니온 지도부들이 적극적으로 소통하는 등, 인간적인 매력도 가지고 있다. 전통적인 노동조합의 대부분이 비정규직 근로자나 외국인 근로자의 근로조건 또는 조합원의 개별노동분쟁 해결에 관심을 나타내지 않은 현재 상태에서는 우후죽순 같이 생겨나는 합동노조에는 필연성이 있다. 또한 정보와 네트워크화가 진전하고 있는 가운데 조직이 확대될 가능성도 높다. 산업별 · 직능별 노동조합으로 발전할 가능성은 확실히 없겠지만, 노동조합 운동

해결에 소극적인 노동조합도 존재한다.

58) 松井保彦「合同労組運動の検証」(フクイン, 2010).

59) 합동노조 운동의 발생, 쇠퇴의 경위와 원인에 대해서는 浜村 앞의 주56) 논문 19쪽 이하 참조.

60) 青木宗也「合同労組の組織形態と法律上の問題点」法時 33권3호(1960) 300쪽 이하; 本多淳亮「合同労組の組織と団体交渉」民商法雑誌 42권3호(1960) 285쪽 이하; 石川吉右衛門「合同労組」앞의 주32)労働法体系 52쪽 이하. 가장 체계적인 분석으로는 林信雄『合同労組と労働法』(ミネルヴァ書房, 1962).

61) 예컨대 林 앞의 주60) 책 22쪽; 浜村 앞의 주56) 논문 28쪽 참조.

62) 長峰登記夫「コミュニティ・ユニオン運動の20」浜村 앞의 주56) 책 37쪽 이하; 呉学殊「合同労組の現状と存在意義」日労研 604호(2010) 52쪽 이하.

중에서 결코 무시할 수 없는 위치를 차지하고 있고, 향후에도 계속해서 일정 위치를 차지할 것이라는 기대는 가능하다.

V. 재정기반의 확립

1. 조합비공제의 기능

노동조합의 재정기반을 확립하는데 있어서 중요한 기능을 담당하는 것이 조합비공제(체크오프)이다. 후생노동성 2011년 단체협약 등 실태조사의 현황에 따르면, 조합비공제 협정(또는 협약)을 체결하고 있는 노동조합의 비율은 약89%이며, 조합비공제를 하고 있는 노동조합의 비율은 91%이다. 이러한 비율은 기업규모에 따른 차이는 거의 없다.

후자가 많은 것은 협정을 체결하지 않고 조합비공제를 실시하고 있는 경우가 있기 때문이다. 다른 조사(후생노동성 · 2008년 노동조합 실태조사)에서는 조합비공제 협정 등이 없어도 이를 실시하는 노동조합의 비율은 76%이다. 노동조합의 조직율과의 관계에서는 10% 미만에서는 38%으로 낮지만, 그 이상에서는 70% 이상, 조직률 10% 내지 30%까지는 90%이다.

이상 요컨대 압도적인 조합에서 조합비공제를 하고 있다. 조합비를 조합비공제라고 하는 형태로 징수하는 것에 대하여는 대항적인 관계에 있는 사용자의 손을 빌려 재정기반을 강화하는 것, 또는 조합재정이라는 가장 중요한 기반을 상대방에게 공개해 버리는 것에 대하여는 일찍부터 비판도 있었다. 조합비공제는 사용자로부터의 편의제공의 성격이 있어 필자는 이전에는 남의 샅바를 차고 씨름하는 행위라고 생각해 회의적이었다. 그러나 현재는 조합사무소의 대여와 마찬가지로 사용자에 의한 노동조합 승인기능을 수행한다고도 생각한다.[63] 따라서 급여의 은행 이체를 이용하여 은행으로부터 조합비 인출이 가능하지만, 그래도 역시 조합비공제는 노사관계에서 중요한 제도라고 해석한다.

---

63) 中山和久「チェック・オフ(組合費の控除)」 앞의 주32) 책(노동법체계1) 163쪽 이하 참조.

2. 조합비공제와 노동기준법 제24조

조합비공제와 노동기준법 제24조 제1항의 임금전액지급 원칙과의 관계, 즉, 조합비공제에 대해서도 같은 항 단서에서 말하는 노사협정의 체결이 필요한지, 특히 과반수로 조직되지 않은 노동조합은 단체협약으로서 조합비공제의 결정을 할 수 없는 것인지, 이에 대해서는 학설상 논의가 있다. 최고재판소 판결은 조합비공제도 임금의 일부공제에 해당하므로, 노동기준법 제24조 제1항 단서의 요건을 구비할 필요가 있다고 판시하였다.[64] 학설은 판례와 같은 견해를 취하는 것과[65] 반대설이 서로 대립하고 있다.[66]

필자는 반대설의 입장에 찬동한다. 노동기준법 제24조 제1항 단서가 상정하는 것은 전종업원을 대상으로 하는 임금의 일부공제임에 반하여, 조합비공제는 노동조합원만을 대상으로 한다. 또 판례는 과반수 조합과의 합의로 조합비공제가 가능하다고 하면서, 소수조합에는 그 가능성이 없게 되어[67] 사용자는 협약 체결을 거부할 수 있지만, 그렇게 되면 조합간 차별이라는 부당노동행위의 문제가 생기기 때문이다.

3. 조합비공제의 법적 성격

최고재판소 판례는 조합비공제에 관계하는 삼자간의 법률관계를 다음과 같이 설명한다.[68] 즉, 근로자가 사용자에 대하여 조합비 지급을 위임하고, 노동조합이 사용자에

---

64) 済生会中央病院事件・最二小判 1989. 12. 11. 民集 43권 12호 1786쪽. 다만 과반수 요건은 체결을 위한 요건이고, 계속을 위한 요건이 아니기 때문에 도중에 체결노동조합이 과반수 요건을 구비하지 못하더라도 노사협정 자체의 효력에는 영향이 없다(東洋シート事件・最一小判 1997. 9. 4. 労判 737호 11쪽 참조).

65) 安枝英訷「労働基準法における労使協定」同志社法学 39권3-4호(1987) 288쪽; 秋田成就「チエック・オフ(組合費等の給与控除)制度について」季労 155호(1990) 114쪽; 菅野・앞의 주31) 책 809쪽(이 견해도 과반수대표로서 체결한 노사협정에 체크오프를 포함시키는 것을 인정한다) 등.

66) 中山・앞의 주63) 논문 169쪽 이하; 西谷・앞의 주8) 책(노조법) 271쪽 이하 등.

67) 조합비공제 협정은 소수조합도 체결할 수 있다고 해석하는 견해로는 山口・앞의 주31) 책 307쪽; 西谷・앞의 주8) 책(노조법) 272쪽. 다만 전자는 서면화를 요구하는 것에 대하여(서면화가 아니면 잘못된 관행으로 무효로 한다), 후자는 이를 요구하지 않는다. 어쨌든 당사자의 합의와 관행이 있으면 조합비공제는 가능하다.

68) エッソ石油事件・最一小判 1993. 6. 26. 労判 650호 6쪽; ネスレ日本(霞ケ浦工場)事件・最一小判 1995. 2. 23. 労判 670호 10쪽.

대하여 조합비 징수를 위임을 하는 관계이다. 따라서 적법하게 조합비공제를 위해서는 조합비공제 협정의 체결만으로는 부족하고, 개별 근로자=조합원으로부터 사용자에 대하여 명시적인 위임행위가 필요하다. 따라서 근로자=조합원이 조합비공제 폐지의 신청이 있으면 사용자는 이에 따라야 한다.

그러나 학설의 상당수는 이러한 법률구성에 반대한다.[69] 조합비공제는 조합비지급방법에 지나지 않고, 미리 조합비공제 협정이 존재하고 있는 경우에는 조합 가입행위 안에서, 혹은 조합비공제 협정의 체결이 조합내 민주적인 절차에 의해 결정되는 프로세스에서 해당 근로자의 의사가 포함된 것으로 해석한다. 조합비공제가 단체협약으로 성립하고 있는 경우에는 그 규범적 효력(노동조합법제16조)이라고도 설명할 수 있다. 집단적 노사관계의 문제를 쉽게 개별근로계약 혹은 사법의 문제로 분해하는 것은 타당하지 않다.

어쨌든 근로자가 조합원인 기간은 지급위임을 취소할 수 없고, 조합을 탈퇴한 경우에는 조합은 즉시 징수위임의 취소를 신청할 의무가 있다.

Ⅵ. 이기적인 존재로서의 노동조합

1. 단체협약 적용배제조항

노동조합은 조합원만의 이익을 대표하는지, 아니면 그 적용대상 영역에서 모든 근로자의 이익을 대표하는지에 대해서는 노동조합 운동 내부에서도 논의가 나뉘고 있다. 여기서 논하는 것은 주로 개별 기업별 노동조합이다. 그 연합체나 전국단위가 비정규직을 포함한 모든 근로자의 이익을 대표해야 하는 것은 말할 필요도 없다. 또 도덕적(moral) 문제로서 경단련(経団連)에 가입한 기업의 노동조합에는 전체 근로자의 이익·권리 보호를 이끄는 주도적 조합으로서의 역할이 기대되는지 여부이다.

법적으로는 노동조합원에게만 유리한 조건을 정하는 것, 또는 해당 조항을 비조합원

---

69) 西谷 앞의 주8) 책(노조법) 273쪽; 菅野 앞의 주31) 책 810쪽; 앞의 주68) エツソ石油事件·大阪地判 1989. 10. 19. 労判 51호 31쪽은 조합에서 적법한 탈퇴에 따라 사용자는 조합비를 공제할 의무가 없어지고, 이를 계속하는 것은 위법이라 하였다.

에게는 적용하지 않는 조항을 두는 것이 가능한가라는 문제가 된다.[70] 이 문제의 전제로서 노동조합법의 제도를 우선 확인한다.

취업규칙의 규정이나 개별 계약 또는 그 적용에서 사용자가 노동조합원 또는 특정 노동조합원을 불이익하게 취급하는 것은 노동조합법 제7조 제1호 및 제3호의 부당노동행위에 해당되어 허용되지 않는다. 또 사업장에서 상시 사용되는 동종 근로자의 4분의 3이상으로 조직하는 노동조합이 비조합원이나 타 조합원에 대한 적용배제조항을 두어도 노동조합법 제17조의 강행법적인 성격에서 일반적으로 그것은 무효로 해석한다.[71] 이상의 경우를 제외하고 노동조합법은 직접 이 문제에 대한 해답을 주고 있지 않다.

2. 독일의 경험

이와 같은 사례는 일찍이 독일에서도 문제되었고, 지금 다시 논의되고 있다. 사카키바라(榊原)의 연구에 따르면, 다음과 같은 법적 논의상황을 확인할 수 있다.[72]

독일 단체협약법 제3조에 의하면 일반적 구속력을 선언 받은 경우(같은 법 제5조)를 제외하고, 단체협약은 체결조합의 조합원에 대해서만 구속력을 가진다고 한다. 그러나 현실적으로 비조합원의 개별 근로계약에 대하여 존재하는 단체협약을 참조하는 조항이 체결되면, 조합에 가입하지 않아도 협약의 혜택을 향수할 수 있게 된다. 그 결과 일종의 무임승차(free rider)를 허용하게 되어 조합에 가입하는 인센티브를 빼앗아 버리게 된다. 무임승차를 인정하지 않는 것이 차이조항 혹은 차별조항(Differenzierungsklausel)이라 일컫는 것으로, 노동조합원 자격을 협약상 급부청구권의 요건으로 하는 단순 차이조항과 사용자에게 차이를 의무지우는 특별 차이조항이 있

70) 조직강제에 대해서는 유니온 숍 협정론이 중심이었기 때문에 그다지 활발하게 논의 되지 않았지만, 일본에서도 일찍이 논의된 적이 있다(横井芳弘「ドイツにおける協約排除条項と組織強制の法理」比較法学雑誌 6권 1 · 2호(1968) 9쪽 이하 등).

71) 諏訪康雄「労働組合法17条をめぐる基礎的考察」一橋論叢 99권3호(1988) 372쪽; 西谷 · 앞의 주8) 책(노조법) 384쪽 이하; 吉野 · 앞의 주31) 책 690쪽 등. 노조법 제17조를 임의규정으로 보는 입장에서는 적용배제조항도 유효로 해석하는 견해로는 久保 · 浜田 앞의 주32) 책 201쪽.

72) 榊原嘉明「ドイツにおける労働協約上の差異化条項」山田省三 · 石井保雄 編『労働者人格権の研究 · 下巻』(信山社, 2011) 59쪽 이하; 榊原嘉明「基準日規制をともなう差異化条項とその適法性」労旬 1720호(2010) 16쪽 이하 참조.

다. 후자는 협약조건을 해당 조합원 이외에 적용을 배제하는 협약배제 조항과 조합원에게 보다 유리한 근로조건을 보장하는 격차유지조항이 있다.

연방노동법원은 1960년대부터 이 조항을 기본법 제9조 제3항으로 보장된 소극적 단결자유를 침해하여 무효라고 판단하였다.[73] 이 판결을 계기로 학설도 차이조항의 효력부정설이 우세하게 되었고,[74] 차이조항을 요구하는 협약투쟁도 한때 활발하지 못하였다.

그러나 2000년대에 들어 조합조직률이 급속히 저하되고, 조합간 경합이 격해지는 가운데, 다시 회사별 단체협약에서 차별조항을 요구하는 협약투쟁이 활발하게 되었다. 이러한 움직임을 고려하여 연방노동법원도 1960년대의 동 법원의 판결이 금지한 것은 특별 차이조항뿐이며, 단순 차이조항의 유효성을 긍정하기에 이르렀다. 향후 특별 차이조항에 대해서도 새로운 판결이 나올 가능성을 부정할 수 없는 상황이다.

3. 사 견

일본에서는 독일과 같이 소극적 단결의 자유가 적극적 단결권과 대등하게 보장되고 있다고는 해석되지 않기 때문에 협약배제조항도 무효로 판단되지 않는다. 그럼에도 불구하고 판결례나 학설이 적은 것은 아마도 현실에서 그다지 사용되지 않았기 때문으로 추측한다. 또한 소수조합이 교섭으로 타결한 조건에 대해서는 사용자는 취업규칙으로 전체 근로자에게 적용을 확장하는 것이 일반적이라는 사정도 있을 것이다. 그러나 필자는 일본의 노동조합은 비조합원에 대해서 조합원의 이익을 보다 더 옹호하는 이기적인 존재여도 좋고, 협약적용배제조항을 이용하더라도 좋다고 생각하고 있다.

같은 기업 내 조직이더라도 그 형태에 따라 이익대표자의 범위는 다를 것이다. 즉 유니온 협정을 체결할 자격이 있는 노동조합은 앞서 언급한 것처럼, 비정규직 근로자를 포함한 모든 근로자의 이익을 대표할 의무를 지고 있다. 그렇지 않은 노동조합은 노동조합원의 이익만을 대표하는 것이 가능하다. 노동조합은 자원봉사자 단체는 아니

---

73) 1950년대 이후 노동조합이 차별조항을 요구하는 협약투쟁과 차별조항에 대한 연방노동법원의 판단에 관해서는 鈴木芳明『組織強制の法理』(信山社, 1998) 109쪽 이하가 상세하다.

74) 西谷 앞의 주3) 책(노동법사상사론) 560쪽 이하 참조.

기 때문이다. 두 형태의 조합에 공통하여, 조합원에게만 유리한 조항 혹은 해당 노동조합원 이외의 적용배제조항도 노동조합법 제17조가 적용되는 사례를 제외하면 가능하다.[75)]

결국 적용배제조항을 둔 단체협약과 취업규칙과의 관계이지만, 사용자가 적용배제조항을 취업규칙 안에 규정하는 것은 노동조합법 제7조 제3호에 위반하기 때문에 가능하지 않다. 또한 단체교섭에서 합의한 조건에 대해서 노동조합이 반대하는 경우, 취업규칙의 개정으로 같은 내용을 규정하는 것도 마찬가지로 부당노동행위가 되어 허용되지 않는다.

Ⅶ. 사회적 존재로서의 노동조합

노동조합의 이기주의라 해도 전술한 것처럼, 노동조합이 사회적 존재임을 무시할 수 없다. 비록 자기의 이익을 지키기 위한 것이라 해도, 환경파괴를 불러오는 요구나 정책을 내걸고 이를 추진하려는 자세는 1950년대, 60년대 공해문제에서 심하게 비판되었다. 도덕의 문제로서 노동조합은 국민 전체의 복지나 환경보호 요구 등을 배격하는 행동은 할 수는 없다.[76)]

일본의 지배적인 다수 형태의 노동조합은 기업내 조직이기 때문에 제1차적으로 해당 기업의 근로자의 이익을 대표하는 것이 그 역할이며 책임이기도 하다. 노동조합은 근로조건이나 일하는 룰(rule), 노사간의 룰 설정을 하는 것(규칙설정 기능)에 의해서 이 책임을 완수한다. 정리해고 시의 해고회피수단이나 해고기준을 설정하는 것도 이 기능에 포함된다.

---

75) 유니온 숍 협정의 유효성을 부정하는 니시타니 교수도 헌법 제28조에서는 적극적 단결권이 소극적 단결권보다 우위한다고 해석하고, 적극적 단결에 기여하는 한 협약적용배제조항을 유효라고 생각한다고 한다(西谷 앞의 주8) 책(노조법) 101쪽).

76) 공해배출 문제와 에너지 문제 등 조합의 사회적 사명에 근거하더라도 근로조건이나 대우에 직접적으로 관계하지 않는 사항은 의무적 단체교섭 사항은 아니라는 의견도 있지만(菅野 앞의 주31) 책 853쪽), 이는 노동조합의 존재 의의에서 부정적으로 연결될 수도 있다. 노동조합도 기업지배에 관한 스톡홀더이며, 법령준수 감시기능을 가지고 있음을 생각하면, 의무적 단체교섭 사항의 범위는 더욱 유연하게 해석하여도 좋다(西谷 앞의 주8) 책(노조법) 301쪽 참조).

잊지 말아야 할 것은 개별노동분쟁의 해결기능이다. 노사협조적인 조합에서는 때때로 이 기능이 경시되기 쉽다. 조합원이 과로사하거나 과로자살에 몰렸을 때, 그 유족의 산재신청이나 손해배상청구를 전혀 지지하지 않는 사례, 여성 근로자가 차별철폐를 요구하며 회사와 교섭하거나 재판투쟁에 호소하는 때에 조합이 전혀 지원하지 않는 사례를 많이 보았다. 앞서 말한 것처럼 합동노조 · 지역 유니온 등이 생겨나 활동하는 배경이지만, 전체적으로 노동조합의 기능저하를 초래하고 있는 커다란 요인의 하나라고 필자는 생각한다.[77]

기업 내의 대응에는 노동기준법을 비롯한 노동관계법규를 준수하는 것, 또 사용자에 준수시키고 이를 감시하는 일도 포함되어 있다(법령준수-compliance- 감시기능). 연장근로협정(36협정)에는 특례조항이 인정되고 있지만, 이것을 악용해 연간 1,000시간이 넘는 노사협정을 체결하는 등 과로사에 이르도록 하는 장시간 근로를 용인하는 것은 노동조합의 본분을 완전하게 잊은 어리석은 정책이다. 일본 노동조합의 최대 약점이기도 하다.

조합원에 대한 혹은 성별에 따른, 지금은 비정규직 고용이라는 고용형태에 의한 차별과 철저하게 싸우는 운동, 장애인의 고용을 유지하는 운동에도 노동조합의 사회적인 책임으로 되고 있다. 같은 직장에서 일하면서 비정규직 근로자를 자신들의 고용의 범퍼(완충장치)로 밖에 생각하지 않는 발상은 근로자의 이익대표자로서의 노동조합에서는 자살행위이다. 장애인의 고용이 진행되지 않는 것은 회사에 있어 불명예일 뿐만 아니고 이를 허용하고 있는 노동조합에게도 불명예스러운 것이다.

회사가 경단련(経団連)이나 지역의 사용자단체에 가맹하고 있는 기업의 노동조합은 주도적 조합으로서의 역할을 완수하는 일도 또한 사회적 책임의 하나이다. 아베 내각이 되고 나서, 춘계 임금협상 투쟁(춘투) 시 정부가 기업유보금을 근로자에게 환원할 것을 요청하고, 이에 응하는 기업이 나왔다. 하지만 기업유보금을 임금으로 환원시키는 것은 본래 기업내 노동조합의 역할이다. 정부가 요청하지 않도록 목소리를 내지 않는 노동조합은 자율적 노동관계를 형성하는 힘(독일법에서 말하는 협약체결능력)이 부족한 것이다.

---

77) 1990년대 연합의 종합노동국장으로 근무한 松浦清春는 신일본제철 수입 야와타(八幡) 노조의 출신이지만, 동제철소에서 사망사고가 있으면 용광로를 세운 것으로 잘 알려져 있다. 일찍이 노동조합운동에서 근무 중의 근로자의 사망은 노동조합에서도 그만큼의 중대사였다.

일찍이 기업의 틀을 넘어 춘투가 전개된 것, 이제는 역사적인 사실이 되고 있는 듯하다. 이제와 산업별 노동조합의 재편성이라고는 말하지 않는다. 그러나 폐쇄적인 기업내 이기주의에만 관심을 갖는 노동조합이나 그 연합체는 정부기관, 각종 위원회(중노위 등), 심의회에서 근로자 대표자격은 인정받지 못한다.

Ⅷ. 대안으로서의 종업원대표 기관?

노동조합이 초기업적으로 조직되어 있는 곳에서는 기업 · 사업소 내에 일정한 종업원대표 조직이 만들어지는 것이 일반적이다. 이는 영국과 같이 노동조합의 기업내 기관인 숍 스튜어드(shop steward) 위원회이거나 독일과 같이 종업원대표위원회(Betriebsrat)에 해당한다. 독일에서는 노동조합과 종업원대표위원회의 역할은 단체협약법(Tarifvertragsgesetz)과 사업소조직법(Betriebsverfassungsgcsctz)에 의하여 결정되어 있고, 양자는 기능을 분담하고 있다(이원적 노사관계시스템).[78]

그러나 일본 시스템은 여러 가지 점에서 이러한 이중의 근로자이익대표 시스템과는 다르다. 즉, 노동기준법에 도입되어 있는 과반수대표 시스템의 중요한 기능은 노동조합과는 달리, 근로조건을 결정하는 것은 아니고, 시간외협정(36협정)의 체결에 전형적으로 볼 수 있듯이 노동기준법 등의 강행규정의 규제를 완화하거나 위법성을 조각하는 기능에 지나지 않는다. 또 기업 내에 단독 과반수 조합만이 존재하는 경우에는 이 조합이 과반수대표 시스템을 겸하게 되지만, 소수조합만으로 존재하는 경우에는 조합과 과반수대표가 경합관계에 놓이게 된다(다만 많은 경우, 소수조합이 과반수대표의 이니셔티브를 가진다고 예측할 수 있지만). 게다가 전술한 바와 같이 일본의 기업 · 사업소의 8~90%에는 노동조합이 존재하지 않고, 여기서는 과반수대표만이 근로자의 이익대표 권한을 담당하게 된다(취업규칙의 제정이나 변경의 경우 의견청취를 생각하시오).

기업 · 사업소 내에서 근로자이익대표 시스템을 제도화해서는 안 되는지에 대한 논의가 나오는 근본에는 이러한 점이 있다. 그러나 필자는 다음과 같은 이유에서 현행

---

78) 다만 최근에는 전통적인 역할분담을 변경하려는 협약정책이 등장하고 있으며, 이것이 법적으로 큰 문제가 되고 있다(졸저『ドイツの労働時間と法』(日本評論社, 1998) 37쪽 이하; 岩佐卓也『現代ドイツの労働協約』(法律文化社, 2015) 등을 참조).

과반수대표제도에도 또 법에 의한 과반수대표제도의 설치 의무화에도 반대이다. 따라서 이하는 주로 입법론이다.

첫째, 노동기준법의 입법자는 전후 정치적 민주주의 혹은 산업민주주의가 성숙해 나가는 과정에서 많은 기업 내에 종업원의 과반수로 조직하는 노동조합이 결성되는 것을 예정하고 있었다. 그리고 이러한 조합이 결성되지 않는 경우를 상정하여 과반수대표자에게 같은 권한을 주었다고 해석한다.[79] 즉, 과반수대표자는 예외적인 존재라고 생각했던 것이 된다. 현재의 상황은 확실히 이러한 상정과 크게 동떨어지고 있지만, 입법자는 헌법 제28조를 염두에 두고 제도설계한 것이어서 이 원리 · 원칙은 안이하게 포기해서는 안 된다.

둘째, 과반수 조합이 존재하지 않는 경우, 과반수대표자에게 그와 같은 권능을 주는 것에는 커다란 문제가 있다. 즉, 노동기준법 시행규칙 제6조의2 제1항은, 동법 제41조 제2호의 관리감독자는 과반수대표자가 될 수 없는 것과 민주적인 절차로 선출되는 것을 요구하고 있을 뿐이다. 이것으로는 사용자와 대등성이 전혀 확보할 수 없다. 과반수대표자는 1인라도 가능해서, 대표자를 지원하는 인적, 재정적 혹은 전문지식을 훈련할 기회 등이 모두 빠져 있다. 독일의 종업원대표위원회와 비교해 보면,[80] 그 차이가 너무 크다. 이러한 정도의 요건밖에 부과되지 않는 과반수대표자가 어째서 과반수 조합과 동등의 기능을 발휘할 수 있는 것일까? 현행법제의 커다란 모순이다.

셋째, 과반수대표자에게 왜 중요한 근로조건을 좌우할 수 있는 권한이 주어지고 있는지, 그 법적 정당성에도 의문이다. 독일법에서 근로자보호법의 강행규정 면탈의 권한이 인정되고 있는 것은 단체협약을 체결하는 노동조합뿐이다(해약고지기간에 관한 민법 제622조 제4항, 휴가의 일련 규정에 관한 연방휴가법 제13조, 근로시간의 일련 규정에 관한 근로시간법 제7조 등). 단체협약에 열린 법(tarifdispositives Gesetzesrecht)이라고 말하는데, 이 제도는 노동조합만이 이러한 강력한 권한을 행사할 수 있다는 법적 확신에 근거하고 있다.[81] 일본에서 과반수대표자에게 같은 권한이 주어지고 있는 이유에 대해서는 아마 제정법이 그렇게 되어 있다는 설명 이외는 할 수 없을 것이다. 이에 대해서는 역시 근본적인 의문을 가질 필요가 있다.

---

79) 野田進「労働時間規制立法の誕生」学会誌労働法95号(2000) 98쪽 이하 참조.

80) 상세한 것은 藤内和公『ドイツの従業員代表制と法』(法律文化社, 2009) 221쪽 이하 참조.

81) 西谷 앞의 주8) 책(노조법) 354쪽.

넷째, 위의 세 번째 문제와도 연결되는데, 과반수대표자가 소수조합보다 근로자의 의견을 대표할 수 있다는 상정을 납득할 수 없다(예컨대 49%의 근로자로 조직한 소수조합의 존재를 상정하시오). 비록 소수조합이더라도 지극히 단순한 선출방법이 예정되어 있는 과반수대표자보다 근로자의 이익대표로서 적당하다고 생각한다.[82)]

이상을 고려하면 강행법규정에서 일탈할 권한은 노동조합에게만 부여하는 것이 타당하다고 할 수 있다. 그 때 노동조합의 조직력은 우선은 문제로 해서는 아니 된다. 그 이유는 소수조합이더라도 과반수대표보다도 인적, 재정지원 또는 전문지식 측면에서 갖추어져 있다 점이다.[83)] 그리고 법에 의해 의무적으로 설치되는 사람이나 기관보다 나름대로 근로자가 자주적으로 결성한 조직 · 단체가 근로조건의 결정에 관여하려는 의욕이 강하다고 생각한다. 이러한 사람에게 권한을 주는 것으로 과반수대표제도의 형해화를 피할 수 있거나, 적어도 경감할 수 있다. 또한 이것으로 노동조합 결성에 대한 의욕이 향상될 수 있다고 어느 정도 기대할 수 있다.[84)]

이상 사견으로는 노동조합이 존재하지 않는 사업소 · 기업에서는 험로로 빠지지만, 솔직히 말하자면 그럼에도 하는 수 없다는 생각이 든다. 그러나 그것은 너무 현실적이지 않기 때문에 타협적인 안으로서 사업소 내에 노동조합이 존재하지 않는 경우에만 법에 따라 과반수근로자 위원회의 설치를 요구해야 하는 것이다. 그것은 노동조합 결성의 유인적인 형태가 되어야 한다. 노동기준법 제38조의4에서 규정한 위원회가 하나

---

82) 大内 앞의 주69) 책 190쪽은, 「과반수대표자가 진정으로 종업원의 과반수를 대표하는 것을 전제로 하면, 집단적 근로조건의 결정에 대해 과반수대표자의 동의가〔소수조합보다-필자 주〕 우선하는 것도 어쩔 수 없다」고 한다. 그러나 일반적으로 과반수대표자가 「진정으로 종업원의 과반수를 대표한다」는 것은 법적으로 담보되어 있지 않고, 현실에서도 그렇지 못하니 이 주장은 아무런 설명도 되지 못한다.

83) 사용자가 조종하여 어용조합을 결성하는 것도 생각할 수 있지만, 이 경우에도 노동조합이라고 할 수 있기 위해서는 인적, 조직적(규약, 집행기관, 각종 회의개최 등), 재정적인 기반과 계속성이 필요하다.

84) 사견으로는 사업소 내에 복수조합이 존재하고 있는 경우, 취업규칙의 제정이나 변경시의 의견청취에서 문제는 생기지 않지만(앞의 주50) 책 302쪽 이하에서는 현행법의 해석론이라고 해도 복수조합의 각각의 의견을 들어야 하는 것으로 해석한다), 각종 노사협정의 체결 장면에서 복잡한 문제가 생긴다. 예컨대 시간외협정 체결과 관련하여 과반수 조합이 존재하는 경우 소수조합의 취급이지만, 사견으로는 양 조합이 협정체결 당사자가 된다. 따라서 과반수 조합만의 협정체결은 중립유지의무 위반의 문제가 될 수 있다. 양자의 각 협정에서 비조합원을 포함하는 적용대상자를 합의할 수 있지만, 타 조합원을 당연히 적용대상으로 하는 것은 인정될 수 없다.

의 모델이 되지만 설치 단위, 선출되는 위원의 자격, 수 등 면밀하게 법에서 규정할 필요가 있다. 그리고 이 위원회에 대해서는 유사 노동조합으로서 노동조합법 등에서 보장하는 권리보호(조합활동권, 부당노동행위 금지 등)를 준용하는 것도 바람직하다.[85] 그러기 위해서는 자주성이 필요하고, 그 확보를 위해서는 운영비는 조합비와 동등한 것으로 취급할 수 있다.

Ⅸ. 정 리

이상의 분석에서 필자가 생각하는 노동조합상과 이를 유지하기 위한 법의 기능에 대한 이미지가 전달되었는지, 의문이다. 여기서 마지막으로 전체의 이미지를 요약하고자 한다.[86]

(1) 헌법 제28조의 취지에서 근로조건이나 노사관계의 룰(rule)을 설정할 때 사용자의 단독 결정보다 근로자의 단결체가 관여하는 공동결정이 바람직하다.[87] 이를 촉진하는 해석과 입법을 시도해야 한다.

(2) 근로자의 집단적 이익대표에는 노동조합과 종업원대표 시스템을 생각할 수 있지만, 기업별 조합을 주된 형태로 하는 일본에서는 양자는 보완관계 · 협력관계가 없다. 때문에 노동조합 중심주의를 관철해야 하는 것이며, 종업원대표 시스템은 노동조합이 존재하지 않는 곳에서, 게다가 노동조합 설립 유도적인 기능만 주어져야 하는 것이다. 근로자보호법에서의 일탈 권한은 노동조합만이 행사할 수 있는 것이다. 즉 노동조합이 아닌 과반수대표에 강행법규성을 해제하는 권능을 주는 「노사협정으로 열린 법」은 인정할 수 없다.

(3) 노동조합의 사회적 강함의 기본은 양적인 측면이며, 그 의미에서 조직강제를 실시하는 것이 허용된다. 그러나 그 행사에는 신중해야 하고, 경합 조합을 봉쇄하는 형태로 행사되어서는 안 된다. 조직강제를 행사하기 위해서 철저한 민주주의가 확보되

85) 이 점에 대해서는 小嶌 · 앞의 주48) 논문 13쪽 이하 참조.

86) 아울러 노동조합의 조직화 문제 중에서도 청년노동자 문제는 특히 중요하며, 이 점에 대해서는 제3장 제1절로 논하고 있으므로 참조하기 바란다.

87) 西谷 앞의 주8) 책(노조법) 354쪽 이하는 노동기본권을 '관여권'으로 본다.

어 고용형태 등에 관계없이 모든 근로자를 대표하고 있어야 한다. 유니온 숍 협정과 민주주의는 부즉불리(不卽不離)의 관계에 있다.

(4) 헌법 제28조에서 복수조합주의가 도출되지만, 조합원 수의 다과, 조직형태, 조합방침 등에 관계없이 모든 노동조합은 평등한 노동기본권을 가지고 있다. 이것은 단체교섭의 측면에서 뿐만 아니라, 노동기준법이 정하는 각종 절차에 대해서도 존중되는 것은 당연하다. 입법 정당성이라는 관점에서 보면, 과반수대표자보다, 소수여도 근로자의 자주적인 단결체인 노동조합을 우선하는 법시스템이 헌법과 정합성이 있다. 소수조합은 산업내 민주주의를 확보하기 위한 불가결의 존재라는 자리매김이다.

(5) 노동조합은 기본적으로는 조합원을 위한 이익대표로서(비조합원의 이익보다 우선하여) 활동해야 하지만, 동시에 사회적 존재임을 충분히 인식해야 한다. 조합원의 이익이 된다고 해서 근로자 전체에서 바람직하지 않은 결과를 가져오는 활동은 실행해서는 아니 된다. 이러한 점은 도의(moral)에 관한 문제이다.

이러한 점을 주목한다면 노동조합은 21세기에서도 크게 발전할 가능성이 있다고 필자는 믿는다.

제 5 장

양질의 노동과 지속가능한 고용사회

들어가는 말

오늘날의 고용사회는 한편으로는 워킹푸어가 되기 쉽고, 또 고용 불안을 느끼는 비정규직 근로자가 급증하고 있으며, 다른 한편으로는 정규직 층에서는 일과 생활의 조화(워크 라이프 밸런스)가 파괴되고, 경우에 따라서는 과로사나 과로자살을 초래하는 장시간 근로가 더욱 심화되고 있다. '고용의 양극화' 이지만, 전자는 '과소고용' 이며 후자는 '노동과잉' 의 문제이다. 청년층에서는 비정규직의 증가뿐만 아니라 블랙 기업과 블랙 아르바이트가 만연하고 있어 고용의 미래에 어두운 그늘을 드리우고 있다. 이러한 것을 사람의 몸에 비유하면 일부분에 상처가 생기거나 마비 또는 괴사되고 있으면 몸 전체가 결코 건강체가 아니다. 고용사회는 대체로 해마다 악화되고 있다.

이러한 것은 노동을 위태롭게 만들고, 현재의 고용환경을 차세대에 그대로 보내는 것은, 즉 고용사회의 지속가능성을 잃게 만드는 것이다. 그리고 차세대의 사회보장체계까지도 붕괴시키기 쉬운 상황이 되고 있다. 아베노믹스의 고용개혁은 그러한 위험을 가속시키고 있다.

이러한 병적인 몸을 조속히 건강한 몸으로 다시 만들고, 그것을 차세대에 계승해 나아가지 않으면 안 된다. 그러기 위해서는 약물 투여나 수술이 필수적이며, 이를 중첩적으로 행함으로써 최종적으로 의학적인 치료에 맡기지 않아도 되는 양호한 단계로 가져가는 것이 바람직하다. 이 장에서는 본서의 결론으로 그러한 점을 논하고자 한다. 목표는 양질이면서 인간의 존엄이 반영된 고용창출, 일과 생활의 조화, 디센트 워크가 확보된 지속가능한 고용사회를 실현하는 것이다.

Ⅰ. 노동의 의미의 재확인

1. 일한다는 것(노동)의 의미

"근로자를 인간으로서 인정하고 존중하는 것은 그 급부에 대한 경제적 평가, 즉, 보수액뿐만 아니라, 그 사람에게 부과된 일을 어떻게 수행하는지에 대해서도 관계가 있다. (중략) 사용자는 (독일)기본법 제1조 및 제2조 의해 스스로에게 부과된 의무로서 근로자의 존엄성과 인격을 자유롭게 발현할 권리를 손상받게 해서는 안 된다. 이러한 기본권 규정의 침해는 근로자가 일시적이 아니라 장기간에 걸쳐서 지금까지 종사해온 업무에 종사할 수 없게 되어, 단순히 보수만 받는 경우에 일어날 수 있다. 이러한 상황에서는 근로자는 오로지 무위로 시간을 보낼 것을 강요받을 뿐만 아니라 직업공동체와 사회의 구성원임을 부정받게 된다. (중략)

근로자가 노동관계 중에서 노무제공을 할 수 없는 것은 단순히 직업에 종사할 수 없다는 것뿐만 아니라, 직업능력의 유지와 발전을 할 수 없게 되어, (결국) 인격의 발전 자체를 방해받게 되는 것이다."

위의 문장은 독일 연방노동법원이 1955. 11. 10. '취업(취로)청구권'에 대해서 설시한 것이다.[1] 취업청구권이란 근로자가 근로계약에 기초하여 실제로 직장에서 일할 수 있도록 사용자에게 요구할 수 있는 권리를 말한다. 사용자는 이에 대해 노무수령의무, 즉, 실제로 취업시킬 의무를 가진다. 문제는 병원에 근무하는 내과의사가 해고된 후 사용자에게 취업을 계속 요구한 사례에서 판결은 이를 인정했다.

조리사라면 매일 조리하는 것으로, 연구자라면 연구에 종사하는 것으로, 기술자라면 매일 그 기술을 연마하는 것으로 직업능력을 유지·향상시킬 수 있다. 일본에서도 이러한 직종은 취업청구권을 인정하지만,[2] 일반적인 근로자에 대하여 인정하는 것은 아니다. 임금만 지급하면 실제로 취업시키지 않아도 괜찮다고 생각하고 있다. 그러나 독일에서는 고급 전문직·기능직뿐만 아니라 일반적인 근로자도 취업하는 것에 대한 자기실현의 이익 및 가치를 인정한다.[3] 또한 이 판결에서 나오는 기본법은 헌법인 본

---

1) 이 판결에 관한 자세한 내용은 下井隆史『労働契約法の理論』(有斐閣, 1985) 83쪽 이하 참조. 필자도 졸저『労働契約の法理』(有斐閣, 1990) 226쪽 이하에서 이 문제를 검토하고 있다.

2) スイス事件·名古屋地判 1970. 9. 7. 労判 110호 42쪽(음식점의 조리사 사례).

3) Raimund Waltermann, Arbeitsrecht 17. Aufl., München 2014, S.91; マンフレッド·レービ

(Bonn) 기본법으로, 동법 제1조 인간의 존엄과 존중, 제2조는 인격을 자유롭게 발현할 권리를 선언하고 있다. 일본 헌법에서는 제13조가 이에 상응한다.

위의 판결문은 취업청구권의 문제를 넘어서 노동의 의미를 생각하는데 중요한 관점을 제공해 준다. 즉, "일하는 것"이란 넓은 의미로는 고통을 수반하면서도 어떠한 만족 · 욕구를 충족시키기 위한 활동을 말한다. 자영업이나 자원봉사도 포함된다. 이러한 것에 노동의 보람을 찾는 사람도 있지만, 그것은 노동법의 시야에서는 제외된다. 노동법에서 말하는 '노동'은 '타인에게 사용되고', '그 대가로 보수를 지급받는 것'이기 때문이다(민법 제623조, 노동기준법 제9조, 노동계약법 제2조 등).

노동법이 생각하는 노동은 우선 생계를 꾸려갈 보수를 얻는 것이지만, 위의 문장은 노동의 의미가 이러한 금전적 · 경제적인 가치만으로는 측정할 수 없다는 것을 분명히 하고 있다. 실제로 일을 함으로써 인간관계가 형성되고, 사회의 구성원이 될 수 있고, 자신의 직업능력을 향상시킬 수 있으며, 이리하여 인격이 자유로운 발전을 이룰 수 있다. 헌법의 기본권 보장과의 관계에서 말하면, 헌법 제27조에서 보장하는 '근로'의 권리는 헌법 제25조(생존권)에 의해 근로자와 가족의 생활을 보장할 뿐만 아니라, 동 제13조에 의해 인간의 존엄성에 부합하는 것, 그리고 동 제14조에 의해 평등권을 실현할 수 있어야 한다.[4)]

2. 커리어(career)권에 대해서

노동법에서 헌법 제13조나 동법 제27조 제1항 등을 근거로 직업생활설계권이라고도 말하는 커리어권을 제창하고 있는 논의가 있다.[5)] 이른바 노동시장 · 고용 대책에 관한 법제에서 내셔널 미니멈을 확보하는 안전망(safety net)으로서의 역할이 끝난 영역에서는 개인의 존엄, 선택, 자기실현의 자유 등을 최대한 존중할 필요가 있다. 여기서의 노동권 보장의 내용은 '고용안정'에서 '커리어의 보장으로 이동해야 한다. 여기

ッシュ(西谷敏 · 中島正雄 · 米津孝司 · 村中孝史 訳)『現代ドイツ労働法』(法律文化社, 1995) 291쪽 이하.

4) 졸저『人権保障と労働法』(日本評論社, 2008) 249쪽 이하 참조.

5) 諏訪康雄「雇用関係の変化と労働法の課題」中央労働時報 901호(1996) 11쪽 이하; 同「キャリア権の構想をめぐる一試論」日労研 468호(1999) 54쪽 이하; 同「キャリア権論を問い直す」季労 238호(2012) 59쪽 이하 등.

서 말하는 ‘커리어권’ 이란 특정 기업을 벗어나도 유지해야 하는 직업경력의 권리이다. 구체적으로는 노동권의 보장으로 확보되는 것은 양적인 취업기회가 아니라, 근로자의 능력, 적성, 의욕을 고려한 질적인 취업기회가 되어야 할 것, 취업청구권에 대해 적극적으로 재구성해야 할 것, 개인의 주체성을 존중한 직업선택권을 인정해야 할 것, 근로자에게도 학습권을 보장해야 할 것, 계약근로자 · 자영업자 등에도 이러한 권리를 확장해야 할 것이 주장되고 있다.

이 이론의 특징은 일본식 고용관행이 역할해 온 고용안정기능을 어느 정도 평가하면서도 그것이 안고 있는 고용의 이중구조, 회사 인간화, 협소한 시야의 충성행동, 장시간근로 등의 부정적인 면이 있다고 하면서, 이를 극복하려면 외부 노동시장=전직시장의 활성화와 이를 뒷받침하는 입법정책을 제안한다. 이러한 주장에서 고용안정보장으로부터 커리어 안정 · 보장의 주제가 나온다. 여기에서의 커리어 보장은 기업 중심적이며 집단적 노사관계의 틀에서 벗어나 완전히 개인중심적인 부분으로 이행하고 있다.

이 논의는 헌법 제27조 제1항의 근로권에 자기결정권론이나 커리어권을 묶어 새로운 측면을 추출하는 것이다. 커리어권에 관하여 자기결정을 존중하는 방식은 가정생활의 조화에 관한 자기결정의 경우에도 등장한다. 이것은 근로권의 패러다임 전환을 요구하고 있어 흥미로운 소재를 제공해 준다.

그러나 이러한 주장에는 쉽게 찬성하기 어려운 면이 있다.[6] 우선 이러한 이론의 중요한 초석에 취업청구권이 있지만, 앞서 기술한 바와 같이 독일은 긍정설이 통설이지만, 일본에서는 부정설이 통설이다. 이러한 문제가 이론적으로 극복되고 있지 않다. 또한 취업청구권을 실현하는데 책임지고 있는 자는 개별 사용자이지만, 커리어권론은 고용의 유동화와 세트가 되어 나오고 있는데, 그것이 개별 사용자의 책임을 후퇴시키기 쉽다. 커리어권이 무엇보다도 중시할 것은 보다 더 긴 기간을 보내고, 다양한 직무를 경험하며, 직업능력이 형성되는 기업 내부에 있다. 근로자를 집단적인 관계로부터 따로 떼어내어 개인적인 존재로 만들어 버리는 문제가 있다.

게다가 오늘날 고용파괴의 대상은 청년근로자나 여성이지만, 그들이 원래부터 고용

---

6) 脇田滋「派遣 · 職業紹介と雇用保障法制の緩和」萬井隆令 · 脇田滋 · 伍賀一道 編『規制緩和と労働者 · 労働法制』(旬報社, 2001) 157쪽 이하; 和田肇「労働法制の変動と憲法原理」法時 73권6호(2001) 40쪽 참조.

으로 접근권을 박탈받기 때문에 커리어권을 강조하는 것만으로는 문제를 해결할 수 없다. 비정규직 문제에 해결책이 없는 커리어권론에는 화룡점정이 결여된 것 같다. 커리어 형성의 큰 과제는 다수의 사용자가 자기의 근로자에 대하여 교육훈련이나 커리어 향상의 기회를 제공하고 있지 않다는 점에 있다.

커리어권론은 고용의 유동화를 전제로 하고 있지만, 그것을 전제로 추진되고 있는 고용정책은 고용 자체를, 그리고 그 결과로서 개인의 존중이나 자기결정권을 파괴하여 온 것은 아닐까? 그러한 의미에서 고용유동화 정책 자체가 검증의 대상이 되어야만 한다.[7] 커리어권론은 사회안전망론과 깊이 관계됨으로써 그러한 기능이 충분히 발휘할 수있다고 재심 확인하여 둘 필요가 있다.[8]

Ⅱ. 노동과 고용사회의 위기

1. 빈곤과 격차

(1) 빈곤·격차의 확대

일하는 것 혹은 고용이 위기상태에 있다는 것을 본서는 2008년의 세계금융위기 이전과 이후를 중심으로 명확하게 해 왔다. 일부 반복되지만, 중요한 것이므로 다시금 이러한 점을 확인해 두고 싶다.

현재 진행하고 있는 노동과 고용의 제일의 · 최대의 위기는 빈곤층 또는 워킹푸어층의 증대와 이에 수반하는 사회적 격차의 확대이다.

통계자료가 공표한 것 등을 보면, 10년 정도 전부터 '사회적 빈곤' 이나 '격차의 확대' 가 현재화되어 왔다. OECD가 주목하고 있는 상대적 빈곤율은 통계수치가 공표된 2007년에는 15.7%였지만(후생노동성 「상대적 빈공율의 공표에 대해서」 2009. 10. 20), 2012년에는 16.1%(후생노동성 「2013년 국민생할기초조사의 개황」 2014. 7. 15)로 상승하는 경향이 보여진다.

그 주된 요인으로 비정규직 고용의 급증이 지적되고 있다. 비정규직 고용이란 법적

---

7) 예컨대 依光正哲 · 石水喜夫 『現代雇用政策の論理』(新評論, 1999) 75쪽 이하.

8) 졸저 『人権保障と労働法』(日本評論社, 2008) 280쪽 이하 참조.

으로는 직접고용이 아닌 간접고용(고용하는 자와 지휘명령을 행사하는 자가 분리되는)의 형태인 근로자파견, 기간의 정함이 없는 근로계약에 대하여 기간의 정함이 있는 근로계약(기간제고용), 풀타임에 대하여 파트타임 고용을 말한다. 현재에는 이러한 비율이 전체 근로자의 약 40% 정도에 달하고 있다. 최근 20년 동안에 실로 2배 이상으로 증가하였다.[9)]

비정규직 고용을 조금 더 상세하게 보면, 다음과 같은 실태가 부상하고 있다.[10)]

① 현재 비정규직 고용율은 연령층에 관계없이 높아지고, 성별로는 여성이 과반수(56%)를 넘고 있다.

② 비자발적 비정규직이 평균 18%이고, 이 수치는 25~34세에서 28%로 매우 높아졌다.

③ 일반근로자(정규직 직원)의 임금(기본급)은 50대 전반까지는 상승하지만(~19세 시급 1,000엔이며 50~54세 2,440엔), 파트타임 근로자(정규직 직원 이외)의 임금은 거의 상승하지 않는다(880엔→1,030엔).

④ 비정규직 고용의 약 70%는 여성이기 때문에, 그 차별문제는 성차별 문제가 된다.

⑤ 커리어 형성에 필요한 교육훈련은 비정규직은 정규직의 절반 이하이다(계획적인 OJT에서 후자가 62.2%, 전자는 31.1%).

⑥ 사회보험의 가입 상황을 보면, 비정규직은 고용보험 65%, 건강보험 53%, 후생연금보험 51%이다.

이상에서 보면, 비정규직 고용의 증가에 따른 고용의 다양화는 정규직 고용의 비정규직 고용으로의 대체로 인하여 고용자 수를 증가시키고, 또 근로자의 고용형태의 선택지를 넓혔지만, 근로조건 등에서 큰 격차가 있는 근로자의 증가로 연결되었다고 말할 수 있다(제3장 제3절 참조).

「국민생활기초조사」(2014. 7)에 따르면, 등가가처분소득(수입에서 세금과 사회보험료를 공제하여 가정의 인원수로 조정)의 중앙인 빈곤선은 2012년 122만 엔이지만, 여기에 미치지 못하는 빈곤세대의 비율(상대적 빈곤율)은 16.1%이다. OECD 회원국에서는 미국에 이어 4위이다. 참고로 아이치현(愛知県)의 2015년 10월 이후 최저임금은 820엔

---

9) 후생노동성「취업형태의 다양화에 관한 종합실태조사」에서는 기업 내의 고용실태 · 명칭에 착안하여 정규직과 그렇지 않은 사원을 구별하고 있으며, 후자에는 장기파견(出向)사원, 계약사원, 촉탁사원, 파트타임 근로자, 임시근로자, 파견근로자 등이 포함된다. 2014년판에서는 정사원 이외의 근로자 비율은 40.0%로 되어 있다.

10) 이상의 수치는 厚生労働省「労働力調査」,「『非正規雇用』の現状と課題」 참조.

이지만, 이 금액으로 풀타임(법정 근로시간)으로 근로하고, 보너스가 없으면 연수입은 171만 엔, 여기서 세금과 사회보험료를 공제한(0.864를 곱한) 가처분소득은 148만 엔으로 거의 빈곤선에 있다. 현행 최저임금은 유감스럽게도 빈곤을 극복하는 힘이 매우 약하다고 할 수 밖에 없다.

또한 근로자의 빈곤은 자녀의 빈곤에 영향을 주고, 이것은 사회 자체의 지속가능성을 잃게 만든다.

그런데 아베노믹스는 이러한 양극화문제, 차별문제에 무관심하다.

(2) 근무형태(고용형태)의 다양화는 긍정적 이미지인가?

근무형태의 다양화, 고용형태의 다양화 혹은 고용의 다양화라는 말은 긍적적인 이미지로 말해지는 경우가 많다. 말하자면, 같은 회사에 오랫동안 일하는 것보다도 자신의 능력을 활용하여 전직하는 것이 바람직한 근무방식이다. 고용의 다양화는 근로자에게 근무방식의 선택지가 늘어나고 바람직한 점이 많다. 가정책임과 조화하기 위해서 파트타임 근로는 적합한 근무형태이다. 근로자파견에서는 사용기업이 종종 바뀌지만, 자신의 전문적인 직업능력을 발전시킬 수 있다. 어떤 인재파견회사의 홈페이지를 보면, 이러한 점이 강조되고 있다.

과연 정말 그러할까? 그렇다면, 2008년의 세계금융위기 이후 대량의 파견계약의 해지 또는 고용중지는 어떻게 발생하게 된 것일까? 거기서 희생이 된 근로자는 주로 다양한된 고용형태에서 일하고 있던 사람(체류자격을 가진 외국인 근로자도 포함)이었다. 민주당 정권으로 교체의 한 가지 요인인 연말 파견촌의 기억이 아직도 생생하다.[11] 그것과 전후한 사회문제로서 정사원의 몰락, 비정규직 고용문제를 다루는 기사나 책이 많아졌다.[12] 이러한 경향은 강화되지 약화될 기미는 없다.[13]

고용형태나 근무형태의 다양화는 고용의 바람직한 모습으로 다양화했다고 말하기

---

11) 年越し派遣村実行委員会 編『派遣村国を動かした6日間』(毎日新聞出版, 2009).

12) 湯浅誠『反貧困』(岩波新書, 2008); 堤未果 · 湯浅誠『正社員が没落する』(角川出版, 2009); 竹前三恵子『ルポ雇用劣化不況』(岩波新書, 2009) 등. 그 전에는 鹿島敬『雇用破壊 非正社員という生き方』(岩波書店, 2005); 中野麻美『労働ダンピング』(岩波新書, 2006) 등.

13) 今野晴貴『ブラック企業-日本を食いつぶす妖怪』(文芸春秋, 2012); 伍賀一道『「非正規大国日本の雇用と労働』(新日本出版社, 2014); 今野晴貴『ブラック企業２-「虐待型管理」の真相』(文芸春秋, 2015); 森岡孝二『雇用身分社会』(岩波書店, 2015) 등.

보다는 빈곤을 수반하는 비정규직 고용을 급증시킨 것이 타당하다. 이것은 위법이나 계약위반이나 조금이라도 불평불만을 하면 고용을 잃는 근로자[14]의 증가를 의미한다. 노동법으로 세운 근대시민사회와 법적 기반이 위기를 만들어 내고 있다.

2. 고용의 양극화와 정사원층의 노동과잉

노동과 고용사회의 두 번째 위기는 정사원층에서 발생하는 일과 생활의 극단적인 부조화, 그리고 경우에 따라 생명의 위기를 초래하는 과잉부하의 문제이다.

비정규직 고용의 증가는 정규직 고용의 상대적인 감소와 그 정규직 층으로 과중노동의 부하를 초래했다. 정사원만을 본다면, 실근로시간에서 거의 감소되는 경향이 보이지 않고, 오히려 부하가 가중되고 있다. '노동과잉' 또는 '무한 근로자(endless workers)' 라는 현상이지만,[15] 그것이 과로사나 과로자살자, 그러한 위험군이 증가되고 있다.

정규직의 노동과잉과 비정규직의 증가는 '고용의 양극화' 또는 '노동시장의 양극화' 문제이다. 후생노동성은 「『다양한 정사원』의 보급 · 확대를 위한 유식자 간담회 보고서」(2014)에서 '고용을 안정시키고, 근속에 따른 직업능력개발의 기회와 상대적으로 높은 임금 등의 처우를 얻을 수 있는 한편, 직무나 근무지의 변경이 폭넓게 행하여지고, 소정외 근로를 전제로 한 장시간 근로가 보이는 「정사원」과, 직무의 변경 폭이 좁고, 근무지는 동일하게 하며 소정외 근로가 명령하는 것이 적은 한편, 기간제 근로계약이 반복갱신되면서 고용중지의 불안을 느끼고, 직업능력개발의 기회가 적고 상대적으로 임금이 낮고 승급의 기회도 적은 「비정규직 고용의 근로자」와의 양극화' 라고 서술하고 있다. 그러나 이것은 고용의 양극화 현상을 정확하게 표현하고 있지 않다. 정사원에서도 비정규직 층에서도 사태는 보다 심각하기 때문이다.

고용 양극화의 기본은 기업 내의 정규직 고용과 비정규직 고용의 분단적인 인사정책, 이를 적극적으로 추진해 온 경제계, 법적으로 지원해 온 정부의 노동정책이다. 정부의 노동정책은 근로자파견법의 계속된 규제완화로 적극적인 지원책, 그리고 파트타

14) 中沢彰吾『中高年ブラック派遣』(講談社, 2015) 참조.
15) 玄田有史『働く過剰』(ＮＴＴ出版, 2005); 小倉一哉『エンドレス・ワーカーズ』(日本経済新聞出版社, 2007); 中沢誠『ルポ過労社会』(筑摩書房, 2015) 참조.

임 근로자나 기간제고용 근로자에 대한 보호정책을 채택하는 것에 소극적이라는 간접적 지원책이 기조를 이루어 왔다. 후자는 균등대우원칙이나 비정규직의 정규화 전환의 지연, 고용보험이나 직업훈련 정비 등의 소홀함(소극적 노동시장정책) 등이다. 이러한 상황을 규제의 현대화 또는 재규제라는 비유로 표현하는 것은 아무래도 피상적이다.

아베노믹스는 근로시간의 탈규제화에는 열심이지만, 고용의 과잉에 대한 해결책에는 거의 관심이 없다(제2장 제2절 참조).

이리하여 일본에서는 중간층이 축소되고 있다.[16] 여기서 중간층은 필자가 생각하는 '표준적인 노동관계 모델' 에 친화성을 가진 개념이다.

3. 청년층 고용의 위기

(1) 비정규직 고용 증가의 의미

고용사회의 미래상을 그리는 때에는 청년층의 고용상황을 파악하여 둘 필요가 있다. 청년이 희망을 가지는 사회는 미래가 있고, 반대의 경우에는 암울한 미래가 기다리고 있기 때문이다. 현실에서는 청년층에게 오늘날의 고용의 위기가 집중적으로 나타나고 있다.

20대 전반 층에서 비정규직 고용이 약 30%이다(30년 전에는 한자리 수 였다). 일본은 유럽처럼 비정규직 고용에서 정규직 고용(통상의 근로자)으로 전환을 촉진하는 정책[17]이 채택하지 않았다.[18] 오히려 1995년에 공표된 일본경영자단체연맹의 고용정책 문서인 '신시대의「일본식 경영」' 에서는 국제경쟁력 확보의 일환으로 인건비의 삭감을 생각하여 정규직 고용(장기축적능력 활용형 그룹)에서 비정규직 고용(고도전문능력 활용형 그

---

16) 駒村康平『中間層消滅』(角川書店, 2015年). 국제적인 관점에서 이를 분석한 것으로 トマ・ピケティ(山形浩生・守岡桜・森本正史訳)『21世紀の資本』(みすず書房, 2014).

17) 졸저『ドイツの労働時間と法』(日本評論社, 1998) 166쪽 이하 참조.

18)「파트타임노동법」제12조에서는 단지 통상의 근로자의 모집을 파트타임 근로자에게 통지하는 것 등의 조치를 사용자에게 요구할 뿐이고,「노동계약법」제18조에서는 기간제근로자가 무기고용으로 전환하기 위해서는 5년 이상 계속고용이 전제되고 있다. 또한 2012년 개정「노동자파견법」제40조의6에서는 금지업무에 파견허용기간을 초과한 파견 등 위법성이 강한 근로자파견에 대해서는 사용기업에 의한 직접고용규정이 존재하지만, 동법이 시행되는 2015. 10. 1. 전에 이번 개정 파견법이 시행됨으로써(시행일 설정은 그것을 의도한 것이지만), 이 규정이 작용할 여지는 매우 작아졌다.

룹, 고용유연형 그룹)으로 고용형태를 이동하려는 방침이 제시되었다. 그리고 이에 노동법의 규제완화와 규제해태정책이 진행되어 왔다.

이러한 고용정책 · 입법정책의 영향이 특히 청년층에 강하게 나타나고 있다. 최근 30년간 비정규직 고용의 증가율을 보면, 65세 이상을 제외하면, 20대 · 30대 전반의 상승률이 가장 높다. 그리고 우선 졸업 후 신규채용 시 비정규직 고용으로 취직하면, 그 후 정규직 고용으로 전환되는 길은 더욱더 어려워진다.[19] 비정규직 고용은 고정화되는 경향에 있다.

대학이나 연구기관의 해당되지만, 정부의 문교정책 · 과학기술정책의 결과, 2000년대에 박사학위를 취득하면서도 정규직 취업이 안 된 '박사 후' 문제가 크게 부상하고 있다(약 1만 7천명). 이 중에 약 3분의 1이 35세 이상의 시니어 포스트 닥터이기도 하다.[20] 이것은 다액의 공적 · 사적 자금을 지출하여 양성한 연구자의 새싹이 유효하게 활용되지 못하고, 보물을 가지고 있으면서도 썩히는 현상이라고 말할 수 있다.[21] 이러한 문제를 시샘 반으로 있는 자들의 호사로운 고민이라고 비판하는 르상티망(〈프〉ressentiment, 역자: 약자가 강자에 대하여 갖는 미움 · 증오)의 표현도 있지만, 빈곤층이 서로 다리를 잡고 늘어지고 있을 때가 아니다.[22] 눈앞의 현상에 사로잡혀서 사물의 본질을 보려 하지 않는 논의는 우려스럽다.

(2) 블랙기업의 문제

최근 수년 동안에 '블랙기업'이라는 말이 급속하게 펴졌다. 이 용어로 표현되는 현상 자체는 꽤 오래 전부터 있었지만, 이 명칭을 부여하는 것에 의해 가시화되었고, 현재화(顯在化)되었다.[23] 현재는 더 나아가 "블랙 아르바이트" 문제도 심각해지고 있다. 이러한 문제화는 블랙기업을 없애는 운동에 연결되어 있다.

블랙기업은 우선 청년을 대상으로 고안된 개념이다. 짧은 기간에 퇴직률이 높은 기

---

19) 厚生労働省「平成23年版 労働経済の分析」(2011) 102쪽 이하.

20) 生物科学学会連合ポスドク問題検討委員会「生科連からの<重要なお願い>」(2014. 12) 참조.

21) 이 문제를 일찍이 지적한 것으로서 水月昭道『高学歴ワーキングプア』(光文社, 2007)이 있다.

22) 매우 순간적인 대응으로서 赤木智弘「『丸山真男』をひっぱたきたい 希望は, 戦争」論座 2007년 1월호.

23) 今野晴貴『ブラック企業』(文春新書, 2012); 同『ブラック企業2』(文春新書, 2015) 등.

업, 각종 괴롭힘(harassment)이 횡행하는 기업, 과로사나 과로자살이 있는 기업, 수당 미지급 잔업이 있는 기업 등을 가리킨다. 후생노동성은 '청년의 「소모적(일회용) 사용」이 의심되는 기업' 이라는 표현을 사용하여 거의 동일한 내용이다. 2013. 12.17.자로 공표된 「과중노동 중점감독」의 결과에서는 실시 대상 5,111개 사업장의 80% 이상에서 노동기준법 위반(위법잔업, 무료잔업 등)이 발견되었다. 또한 과로사의 인정선이라는 1개월의 시간외 근로가 80시간 이상인 사업장이 24%에 달하고 있다.

신규졸업자가 취직 후 3년 이내에 이직율이 높은 산업을 공표하였다. 2015. 5. 18. 위법한 장시간근로를 반복하고 있는 기업명을 공표하였지만, 지금은 공표된 예는 없는 것 같다.

이전에는 법령준수가 결여된 기업을 문제시하였지만, 사태는 그 이상으로 심각해지고 있다. 과로사나 과로자살의 신청건수도 인정건수도 높게 머물어 줄어들 기미가 없다. 정신장애 · 질환은 매년 증가하고 있다. 과로사는 특히 한창 일할 나이인 40대 이상이 많지만, 과로자살은 20대~50대 고르게 분포한다. 20대에도 매우 올라간 것이 특징이다(후생노동성은 매년 「과로사 등의 노재보상상황」을 공표하고 있다).

일과 생활의 조화, 고용평등, 남녀공동참여, 다양성 등의 말이 나오는 것도 부끄러운 봉건적 잔재가 남아있는 기업이 많다는 것은 선진국으로서 유감이다(젠더 지수 등도 최하위 수준이다). 이러한 상황이 계속되면 청년이 고용이나 노동의 의의를 찾지 못하게 될 것이다.

이러한 문제는 일본기업의 법령준수 위반(무급잔업, 여성차별 등)을 장기간 방치하여 온 노동법정책과 인사정책의 모순이 현재화했다고 할 수 있다.

4. 괴롭힘(harassment)의 증가

(1) 다양한 괴롭힘

지금까지 다루지 않았던 문제로 괴롭힘이 있지만, 고용사회에서 새로운 위기라고 할 수 있다. 블랙기업의 한 측면이 괴롭힘이고, 정신적인 질환이나 자살의 한 요인이기도 하다. 과로사와 달리 청년층에도 과로자살은 다수 보여진다(도표 2-9 참조).

괴롭힘의 용어가 처음 사용된 것은 성적 괴롭힘(sexual harassment)이다. 하지만 현재는 그 밖에도 갑질(power) 괴롭힘, 모성(maternity) 괴롭힘(임신 · 출산 등 모성보호와 관련된 괴롭힘), 정신적(moral) 괴롭힘 등 다양한 괴롭힘이 문제되고 있다. 이는 '괴롭힘'의 개념이 범람하는 현상이고, 고용사회에서 괴롭힘의 증가를 나타내고 있다.[24] 〈도표 5-1〉의 경향에서 보면, 그 후의 괴롭힘, 특히 갑질 괴롭힘이 급증한 것이 추측된다. 그 중에서 최근에 판례 등이 증가하고 있는 두 가지의 괴롭힘의 형태에 대해서 언급하고자 한다.

〈도표 5-1〉 도도부현 노동국 등의 상담(만 건)

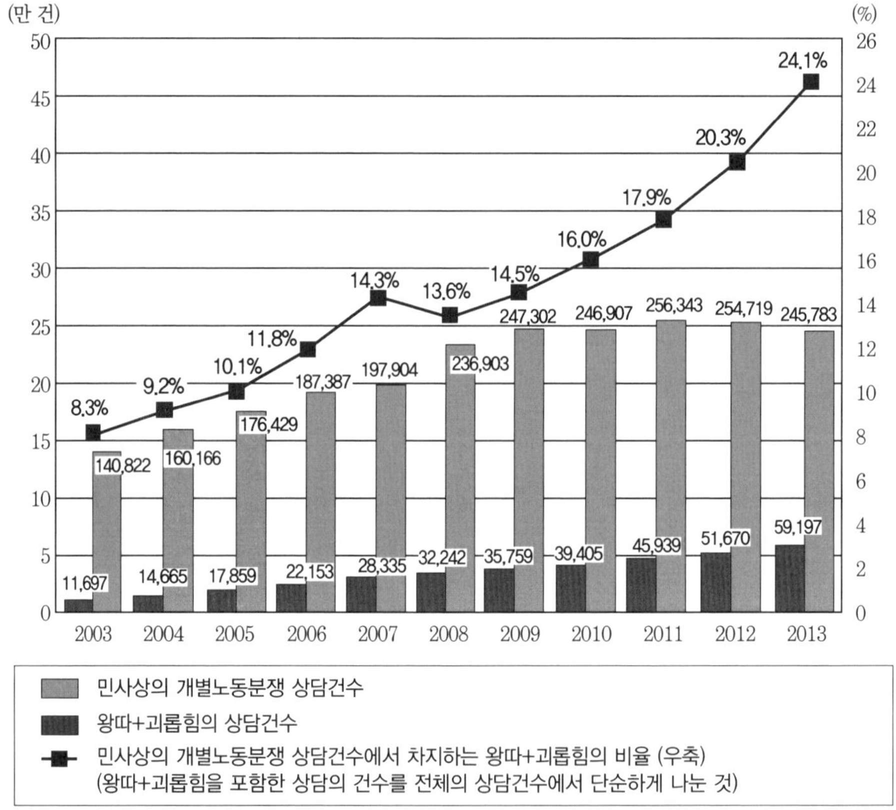

〈출처〉 후생노동성 「숫자로 보는 파워하라의 사정」

---

24) 약간 오래되었지만, 2004년 21세기 직업재단이 기업의 인사노무담당자에게 실시한 조사에서는 직장에서 괴롭힘이 보인다는 답변(괄호 안은 없다는 답변)이 성적 괴롭힘 44%(41%), 갑질 괴롭힘 34%(41%), 기타 따돌림과 괴롭힘에 대해 28%(40%)로 되어 있다.

(2) 모성 괴롭힘

마터니티 하라스멘트('마타하라' 라고도 말함. 역자: 모성 괴롭힘)는 일본식 영어이지만,[25] 이것은 「고용기회균등법」 제9조와 관련되어 있다. 최근 모성 괴롭힘 대책 네트워크가 사이트에서 실시한 조사(응답자 186명)에서는 '모성 괴롭힘'의 개념이 넓게 이해되고 있고, 다음과 같은 실태가 보고되었다(동「2015년 마타하라 백서」).

① 모성 괴롭힘은 기업 규모에 관계없이 발생하고, 응답의 19%는 도쿄증권시장 1부 상장기업이었다.

② 모성 괴롭힘의 피해자 70% 이상에서 피해가 계속·확대되고 있다.

③ 모성 괴롭힘의 가해자를 보면, 직속 남성상사 30.1%, 인사부 13.4%, 남성경영층 13.4%, 직속 여성상사 12.5%, 여성동료 10.3%이다. 가해자가 여성인 경우, 무시, 혐오(나는 육아휴직을 사용하지 않았다 등) 등의 피해가 있다.

또한 최근에는 모성 괴롭힘과 관련한 판례도 증가하고 있다.[26] 과거 산전산후휴가와 이어지는 육아휴직 중인 간호사 부주임 해임 등을 위법이라고 해석하지 않은 판례가 있었다.[27] 이 판례는 산전산후휴가나 육아휴직의 사용을 이유로 하는 해고만이 금지되었던 시대의 사안에 관한 것으로, 그 후 해고 이외의 불이익 취급도 금지되게 되었다(균등법 제9조 제3항). 이러한 흐름에 영향을 받은 최고재판소도 균등법 제9조 제3호에 관하여 새로운 해석을 내놓았다.[28]

---

25) 이 개념을 제기한 것으로는 杉浦浩美『働く女性とマタニティ・ハラスメント』(大月書店, 2009)이다. 여기서는 환경형 모성 괴롭힘의 개념을 제시하고 있고, 그 의미에서는 법적인 개념을 초월하여 이용되고 있다. (杉浦浩美「マタニティ・ハラスメントは何を問題化したか) 労旬 1835호(2015) 19쪽 이하). 또한 최근에는 부성(paternity) 괴롭힘으로써 남성에 대한 문제가 되고 있다(医療法人稲門会いわくら病院事件・大阪高判 2014. 7. 18. 労判 1104호 71쪽).

26) 그 밖에 육아휴직 취득을 이유로 한 불이익 취급을 위법이라고 판단한 コナミデジタルエンタテインメント事件・東京高判 2011. 12. 27. 労判 1042호 15쪽이 있다.

27) みなと医療生協協立総合病院事件・名古屋地判 2008. 2. 20. 労判 966호 65쪽.

28) 広島中央保健生協病院事件・最一小判 2014. 10. 23. 労判 1100호 5쪽. 사안은 병원에서 물리치료사로 근무하면서 부주임(수당이 월 9,500엔)으로 승격한 여성A가 임신했기 때문에, 노동기준법 제65조 제3항에 따라 경이한 업무로의 전환을 희망했는데, 병원은 동 부서는 이미 부주임이 있기 때문에 A에게 부주임을 해임하는 조치를 취하였고, 육아휴직 복귀 후 희망하는 업무에 이미 부주임이 있기에 부주임로 승격조치를 강구하지 않았다. A는 부주임의 강등조치가 균등법 제9조 제3항에 위배된다고 주장하면서(1심, 2심에서는 육아휴직 복귀 후 승격시키지 않았다는 것의 위법성도 다투었다), 부주임수당과 손해배상을 청구했지만, 1심(広島地判 2012. 2. 23. 労判 1100호 18쪽), 원심

① '일반적으로 강등은 근로자에게 불리한 영향을 가져오는 처우' 이고, '여성근로자에 대해 임신 중 경이한 업무로의 전환을 계기로 강등시킨 사업주의 조치는 원칙적으로' 균등법 제9조 제3항이 금지하는 취급에 해당하는 것이라고 해석된다.

② '당해 근로자에 대해 자유로운 의사에 기초하여 강등을 승낙했다고 인정함에 충분한 합리적인 이유가 객관적으로 존재하는 경우' (예외사유 ①), 또는 '사업주가 당해 근로자에 대한 강등의 조치를 취하지 않고 경이한 업무로 전환시키는 것이 원활한 업무운영이나 인원의 적정배치의 확보 등 업무상의 필요성으로 볼 때 지장이 있는 경우이고, 그러한 업무상의 필요성의 내용이나 정도 및 상기의 유리 또는 불리한 영향의 내용이나 정도에 비추어 보아 상기 조치에 대해 같은 항의 취지 및 목적에 실질적으로 반하지 않는 것으로 인정되는 특별한 사정이 존재하는 경우' (예외사유 ②)에는 사업주의 조치가 예외적으로 허용된다.

이 판결은 예외사유 ①에 대해서 근로자의 '자유로운 의사에 기초하여 강등을 승낙한 것으로 인정하는데 충분한 합리적 이유가 객관적으로 존재하는 것이라고 볼 수 없다' 고 판시하였으며, 예외사유 ②에 대해서는 '경이한 업무로의 전환에 수반하는 부주임을 면하는 조치를 취하는 것에 대해 병원에서의 업무상 필요성 유무 및 그 내용이나 정도가 충분히 명확하게 되어 있다고 볼 수 없다"고 하면서, 그러한 점에 대한 심리를 요구하면서 사건을 고법으로 파기환송하였고, 고법 판결은 병원의 업무상 필요성을 부정했다.[29)]

위의 최고재판소 판결이 보여준 판단구조는 '강등' 에 관한 것이고, 기타 불이익취급에 대해서는 그 성격에 따라 다른 대응이 필요하게 된다.[30)]

(広島高判 2012. 7. 19. 労判 같은 호 15쪽) 모두 청구를 기각했다.

29) 広島高判 2015. 11. 17. 労判 1127호 5쪽.

30) 후생노동성「임신 · 출산 육아휴직 등을 계기로 불이익 취급에 관한 Q&A」(2015. 3. 30., 그 기본이 되는 雇児発 0123 제1호)에서 임신, 출산, 육아휴직 후 복직 등에서 1년 이내에 불이익한 배치전환, 강등이나 고용(계약)해지 등은 원칙적으로 균등법 제9조 위반에 해당한다는 지침을 제시하였다. '특별한 사정' 이 있으면 그 예외가 인정되지만, 그것은 고도의 '업무상 필요' 가 있는 경우, 중대한 '능력부족, 성적불량 등' 이 있는 경우, '근로자의 진의에 근거한 동의' 가 있는 경우 등에 제한된다. 여기서 제시한 지침은 균등법 제9조와 관련한 법해석으로도 중요한 의미를 가지고 있다.

(3) 파워 하레스멘트(역자: 갑질 괴롭힘)

최근 고용사회에서 갑질 괴롭힘은 자주 들을 수 있는 일종의 병적 현상이다. 성적 괴롭힘(성희롱) 등과 달리 실정법상에 정의 규정이 존재하지 않는다. 일반적으로 '같은 직장에서 일하는 자에 대하여 직무상의 지위나 인간관계 등 직장 내의 우월적 지위를 배경으로 업무의 적정한 범위를 넘어서 정신적 · 신체적 고통을 주는 것 또는 직장환경을 악화시키는 행위' 등으로 정의한다.[31] 이 정의에서는 갑질 괴롭힘의 특징으로 우월적 지위에 있는 자의 행위라는 것, 권한(인사권)의 남용이나 부적절한 행사라는 것, 상대방에게 불이익 · 손해를 주는 등 고통을 주어 경우에 따라서는 근로자가 퇴직하도록 궁지에 몰던가, 정신적으로 이상이 생기게 하는 것, 그 행위로 인하여 직장환경을 악화시키는 것 등을 지적할 수 있다. 갑질 괴롭힘은 이하와 같이 몇 가지 행위유형으로 구분할 수 있다(도표 5-2 참조). 또한 실사례에서는 몇 가지의 행위가 복합적으로 나는 사례가 많다.

(a) 언어에 의한 폭력 · 인격부정형

판례에서 가장 많은 유형으로 괴롭힘(이지메)형, 질책형, 험담형 등이 있다. 상사가 세 번에 걸쳐서 근로자에게 "너 같은 놈은 죽어라"고 폭언을 퍼붓거나, 음료플라스틱병에 잉크를 넣거나 폭력을 가하는 사례,[32] 고교 졸업 직후 입사한 10대 근로자에 대하여 '죽어라', '그만둬라', '꺼져버려' 등의 폭언을 반복한 사례[33] 등이 그 전형이다. 그러나 이러한 극단의 사례가 아니라도, 상사가 부하 근로자의 결혼반지 착용을 집요하게 조롱한 사례,[34] 배치전환된 후 1개월 밖에 경과하지 않아 일이나 직장에도 동화되지 못한 상태에서 상사 3명으로부터 집요한 괴롭힘을 받고 있었던 사례[35]에서도 갑질 괴롭힘이 인정되었다. 근로자는 그러한 발언으로 인하여 우울증을 앓게 되거

---

31) 厚生労働省「職場のいじめ・嫌がらせ問題に関する円卓会議ワーキンググループ報告」(2012. 1. 30).

32) 東京地判 2011. 12. 26. TKC法律データベース.

33) メイコウアドヴァンス事件・名古屋地判 2014. 1. 15. 労判 1096호 76쪽; 暁産業事件・福井地判 2014. 11. 28. 労判 1110호 34쪽.

34) 名古屋南労基署長(中部電力事件) 事件・名古屋地判 2006. 5. 17. 労判 918호 14쪽.

35) 川崎市水道局事件・東京高判 2003. 3. 25. 労判 849호 87쪽.

나 최악의 경우에는 자살로 내몰리는 사례가 있어서 갑질 괴롭힘의 심각성이 문제시 된다는 것을 알 수 있다.

〈도표 5-2〉 피해를 입은 파워 하레스멘트(갑질 괴롭힘)의 내용(복수회답)

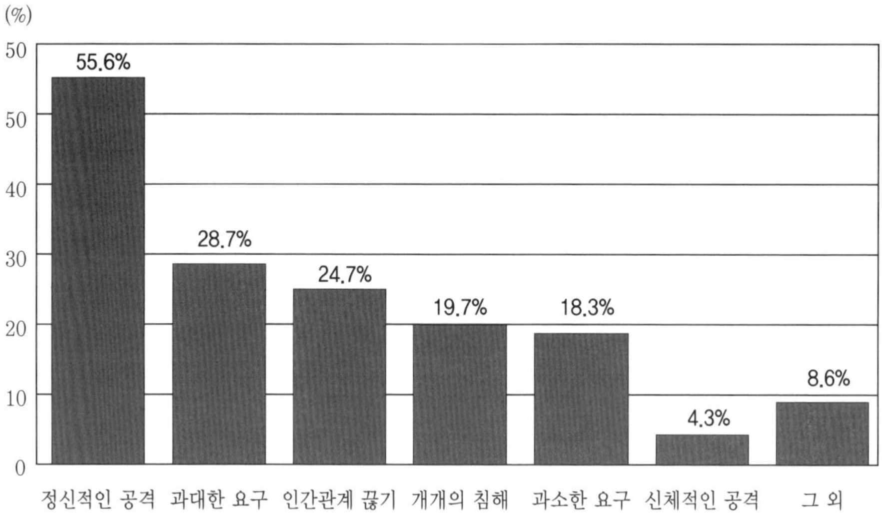

출전: 후생노동성「숫자로 보는 파워하라의 사정」

(b) 권한악용 · (악의적인)괴롭힘 · 보복인사형

사용자가 가지는 인사권이나 인사고과(평가)권을 상사가 남용하는 유형이다.

기업의 내부사항을 외부(감독청이나 대중매체 등)에 고발하는 것은 당초에는 취업규칙의 '회사의 체면을 손상한 것" 또는 "회사의 명예를 훼손한 것"이라는 징계사유에 해당한다고 해석되었다. 그러나 오늘날에는 내부고발의 법리가 판례법리로서 형성되어 있고, ① 고발내용이 진실이든지, 진실이라고 믿는데 충분한 합리적 이유가 있고, ② 고발이 공익에 해당하든가 적어도 부정 목적이 아니고, ③ 가능한 한 고발 전에 기업 내에서의 자주적 노력을 도모할 것이 내부고발의 정당성을 인정할 수 있는 요건으로 되어 있다. 이러한 기준에서 정당한 내부고발자에 대한 단순 작업, 단독근무의 원거리 인사이동, 잡무에 종사, 승진 정지 등의 조치는 인사권의 남용으로서 위법이 된다.[36]

---

36) トナミ運輸事件 · 富山地判 2005. 2. 23. 判時 1889호 16쪽.

(c) 차별 · 성적 괴롭힘 혼재형

갑질 괴롭힘이 여성이나 조합원에게 행하는 경우에는 성희롱이나 조합차별이 혼재하게 된다. 사용자의 용인하는 중에 조합 탈퇴의 설득행위는 불법행위에 해당하며,[37] 부당노동행위이기도 하고(노동조합법 제7조 1호, 3호), 이를 특별히 갑질 괴롭힘으로 이해해야 하는 것이 아니다. 그러나 갑질 괴롭힘의 일종으로서 취급할 수도 있다.

(d) 부당한 책임할당형

자신의 부정한 경리로 다액의 허위(가공) 매출이 발생하자, 회계연도의 종료 때까지 허위 매출의 해결하기 위하여 그 과정에서 다른 직원이 곁에서 보기에도 명백하게 자괴하는 모습이 보일 때까지 질책한 결과 자살에 이른 사안에서 이러한 상사의 질책 등은 부당한 책임 할당을 달성하도록 강요 또는 집요한 질책으로서 위법이라고 판단하였다.[38]

(e) 퇴직강요형

최고재판소의 판례법리[39]는 '퇴직을 권장하는 것은 부당노동행위에 해당하거나 부당한 차별에 해당하는 경우 등을 제외하고, 근로자의 임의 의사를 존중하고, 사회통념상 상당하다고 인정되는 범위 내에서 행해지는 한도에서 위법성이 없지만, 그러한 설득을 위한 수단, 방법이 위의 범위를 일탈하는 경우에는 위법성이 있다' 고 한다. 예컨대 1년의 기간제 근로계약으로 고용된 20대 전반의 여성 객실승무원에 대하여 '그만두게 할 수밖에 없다', '징계해고 해도 좋겠습니까' 라는 발언이나, 면담이 장시간이었기 때문에 퇴직강요에 대하여 위법성이 인정되었다.[40]

이상과 같이 괴롭힘 개념이 다용되고, 최근 10년간 판례도 급증한 배경에는 고용환경이 크게 변화한 것, 여성의 직장 진출이 증가한 것, 문제를 현재화시키는 근로자의 권리

37) 医療法人健進会事件 · 大阪地判 2012. 4. 13. 労判 1053호 24쪽.

38) 前田道路事件 · 松山地判 2008. 7. 1. 労判 968호 37쪽. 또한 같은 사건의 高松高判 2009. 4. 23. 労判 990호 82쪽은 상사의 지도는 반드시 달성할 수 없었던 것 아니었다고 하여 갑질 괴롭힘의 존재를 부정하고 있다.

39) 下関商業高校事件 · 最一小判 1980. 7. 10. 労判 345호 20쪽.

40) 日本航空事件 · 東京地判 2011. 10. 31. 労判 1041호 20쪽.

의식이 향상된 것 등을 지적할 수 있다. 고용환경이 변화는 장시간 근로의 만연, 법령 준수의 결여, 여성 멸시라는 전통적인 풍토가 강하게 남아 있다는 것과 더불어 근로자 사이의 경쟁 격화, 비정규직 고용의 급증, 타인 무관심 층의 증가, 직장에서 커뮤니케이션 부족이라는 상황이 생겨났다는 것 등이 지적된다. 괴롭힘은 우선 발생하면 직장환경이 악화되고, 피해근로자도 회복이 곤란한 정도의 정신적 · 육체적으로 큰 피해를 받고, 그러한 결과로 자살로 내몰릴 수도 있다. 이것이 괴롭힘의 큰 특징이기도 하다.

5. 사회보장제도의 위기

고용사회의 위기는 사회보험 · 사회보장제도의 위기로 연결되어 간다.

비정규직 고용이 급증한 가장 큰 이유는 인건비 절감이고, 그 중에서 사회보험의 사용자 부담 경감에 있다. '신시대의 「일본식 경영」'이 그렸던 고용 포트폴리오가 목표로 하는 부분이다. 후생노동성 「취업형태의 다양화에 관한 종합실태조사」(2010)에 의하면, 각종 사회보험의 적용율은 정사원의 경우 99.5%, 그 이외의 근로자의 경우(괄호 파트타임근로) 고용보험 65.2%(55.3%), 건강보험 52.8%(35.3%), 후생연금보험 51.0%(33.8%)로 되어 있다(도표 3-7 참조). 즉 노동보험이나 사회보험의 적용이 되지 않는 비정규 근로자를 고용하면, 사용자는 그러한 부분만큼 부담을 면한다. 피용자보험의 대상자로 되지 않는 경우 국민연금보험이나 국민건강보험의 가입을 생각하지만, 미납 문제나 급여수준의 저하 문제에 직면한다.[41)]

비정규직 근로자의 고용보험 적용율의 저하(위의 조사에서는 임시 고용자의 경우 16.6%에 불과하다)가 실업시에 어떠한 급여를 받지 못하는 비율이 높은 가장 큰 요인이다(도표 1-4 참조). 이러한 상황에는 2000년대 이후에 실업급여의 수급요건을 강화하거나 급여수준을 인하하는데에 영향을 미치고 있다. 그러나 고용에 있어 사회안전망이 취약하게 되면, 생활보호제도에 관계되는 부담이 당연히 커질 수밖에 없다.[42)] 마찬가지로 연금보험과 같다고 할 수 있다.

---

41) 駒村康平 · 丸山桂「就業形態の変化と社会保険 · 企業福祉」日労研 659호(2015) 7쪽 이하. 각종 사회보험의 적용요건에 대해서는 衣笠葉子「非正規労働者への被用者保険の適用拡大の在り方と法的課題」日労研 같은 호 48쪽 이하 참조.

42) 고용보험제도의 변천에 대해서는 金井郁「雇用保険の適用拡大と求職者支援制度の創設」日労研 659호(2015) 66쪽 이하의 분석이 참조된다.

카사기(笠木)에 의하면, 현행 피용자보험은 종전의 임금수준에 비례하는 급여를 원칙으로 하고 있고, 따라서 불안정 고용을 반복하는 근로자 또는 장기간 저임금으로 일하여 온 근로자가 결과로서 받는 보험급여는 얼마 안 되는 수준이다. 이러한 '종전의 임금수준'이 근로자의 생활을 반드시 유지하지 못하는 현실은 피용자보험을 하나의 기둥으로 하는 사회보험제도의 근간에 의문이 든다.[43]

이상의 결과로서 기업의 사회보험료 부담은 감소하고 있지만, 그것이 사회보장의 부담의 청구서를 차세대의 세부담자에게 돌리고 있는 것에 불과하다. 따라서 사회보장 시스템의 지속가능성에 위기가 발생하고 있다.

Ⅲ. 고용사회의 새로운 모델

1. 국내외의 제언들

(1) ILO의 '디센트 워크'

본서에서 서술하는 노동이나 고용사회의 현상은 일부는 세계적이거나 일부는 선진국에서 공통적이다. 이것에 대하여 공동적인 국제적인 움직임이 출현하고 있다.

ILO는 전세기의 말부터 '디센트 워크(decent work)'를 제언하고 있다. 후생노동성은 이것을 '일하는 보람이 있는 인간다운 일'이라고 번역하며, 디센트 워크의 실현은 ① 고용의 촉진, ② 사회적 보호의 정책의 전개 · 강화, ③ 사회적 대화의 촉진, ④ 노동에서의 기본원칙 및 권리의 존중, 촉진 및 실현의 4가지의 전략적 목표를 통하여 실현된다고 규정하고 있다. 남녀평등 및 비차별은 이러한 목표에서 병행하는 과제로 되어 있다(참조: 「공정한 글로벌화를 위한 사회정의에 관한 ILO선언」(2008. 6. 제97회 ILO총회)). 그리고 '일본 정부로서는 디센트 워크 개념의 보급에 노력할 것과 함께, 다양한 노동정책을 추진함으로써 디센트 워크의 실현에 노력하고 있다. 2012년 7월에 각의 결정된

---

43) 笠木映里「現代の労働者と社会保障制度」日労研 612호(2011) 45쪽. 정사원 모델을 기초로 발전해온 사회보장제도가 고용형태의 다양화나 워킹푸어층의 확대 등에 대응할 수 없는 것을 지적한 것으로 丸谷浩介「社会保障法から見たセーフティネットのあり方」労旬 1687 · 88호(2009) 22쪽 이하. 고령자의 생활붕괴는 실은 이미 상당히 심각하게 되고 있다(藤田孝典「下流老人」(朝日新聞出版, 2015) 참조).

「일본재생전략」에서도 디센트 워크의 실현이 포함되어 있다' 고 설명하고 있다.

이 문서의 전반 부분은 ILO의 고용전략의 번역이기 때문에 특별히 새로운 것이 아니다. 또한 후자는 불과 한마디로 이 개념이 등장하는 것에 불과하고, 게다가 그 전략은 민주당 정권 때의 것이어서 자민당 주도의 정권에서도 유지되는지는 의문이다. 그러나 디센트 워크라는 개념 자체를 후생노동성이 포기하지 않은 것이 확실하다. 이 개념은 일본에서도 적극적으로 추구해야만 하는 것은[44] 본서의 지금까지 설명에서도 명백할 것이다.

(2) G20 선언의 '양질의 고용'

다음으로 2013. 9. 6. 「G20 상트페테르부르크 서미트 선언」에서 '양질의 고용을 통한 성장' 항목에서 다음과 같이 선언하고 있다(외무성 가역).

"23. 우리는 계속해서 일치하여 포섭적인 성장과 보다 많고 보다 좋은 고용의 촉진을 결의한다.

24. 다수의 국가에서 특히 청년의 실업 및 불완전 고용은 계속해 세계경제가 직면하는 중요한 과제의 하나이며 G20의 최우선 사항이다.

25. 생산적이고 보다 양질의 고용을 창출하는 것은 강고하고 지속가능하고 균형있는 성장, 빈곤 퇴치 및 사회적 일체성의 향상을 목표로 하는 각국의 정책의 핵이다. …

26. 보다 높은 수준의 고용을 밑에서 지탱하고, 고용창출과 고용기회와 계속된 기능의 적합을 촉진하는 정책개혁은 우리의 성장전략의 중심이다. 우리는 보다 많고 보다 좋은 고용을 촉진하기 위해 각국의 상황에 대응하여 광범위하게 행동을 취할 것을 약속한다..

· 비지니스 환경을 개선하는 것과 함께 고용시장이 유연성과 효율성의 촉진, 적절한 근로자 보호, 또한 적절한 세제나 국내 상황에 대응하여 필요로 하는 기타의 정부 이니셔티브에 의한 것을 포함하면서, 제품 · 노동시장에서 행하는 성장의 촉진과 같은 구조개혁을 통하여 정규직으로 보다 생산적이고 보람이 있는 고용의 창출을 촉진한다.

· 기능의 이동성 및 보다 좋은 전망을 주고, 또한 고용가능성을 높이는 것과 함께 유동성을 촉진하기 위해 사람들의 기능이나 질 높은 교육 및 생애학습 프로그램에 투자한다.

· 구직자에게 일을 찾는 지원을 하고, 소수파 및 취약층을 노동시장에 참가시켜서 비정

44) 디센트 워크를 핵심 개념으로 한 훌륭한 선행연구서로서 西谷敏『人権としてのディーセント・ワーク』(旬報社, 2011)가 있다.

규직 고용을 감소시키기 위해 노동시장의 인프라 및 효과적인 고용활성화 정책을 정비하기 위한 목표로 투자를 촉진한다.

· 근로조건, 임금교섭제도, 임금 설정에 관한 국가적 시스템 및 사회적 보호에 대한 접근을 통한 실현을 포함하여, 고용의 질을 개선한다. …"

이 문서에서는 '양질의 고용'이 '정규직으로 보다 생산적 및 보람이 있는 고용' 혹은 '적절한 근로자 보호'라는 핵심 개념으로 치환되어 있다. 이 제안은 기본적으로 일본에도 타당하다고 말할 수 있지만, 유연안전성(flexicurity), 즉 노동시장이나 고용의 유연성과 근로자의 보호와의 바람직한 모습에 유의할 필요가 있다. 본서에서 여러 차례 논의하여 온 것처럼, 일본에서는 고용형태의 다양화라는 이름으로 가혹할 정도로 보호받지 못하는 비정규직 고용의 증가정책을 추진해 왔기 때문이다. 그리고 이것이 워킹푸어 층의 증가와 격차의 확대라는 사회문제를 초래시키고 말았다(이것은 실로 일본뿐만 아니라 많은 유럽 국가에서도 문제이지만).

'양질의 고용'이 무엇을 의미하는가는 많은 관청의 정책문서에서 명백하다고는 할 수 없다. 이 중에 도쿄재단 정책연구부 「신시대의 일본식 고용정책」(2010. 3)이 주목받고 있다. 여기서는 양질의 고용으로서 기술축적과 생산성의 향상이 고려되고 있다. 이에 최저임금의 인상, 근로자파견제도의 재검토(26개 전문업무의 재검토와 그 밖에 등록형 파견 금지 등), 취업지원 근로유인형(트램폴린〈재도약〉형)의 제2의 사회안전망의 충실, 기간제고용의 재검토(3년을 초과하는 경우의 무기고용으로의 전환), 부당해고에 대한 근로자 측의 금전해결제도의 도입, 정사원의 근로시간의 총량 규제 등이 제언되었다. 기간제고용에 관한 제언 등은 2012년 「노동계약법」 개정에서 도입되고, 그 밖에도 찬성할 수 있는 의견이 많다(해고의 금전해결과 같이 찬성할 수 없는 것도 있지만). 그중에서도 현상황의 고용사회가 가진 문제 인식은 같다.

(3) 두터운 중간층의 구축

'두터운 중간층의 구축'이라는 제언은 민주당 정권에서 채택된 정책 지침이다. 「사회보장개혁에 관한 유식자검토회 보고」(2010. 12)에서 '활력있는 중간소득층의 재생'으로서 '보통 노력하면 누구나 가족을 만들고 생활할 수 있는 사회로 다시 돌려놓아야 한다. 지금까지 일본에서는 두터운 중간소득층의 존재야말로 안정된 성장과 활력의 근원이었다. 사회보장의 기능강화로써 중간층의 피폐에 대처하고 그러한 활력을 재생할 수 있다면, 그것은 스스로 경제성장과 재정의 안정에 연결된다' 고 지적되고 있다. 또한 「평성24년(2012년)판 노동경제의 분석」에서는 '스스로 일하여 인간다운 생활을 영위하는 것이 가능한', '두터운 중간층이 부활' 을 제언하고 있다.

이러한 흐름에서 2012. 3.에 「바람직한 고용형태(일하는 형태) 비전」이 제시되었다. 이 비전은 부제에서 '비정규직 고용문제에 종합적으로 대응하고, 근로자가 희망하고 사회 전체로서 바람직한 고용형태를 실현한다' 고 하고, 대상을 비정규직 고용문제에 집중하고 있다. 구체적으로, ① 청년에게 고용의 장을 확보하는 것, ② 정규직 고용 · 무기고용으로 전환을 촉진하는 것, ③ 고용형태에 중립적인 세금 · 사회보장제도를 구축하는 것, ④ 근무형태에 따른 공정한 처우를 확보하고 불합리한 격차를 해소하는 것, ⑤ 정규직 · 비정규직 간의 균등 · 균형대우를 효과적으로 추진하는 것, ⑥ 비정규직 고용으로 일하는 근로자의 직업커리어 형성을 지원하는 것, ⑦ 비정규직 고용 근로자에 대하여 고용의 사회안전망을 강화하는 것을 각각 제언하고 있다.

이러한 제언은 2012년 「노동계약법」 개정에서 제18조, 제20조의 개정으로 부분적으로 실현되었다. 또한 같은 해의 근로자파견법 개정에서도 대폭적으로 근로자의 권리 보호책이 강구되었다(제2장 제3절 참조). 그러나 그 후 자공정권(자민당과 공민당 연합정권)에서 무기전환 신청까지의 기간을 5년에서 10년으로 연장하는 노동계약법 제18조에 관한 특례법이 제정되고,[45] 2015년에는 근로자파견법의 기본철학을 변경하는 개정이 이루어졌다. 파견마을이 언제 재현될지 알 수 없는 상황이 다시 출현했다. 도중에 정권교체는 매우 안타깝다.

또한 정규직원의 장시간 근로나 일과 생활의 조화 정책에 대해서는 민주당 정권에서도 별로 논의되지 않았다.

2. 지속가능한 고용사회

(1) 지속가능한 고용사회

일본 사회(또 세계)가 안고 있는 구조적 위기를 '지속가능성' 이라는 핵심 개념을 이

45) 2013년 「研究開発システムの改革の推進等による研究開発能力の強化及び研究開発等の効率的推進に関する法律及び大学の教員等の任期に関する法律の一部を改正する法律」, 2014년 제정된 「専門的知識等を有する有期雇用労働者等に関する特別措置法」.

용하여 극복하려는 시도가 여러 분야에서 행해지고 있다. 주지하는 것처럼, '지속가능성' (sustainability)은 1987년에 UN(국제연합)의 환경과 개발에 관한 세계위원회의 보고(이른바 「브룬트란트 위원회 보고」)에서 최초로 제기된 개념이다. 여기서 '지속가능한 개발이란 장래의 세대가 스스로의 욕구를 만족시키는 능력을 손상시키지 않고 현재의 세대의 욕구를 만족시키는 것을 의미한다' 고 설명하고 있다. 즉, 이 개념은 일반적으로 인간활동, 특히 문명의 이기를 이용한 활동이 장래에 걸쳐서도 지속가능하다는 것을 표현하고 있다.

지속가능성이라는 핵심 개념은 정부의 정책문서에서도 종종 이용되고 있고,[46] 남용하는 것도 있기 때문에 그 내용을 음미할 필요가 있다. 예컨대 환경 면에서의 지속가능성이라는 개념은 지금 보다 자연환경에 부하 금지는 제약에서 생겨났다. 기후변동에 관한 국제연합기본협약 교토의정서에서 이산화탄소 등의 삭감 목표를 실행해야만 하지만, 이 제약은 자원, 특히 화석연료의 한계와 함께 종래의 고도 경제성장을 전제로 하는 사회시스템의 유지를 곤란하게 하고 있다.[47] 그러나 지속가능하고 활력이 있는 국토개발이라는 발상에서 보이는 것처럼 개발에 의한 경제성장을 전제로 한 지속가능성은 본래적인 의미에서 동떨어져 있다.

자연환경과 개발의 관계만이 아니라, 사회시스템, 경제시스템, 정치시스템, 국제관계에 걸쳐서(총칭하여 사회시스템이라고 말한다), 지속가능성이 중요한 핵심 개념이 되고 있다. 바꾸어 말하면, 전쟁이나 분쟁이라는 평화적 생존의 위기, 대량 · 광범위 · 장시간에 걸친 자연과 인간(활동)을 파괴하는 원자력발전소의 사고, 사회보장시스템의 붕괴, 빈곤과 격차의 확대, 사회적 배제 · 차별의 심각화라는 문명의 위기에 직면한 때에 지속가능성의 개념은 그것으로의 안티테제로서 한층 더 유효성을 증가시킨다고 생각할 수 있기 때문이다.[48] 사회시스템의 일환인 고용사회에서도 같은 점이 지적될 수 있

---

46) 예컨대 사회보장 분야에서 「持続可能な社会保障構築とその安定財源確保に向けた『中期プログラム』」(2008年12月閣議決定), 노동법 분야에서는 「持続可能な活力ある社会を実現する経済 · 雇用システム」(2010年7月, 厚労省雇用政策研究会報告), 국토교통정책 분야에서는 「『持続可能で活力ある国土 · 地域づくり』の推進について」(2011年11月14日, 国土交通省総合政策) 등이 있다.

47) 예컨대 広井良典『持続可能な福祉社会』(岩波書店, 2013)은 이러한 요인으로 규정된 비성장형 경제 · 사회를 '정상형 사회' 로 명명하고, 그러한 점에 기초하여 복지사회의 구축을 논한다.

48) 法の科学 45호(2014) 特集「持続可能な社会への転換と法」의 각 논문(필자가 연구프로젝트의 대표가 되었던 심포지엄 특집) 참조.

다.[49] 필자의 제안은 지속가능한 고용사회를 구축하기 위해서 표준적인 노동관계 모델에 기초한 노동법의 패러다임 전환을 실행한다는 구상이다. 이러한 문제를 논의하기 전에 지속가능성의 관점에서 최저임금제도를 살펴보고자 한다.

(2) 최저임금과 시회시스템의 지속가능성

현재 일본의 최저임금은 국제적으로 볼 때도 낮은 수준에 있다(도표 5-3(OECD 통계로 작성한 것) 참조). 최저임금의 시간급으로 풀타임 고용된다고 해도 연간 수입은 상대적 빈곤율보다도 약간 많은 정도이다. 이것은 아마도 최저임금이 생활보호 기준과의 비교로 결정되는 구조(최저임금법 제9조 제3항)이기 때문이다. UN의 「경제적, 사회적 및 문화적 권리에 관한 위원회」(사회권규약 위원회)가 2013. 5. 17. 채택한 「일본의 제3회 정기보고서에 관한 총괄 소견」[50]에서도 일본의 최저임금액이 낮은 것에 대한 염려를 표명하고 있다(18항목).

일본의 최저임금은 본래 신규 졸업한 근로자를 염두에 두었지만, 그 후 가계보조적 근로자, 즉 비정규직 고용 근로자를 대상으로 하였다. 그 결과 최저임금으로는 생활을 유지할 수 없어 워킹푸어가 되고, 최저임금이 고용의 사회안전망으로서의 역할을 완수하는 지는 당연히 의문이 제기된다.[51] 또한 현재 최저임금이 기초생활보장비를 하회하는 도도부현은 없지만, 상회해도 그 정도는 근소하다.[52] 여기서는 근로자 개인의 노동의 대가인 임금과 세대 단위의 공공부조제도인 생활보호와는 근본적인 이념의 차이

---

49) 矢野昌浩「持続可能な社会と労働法」法の科学 45호(2014) 33쪽 이하; 同「持続可能な社会と雇用」法セミ 2015년 12월호 17쪽 이하 등. 후생노동성고용정책연구회 보고서「지속가능한 활력 있는 사회를 실현하는 경제 · 고용 시스템」(2010. 7)에 대해서 '고용의 질이 향상하는 고용형태개선' 이라는 발상과 많은 제안에 대하여 찬성할 수 있지만, 찬성할 수 없는 점(다양한 정사원의 구상, 워크페어(workfare) 구상 등), 또한 제안이 철저하지 못한 점(비정규직 고용 균등취급의 구체적 방법이 없는 점, 연차휴가 사용률의 향상을 행정지도와 기업의 노력에 맡겨놓고 있는 점 등)도 많이 있다.

50) 정부 가역(http://www.mofa.go.jp/mofaj/files/000053172.pdf).

51) 矢野昌浩「雇用社会のリスク社会化とセーフティネット」学会誌労働法 111호(2008) 84쪽 이하.

52) 현행 최저임금법 제9조 제3항은 정부가 최저임금을 결정함에 있어서 생존권을 구체화하는 생활보호 수준을 하회해서는 안 된다는 의무가 부과되어 있다고 해석하고 있다(神吉知郁子『最低賃金と最低生活保障の法規制』(信山社, 2011) 61쪽).

가 있다는 사실을 충분히 고려하지 않고 있다.[53]

현재의 최저임금으로는 충분한 생활을 유지할 수 없는 점에 대해서 다수의 사람(학자뿐만 아니라 근로자도)의 의견이 일치하고 있다. 거기서 적절한 수준으로서 전국 일률적으로 1,000엔[54] 또는 1,400엔[55]이 제시되고 있다. 본서에서는 구체적인 금액을 제시하고 있지 않다. 그것보다는 사회보장시스템의 지속가능성이라는 관점에서 이 문제를 생각하는 독일 본대학 교수인 발터만(Raimund Walterman)의 논의를 소개하고 싶다.

〈그림 5-3〉 임금의 중간 값과 비교한 최저임금의 수준(단위: %)

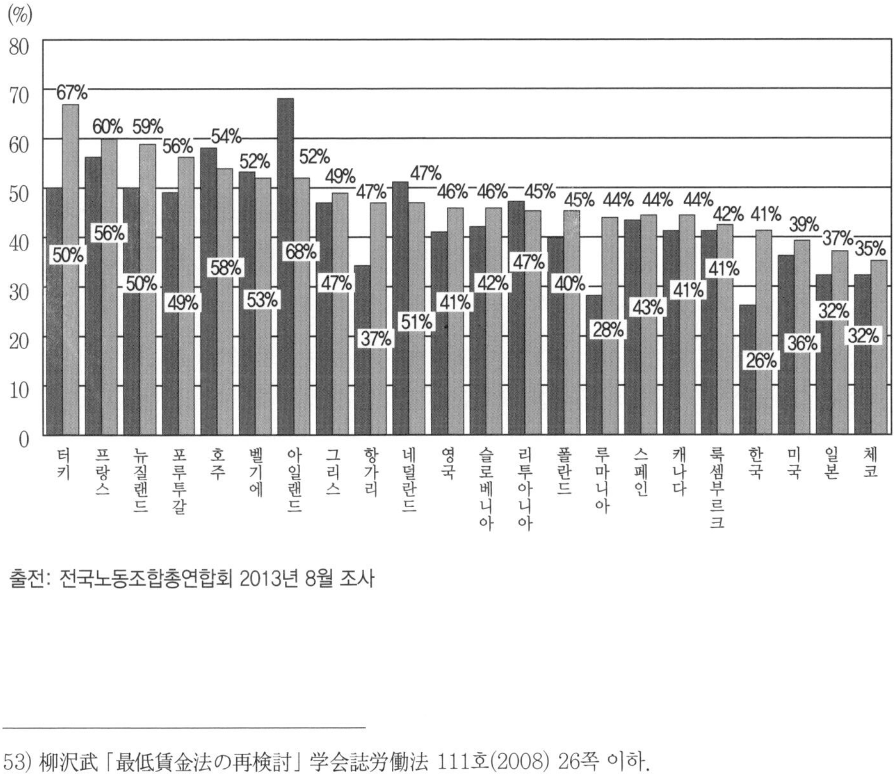

출전: 전국노동조합총연합회 2013년 8월 조사

53) 柳沢武「最低賃金法の再検討」学会誌労働法 111호(2008) 26쪽 이하.

54) 총리 관저에 설치된 고용 전략 대화(2010년 6월)에서는 2020년까지의 목표로 되어 있다. 또한 카나가와현에서는 생활 보장과의 역전 해소를 위해 1,000엔 최저임금을 요구하는 소송이 제기되었다(http://www.kctu.jp/saichin-blog/20111212sojyo.pdf).

55) 藤原千沙「『多様な働き方』における生活賃金の課題」DIO 306호(2015) 10쪽 이하(렌고 리빙웨이지를 기준으로 부모 1명 자녀 1명으로 산출한 금액).

최저임금의 인상은 상대적 빈곤율의 상승에 고심하는 선진국의 공통된 노동문제 또는 정책문제가 되었다.[56] 예컨대 종래는 단체협약의 규제나 지역적 확장효력(일반적 구속력 선언)으로만 대응해 왔던 독일에서도 2014년에 법정 최저임금제도를 도입하기 위한 법률(최저임금법)이 제정되어, 2015년 1월부터 시급 8.5유로의 최저임금이 도입되었다. 이 최저임금제도는 구동독의 비숙련근로자를 중심으로 370만 명에게 영향이 미칠 것으로 생각된다.[57] 발터만은 작년 (2015년) 11월에 이 주제로 일본에서 두 차례 강연을 하였고, 그때 회의장에서 8.5유로가 적절한 금액인가라는 질문이 이어졌다. 거기서 그의 대답은 경제학자가 아니라서 수치의 타당성을 논할 자격이 없다고 하면서, 다음과 같은 설명을 반복했다.[58]

2015년 시점이 계산으로 사회부조법에 의한 연금의 기초보장월액은 722유로이지만, 그것을 얻기 위해서는 시간급 9.40유로로 40시간의 풀타임으로 45년간 계속 일해야 한다. 만약 저임금 근로로 생활을 유지하는데 필요한 수입을 얻을 수 없는 경우, 최저소득을 보장하기 위해 조세 재원에서 이전급여로써 보장하는 시스템도 생각할 수 있다. 전자와 후자의 차이는 누가 그 부분을 부담하는가에 있는데, 전자는 현재 고용하고 있는 사용자이고, 후자는 그 때의 납세자이다. 최저임금이 너무 낮다든가, 저임금 근로자가 증가하면 사회보장시스템의 지속가능성이 위기에 빠지고, 그러한 청구서는 결국 장래의 납세자에게 돌아가는 것이 된다. 이것은 독일의 노동법과 사회보장법의 이념에서는 적절하지 않다.[59] 독일과 유사한 사회보험방식의 소득비례연금제도를 채택하고 있는 일본(일본의 경우 2층 구조방식으로 2층 부분)에서도 동일한 문제가 발생할 수 있다. 일

---

56) 미국에서도 독일과 같은 움직임이 보인다. 즉, 뉴욕시와 캘리포니아주에서는 1시간 당 최저임금을 15달러로 하는 법안이 가결되었다. 2015. 7. 22., 뉴욕 주의 패스트푸드임금위원회가 시간당 최저임금을 현재 8.75달러(약 1,085엔)에서 단계적으로 15달러(약 1,860엔)까지 인상해야 한다고 하는 권고를 결정했다(Yahoo!ニュース2015. 7. 29., 高須裕彦「15ドルを求めてたたかう」世界 2016년 2월호 207쪽 이하 등).

57) 동법 제정과정에 대해서는 山本陽大「ドイツにおける新たな法定最低賃金制度」労旬 1822호(2015) 36쪽 이하; 岩佐卓也『現代ドイツの労働協約』(法律文化社, 2015) 129쪽 이하 참조.

58) 강연 자체에 대해서는 ライムント・ヴァルターマン(岩佐卓也訳および解題)「法定最低賃金はなぜ必要なのか-ドイツにおける議論」(原題 Raimund Waltermann, Warum ist der gesetzliche Mindestlohn nötig? Die Debatte in Deutscland) 労旬 1859호(2016) 6쪽 이하.

59) 독일 시스템과 발터만의 견해에 대해서는 皆川宏之「ドイツにおける非典型労働と低賃金労働」村中孝史・水島郁子・高畠淳子・稲森公嘉 編『労働者像の多様化と労働法・社会保障法』(有斐閣, 2015) 389쪽 이하에서 상세히 설명하고 있다.

본에서도 저임금 문제는 사회보장의 지속가능성을 위태롭게 만들고 있다. 발터만의 견해에서 주목한 점은 '지속가능성'이라는 핵심 개념을 이용하면서도 사회보장법과 노동법을 연결시키며, 새로운 고용사회의 패러다임을 그리려고 하고 있기 때문이다. 그 때 그가 주목한 점이 필자와 동일한 표준적 노동관계 모델이기도 하다.[60)]

3. 표준적 노동관계 모델과 법

(1) 표준적 노동관계란

이상에서 본 것처럼 오늘날 선진국이 안고 있는 고용문제는 상당히 공통되어 있고, 해결의 방향성이 거의 일치하고 있음이 확인되고 있다. 즉, 첫 번째로 불완전고용 또는 비정규직 고용을 지속적으로 감소시키는 것, 또한 정규직 고용을 창출하는 것, 두 번째로 노동에서의 기본원칙이나 근로자의 권리보장을 존중하는 것, 또 유연성의 확보와 함께 근로자의 적절한 보호를 도모하는 것, 세 번째로 빈곤의 감소나 사회적 일체성 · 사회적 포용의 향상을 지향하는 고용정책을 강구하는 것이다. 이러한 것들이 '양질의 고용의 창출' 또는 '두터운 중간층의 형성 · 확대'라는 형식으로 요약된다.

본서에서는 이러한 목표를 달성하기 위해 '표준적 노동관계 모델'을 제안했다(제3장 제2절). 표준적 노동관계 모델은 다음과 같은 징표(merkmal)를 가진 노동관계이다.

① 민법, 노동계약법, 노동기준법 등이 원칙으로 하는 직접고용

② 풀타임 노동, 또는 그것에 유사한 노동

③ 근로계약에 기간의 정함이 없는 고용

④ 노동법과 사회보험이 적용되는 고용

⑤ 근로자의 이익대표시스템에 의해 이익이 대표되는 고용

이상의 모델은 일본의 정사원의 실태나 이미지와는 크게 다르다. 즉, 직무 · 근무지가 한정된 정사원의 제안이 나왔지만, 그것은 대비가 되는 정사원상으로 맹렬형 · 기

60) 그는 Hajime Wada, Abschied vom Normarlarbeitsverhältnis?, 名古屋大学法政論集 251호(2013) 542쪽 이하; Yoko Hashimoto, Mindestlohn in Japan, in: Martin Henssler/ Kazuaki Tezuka (Hrsg), Akutelle arbeitsrechtsliche Herausforderungen in Japan und Deutschland, Carl Heymanns Verlag 2014, S.95ff.를 통하여 일본의 비정규직 고용문제나 저임금제도에 대해 지식을 얻고 있다.

업멸사봉공형, 즉 일과 생활의 조화(워크 라이프 밸런스)를 전혀 고려하지 않은 근로자를 염두에 두고 있다. 이것을 정사원의 예외적인 존재로 하는 것이 아니라 하나의 모델이라고 생각하여, 그것과의 대비로 한정 정사원상을 그리고 있는 것에 불과하다. 이것에 대하여 필자가 생각하는 표준적 노동관계 모델은 한정 정사원과는 친화적이지만, 그것을 '표준적인' 모델로 생각하고 있다. 그러므로 현실의 정사원상은 오히려 표준에서 동떨어진 모습이 된다.

한정 정사원 제도와의 대비에서 노동경제학자 등이 생각하는 종래형의 정사원은 직종, 근무지, 근로시간이 무한정으로 되어 있는 근로자이다. 근로시간의 무한정은 실태로서는 그런지도 모르지만, 법적으로 허용할 수 없다는 것은 이미 기술했다. 그러나 언제나 어디서나 사용자의 인사권 · 지휘명령권(배치전환 명령권, 잔업명령권 등)에 복종하는 근로자가 기업의 핵심적인 인재이고, 그것을 '통상의 근로자'(파트타임노동법 제8조, 제9조)로 받아들여지고 있는 것도 명백하다. 이러한 근로자를 염두에 두고 노동법을 설계하고 있는 한 일과 생활의 조화나 가족적 책임의 이행, 혹은 젠더론에서 보는 고용평등 등은 실현할 수 없다. 필자가 제안하는 표준적 노동관계 모델은 오히려 그것에 대한 안티테제 혹은 대안(alternative)으로서의 성격을 가지고 있다.

이 점과 관련해, 정사원의 '책임의 정도'와의 관계에서 임금 등의 처우를 어떻게 생각하면 좋을까라는 문제에 답할 필요가 있다. 필자는 그것이 기본적으로는 여러 수당에 대응해야 한다고 생각하고 있다. 이 문제는 직무분석과 관계되지만, 이 점에 대해서는 새로운 시도가 시작되고 있고,[61] 전통적인 임금체계와의 관계 등에서 검토할 과제도 많지만 앞으로의 진전을 기대하고 싶다.

비정규직 고용정책에 대해서도 부연하여 두고 싶다. ①과의 관계에서 근로자파견법의 법정책의 바람직한 방향은 제2장 제3절에서 이미 논했다. ② 및 ③과의 관계인데 필자는 비정규직 고용의 고용형태를 부정하고 있지 않다. 비정규직을 전제로 하면서, 두 가지의 정책이 필요하다고 생각하고 있다. 첫째, 정규직 고용을 희망하는 근로자에 대한 대응책으로서 노동계약법 제18조를 더욱 강화하는 정규화 정책이 요구된다. 구체적으로는 근로자파견의 경우도 포함하여 기간제고용을 원칙적으로 무기고용으로 가는 과도적인 고용형태로 이해하고, 기간제고용의 입구규제를 행하는 것, 일정 기간이

---

61) 遠藤公嗣 編『同一価値労働同一賃金をめざす職務評価』(旬報社, 2013) 등.

경과한 후(2년이나 3년)에는 희망자는 무기고용으로 전환하고, 더 나아가 일정기간이 경과 한 후(2년이나 3년) 채용시험에 합격한 자는 정사원의 전환을 입법화하는 것을 고려할 수 있다. 어느 경우든 프랑스법을 비롯한 유럽법에서 명시된 무기고용 원칙을 일본에서도 명확히 해야만 한다.

둘째, 희망하는지 여부와 관계없이 '균형' 처우원칙이 아닌 '균등' 대우원칙을 규정하는 것이다. 그러기 위해서는 직무분석에 기초한 동일가치노동 동일임금 원칙을 승인하는 것이 필요하다.

이상의 것을 실현하기 위하여 입법목적이나 규제방법도 다르고, 근로자의 입장에서 알기 어렵고, 때로는 규정 간에 모순이 생기는 현행법제를 개정하여, 통일적인 '기간제고용 · 파트타임노동법' 을 제정해야만 한다(이상에 대해서는 제3장 제4절 참조).

그 결과 다양한 고용형태나 다양한 정사원 모델과는 다른 표준적 노동관계를 기초를 두는 완만한 대지형의 노동법 모델이 완성된다. 이에 따라 근로자의 생활이나 고용의 니즈에 대응하는 상호 이행(相互移行)형의 고용형태의 다양화가 실현된다.

그리고 ④의 사회보험에 대해서는 가능하다면, 근무방식(시간이나 수입도 포함한)에 중립적인 제도가 바람직하다. 또한 ⑤는 실태로부터 동떨어져 있지만, 헌법 체계 속에서는 이상적인 고용이다. 유럽형의 기업(사무소)내 근로자대표제도와 비교하면, 일본에서는 법적 기반 혹은 제도적 기반이 결여되어 있다는 것이 자체가 중대한 결함이다.

(2) 워크 라이프 밸런스법

한편으로 노동과잉의 상태는 표준적 노동관계라고 말할 수 없다. 이러한 점의 해결책은 일과 생활의 조화법을 제정하는 것을 생각해 볼 수 있다.

일과 생활의 조화는 본래 현행 노동기준법, 육아개호법 등의 정비로 실시해야만 한다. 그것이 이루어지지 않았기 때문에 과로사나 과로자살이라는 극단적인 일과 생명의 언밸런스를 해소하기 위해서 「과로사 등 방지대책추진법」이 제정되었다. 이러한 법제정을 의원입법으로서 해야만 하는 부분에 큰 고용정책이 균열되고 있다.

어쨌든 2015년 7월에 각의결정된 「과로사 등의 방지를 위한 대책에 관한 대강」에서는 당면의 대책으로서 ① 2020년까지 주 근로시간 60시간 이상인 근로자의 비율을 5% 이하, ② 연차휴가의 사용률을 70% 이상으로 하는 정책이 제시되어 있다. 그러나 과도한 목표설정으로 노동기준법의 근로시간 규제의 완화에는 열심이지만, 시간단축에 관심이 있다고는 도저히 말할 수 없는 아베정권에서 이것이 실현된다는 보장은 없다.

일과 생활의 조화가 가장 중요한 고용정책의 하나라는 점은 확실하고, 개별적 노동관계법 · 노동보호법을 포섭하는 키워드이다. 또한 그러한 과정에서 가족적 책임도 포함하기 때문에 당연히 젠더의 관점도 도입해야 한다.

'워크 라이프 밸런스법' 과 '기간제고용 · 파트타임노동법' 은 표준적 노동관계를 실현하는데 반드시 필요한 법이기도 하다.

Ⅳ. 노동조합의 큰 역할

이상에서 서술한 것과 같은 상황에서 청년도, 피해를 입은 근로자도 손을 놓고 있어서는 안 된다. 용기를 내어 이의신청을 하는 사람도 늘어나고 있다.

파견 해지를 당한 근로자들은 사용사업주에 대하여 직접고용을 요구하는 재판이나 손해배상을 요구하는 재판을 각지에서 제기하고 있다. 최고재판소에서 다투어진 마츠시타PDP(파나소닉 플라즈마 디스플레이) 사건이 유명하다. 오사카고등재판소는 사용사업주에 대하여 고용계약상의 지위확인청구를 인용했지만, 안타깝게도 최고재판소에서는 그것이 부정되었다.[62] 수는 적지만, 근로자의 지위를 인정한 판례도 존재한다.[63] 이러한 재판투쟁의 배경에는 지원자인 합동노동조합, 일반유니온 혹은 지역유니온이라는 노동조합이 지원하는 경우가 많다.[64]

세계금융위기 이후 대량의 파견 해지에 대해서는 각지에 있는 지역유니온이나 합동노동조합이 활약했다. 미리 조직되어 있던 사례도 있지만, 다수는 파견 해지 등이 발생하여 근로자가 노동조합에 도움을 요청하고, 노동조합을 통하여 파견사업주나 사용사업주와 단체교섭을 행하였다('직접 호소하는 소송'). 강력한 교섭전술로, 때로는 대대

62) 最二小判 2009. 12. 18. 民集 63권 10호 2754쪽; 大阪高判 2008. 4. 25. 労判 960호 18쪽.
63) マツダ防府工場事件 · 山口地判 2013. 3. 13. 労判 1070호 6쪽 등.
64) 마츠다방부공장 사건(マツダ防府工場事件)의 지원에 대해서는 マツダ訴訟原告団 · マツダ訴訟弁護団 · マツダ共闘会議変『たたかって学んだ団結』(2014) 참조.

적인 가두활동으로 성과를 높였다. 이러한 상황을 못마땅하게 생각하는 사람 또 그렇게 말하는 사람도 있지만, 궁지에 몰린 쥐는 고양이를 무는 법이다.

이러한 가운데 하청노동조합에 가입하고, 거기서 노동법을 학습하고 다른 근로자와 연대를 경험하고, 그리고 주문회사에 대하여 정사원 지위를 요구하고, 이를 달성한 근로자들의 싸움은 우리에게 노동운동의 원점을 생각하게 만든다.[65] 노동조합은 권리를 자각화하고, 경우에 따라서는 연대를 통하여 권리 방어를 위한 투쟁을 담당해 가는 장치이다. 노동조합에 의지하는 근로자를 약자처럼 말하는 논의도 있지만, 노조로부터 도피하고 타인에게 의지하게 되는 것(무임승차자 free rider)이야말로 발목을 잡는 것이 된다. 노동조합은 민주주의를 공부하는 가장 적절한 학교이다.

또한 기존의 기업내 노동조합에서도 끈기있는 단체교섭을 통하여 계약사원을 정사원으로 전환한 곳이 있다. 여기에는 히로시마 전철노동조합의 사안[66]과 일본항공 캐빈크루유니온(객실조무인 노동조합)의 사안[67]만을 들고자 한다.

게다가 비정규직원 다수를 조직화하고 있는 전국생협노동조합연합회[68]나 전국자치단체노동조합은 직무분석과 평가를 근거로 하여 정규직원과의 균등대우를 목표로 움직이고 있다.[69]

이러한 사실은 노동조합이 표준적 노동관계의 확립에 커다란 역할을 수행할 수 있다는 것을 보여주고 있다.

V. 맺는 말

고용정책으로서 어떻게 고용의 창출을 지향해야 하는가? 다시 모두의 판결문으로 돌아가자.

노동의 의미는 보수를 얻는 것, 그것에 의해 생존을 확보하는 것, 그리고 개인의 존

---

65) 伊藤大一『非正規雇用と労働運動』(法律文化社, 2013)은 이러한 귀중한 성과를 훌륭하게 그리고 있다.

66) 河西宏裕『路面電車を守った労働組合』(平原社, 2009) 279쪽 이하 참조.

67) 2015年12月16日 新聞各紙報道.

68) http://cwu.jp/action-cms/shunto/ 참조.

69) 遠藤公嗣 編著『同一価値労働同一賃金をめざす職務分析 官製ワーキングプアの解消』(旬報社, 2013) 참조.

중을 유지하고 인격의 발전을 이루는 것에, 또한 사회 일원으로서 존중되는 것에 있다. 전자는 헌법 제25조(생존권)에, 후자는 헌법 제13조의 '개인의 존중' 또는 '행복추구권'에 연결되어 있다. 헌법 제27조 제1항에 의해 사람은 모두 근로권이 보장되어 있지만, 헌법 제13조는 권리보장 일반에 공통적으로 통하는 기저적인 권리이므로, 거기서 보장되는 근로의 내용은 이러한 조건을 만족시키는 것이어야만 한다. 또한 헌법 제14조(평등권)를 전제하고 있기 때문에 근로권은 고용평등을 내용으로 포함해야 한다.[70]

개인의 존엄에 상응하는 노동은 지금 다시 설명할 필요는 없을 것이다. 적어도 노동기준법에 그 최저한의 기준 · 요건이 제시되어 있다. 즉 '인간다운 가치있는 생활을 영위하기 위해 필요를 충족해야만 하는 것'으로(제1조), 봉전적 잔재에서 해방되어(제5조 이하의 노동헌장의 제규정), 불합리하게 차별되지 않는 것(제3조, 제4조)이어야 한다. 게다가 오늘날에는 '일과 생활의 조화'(워크 라이프 밸런스)가 성취되는 것(노동계약법 제3조), 고용형태에 의한 불합리한 격차 · 차별적 취급이 없을 것(노동계약법 제20조 등), 성차별이 없으며 모성보호가 도모되는 것(고용기회균등법)이어야 한다.

요컨대 이러한 것들은 한마디로 표현하자면 ILO가 제기하는 '디센트 워크'(후생노동성의 번역에서는 '일하는 보람이 있는 인간다운 일')이다. 과로사나 과로자살을 낳는 고용환경 등, 그리고 그것을 방치하고 있는 고용정책 등은 당치도 않은 것이다.

본서의 메시지를 요약하면, 표준적 노동관계 모델에 의거한 양질의 고용을 창출 · 확보하는 것에 의해서만 지속가능한 고용사회가 유지될 수 있고, 그러기 위해 노동법정책의 대담한 패러다임 전환이 지금 요구되고 있다. 여기서 말하는 노동법의 패러다임 전환이란 다음의 것을 의미한다.

첫 번째로, 노동법 체계는 직접적으로는 헌법 제27조 및 제28조에 근거를 두고 있고, 그 근본적인 권리로서 헌법 제13조, 제14조, 제25조가 존재하고 있다. 이것이 능동적인 의미에서는 노동법의 이념을 창출하고, 수동적인 의미에서는 규제완화의 한계를 경계짓고 있다. 최근 20여년의 노동법정책은 후자의 면이 강하고, 전자의 측면에서도 소극적인 대응으로 일관하여 가치창출에 성공하고 못하였고, 그 결과로서 고용(사회)의 위기를 초래하고 말았다.

---

70) 졸저『人権保障と労働法』(日本評論社, 2008) 249쪽 이하 참조.

두 번째로, 노동법이 염두에 두어야만 하는 것은 종속적 상황에 있는 근로자상이다. 노동법의 시민으로서 자기결정권을 최대한으로 보장해야 하지만, 노동법에는 그 기반을 정비해야만 하는 임무가 부여되어 있다. 근로자의 자기결정권을 무시하는 것과 같은 그것을 현저하게 방해하는 것과 같은 고용환경을 만들어 내는 것은 결과적으로 노동법의 본래의 임무를 포기하는 것이 된다. 1990년대 이후 기업의 고용 · 인사정책과 이를 지탱해 온 노동법정책은 결과적으로 큰 반성과 수정을 요구받고 있다.

세 번째로, 이것은 1970년대까지의 노동법정책으로 되돌아 가야한다는 것을 의미하지 않는다. 1970년대까지의 노동법 발전은 근로자권의 확대 · 충실기이었고, 어느 정도 양질의 두터운 중간층을 형성하는데 기여해 왔다. 그러나 한편으로는 남성중심형의 고용사회(여성차별)을 만들어 내고, 게다가 그 남성은 부득이하게 기업중심형의 근무방식(일과 생활의 부조화)을 해야 했다. 이 쌍방의 극복은 오늘날에도 중요한 정책과제로 계속되고 있다. 이러한 것들은 고용의 장에서 장애인이나 성적 소수자 등의 권리보장의 과제도 부여되고 있다. 즉, 다면적인 사회적 포용의 정책이 요구되어지고 있다.

네 번째로, 사회의 격차를 확대하고 다수의 빈곤층을 창출하는 정책은 경제정책으로서도 오류이다. 그리고 경제성장만이 유일의 고용정책인 것처럼 생각하여, 그러한 압력그룹에게만 배려하는 정책방법(3자구성이라는 ILO방식의 경시)도 또한 오류이다.

노동법학은 과거를 냉철히 분석하고, 미래사회의 바람직한 방향(모습)을 제시하는 큰 과제를 짊어지고 있다.

찾아보기

ㄱ

간접고용 ▲ 106
간주시간 ▲ 102
개인의 존엄(일본헌법 제13조) ▲ 105
경기변동의 완충장치 ▲ 68
계약자유 ▲ 181
고도 전문직제도 ▲ 80, 103
고용보험 ▲ 45
고용유동화정책법제 ▲ 186
고용의 다양화 ▲ 146
고용의 양극화 ▲ 4, 51, 187, 260
고용조정조성금 ▲ 31
공민권법 제7편(1964) ▲ 205
과로사 ▲ 62
과로사 위험군 ▲ 91
과로사 인정라인 ▲ 61, 263
과로사등방지대책추진법 ▲ 63
과로사방지학회 ▲ 105
과로자살 ▲ 62
과소취업 ▲ 164
과잉노동 ▲ 70
관리감독자의 적용제외 ▲ 83
규제개혁회의 ▲ 58, 78
규제완화 ▲ 26
규제해태 · 규제소극주의 ▲ 2, 57
균형처우 ▲ 123, 200
근로시간 저축(계좌)제도 ▲ 96
근로시간의 관리책임 ▲ 102
근로시간 주권 ▲ 148
근로자 개념 ▲ 157
근로자이익대표시스템 ▲ 248
근로자파견법 ▲ 105
기간제고용 · 파트노동법(독일) ▲ 214, 281
기간제고용의 입구규제 ▲ 141
기간저고용의 출구규제 ▲ 141
기업내 조합 ▲ 246
기획업무형 재량근로제 ▲ 83
기획입안업무형 재량근로제 ▲ 86

ㄴ

남성이 일하는 주된 모델 ▲ 19, 189
네거티브 리스트 방식 ▲ 20, 109, 128
노동계약법 개정(2012년) ▲ 188
노동계약법 제20조 ▲ 216
노동과잉 ▲ 4, 51, 187, 260
노동기준법 시행규칙 제6조의2 제1항 ▲ 249
노동기준법 제24조 ▲ 242
노동기준법 제24조 제1항 단서 ▲ 242
노동기준법 제41조 제2호 ▲ 83, 98
노동시장의 양극화 ▲ 260
노동안전위생법의 안전관리책임 ▲ 40
노동이동지원시스템 ▲ 67
노동이동지원조성금 ▲ 67
노동자파견법 ▲ 106
노동자파견법 제40조의6 ▲ 124
노동조합법 제17조 ▲ 244
노동조합법 제5조 제2항 ▲ 231, 234
노동조합의 정의 ▲ 222

ㄷ

다양한 정사원 ▲ 184, 260
단체로부터의 자유 ▲ 161
단체협약에 열린 법 ▲ 101, 249
단체협약 적용배제조항 ▲ 243
동일(가치)노동 동일임금 ▲ 209
동일본 대지진 ▲ 36
동일성요건 접근 ▲ 213
두터운 중간층 ▲ 10, 273
득점요소법 ▲ 212
등록형 파견 ▲ 140
디센트 워크(decent work) ▲ 183, 253, 271, 284

ㄹ ………………….

라드브루흐 구스타프(Gustav Radbruch) ▲ 158
리먼 쇼크(세계금융위기) ▲ 15, 61

ㅁ ………………….

마츠다호후공장사건 제1심 판결 ▲ 137
마츠시타PDP(파나소닉 플라즈마 디스플레이)사건 최고재판소 판결 ▲ 124, 131
모성 괴롭힘(maternity harassment) ▲ 265
묵시의 근로계약 ▲ 133
미국의 화이트칼라 이그젬션 ▲ 74, 104
미니잡 ▲ 165
미츠비시수지사건 최고재판소 판결 ▲ 121
민법 제625조 ▲ 117
민주주의의 학교 ▲ 227

ㅂ ………………….

박사 후 연구원 문제 ▲ 156
발터만 라이문트(Raimund Walterman) ▲ 163, 277
방사선 피폭 ▲ 40
103만 엔의 벽 ▲ 189
법의 절차화 ▲ 201
비갱신조항 ▲ 160
블랙 기업 ▲ 62, 77, 253
블랙 아르바이트 ▲ 253
블루칼라 근로자 ▲ 169
비정규직 고용 ▲ 55, 155, 258

ㅅ ………………….

사업법 ▲ 107
사회안전망 ▲ 17, 29
사회적 배제 ▲ 187
산업경쟁력회의 ▲ 52
3자구성위원회 방식 ▲ 66
3자간 노동관계 ▲ 107
상대적 빈곤 ▲ 173, 187, 257
상용대체 ▲ 114, 124, 139
생존권(일본헌법 제25조) ▲ 105
서비스(무급)잔업 ▲ 61, 151
매치펌프(match pomp)이론 ▲ 3, 56
성희롱(sexual harassment) ▲ 263
세계금융위기(리먼 쇼크) ▲ 15, 61
센 아마르티아(Amartya Sen) ▲ 12
소극적 단결자유 ▲ 226
소수조합 ▲ 235
소프트로(soft law) 접근 ▲ 185, 195
시간외근로(36협정) ▲ 247
신뢰근로시간제 ▲ 169
신시대 일본식 경영 ▲ 17, 23, 70
심야업규정 ▲ 84

ㅇ ………………….

아베노믹스 ▲ 51
아베노믹스의 고용개혁 ▲ 54
양질의 고용 ▲ 7, 272
어용조합 ▲ 223
업무(job)형 ▲ 224
워크셰어링(work sharing) ▲ 48
워킹푸어(working poor) ▲ 187, 257
원자력발전소 사고의 산업재해 보상 ▲ 43
원자력 손해의 배상에 관한 법률 ▲ 43
유니온 숍 협정 ▲ 225
유연근무제(flextime) ▲ 82, 100, 149
유연근무제의 정산기간 ▲ 82
육아돌봄휴직법 ▲ 200
26업무 ▲ 128
이원적 노사관계 시스템 ▲ 248
인력조달회사 ▲ 39
일반평등취급법(독일) ▲ 206
일본계 브라질인 ▲ 23
일본계 외국인근로자 정책 ▲ 25
'일본은 하나' 일자리 프로젝트 ▲ 47
일본재생전략 ▲ 272
일본톰슨사건 ▲ 125, 130
잃어버린 20년 ▲ 54, 63

ㅈ ....

자기결정권 ▲ 159, 162
자립적 근로자 ▲ 56, 158
재량근로제 ▲ 99
적극적 단결권 ▲ 226
전통적인 근로자상 ▲ 158
제2의 사회안전망 ▲ 68
제2의 실업급부 ▲ 45
젠더 ▲ 11, 263
종속적 근로자 ▲ 56
종업원대표기관 ▲ 248
종업원대표시스템 ▲ 252
중기고용 ▲ 23
중립의무 ▲ 237
지속가능성 ▲ 6, 275
지속가능한 고용사회 ▲ 6
지역유니온 ▲ 235
G20 상트페테르부르크 정상회의 ▲ 272
직무분석 · 직무평가 실시 매뉴얼 ▲ 210
직업안정법 제14조 ▲ 155
직접고용 ▲ 107, 178
진츠하이머 후고(Hugo Sinzheimer) ▲ 73

ㅊ ....

차별금지 ▲ 203
차별해소입법 ▲ 204
채용의 자유 ▲ 121, 181
조합비공제(check off) ▲ 241
최저임금 ▲ 174
최저임금법(독일) ▲ 277
최저임금제도 ▲ 174
취로(업)청구권 ▲ 254
취약한 사회안전망 ▲ 44
커리어권 ▲ 255
쿄가스 사건 ▲ 209

ㅌ ....

통상근로자 ▲ 179, 193
특구구상 ▲ 64
특정행위의 금지 ▲ 121

ㅍ ....

파견중단 ▲ 15
파견촌 ▲ 61
파워 하레스먼트(power harassment; 갑질 괴롭힘) ▲ 267
파트타임 근로자의 차별금지규정 ▲ 123
파트타임노동법(1993년) ▲ 190
포지티브 리스트 방식 ▲ 20, 109, 128
표준적 노동관계 ▲ 8, 279

ㅎ ....

하드 로(hard law) ▲ 196
하르츠개혁 ▲ 172
한정 정사원 제도 ▲ 70, 152
합동노조 ▲ 236, 239
해고의 금전해결제도 ▲ 69
(일본)헌법 제13조 ▲ 284
(일본)헌법 제14조 ▲ 203, 284
(일본)헌법 제25조 ▲ 284
(일본)헌법 제27조 제1항 ▲ 68, 106
(일본)헌법 제27조 제2항 ▲ 30
(일본)헌법 제28조 ▲ 251, 225
협약능력을 가지는 노동조합 ▲ 222
협약자치 ▲ 100
협약체결능력 ▲ 248
화이트칼라 근로시간 규제 면제 ▲ 72
후쿠시마 원자력발전소 사고 ▲ 36
휴게시간 ▲ 95
휴업수당 ▲ 39

저자소개

1954년 일본 나가노현(長野県) 출생
1978년 도쿄(東京)대학 법학부 졸업
1980년 도쿄(東京)대학 대학원 법학정치학연구과 석사과정 수료
1982년 나고야(名古屋)대학 법학부 조교수
1991년 나고야(名古屋)대학 법학부 교수
현　재 1999년 조직변경에 따라 대학원 법학연구과 교수

주요저서

『労働契約の法理』(有斐閣, 1990)
『休み方の知恵』(共著, 有斐閣, 1991)
『労働法の世界』(共著, 有斐閣, 1994)
『ドイツの労働時間と法—労働法の規制と弾力化』(日本評論社, 1998)
『働き方の知恵』(共著, 有斐閣, 1999년)
『人権保障と労働法』(日本評論社, 2008)
『新版 労働法重要判例を読むⅠ·Ⅱ』(共編, 日本評論社, 2013)
『労働者派遣と法』(共編著, 日本評論社, 2013)
『日韓比較労働法Ⅰ·Ⅱ』(共編著, 旬報社, 2014)
『労働法』(共著, 日本評論社, 2015)

주요 학회활동

일본학술회의 연계회원 (2006년~)
일본노동법학회 대표이사 (2013년~2015년)
일독노동법협회 대표이사 (2012년~)

역자소개

이 책 번역작업에 참여한 「한일노동법포럼」 회원은 아래와 같습니다.

이승길(아주대학교 교수): 서론, 제2장 제1절·제2절, 제5장
송강직(동아대학교 교수): 제1장
박선영(한국여성정책연구원 선임연구위원): 제2장 제1절·제2절
정영훈(헌법재판연구원 책임연구관): 제2장 제3절
조상균(전남대학교 교수): 제3장 제3절
노상헌(서울시립대학교 교수): 제4장

감수 및 교정: **송강직, 노상헌**

노동법의 복권

초 판 인 쇄 | 2017년 9월 11일
초 판 발 행 | 2017년 9월 22일

지 은 이 | 和田 肇
옮 긴 이 | 한일노동법포럼 · 한국사회법학회
펴 낸 이 | 김 남 진
펴 낸 곳 | (주)중앙경제
편집·디자인 | 한 지 희

주 소 | 서울시 중구 다산로 11길 19(신당2동 355-8) 백석빌딩 신관 4층
전 화 | 02-2231-7293
팩 스 | 02-2235-5344
홈 페 이 지 | www.elabor.co.kr
출 판 등 록 | 80. 6. 21 제 2-66호
I S B N | 978-89-7017-379-5 (93360)
정 가 | 50,000원